UNFAIR

不平等的審判

心理學與神經科學告訴你，為何司法判決還是這麼不公平

Adam Benforado

亞當・班福拉多——著

堯家寧——譯

THE NEW SCIENCE OF CRIMINAL INJUSTICE

臉譜書房 FS0063X

不平等的審判：

心理學與神經科學告訴你，為何司法判決還是這麼不公平

Unfair: The New Science of Criminal Injustice

作　　者　亞當・班福拉多 Adam Benforado
譯　　者　堯嘉寧
責任編輯　許涵（一版）、郭淳與（二版）
封面設計　陳恩安
行銷業務　陳彩玉、林詩玟、李振東

發 行 人　凃玉雲
編輯總監　劉麗真
總 編 輯　謝至平
出　　版　臉譜出版
城邦文化事業股份有限公司
臺北市中山區民生東路二段141號5樓
電話：886-2-25007696　傳真：886-2-25001952
發　　行　英屬蓋曼群島商家庭傳媒股份有限公司城邦分公司
臺北市中山區民生東路二段141號11樓
客服專線：02-25007718；25007719
24小時傳真專線：02-25001990；25001991
服務時間：週一至週五上午09:30-12:00；下午13:30-17:00
劃撥帳號：19863813　戶名：書虫股份有限公司
讀者服務信箱：service@readingclub.com.tw
城邦網址：http://www.cite.com.tw
香港發行所　城邦（香港）出版集團有限公司
香港九龍九龍城土瓜灣道86號順聯工業大廈6樓A室
電話：852-25086231或25086217　傳真：852-25789337
電子信箱：hkcite@biznetvigator.com
新馬發行所　城邦（新、馬）出版集團
Cite（M）Sdn. Bhd.（458372U）
41, Jalan Radin Anum, Bandar Baru Sri Petaling,
57000 Kuala Lumpur, MalaysFia.
電話：603-90563833　傳真：603-90576622
電子信箱：cite@cite.com.my
一版一刷　2016年9月
二版一刷　2024年1月

城邦讀書花園
www.cite.com.tw

ISBN　9786263154148（紙本書）
EISBN　9786263154063（EPUB）
售價　NT$ 480
（本書如有缺頁、破損、倒裝，請寄回更換）

圖書館出版品預行編目資料

不平等的審判：心理學與神經科學告訴你，為何司法判決還是這麼不公平／Adam Benforado著；堯嘉寧譯. 二版. 臺北市：臉譜，城邦文化出版；家庭傳媒城邦分公司發行, 2024.01
400面；14.8×21公分.（臉譜書房；FS0063X）
譯自：Unfair: The New Science of Criminal Injustice
ISBN 978-626-315-414-8(平裝)
1.刑事審判　2.審判心理學　3.犯罪心理學
586.5014　　112018921

海外媒體讚譽

「班福拉多在這本極具重要性、研究也極深入的出道作品中，從心理學和神經科學切入，讓我們看到警察、陪審員和法官在作判斷時，通常都是受到直覺的引導（而不是客觀的事實）……這個嶄新的研究挑戰了現行法律制度中絕大部分核心內容的基本假設，例如證人的記憶、陪審團的審議、警察程序，以及懲罰。……這是一個獨創而帶來爭議的理論，它顛覆了我們向來珍視的信仰——在法律之前，人人都可公平地獲得正義。」

——《科克斯書評》（*Kirkus Reviews*）優質評論

「我們可以把它看作一本葛里遜的著作——只差它不是一本小說。亞當．班福拉多用引人入勝的案件和精闢的科學帶領我們審視法律制度，並發現它基本上已經敗壞了。這本不凡的書是每一位法官、律師、偵訊人員和對此議題感興趣的人都應該讀的。」

——亞當．格蘭特（Adam Grant），華頓商學院，《給予：華頓商學院最啟發人心的一堂課》（*Give and Take*）一書的作者

「亞當．班福拉多在本書中讓我們知道，當審判我們其中的一員時，總是有許多不完美的地方。

他是如此循循善誘——以他學富五車的知識。得知我們竟有潛意識的偏見，而且司法制度會對人造成剝削，已經讓人感到不可思議——同時也十分憂慮。但是班福拉多並不滿足：他還提出了可行的解決方案。我們應該全力接受這些方案，並用它們來決定我們必須接受的人類命運。」

——傑夫．霍布斯（Jeff Hobbs），《羅伯特．皮斯短暫悲慘的一生》（*The Short and Tragic Life of Robert Peace*）一書的作者

「這本書認為美國的刑事司法根本稱不上一個制度，它只是由一些失衡的設計組合在一起，最後造成了充滿偏見的決定，使得社會暴露在不安全之中。班福拉多熟練地分析了真實案例以及最新的心理學、神經科學的研究成果，說明為什麼需要從根本加以改革……它對今日的刑事司法制度提出了足以刺激我們思考的批評，並且可以應用在最近發生於密蘇里州弗格遜鎮（Ferguson）（譯註：此地一名警察槍殺一名十八歲黑人少年布朗〔Michael Brown〕的事件，最後演變為民眾的示威和暴力衝突）以及其他地方的案件……既帶有權威性，又容易理解。」

——《圖書館雜誌》（*Library Journal*）優質評論

「亞當．班福拉多寫的這本書會讓你重新思考對於犯罪和懲罰的一切信念。他同時運用了科學和故事，恰如其分又有力地指出，在法庭中，其實我們並沒有考慮到人類心理，才造成了極度的偏頗。這本書既讓人不忍釋卷，又讓人不忍卒睹，它可能是你今年看過最重要的一本書。」

「這個極富思想且洞察力敏銳的研究，提出了許多絕不可輕忽的問題，而且——更重要的是——它還提供了既人性又非常理性的方法，可以彌補我們『刑事上不公平』的制度中的缺陷（這些都是我們絕不該容忍的缺陷）。」

——丹尼爾．品克（Daniel H. Pink），《動機，單純的力量》（*Drive*）一書的作者

「（班福拉多）在此書中認為，刑事司法最大的錯誤源於制度並沒有考慮到人類認知、記憶和決策上的缺陷……每一位法律專業人員都應該閱讀此書，我們其他人也是如此，因為我們在日常行為中表現出來的混亂，也和法律中的不公平相差無幾。」

——諾姆．杭士基（Noam Chomsky），麻省理工學院（MIT）榮譽退休教授

——《新科學人》（*New Scientist*）

「關於正義的制度是由人腦所創設的。因此，它們必定受到人類心理上的缺陷左右，諸如仇外所造成的偏頗決定，或是不實的記憶。班福拉多以學者之眼和說書人之耳，將快速發展的研究成果做出整理，告訴我們法律和精神科學之間的連結。」

——大衛．伊葛門（David Eagleman），「神經科學與法律」計畫（The Initiative on Neuroscience and Law）主持人，《躲在我腦中的陌生人》（*Incognito*）一書的作者

「《不平等的審判》一書詞藻優美、研究深入、深具啟發，而且直指問題核心。有愈來愈多的證據顯示，我們的刑事「正義」制度中充滿著不正義，而班福拉多揭露了其失敗的體制和心理學上的原因——靠著他優秀的敘事手法和源於神經科學的豐富洞察力。如果您關心正義，一定要讀《不平等的審判》；如果您不關心，更是一定要讀《不平等的審判》。」

——喬恩・韓森（Jon D. Hanson），哈佛大學法學院教授，「法律與神經科學」計畫（The Project on Law and Mind Sciences）及「體系正義」計畫（The Systemic Justice Project）的主持人

「班福拉多在《不平等的審判》一書中廣泛地引用科學研究作支持，提出了令人信服的論點。……班福拉多也多次指出刑事司法制度所根據的基本假設，根本沒有任何科學證據的支持……（他）也提醒我們，刑事司法的實務已經大大偏離了它表面所揭示的目標。……但他還是認為制度是可以進行改革的，而這本書中提供的資訊也有部分是為了達到這個目標。《不平等的審判》幫我們把重要資訊作了一個總整理。」

——《*PopMatters*》（線上的文化評論雜誌）

「《不平等的審判》文字優美，具有絕對的吸引力和重要性——它絕佳地結合了心理學觀點、法律知識和引人入勝的故事性。如果你曾經質疑為什麼法律制度的運作並不如預期，班福拉多用人類心理和法律之間的關係，為你解答了這個疑問——而且也讓你相信，未來我們可以做得更好。」

——亞當．奧特（Adam Alter），紐約大學史登商學院（NYU Stern School of Business），《粉紅色牢房效應》（*Drunk Tank Pink*）一書的作者

「《不平等的審判》是一本既迷人又讓人眼界大開的書。它結合了最新的心理學和神經科學的研究成果，以及真實世界中偏離正義的故事，告訴我們無意識的偏見有多麼容易在刑事司法制度中釀成災難，以及要怎麼做，才能夠讓制度變得更加公平。」

——翔恩．貝洛克（Sian Beilock），芝加哥大學心理學系教授，《搞什麼，又凸槌了?!》（*Choke*）和《身體如何知道心理在想什麼》（*How the Body Knows Its Mind*）的作者

「美國每年會花六百億（美金）在監獄事務，而且對於自己國家的監禁人口比其他國家都多，還感到沾沾自喜。在鑽研刑事司法制度的學者、政治人物和我們其他人當中，有愈來愈多人對此感到憂心忡忡，班福拉多就是其中之一。班福拉多在《不平等的審判》一書中絕佳地闡釋了這個問題，而且對於要如何改良我們的刑事司法制度，也提出了創意的想法。」

——《聯邦律師》（*The Federal Lawyer*）（美國聯邦律師協會出版雜誌）

「《不平等的審判》一書尖銳地直指法律制度中因為人的思考方式而出現的問題，同時也提出了有意義的改革可能性。針對這個社會必須面對的最重要議題之一，亞當．班福拉多寫出了一本吸引

人，而且精彩絕倫的佳作。」

——雅特．馬克曼（Art Markman），德州大學心理學教授，《向專家學思考》（*Smart Thinking*）和《智慧改變》（*Smart Change*）的作者

「亞當．班福拉多對美國的刑事司法制度提出了充滿啟發性的批評，他教我們合理地懷疑，不公平的結果並不是悲劇性的例外——而是常規，是人類心理所造成的。班福拉多蒐集了最新的研究，在與真實案例一起分析之後，他告訴我們：在法律保障公正和平等的表面之下，是如何潛藏著偏見；他也提供了必要的解決方案。」

——菲利普．津巴多（Philip Zimbardo），《路西法效應》（*The Lucifer Effect*）一書的作者

「深具洞察力……耗時許久完成的最具重要性的出版之一。」

——道格拉斯．布萊克曼（Douglas A. Blackmon），普立茲獎（Pulitzer Prize）得主，《奴隸制的另一個名稱》（*Slavery by Another Name*）一書的作者，電視節目《美國人論壇》（*American Forum*）主持人

「班福拉多的書不斷列舉出讓人眼界大開的研究，和如何改善的實務建議……希望（《不平等的審判》一書）真的會將我們帶向一個（正確的）方向。」

——《更大的善》（*Greater Good*）（加州柏克萊大學的心理科學中心網站）

「當我們回頭看這些高度明確的刑事程序時，卻竟然很容易找到一些缺陷（雖然我們原本認為這整個制度都是理所當然的）。亞當．班福拉多綜觀一切，以實證資料和科學研究嘗試說明，我們的法律架構究竟如何達到——或更正確地說，達不到——我們所認為的正義和公平。美國的刑法還遠稱不上完美，而班福拉多對它進行了徹底而發人深省的檢驗。對於被制度化的不正義，這可以說是找出不正義之處，並進一步預防的第一步。」

——喬納森．齊特林（Jonathan Zittrain），哈佛法學院國際法學教授

「亞當．班福拉多在這本讓人不忍釋卷的書中，從幾乎各個角度徹底為我們的刑事司法制度提供了一個新視角。不論是法律的實務者、政策制定者或是每一位公民，都可以對這個值得更多公眾討論的議題，有進一步的了解。」

——湯姆．派瑞羅（Tom Perriello），前美國眾議院議員

「法學理論和實務——與諸如經濟學或哲學等領域不同——一向不太重視行為神經科學和社會心理學對人類心理所作的研究。這本適時而重要的書，可以幫助刑事司法制度迎向二十一世紀。」

——森舸瀾（Edward Slingerland），「人類演化、認知與文化」中心（The Centre for Human Evolution, Cognition, and Culture）主任，《無為》（*Trying Not To Try*）一書的作者

致臺灣讀者

司法審判不公正不僅是臺灣獨有的問題，也是美國、德國甚至巴西的問題。這是一個全人類的課題。

在司法體系中，對於公正性產生最大威脅的並不是壞人刻意做的壞事，而是那些未被正視的心理因素讓心存善念的警官、法官、陪審員、檢察官和證人所作出的行為。

我寫這本書的目的，就是要從科學的角度，揭示法律工作者是如何作決定的，以及哪個環節可能會出錯。許多研究結果令人咋舌，它的確與我們大部分人篤信的真實相違背。無辜的人可能會承認自己並未犯下的罪；目擊者會信誓旦旦地闡述他們腦海中的印象，但其實那是子虛烏有的事物；自認平等待人的人可能會歧視他人而不自知。

為了作出公平有效的司法判決，我們必須戰勝那些藏於法律中帶有破壞性的迷思。目前臺灣正處於歷史上非常難得的時刻，無論是政府或公民團體，都強烈希望能改革司法系統。但，就如同我在本書提及的，如要把握機會並且實現有意義的進程，就必須從根本來重新定位司法系統——已發展國家的人民必須接納以證據為根基的司法審判。

如果司法系統是建立於對記憶運作的錯誤理解、對騙局的錯誤認定、以及對人們犯罪原因的錯誤假設，解決之道就是基於實際的行為研究，重新建立方法和程序。我們一定要蒐集資料並進行試驗，以了解哪些司法取徑有效，哪些則無。嚴刑峻法就能讓社會更安全嗎？你能看著證人的雙眼，就知道他是否說謊嗎？指示一名陪審員不得採信剛剛她聽到的證據，這會是有效的行為嗎？

我們得停止臆測。

想像一下，如果你因胸腔嚴重疼痛去看心臟科醫生，但醫生沒有實際檢查你的心臟就開立處方籤；想像一下，如果你的外科醫師正在根據直覺進行手術，但那些手術方法從未經實驗證實；想像一下，護士正在用十八世紀以來就不曾被質疑的殺菌方式清理手術刀……

那樣的世界是很嚇人的。當然，我們應該仔細研究醫療的效用，發現更好的技術時就應該跟進——這就是你改善大眾健康狀態的方法，也是你進步的方法。

在法律界也是如此。如果你希望司法系統的所作所為值得信任，你就必須讓證據指引方向，而且要無畏地跟隨它前進。

在書中，我說了許多可怕的故事：有無辜男子被迫坐了數十年冤獄、有殘忍的強暴犯逃過法律制裁，還有人由於失誤而作出誤判。這些許多無法預期的轉折和恐怖的結果，讓本書閱讀起來就像一本小說。你可以假設一切都被誇大了，或是認為那些我揭露的不公平只發生在遙遠的彼岸，但其實一切再真實、再平凡不過。

當今，臺灣和世界各地都有正在受苦中的被害者、嫌疑犯、被告和囚犯，他們的痛苦並非來自社會無情，而是因為大眾沒有發現導致此扭曲結果的隱藏模式。

我希望這本書可以改變你對司法系統以及司法相關人員的見解；同時，我也希望這會激勵你去行動，因為公平正義不會降臨在只願意等待的人身上。

目錄

第三部 處罰

第四部 改革

前言

大缸裡的水平靜無波，也深不見底。

為這對兄弟——克萊門特（Clement）和埃夫拉爾（Evrard）——所作的準備早已完成了。他們還是來到教堂，站在一群人的最前面，像是微風中的樹幹。

那是西元一一一四年的冬天。白晝愈來愈短；法國北部進入了雨季。克萊門特和埃夫拉爾都是農人，他們住在比西（Bucy）這個小村莊，就在蘇瓦松（Soissons）的東部幾英里。

他們被指控的罪名是信仰異教。所以現在赤著腳站在利茲阿爾（Lisiard）主教、修道院的吉伯特（Guibert）院長等人的面前。但是這對兄弟並不是那種會公開為他們的異端邪說辯護的異教徒——這類人雖然很毒舌而且像癌細胞一樣慢慢擴散，但是臉上就寫著背叛。不，他們屬於「偷偷散布」邪惡的密使，這種邪惡是「永不止歇的私語」——像蛇一樣悄悄地爬過社區牆上的裂縫，擊垮那些軟弱而無警覺的心靈。這些異教徒的邪惡之聲會吹進那些不夠堅定之人的耳朵裡：耶穌的誕生一點都不神聖，婚姻是場鬧劇，讓幼童受洗一點意義都沒有。而他們的人在背地裡，既違反了神的法律，也違反了人的法律。

就如同吉伯特院長的紀錄，他們沒有特別把自己的墓地視作神聖的土地，他們拒絕吃「有性世代」（sexual generation）所生產的食物，他們是同性戀，而且會進行一些邪惡的儀式。的確，傳聞說他們的宗教聚會都「在地窖或是結滿蜘蛛網的隱密地方」舉行，他們在那裡進行祕密的祭神儀式，在混亂中懷的孩子，也在那裡被做成麵包之後，「當作聖餐」吃掉。

就是這樣的人被帶到利茲阿爾主教面前，要對他們所犯下的罪行作出回應。

這對兄弟被他們的鄰居出賣了：一位女性聲稱克萊門特對她洗腦了數個月，幾乎把她逼瘋，以及一位預備牧師宣稱聽到克萊門特有反對教會的言論。

但是這兩位提出指控的人都沒有出現。對於主教和吉伯特院長提出的質疑，這兩位被告都「給出了最基督徒式的回答」，也不承認加在他們身上的指控，這反應出所有司法制度中一個最典型的問題：強烈質疑某人有罪，但是卻沒有確實的證據。

不過，十二世紀的法國對於這個問題，有現成的解決方式。

舉行完彌撒之後，主教和皮埃爾（Pierre）副主教帶領克萊門特和埃夫拉爾走向水缸。當他們在水前現身的時候，主教大聲念出連禱文以及驅邪的咒語。他的臉上流下兩行淚。克萊門特和埃大拉爾看起來也深受感動，他們發誓自己絕對不是異教徒，也沒有遵循（或被教導）過任何背離信仰的教義。

就在這時，克萊門特被丟到水裡。

這不是某種宗教的淨化儀式。這是判決程序中的重要時刻，同時也是克萊門特一生中最重要的一刻。這就是審判——「驅魔之水的神裁」——它完全由浮力來決定。克萊門特會浮在水面上，或是像堆石頭一樣沉到水底？

如同九世紀的神學家——蘭斯大主教因克瑪（Hincmar of Rheims）——所說的，如果一個人「想要用謊言隱藏真相，他便不可能隱身在水中，因為水面上方有上帝的聲音迴響著」。洗禮之水是純潔的，會自然而然地拒絕那些被謊言玷污的身體。殺人犯、通姦者和異教徒會浮起來；無辜的人才會被水所籠罩。

被指控的人（例如克萊門特）一般都會在脫光衣服之後被用繩子捆綁，然後被推進水裡。因克瑪認為這樣做的理由有兩個：首先是要防止有罪的人欺騙法官（例如在衣服中放重物，或是把他自己往下拉），第二個是要可以在無辜的人淹死之前，很快地把他拉出來。有時候，這類審判會要求被指控的人必須沉到某個深度——例如，距離水面有他頭髮的長度——所以會在繩子上綁一個結，幫助測量。

不過，克萊門特不需要任何繩結。誰都看得出來。他「像根樹枝一樣地浮在水面上」。

對於聚集在蘇瓦松的所有男人、女人和小孩來說，這次的神裁不會有任何扭曲：這是一次真的、公平的審判。是由社會上最受人尊敬和敬重的人——宗教階級中的基石——主持這次神裁，它屬於正式而且神聖的彌撒的一部分。它是一個中立的過程，可以避免其他判決方式會有的偏見。證人會說謊，法官也可能屈服於政治壓力，但是神的判斷絕對真實，而且不能被收買。在神意滲透到生活中的每個面向的時代，各種用到熱或是冷的不同神裁——從煮沸的大汽鍋中撈出戒指、直接從火裡拿出一塊鐵，或是被丟進一大缸水裡——看起來都十分理性而且公平。

為了得出正確的結果，神——祂可以控制所有的自然元素，並且把一切都看在眼裡——會指揮那些元素以異常的方式運作：熱的鐵塊無法將無辜的人燙傷；冷水不會讓有罪的人沉下去。所以，如果你**當真**沉下去了，大眾都可以接受這個答案。在中世紀的大部分時候，都沒有一個有足夠支配力的政府權威，可以處理歐洲各個分散的小團體之間的衝突，而關係到法律時，人類行為的合法性總是會引起爭議。不過神的行為就不會了。

除此之外，像是克萊門特所接受的神裁，其裁判的正確性可以被所有人看到，而且社會中大多數不識字的人也可以立刻理解。如果人們想要在一個失序的世界中尋求秩序和共識，在一個不公義的時代追尋正義，神裁法看起來就是上帝的賜福：不只是因為它可以被大家接受，也因為它是解決紛爭和澄清謎團的最好方法。還有什麼其他的方式，可以在缺乏確實證明——具體的證據、可靠的證人——的情況下，讓一群人對隱藏的犯罪作出判斷呢？沒有其他明確的替代方案了。

今天，在經過了九百年之後，我們已經很容易指出這個制度中的缺點了。在用火和水進行的神裁中，決定有罪的機制其實沒有穩固的基礎。無辜的男女當然也會被灼熱的鐵和煮沸的熱水燙傷。而一個人會不會沉到水裡，大部分取決於他的肺裡有多少空氣，以及——更基本的——他的體脂肪有多少。女性和體格強健的男性自然比較不利——而且不公平。

就算這個程序是有效的，每次的神裁也沒有任何一致性。訊問嫌犯時，他的答案要怎麼樣才算夠好，才可以讓自己免於審判呢？鐵塊要用煤加熱多久？當手移開時，它看起來要燙傷得多厲害，才能夠被當作有罪的明顯證據？

對於我們這些今天西方民主國家的人來說，由宗教領袖來監督刑事程序，看起來也是個大大的錯誤——就像處罰異教徒本身就很不對。如果有人控告那些「指責孩童還『未達懂事年齡』怎可接受洗禮」的人有罪，對社會有什麼好處呢？

最重要的是，如果你覺得把一個人推進水裡就可以看穿他在想什麼，並且因此發現他有褻瀆神明的想法，這實在是太奇怪了！這簡直就是齣喜劇了。在《聖杯傳奇》（*Monty Python and the Holy Grail*）中，有一幕是村裡的流氓把一個據說是女巫的女子拖到圓桌武士貝德維爾（**Sir Bedevere the Wise**）面前，貝德維爾向他解釋裁判的程序是：既然女巫和木頭都會燃燒，而木頭和鴨子都會浮起來，所以，如果這個女子和鴨子一樣重，她就極可能是真的女巫。於是，歡樂的群眾急急忙忙地走向最近的一組秤。我們會覺得好笑，是因為這實在是太荒謬，也實在非常地不公平，而且駭人聽聞地不合理。

但是九百年前的人，又會怎麼看待我們現在的司法制度呢？

其實，對於我們今天習慣的例行公事，以及我們對制度中發生的不公平的一再容忍，這些事會讓我們的祖先感到驚訝的程度，大概不會亞於我們對於神裁的驚訝程度。他們也會在我們的法官和陪審團身上看到偏見，就像我們看幾世紀以前的主教和修道院院長時，會覺得他們明顯帶有偏見。他們也會覺得我們的刑法不合理地堅持一些錯誤的見解，就像我們不了解為什麼要禁止異教徒一樣。他們也會檢查我們的程序和步驟——我們有多嚴格地遵守它們、我們是否真心認為它們可以捍衛正直和正確性——然後嘲笑我們的天真，就像我們今天嘲笑貝德維爾那不知所云的判決一樣。如果三十世紀還有蒙提．派森（Monty Python）[1]，那麼劇團成員寫出來的小喜劇，大概就很像《法律與秩序》（*Law & Order*）＊的其中一集吧。

我們自以為很了解我們的司法制度。我們知道人為什麼會犯罪、怎麼判斷他是有罪的，以及好法官需要什麼。我們也知道哪裡還需要努力。我們承認制度未盡完善，參與其中的人也一直都有些不完美的地方——警察會說謊、陪審員有種族主義、偵察人員怠忽職守、法官貪污、證人有偏見，而律師則過於自我膨脹——這些都使我們的司法出現不平衡。

我們的直覺如此根深蒂固，因此很難想到它們可能是錯的。但事實上，我們相信可以決定案件和結果的力量——在最好的情況下——帶來了一些我們應該擔心的事。而在最壞的情況下，它們是很不適當的。就算解決了所有會讓案件脫序的常見問題，就算制度完全照著設計運作，我們還是會作出錯誤的有罪判決、讓程序受到偏見的影響、蔑視人權，並造成不公平的對待。我們的法律結構本身就帶有不公平，它在每一天的每一分鐘都影響著結果。不公平並只不是因為警察帶有偏見，或是詭計多端的地區檢察官居心不良，而是源自於我們每個人的內心。

◆ 內文註解以阿拉伯數字標明者為譯註，以＊號標明者為編註。由作者所著的各章參考文獻附於書末，詳細章節附註可至http://www.adambenforado.com/unfair下載。

1 英國著名喜劇表演團體，上述《聖杯傳奇》就是由蒙提．派森參與拍攝。

＊ 又譯《法網遊龍》，是美國一部以警察和法律為主題的電視劇。

在本書中，我會利用心理學和神經科學的新研究，點出隱藏在刑事司法制度背後的機制。這些觀察透露出的真相，大概會令讀者感到驚訝、違反直覺，甚至覺得十分不安。在一窺腦中的黑盒子之後，科學家發現我們其實一點都不了解自己，而且比我們所以為的更無法控制自己的行為。雖然我們堅信自己受到理性和意志力的引導，但其實是更常被自動化的過程牽著走。就算我們以為自己依照目的扭轉了環境，但實情通常是相反的——反而是周遭一些看起來極不重要的因素，大大地形塑了我們的行為。

我們必須發揮能力，正確地評估風險，這是法律制度的核心。我們自以為了解是什麼因素讓警察決定拔出槍、警方和檢察官該把寶貴的資源用在何處、法官的保釋金應該設得多高，以及立法院是否應該通過一條嚴厲的新刑法。我們以為自己是根據事件的類似性和結果的嚴重性進行評估，並認為如果別人得到了同樣的資訊，他們也會算出同樣的風險。

但是有愈來愈多的科學證據指出，我們並不像自己所想那般前後一致且理性，也不是能夠迅速進行大量複雜運算的電腦。在一項研究中，研究者分別問兩組經驗豐富的法醫：是否應該釋放某一位具有暴力史的精神病患者——瓊斯（Jones）先生。兩組人都獲得了一份由權威心理學家所提供的「最先進的評估報告」。唯一的差異是，在第一份報告中，心理學家選擇用或然率來表達瓊斯先生會給大眾帶來的風險（「與瓊斯先生情況類似的病患，預估有百分之二十的可能性做出暴力的行為」），而第二份報告則是以相對頻率來表達（「在每一百位與瓊斯先生情況類似的病患中，預估有二十位會做出暴力的行為」）。我們大概會認為——這也合乎邏輯——選擇用不同的表達方式沒有什麼影響：兩者傳達的資訊完全一樣，也都很容易理解。但是它卻對專家有巨大的影響。和第一組人（他們的考量是瓊斯先生有百分之二十的機率會在獲釋之後做出暴力行為）比起來，第二組人（他們認知風險的方式是每一百人中會有二十個危險的行凶者）有**兩倍的機率**會決定把瓊斯先生繼續監禁在精神病院中。研究者再進一步探究之後，發現如果是用或然率的表達方式，人們會對瓊斯先生在未來的危險性帶著善意的想像，但如果是用相對頻率來表達，人們就會立刻想到「一個發狂後殺了人的傢伙」——而這個強烈的影像會讓他們更覺得瓊斯先生具有危險性。

實際上造成威脅的可能性有多大，通常並不是真的最重要的。如果我們對於某件事——像是有戀童癖的人強暴幼童——有很負面的感覺，我們會認為它有極大的風險，不論它實際上發生的機率有多少。五百萬分之一的機率和五千分之一的機率對我們來說都是一樣的。這不是說我們無視於或然率，而是我們對於數字本身並不敏感。事實上，有時候面臨危險的人更多，我們反而關心得更少。德蕾莎修女（Mother Teresa）說的是對的：「如果看著眾人，我就什麼事都不會做。但如果我看向其中的一個人，就一定會做點什麼。」研究顯示，如果想要說服立法者通過一個新法案——讓某些性犯罪者在服完刑之後，還可以被無限期拘留——那麼告訴立法者一個特定兒童受害者的故事，絕對比告訴他「從統計學上來說，這可以拯救上千條性命」來得有說服力許多。許多主要法案——例如《梅根法案》（*Megan's Law*）[2]和《亞當華許法案》（*Adam Walsh Act*）——的通過都是因為某一位兒童遭到殺害，這

2 美國性犯罪者資訊公開法的俗稱，名稱來自一個遭受性侵害並被殺害的女童。

絕非巧合。

我們以為風險的評估通常不會包含情緒，但其實在大部分時候，都是直覺（而不是事實）在引導評估，而恐懼尤其會扮演一個重要的角色。問題在於我們所害怕的通常並不是主要造成威脅的東西；我們反而會忽略一些確實具有危險性的事物。我們會四處搜尋線上登記的性侵犯，擔心兒子在騎車去游泳的路上經過一個危險人物的屋外，但卻沒有注意到載他去游泳會碰到的危險——你的孩子被性變態綁架然後殺害的風險和他被雷打到的機率一樣低，車禍和溺斃卻是兒童的前幾大死因。有戀童癖的人所帶來的威脅被更緊密地和恐懼聯想在一起：它看起來不受控制、不為人所熟悉，而且具有戲劇性。所以，我們花許多精力投入登記和執行其他嚴厲的手段，雖然研究顯示這類努力對於降低再犯率並沒有明顯的幫助，而且——事實上——還會威脅到我們追求公平處遇的核心價值。

我們的觀念還遭到新聞媒體更進一步的扭曲，因為我們用來偵測威脅的系統，很大一部分仰賴唾手可得的任何資訊。記憶中的重要事件發揮了最大功能，而有多容易記起一件事，不僅會影響到我們認為那件事有多常發生，同時也影響到我們覺得它有多重要。所以，對於連續強暴犯和兒童綁架事件的新聞報導遠多於對糖尿病導致死亡的報導，這就造成了不同的結果。同樣地，地方新聞大篇幅報導年輕非裔美國人的犯罪行為（遠超出他們實際的犯罪比例），也加深了人們對於黑人的恐懼，並且高估了他們所帶來的威脅，最後則會影響警察、檢察官、法官和陪審團對待黑人的方式。

現在的法律制度對於這些心理過程（及其他許多）的存在和影響都不以為意。在本書中，我們將用實際的例子和事件探討犯罪心理、證人記憶、陪審團審議、警方程序和對於懲罰的直覺（其本質為何）。是什麼讓一位原本可以很傑出的檢察官，把不利於對造的重要證據藏起來？為什麼一個人明明沒有受到任何身體上的脅迫，卻自白了一件沒有做過的犯罪？讓證人執行指證的方式，有可能改變證人的指證結果嗎？有沒有可能根據一個人的長相，就預知他的課刑會有多重？對一個罪犯的腦部進行掃描之後，我們就可以立刻知道他是否會再犯嗎？

在揭開了偵查人員、法官、受刑人等人的內心祕密世界之後，我們會面臨一些具有挑戰性的問題。如果我們的法律規定和實務，除了對人類行為的實際影響視而不見，還讓神經科學家和心理學家已經證明為假的爭議繼續存在，這會發生什麼事呢？如果我們以為可以消除偏見的刑法結構和組成，其實會讓偏見變得更糟，這會發生什麼事呢？而如果大部分人都不了解自己內心潛藏的複雜性，是否會有其他強大的行為者利用這個知識，將牌局轉向對他們有利的一方，但是卻要最弱勢的人付出代價呢？

在進入法律學院不久後，我就深深受到這些議題的吸引，因為我開始體認到，我們所理解的法律上行為人的想法和行為，都是不正確的——還常常是有害的。我對於這方面的閱讀和思考愈多，就愈確定我們必須根據心理層面的科學建立一個新模式，好讓法律制度達到真正的公平。在過去十年來，我投入專業生涯，指出其中的問題，以及應該推動的改善方向。

本書中，支持我的理論的證據包括我與其他法律學者和心理學家所作的研究，以及我在法律學院的課程和對外演講中所提過的研究。雖然科學的確具有強大力量，但是我們也必須小心。首先，我們要記住實驗室和現實世界是不一樣的，關聯性不等於因果關係，不是所有發現都同樣確實或是健全。

如果律師、法官和決策者在改革法律制度時，根據的是對相關科學的不正確理解和未經證實的研究成果，是會有危險的。

但是我們從一開始就必須知道，如果對於可能相關的科學見解置之不理（直到它們成為某種程度的信條），我們也可能必須付出巨大的代價。如果我們花了五年、十年或是五十年，才能讓一項發現成為無可爭議的事實，那麼在這段期間內，人們的生命也會一直因為**通常沒有任何科學基礎**的法律條例、原則和規範，而受倒懸之苦。

當義大利科摩（Como）的路易莎・羅・加托（Luisa Lo Gatto）法官將斯特凡尼婭・阿伯塔尼（Stefania Albertani）從終身監禁改判二十年有期徒刑時，許多學者和媒體工作者紛紛表示擔憂——減刑有一部分原因，是斯特凡尼婭的腦部結構圖片顯示她有兩個區域（前扣帶迴〔anterior cingulate gyrus〕和島葉〔insula〕）的灰質比一般健康的女性少。斯特凡尼婭承認殺害了她的妹妹，並且將屍體燒掉，接著還想要謀殺她的父母。對於減刑的批評，是著眼於神經科學在這方面的研究（大腦在這些部位的缺陷會降低一個人的克制能力，並增加攻擊性）還不完善，用這方面的理論來解釋特定對象的行為實在太過跳躍。除此之外，他們還注意到斯特凡尼婭的腦部只被拿來和其他十位女性作比較。

這些都是合理的質疑。不過，提出警告的人之中，卻很少人想到該對斯特凡尼婭的第一次判刑基礎提出質疑。

如果有個人強迫餵她妹妹一些治療精神異常的藥（其分量足以致死），再把她丟進火裡，看起來這個人的確活該受到很嚴厲的懲罰。但是，有什麼研究可以證明我們的直覺——也就是「犯罪的心理」、邪惡、自由意志等是真實存在的？我們的想法、信念和行動不過是大約一千億條神經所決定的，每一條神經都有互相連接的突觸，會傳送和接收神經傳遞介質。如果因為（例如）長了腫瘤或是腦部的創傷，使得某些電氣化學的反應沒有以正常的方式發生，這個人就可能會缺乏同情心、聽到某些聲音，或是記不住事情。如果出生時基因就有缺陷，就會造成一連串錯誤的電氣化學反應，並使得你的犯罪機率大幅飆升。那怎麼還會有個人選擇和可責性的空間呢？

懷疑論有助於我們建立一個更好的法律制度，但是對於某些最新的研究成果持懷疑態度，卻似乎反應出我們害怕改變、盲目地相信現狀，而且對於科學持過於謹慎的態度。我們其實不應該如此謹慎，免得我們最後決定支持的制度，只是依靠迷信和神話而存在。

我們的司法制度有足夠的彈性，可以回應神經科學的新發展（如果它指出法律和程序有缺點）。我們有些可以做到的解決和補救方式。有些解決方式——例如將處罰行為加以重新概念化——是長遠而龐大的計畫，必須花上長時間的努力；但是也有一些方式——針對警察的訓練、程序規定、法庭設計和我們的法律規定——可以在近期內執行。是否選擇要達成這些目標，其實和我們受到的自然限制不是那麼相關，反而繫於我們有多想追求法律之下的公平。

為了根除不平等，我們是否願意看看自己的腦子裡面有什麼，即使這意味著瞭解一些我們希望不是真實的事情，以及改變幾個世紀以來所習慣的作法？

我們是否在乎因為警察、陪審員和法官的認知偏見，使得制度對某些人大開方便之門，但是對另一些人卻不是如此？如果某些人只因為他們的腦部結構或是臉部特徵的緣故，從一開始就居於下風，我們會在乎嗎？

如果想到就在今天，還有人為了他們沒有犯過的罪在等著被處死——每二十五個死刑名單中就有一個，這還只是最樂觀的估計——我們會感到多麼不安？

DNA測試在一九八〇年代的發展，讓我們有機會一窺那些危害司法制度的問題，但這還只是在一棟廣大、全黑的大樓中，點亮的一根火柴。微弱的光線讓我們知道，刑案程序是多麼滿目瘡痍——已經有超過三百個人因為基因不符而被證明無罪，其中有超過百分之九十五的人被錯判成殺人犯或是強暴犯。就像是受人尊敬的勒恩德．漢德（Learned Hand）法官曾經向我們保證的，「被判有罪的無辜者的鬼魂」不再只是「不真實的夢境」了。

然而，危機的規模遠比我們所知要大得多。在絕大多數還藏在暗處的案子中，並沒有可以證明無罪的DNA證據，沒有好的律師，那些錯誤的有罪判決甚至被認為不值得抗爭。在我們站著的這個房間之外，有罪的人獲得自由，被害者沉冤未雪，囚犯的痛苦無人聞問，而無辜的人被推進牆角或被押在地上。總是有我們漏掉的的通道，通往不正義。當我們終於往下走進漆黑的地下室，也將會發現每件事都只是建構在沙地上——我們的法律制度根源於對人性的主要假設、善與惡、誠實與欺騙，但這些在現實世界中都找不到什麼支持。

除非我們能了解人類心理，否則不可能意識到法律中有哪些令人難以忍受的不公平，或找到解決的方法（因為這背後也是由人類的心理加以驅動的）。這是本書的目標。現在我們該做這件事了。

第一部
調查

1 隨我們過日子的標籤◆受害者

一月，在一個寒冷的夜晚，傑里．普里切特（Jerry Pritchett）從家裡面走出來。那天是星期五，剛過九點，傑里穿著拖鞋。他要去車裡拿什麼東西。但是他停住了。

在那裡，兩棵光禿禿的銀杏樹中間，有一個蒼白、灰髮的男人橫臥在昏暗的街燈下。在這條格拉梅西街（Gramercy Street）北側的人行道上，整齊地排列著一排磚造的房子。人行道上空無一物，只有這名倒臥的男子。傑里慢慢靠過去，很顯然的，事情不太對勁，但是男子已無法回話。當傑里問他問題時，他只是發出呻吟聲。他沒有帶錢包，但是傑里看到他戴著結婚戒指和手錶。

傑里的太太克勞蒂（Claude）打了九一一之後，也來到丈夫身邊。她注意到男子看起來神智不太清楚：他的眼睛沒有看著克勞蒂，而且當克勞蒂和他講話時，他似乎沒有聽懂克勞蒂在講什麼。男子試著坐起來，但因為他只有用身體的左半邊使力，所以只是白費力氣，他的頭還是一直跌回到水泥地上。傑里把自己一隻穿著拖鞋的腳枕在男子的頭底下。

在撥打緊急求救電話之後不到十分鐘，四位華盛頓特區的救難隊員就趕到了。而幾乎就在他們來到男子身邊的同時，男子開始嘔吐。

克勞蒂以為那個男子中風了，但是救難隊員聞到了酒味。他不是中風或是心臟病——其中一位救難隊員的評論是：「這種情況十之八九都是酒精作祟。」開車的那位救難隊員在男子的頭部（右耳上方）發現了一點血跡，但是並沒有明顯的腫塊，而且只要用紗布輕輕按住，就可以止血了。於是他們決定不必作完整的追蹤評估，也不必測量男子的心跳、呼吸或血壓。

後來，來了一個警察，問救難人員發生了什麼事。救難人員回答：這個男人「很可能是喝醉了」，於是就「跌倒了，撞到自己的頭」。所以，警察也沒有很當一回事。根據規定，警察本來應該要確保現場的完整，並且展開前置調查，釐清是否有犯罪行為，但是這些看起來也都不太必要：只不過是有一個人喝醉了。

最後，救護車也終於到了——距離先前的臨時處置，已經又過了二十三分鐘。「病人怎麼樣？」領頭的救護人員問道。其中一位救難隊員回答她：「ＥＴＯＨ」，這是乙醇（ethyl alcohol）的縮寫，表示葡萄酒、伏特加和其他烈酒當中的酒精成分。她顯得不太高興：「就為了ＥＴＯＨ把我們叫來？」

救難隊員們發現了幾件不太合理的事——例如男子的瞳孔似乎有收縮——但是他們並沒有確實傳達這個訊息。緊急醫療技術員（ＥＭＴ）也都沒有問——男子的狀況和他外套上骯髒、散發惡臭的嘔吐物一樣明顯。最後，他被放在擔架上抬走了——沒有使用靠背板或是頸圈。領頭的救護人員既然受過較高階的訓練，應該是由她負責照顧病患，但是她沒有對男子作仔細的檢查，就逕自開車離開了。

緊急醫療技術助理接著對男子的神經系統作了評估，發現男子幾乎失去了意識——他的格拉斯哥昏迷指數（Glasgow Coma Scale，滿分為十五分）只有六分，應該指定為第一優先等級，但是助理卻只將他歸為第三等級，這表示男子的狀況仍屬於穩定。男子已經無法言語，眼睛和運動反應（motor response）減少，只是酒醉狀態——沒什麼好擔心的。助理也跳過了其他的認知測試，讓該填的表格保持空白。

雖然火警與緊急醫療服務（Fire and Emergency Medical Services）政策的方針要求，必須把精神狀態已經發生改變的病患送到最近且適當的機構，但是緊急醫療技術員卻決定把男子送到霍華德大學（Howard University）附屬醫院。它是西布利（Sibley）醫院的兩倍距離，但是因為領頭的救護人員有一些個人的工作要辦，到霍華德對她來說比較方便。病患在救護車裡也可以睡覺醒酒，反正送他到醫院也是一樣在那裡睡覺。

他們抵達霍華德附屬醫院之後，緊急醫療技術員把男子放上醫院的輪床，告訴值班的護理人員：他只是醉了。男子就被推到走廊，放在那裡；十五分鐘過去了，接著是三十分鐘，然後一小時又過去了。醫院的護理人員都不知道男子的昏迷指數很低或是有其他狀況，他們也直接認定他就是喝醉了。值班的護理人員事後說：她以為男子之前有和緊急醫療技術員對話過，現在睡著了，所以她「也就讓他繼續睡」。

醫院裡沒有一個人對男子作必要的檢查，而且當值班的護理人員發現他的體溫過低時，也沒有理會這個訊號，就直接走開了。畢竟那天晚上本來就很冷。她沒有檢查男子的瞳孔，因為這可能會吵醒他——有些醉漢醒過來的時候，會大吵大鬧著要離開醫院；拿光照他的眼睛，就意謂著讓已經人手不足的醫院又要面臨更大的壓力。值班的護理人員事後說：「我看他並沒有很痛苦的樣子，所以就沒有吵醒他。」

當她把男子交接給負責的護理人員時，值班護士說的是：「又一個ETOH。」急診室的C和D廊道的負責人也被告知同一件事，所以她也只是把他「就這樣放著」。男子沒有呼吸問題，所以他「那時候不算是緊急病患」。因為沒有什麼需要緊急處置的理由，所以醫生選擇等男子的嘔吐物清理乾淨之後，再來作檢查。

接著，讓一切改變的事情發生了。

大約在晚上十一點三十分，另一位護理人員過來幫忙，給在D廊道的病患消毒。在她們移動輪床的時候，新來的護理人員注意到男子的呼吸不太對勁：他的鼾聲十分沉重，像在吼叫。這有時候不是個好癥兆，所以她們摩擦他的胸骨，確認他有沒有反應，而病患的「手腳都向內翻轉」。護理人員再繼續摩擦，他的反應也還是一樣。

護理人員簡直感到無法置信：他的「肢體動作異常」，這通常就是代表頭部受傷了。但這不就是一個ETOH嗎？沒有人提到頭部受傷啊！

醫生在護士站看了病患異常的動作之後，立刻將男子移到急症室，並叫來創傷治療小組。不久前看起來才像是飲酒過量的常見戲碼，突然間就變成了生死攸關的緊急事件。他們為男子插管，現在也開始要找出原因。男子的兩眼瞳孔不對稱，而且對於光的反應也不尋常；他的呼吸很淺；而且還在頭部一側發現了一個小腫塊和一些血跡。

所有人看待事情的方式都錯了。男子表現出的症狀顯示他的神經系統受到創傷，不是酒醉。而他們浪費了數小時的時間。

男子在清晨五點五十分被推進手術室，離他接觸到救護人員的第一時間，已經過了八小時以上。這八小時都被白白浪費掉了。

大衛・羅森巴姆（David Rosenbaum）——這位曾經獲獎的《紐約時報》（*New York Times*）記者——在腦部受傷的隔天過世了，血塊造成他的腦部腫脹。這位六十三歲的記者畢生有四十年皆在報紙記者的崗位上，見證了華盛頓當局（美國國會大廈）的幾場關鍵性的政治鬥爭，而且剛在一個月前退休。他有妻子——維珍尼亞（Virginia）、兩個孩子——多蘿西（Dorothy）和丹尼爾（Daniel），以及兩個孫女。他就住在哈里森街（Harrison Street），離傑里和克勞蒂・普里切特的家，不過就只有一個街區左右的距離。

大衛的頭是怎麼受傷的？

這個案件中主要的轉折都是取決於運氣。當大衛在星期五晚上被送上救護車的時候，負責的警員正好在勤務交班之後，在無線電通話中得知有人失蹤的事。當他到了失蹤者的家，看著報案者的先生（他在傍晚出去散步之後一直未返家）的照片時，事情其實很清楚：這正是稍早「路倒」在格拉梅西街上的那個人。

但是，一直等到星期六，信用卡公司申報大衛的幾個帳戶可能遭到可疑人士盜刷，警方才發現他們的疏忽有多離譜。這很可能是搶劫和人身侵害的案件，但是他們甚至沒有保留犯罪現場。行凶者（不論是一人或多人）幾乎有一整天的時間取得先機。

但是他們還是找到了一個切入點。看到新聞報導大衛的死訊之後，麥可．哈姆林（Michael Hamlin）——一位二十三歲的維修技師——走進了第七區警察局，說出他的故事。哈姆林事後說他感到十分懊悔——這個案件「深深折磨著他的良心」——雖然有證據顯示他是認為可以藉此自保，或至少不要惹上更多麻煩，才來投案的。

根據哈姆林的說法，那天晚上他是開著自己的綠色凱迪拉克去接表哥小佩西．喬丹（Percy Jordan Jr.）。他注意到喬丹（四十二歲）的背包裡有一根很硬的塑膠管，便問喬丹那是做什麼的，但是喬丹回他：「你知道它可以幹嘛。」他們一邊開著車，喬丹說：「我們來挑個人吧」，並且說他們應該「找有漂亮房子的地方去」，也就是大衛．羅森巴姆那位於華盛頓西北邊的社區。他們停好車，盯上一個戴著耳機沿著街邊走的人，喬丹先在普里切特屋前的一棵樹後藏好。當大衛經過的時候，喬丹抓住他，拿管子朝他的頭和腰打下去，口裡嚷著：「老頭，別再抵抗了！」重擊的力道打斷了大衛的兩根肋骨，也讓他的頭蓋骨破裂。在大衛倒地之後，哈姆林跑過去，從大衛的後背包中搶走了錢包。

收穫不錯：錢包裡有大約美金二百七十元的現金。喬丹和哈姆林分掉了這些錢，還有各種信用卡和現金卡。他們用其中的一張卡加滿了汽車的油，離開那一區，還買了一些零食。在大衛被普里切特發現之前，他們回到車上，在車裡邊吃洋芋片邊喝果汁。

正義女神戴著眼罩。只要造訪位於巴西利亞（Brasilia）的巴西最高法院，或是美國田納西州孟菲斯市（Memphis）謝爾比縣（Shelby County）的縣府大樓，你就會看到她——一手持劍，另一手則舉著天秤。如同偉大的自由鬥士威廉・佩恩（William Penn）為她所下的註解：「正義的形象必須遮著雙眼，因為她不會看到爭執的雙方有任何不同。她只有一副天秤和砝碼，不分貧富或是強弱。」對於受害者而言是如此，對於嫌疑犯或被告而言，也是如此。受害者的身分不會影響到警察的作業、起訴或是判刑。法律之前，人人平等。

至少，大家是這麼說的。當十七歲的非裔美國人特雷沃恩・馬丁（Trayvon Martin）在佛羅里達州的奧蘭多（Orlando）近郊，被隔壁社區（這是一個有警衛巡邏的社區）的值班警衛喬治・茲莫曼（George Zimmerman）射殺時，許多美國人對於茲莫曼並沒有馬上被逮捕一事感到憤怒。這個案子看起來有很明顯的種族偏見：一位年輕的黑人被殺了，但是卻沒有人在乎。不過最後，特別檢察官（special prosecutor）安潔拉・科里（Angela Corey）提出了駁斥：「身為檢察官，我們只知道一種類型，那就是『V』。不是『B』，也不是『W』，不是『H』。是『V』——受害者（victim）的『V』*。我們是為了受害者而全力奔走的。我們心裡所想的，只有為了受害者而伸張的正義。」不論你問任何一位地方檢察官、警官或法官，這就是他們的回答。

但是這種對於人人平等的描述，又有多正確呢？

想想我們前面說的那個案子。它可以清楚地區分成兩個時期：當受害者是路人甲的時候，和受害者是大衛的時候。如果受害者的名牌上寫的是「身分不明的ＥＴＯＨ」，救難隊員、緊急醫療技術員、護理人員和醫生都不會管規定和程序，他們沒有理會各種可能性，只是照著流程跑過一遍。出動的警察也沒有仔細詢問可能的目擊者、試著確認受害者的身分，或是對於顯然喝醉的人為什麼身上沒有錢包感到懷疑。耳機就掉落在這個人身旁的草地上，但是也沒有人注意到。當負責的員警被問到是否有照規定填寫事件報告時，他只說：「沒有，對酒醉者不必填寫那個報告。」

不過，一旦那名「酒醉者」被確認是大衛．羅森巴姆，事情就變得完全不一樣了。突然有報紙開始報導關於緊急事件的處理流程，公家單位也要進行調查。一旦媒體和警方知道在格拉梅西街的受害者是記者和編輯，而且他工作的地方是美國最有聲望的報紙之一，當他的葬禮上來了超過七百個人——包括阿倫．斯佩克特（Arlen Specter）、奧林．哈奇（Orrin Hatch）、愛德華．甘迺迪（Ted Kennedy）[1]——而且大衛．普賴爾（David Pryor，阿肯色州的前任參議員）還讚譽「（大衛）腳步聲的迴響和他那高貴心臟的每一次跳動，都將流傳後世」，這真的變成了一個截然不同的事件。

的確，因為受害者是大衛，所以華盛頓政府必須思索，緊急事件和警察的程序是否需要全面的變革。檢察官也面臨必須主持正義的巨大壓力，他們說服哈姆林認罪並作出對喬丹不利的證詞，以換取用較輕的二級謀殺罪起訴。哈姆林最後被判處二十六年有期徒刑；喬丹則是被宣判一級謀殺、六十五年徒刑。

如果正義女神會為了大衛揮劍，那為什麼在一個無名氏哭求幫助時，她卻坐視不理呢？問題不像

＊ 此處的「B」代表「Black」，即「黑人」之意；「W」為「White」，意指「白人」；「H」則是「Hispanic」，指西語裔的美國人。

1 以上三位均為美國參議員。

是劇作家大衛・馬麥特（David Mamet）曾經順口說的：正義女神也是聾子；問題在於就算正義女神真的相信她沒有看到人與人的不同，但她的眼睛其實還是接收了許多資訊。而且，一旦她的腦中形成了某個印象，那個印象就會對於她進行的工作帶來巨大的影響。

近來有心理學上的研究可以解釋這個過程，並且有助於釐清大衛案件中的主要謎團：為什麼有這麼多不同領域的專家——警察、救難人員、護理人員、醫生和緊急醫療技術員——他們的工作就是要幫助人們和拯救生命，但是卻從大衛被發現倒臥在地上開始，一直到他被移轉給醫院的創傷治療小組為止，不斷地犯下許多錯誤。這不是幾個環結之間連結不良的問題而已；在華盛頓檢察長於事件不久之後提出的一份長達六十九頁的報告中，指出這是「一連串無法接受的錯誤」。是什麼讓該作出反應的人都放棄遵守既有的規則、忽略了明擺在眼前的重點，只圖省事、視證據如無物？答案端視我們在犯罪發生之後是怎麼衡量受害者的。一般都以為我們會在判斷之後蒐集資訊、經過仔細的評估，然後經由推論，形成某個人的完整圖像。如果眼前的事物與此有關，我們就使用這個圖像（例如：研判一個連續殺人魔的形象），而如果沒有相關（例如：決定要用幾分努力以保留犯罪現場），就先把這個圖像放在一邊。

但其實，我們並不是如此冷靜而思慮縝密的偵探；相反地，我們一般都是根據極端有限的證據，就直接跳到結論。這個在我們腦中自動進行的過程（通常被稱作系統一〔System 1〕）會根據擺在眼前的正確事物，馬上就設定一個場景，並且跳到一個關於受害者的結論，而不去思考我們可能漏掉什麼。不確定性或疑問都不會被當作一回事。

有時候，我們會有比較慎重而經過努力的心理過程（系統二〔System 2〕），可以推翻那些一開始形成的印象——並且提高對於不確定性的恐懼——不過通常這種事不會發生。我們知道得愈少，就愈容易產生一個頭尾一致的故事，而敘述的一致性會決定我們對於自己的衡量結果有多少信心。不幸的是，如果我們只有為數不多或是不強的證據，就很可能變得過度自信。

想想下面這兩個句子：

> 有一位年長的女性上了火車，卡爾馬上從他的位置上起身。
>
> 有一位年長的女性上了火車，亞歷克斯還在他的位置上繼續看著書。

如果有乘客心臟病發作，哪一個人看起來比較可能伸出援手？這個問題很簡單吧？一定是卡爾。但是，讓我們再回去看看這兩個句子。這兩個句子其實沒有提供任何資訊，足以幫助我們正確地判斷卡爾和亞歷克斯未來可能的舉動。說不定卡爾根本沒有看到那位女性；他可能只是突然發現自己到站了，或是旁邊有一個小孩哭得他心煩。而亞歷克斯還坐在位置上，也可能是因為火車上還有許多空位，或是因為已經有人要讓座給那位女士，但是她卻婉拒了，或是因為他背對著她。我們握有一些資訊，接著就自己很快地補上了那些我們不知道的資訊，這樣就讓我們有了個前後一致的故事，可以推測劇中人的個性，並預測他們下一步的舉動。我們每天都不斷地在做這件事。

在真正讀完發生在格拉梅西街的事件之前，你也一定不斷在腦中填補一些細節、發展出一些場景和對話、推估人物的個性，最後解決這個事件。我們都會想像自己是專業的偵探，而且還有很多證據證明這件事：六本葛里遜（Grisham）[2]的小說、幾集《CSI犯罪現場》（*CSI*）的故事、上百篇關於謀殺和強暴案的新聞報導。不過，就像專家對於九一一報案電話的反應一樣，我們也常根據擺在眼前的一些有限——而且沒有什麼相關——的資訊，就對受害者的身分和犯罪本質作出結論。

如果要人在看完兩段影片之後衡量一個小學生的學習能力——其中一段影片顯示她在校外的樣子，而另一段則拍她在進行口試——評量的結果會根據她在第一段影片中的背景而不同。如果該學生出身於城市的低收入階級，人們會注意到她的表現中不一致的地方——答對某些困難的問題，但是有某些簡單的問題反而答錯——而認為她的能力低於平均。但如果是**同一個**學生——但是她的背景屬於居住在郊區的中產階級，別人就會認定她的能力高於平均水準。同樣的一位女孩、同樣的表現，但是卻有不同的結論。我們其實是根據她家房子的大小和她家的社區有幾棵樹，來決定她的智商分數。

在大衛的例子中，我們的確看到了一個人周遭的情況，會如何影響我們對於他的評價。對於這個倒臥在她居住的高級社區人行道上的人，克勞蒂．普里切特形容他「穿著得宜、一絲不苟」。而在三個小時之後，急症室的醫生則形容大衛——他現在頹然倒在醫院走道上——「頭髮凌亂、衣冠不整，衛生也很糟。他看起來很髒亂。和我們看過的其他醉漢沒有兩樣。」

這也可以解釋，為什麼警察也不懷疑這個倒在人行道上、語無倫次的男子，說不定是碰到了嚴重的犯罪。這塊包括了格拉梅西的三八〇〇街區、住家都有著大房子與美麗院子的巡邏區域，算是華盛頓特區最安全的區域之一，在前一年完全沒有殺人的案件舉報。雖然華盛頓特區有員警巡邏的四十五個區域中，每個月都有超過四千件搶劫案，但是大衛所住的街區平均卻只有兩件。

如果要迅速了解眼前發生的事並且作出反應，受害者的衣著、髮型、膚色、眼鏡和香水，都可能成為指標。以大衛的例子來說，其中最重要的一個線索就是在他夾克上的嘔吐物。當被問到這件事時，幾乎每個人——包括普里切特、救難隊員、警察、緊急醫療技術員和醫院的人員——都有提到嘔吐物。這似乎對人們的判斷造成了立即性的影響，因為它誘發了人類最強大的情緒之一：噁心的感覺。

噁心的感覺引領我們的人生到了令人驚訝的程度，使我們走過人行道時改變路線（不要踩到它！），或在地鐵上指引我們到某些座位。雖然不同的人對於噁心的感受不同（有趣的是，道德信念愈保守的人會愈敏感），但的確所有人都會對什麼感到噁心。不論是哈薩克人、祕魯人、越南人或是你的其他街坊鄰居感到噁心時，你都會看到同樣一個顯露內心的表情：鼻頭皺起來、發出不屑一顧的「嘖嘖」聲、嘴巴張開來。不同文化下成長的孩子，幾乎都會在同一個年紀出現覺得噁心的反應。實驗顯示，兩歲的孩子通常還會吃看起來像是狗大便的東西（其實是用花生醬和重口味的乳酪混合出來的），但是四歲的孩子就不會了。

如果你讀到吃大便的情節而感到胃裡一陣翻攪，這是很正常的——只是**想到**某個噁心的東西，就很可能有那個效果了。而且，我們其實不只會對一堆蛆、化膿的瘡或是腐臭的熱狗這類物質的東西感到噁心。如果想像我們和一隻豬做愛、有一個小孩被吃了，或是四百年前曾經發生過的詹姆斯鎮

2 約翰·葛里遜（John Grisham），美國的暢銷作家，作品多是以法律為題材的驚悚小說。

（Jamestown）移民被吃掉的事，我們也會有不舒服的感覺。

有許多科學家認為，發展出噁心的感覺，是為了讓我們的祖先免於因為物質的接觸（主要是透過食物）而傳染寄生蟲和細菌。但噁心感確實也有助於引導我們的社會性，告訴我們哪些人和行為是適當的，而哪些是應該避開的。所以今天幾乎在各種不同的文化中，都可以看到「原始的」噁心感（對腐爛的肉、老鼠大便等的感覺），和對社會有所冒犯的噁心感（一個富人從教會的捐獻箱中偷錢）；兩者都可以幫助我們保持「不要墮落」或是「純淨」。不過可能因為大腦是以同一塊區域在作這兩種反應，所以有時候事情會混在一起：原始的噁心感也會帶來在道德上令人作噁的感覺，反之亦然。我們評價別人的方式，常會令人非常訝異。

想像你走進一個心理學實驗室，填寫一份調查不同行為是否恰當的問卷，例如一個朋友在工作申請表上記載不實、堂表兄弟姐妹之間有合意的性行為，或是飛機事故的生存者殺害並且吃了另一位重傷乘客的肉。你被要求在一個黏黏的桌上寫問卷，桌上有一個塑膠杯，裡面有吃剩的奶昔和咬過的鉛筆頭。用過的衛生紙和油膩膩的披薩盒掉在裝得滿滿的垃圾筒外面。如果你和大多數人一樣，你應該會有一點不高興，並且覺得贊助這個研究計畫的大學應該開除負責打掃的人。不過，這團混亂應該不至於影響你的回答——我們都認為：我們對於對錯的認定應該是固定的。

不過，當科學家實際用這種方法來進行實驗時，他們發現如果房間很髒（或者，如果有放屁的味道），人的道德判斷會變得嚴厲許多。對於實驗室環境感到噁心的感覺，會讓人對於快餓死的空難受害者也感到噁心。

回到大衛的例子，我們來檢視一下這種傾向在實際上會發生什麼事。人們對於他發出的味道感到噁心，並且看到他吐在身上，這會讓人們決定與他保持距離（想想那位負責的員警決定不作任何處置，而醫生也決定等大衛被清乾淨之後再來處理）。要評估大衛的傷勢必須靠近他作檢查，要找到證據發現這是一起犯罪也是。如果每個人都和他保持距離，不可能有人可以拯救他的生命，或者很快地將襲擊他的人繩之以法。

嘔吐物還極可能讓救難隊員、緊急醫療技術員、警察、護理人員和醫生決定和他保持**道德上**的距離；生理上噁心的感覺可能會讓他們相信：大衛現在這個樣子是因為他沒有教養、帶有窮人的特性——醉漢一個，而不是因為其他可能的原因：他中風了、疾病發作、糖尿病、頭部受傷，或者是藥物反應。而一旦他被貼上ETOH的標籤，大衛的麻煩就大了。

我們為受害者所貼的標籤，會大大影響他們所受的待遇。他是窮人還是富人、是黑人或是白人、已經退休了還是未成年？這會影響到從發現者打電話到嫌犯上法院接受審判之間的每一步。

想像一下：如果在救難人員第一次趕到的時候，大衛不是唯一一個倒臥在人行道上的人。他旁邊還倒了一個十歲的小女孩，兩個人的狀況都很危急，但是只有一個人可以得到救助。如果你是救難人員，你會丟銅板決定嗎？還是你會選擇救其中一個人？

雖然我們總說要對所有受害者一視同仁，但相信我們大多數人都會選擇救那個小女孩。十歲，人們會感覺她的人生價值正處於高峰，要作悲痛的取捨時，實驗的受試者通常會選擇救她，而放棄比她高齡的人（例如六十三歲的大衛）或是嬰兒。會讓年輕人享有優先權，似乎是因為我們認為老人家過去已經大有機會過上好日子，但是年輕人未來還有好多年可以對世界有所貢獻。不過很顯然地，優先權也有個限度：我們認為嬰兒和幼童還沒有對人生投入那麼多（與大約九到十二歲的兒童比起來），而且他們的社會關係也還沒有那麼重大的意義，所以人們比較不會認為他們的死亡需要付出極高的代價。

如果我們認為年輕人的生命比較有價值，這會導出另一個結論：如果有年輕人被殺了，我們會比較願意為他們找回公道。研究顯示，如果一個年紀較大的人遭到謀殺，警察會比較沒有動力去追捕凶手——即使證據顯示凶手並沒有挑選特定的受害者，因此每個人都承受著相同的風險，就像一個遠距遙控的炸彈一樣。

不過以大衛來說，比起另一個貼在他胸口的標籤（當他被從救難隊員手中交接給緊急醫療技術員、再交接給醫院人員時）——酒鬼，他的年紀反而沒那麼有殺傷力。大部分人都會認為，對藥物或是酒精成癮，和有動脈瘤或被陌生人用塑膠管敲頭，是完全不同的兩回事。那看起來像是「自己的選擇」，而且我們不會想幫助濫用毒品或是酗酒的人。有一個研究是要受試者假想有人得了愛滋病，並且說出自己對於感染者的評價；如果受試者被告知有一位感染者是因為輸血才感染愛滋病，而另一位則是因為注射毒品，受試者對於前者的同情心會明顯大於後者。

綜上所述，大衛一旦被貼上了酒鬼的標籤，就很可能會在道德上受到嫌惡——即使對方並沒有注意到他身上的嘔吐物。這常常是我們對於「外圍成員」的態度：即使時代不同、地點不同，女性常被認為是不潔的，猶太人則會被比作蟑螂，吉普賽人都會帶來疾病，男同性戀和女同性戀被污蔑成世界上的渣滓。道德上產生的嫌惡感會連結到不認為對方具有人性，所以特別具有破壞性。

在人們看到流浪漢或是上癮者的圖像之後，我們觀察他們的島葉[3]和杏仁核[4]所呈現出的腦部活動，會發現他們出現很強烈的噁心感。不過更有趣的是：中間的前額葉皮質區[5]並沒有活化——這裡負責人的評價和社會互動。當給受試者看奧運的運動員、中產階級美國人和身心障礙人士的照片時，前額葉皮質區就有反應了。但如果感受到對方有道德上的缺點，好像既不溫暖也不優秀的話，人類腦部的活動就會相對的比較少，類似於當我們看到滿溢出來的馬桶或是嘔吐物的反應。走過一個醉倒在路邊的流浪漢時，我們不是看到一個有心思、有感覺、有需求和想法的人；我們就好像只是看到一堆破布和垃圾，這會影響到我們怎麼對待他。我們可以把一坨垃圾留在走廊長達數小時；它不值得警察介入調查。當從人行道把它移走時，也不必輕柔地對待它。當受害者沒有名字、不能言語（除了偶爾呻吟幾聲之外），把他去人化（dehumanization）是非常容易的。

除了會影響到怎麼對待受害者之外，我們認為受害者是什麼身分，也會影響到自己怎麼回答下面這個問題：「發生了什麼事？」在一個經典的實驗中，研究者發現只要改變一下強暴案受害女性的身分，人們對於她的譴責聲音就會有所不同。我們的法律很努力要避免這種區別，所以這真是一個出乎

3 大腦皮質的一部分。
4 位於側腦室下角前端的上方，海馬體旁回溝的深面。
5 大腦處理痛覺經驗的情緒和認知區域。

人意料的發現。然而最令人驚訝的還不只於此——而是身分到底會有什麼影響。如果研究者說那名受害者是「未婚」或是「已婚婦女」，人們會認為她**更應該**對自己被強暴負責（相較於如果說她是「離婚婦女」）。花點時間仔細想一下這件事：在社會上名聲最好的受害者，受到強暴時反而被認為最應該受到責難，而社會名聲愈不好的受害者則不必。

為了解開這個謎團，必須理解我們真正的動機——尤其是我們都希望這個世界是公平的，人們都可以公平地受到賞罰。當看到一個似乎是「好人」的人——例如未婚女子——卻得到一個很糟的結果，我們會感到極為衝突。我們會想要找到受害者的錯處，以消除這種不舒服的感覺——以維持對於正義的信念。於是我們引導自己去認為她一定不是全然無辜的。她一定是做了什麼，才會讓自己捲進不好的事件。

我太太的前同事最近在酒吧裡看完《週一足球夜》（*Monday Night Football*）[6]之後，在一個人走路回家的路上，頸部遭到射擊——酒吧離我們居住的費城只有幾哩之遙。這是一個駭人聽聞的大新聞，而我聽到之後的第一個反應，是去找他當天晚上有什麼不當的行為，才會造成這個結果。他不應該那麼晚走回家——這是有危險的。他一定有反抗，不肯把錢交給搶匪，不然搶匪何必射他？我無法面對以下這個事實：一天之中的任何一個時刻都有危險分子在尋找受害者，就算他們有機會直接拿走你的錢包，還是會在你的面前扣下扳機。

最讓人驚訝的，是這種傾向實在根深蒂固：我就是很自然地這麼想了，直到我太太提醒我之前，我並沒有意識到自己在做什麼。的確，這種動能甚至會讓我們怪罪到最無辜的人身上——孩童。當賓夕法尼亞州立大學（Pennsylvania State University）足球隊的前防守教練傑里．桑達斯基（Jerry Sandusky）被指控對兒童性虐待時，人們可能認為輿論應該一面倒向對受害者的同情，但實際上卻不是如此。總教練喬．帕特諾（Joe Paterno）遭到開除，反而引發了賓夕凡尼亞州立大學的學生騷亂——帕特諾曾被當面告知桑達斯基被逮到在更衣室的淋浴間強姦一名十歲男童，但是帕特諾卻包庇而未處理，因此遭到開除。另一名受害者勇敢地走到幕前，陳述他從十一或是十二歲開始，就受到桑達斯基施暴——這番陳述也受到採信，所以才對桑達斯基展開調查，最後並判他入獄——這名受害者事後卻受到嚴重的霸凌，讓他只好離開原本的高中。

或許我們認為虐待兒童比虐待成人更壞，或是強暴未婚女子比強暴離婚的女子更糟——但是受到較大的損害，表示嚴厲地懲罰施暴者並不足以使世界恢復正義。如果要恢復正義，我們或許需要讓受害者負有部分責任。

當我們有很強烈的動機想要重新檢視我們貼的標籤——（例如）當一個原本被認為是無辜或是好人的人大大受罪時——標籤是完全可以改變的。那麼，為什麼大多數標籤看起來都很難移除呢？

研究顯示，一旦形成了對某人的看法，我們會一直找資料證明這個看法，而忽略或是貶低與它衝突的證據。當然我們自己不會這樣覺得。我們會以為自己只是客觀公正地在爬梳細節，但其實心裡已

6 ESPN播放的體育類電視節目。

經扭曲了事實，摘除不適宜的部分，並且捨棄矛盾的資訊，以讓每件事都可以好好地套進我們預想的框架裡。

假設你得知了某位朋友的室友在當服務生，這個標籤會讓你在無意識中記住她所有符合這個職業的外貌、行為和生活方式——如果你得知她是個圖書館員，相信你記得的就會十分不同。如果你知道她在隔壁房間進行電話面試，並且隔著牆壁聽到了一些隻字片語，或是你認為她在和律師講話，並且也隔著牆壁聽到了一些什麼，相信兩種結果會完全不同。一個相關的實驗便是讓受試者聽一段不太清楚的錄音，如果受試者認為講話的是一個犯罪嫌疑人，他們會把「當我看到**他所發生的**事時，感到很害怕」（I got scared when I saw what *it'd* done to him），聽成「當我看到**我對他做的**事時，感到很害怕」（I got scared when I saw what *I'd* done to him），但如果他們認為講話的是一個求職應徵者，就不會聽成這樣。

標籤甚至會以令人驚異的方式自我強化——即使看起來完全不可能。在一個很重要的示範操作中，有兩群學生被要求**看著一個年輕人的照片**畫出他的臉，不過有一群學生被告知他是黑人，另一群則以為他是白人。令人感到不可思議的是，這個標籤影響了某些人畫的臉：有些人相信人種的特徵是絕對不會變的，而且可以用來推測他的行為，所以這些人所畫的人像就扭曲了照片中人的特徵，以讓他符合他們被告知的人種類別。

這種追求一致性和確證的傾向，可能會帶來悲劇結果。例如：醫學方面的研究顯示，醫療錯誤的主要原因之一，就是醫師在評估一個病患時，常會在很早的階段形成結論，接著就一直執著於他們的

「白人」的畫像

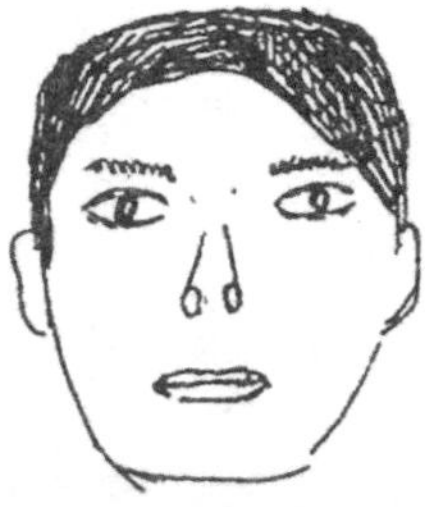

「黑人」的畫像

引發歧義的目標人臉

判斷（即使出現了完全相反的證據）。很不幸地，它對我們的刑事司法制度也有同樣深遠的影響。「以管窺天」（tunnel vision）是調查時很典型的問題，它甚至會推翻一些看起來足夠客觀的證據——例如指紋分析。

事實上，DNA鑑定——法庭上的閃亮之星——就很容易受到確認偏誤（confirmation bias）的影響。這很難相信——在充滿直覺和主觀判斷的電視劇中，DNA一致總是被描述成案件中最無法撼動的部分。你有預感嫌犯在騙你；你把他的DNA輸入FBI的DNA整合索引系統（Combined DNA Index System，CODIS）——那裡儲存了一千兩百萬個已決犯和嫌疑人，以及大約五十萬個犯罪現場的DNA檔案；在九十秒廣告回來之後，你就知道犯人是他了。

不過現實其實複雜得多。在最近一個實驗中，研究者給專家們一個DNA樣本，並告訴他們這是一件搶劫強暴案的部分證據，該案的行凶者之一同意認罪協商，也將作出對其他人不利的證言。他們必須要確認嫌疑人之一有參與強暴（但是他否認）。一如預期，專家證實他的DNA與樣本相符，這證實了證人的陳述和起訴內容。但是，研究者接著拿同一個生物證據給其他十七位DNA分析專家，卻沒有告訴他們這件DNA的由來。接下來發生了什麼事呢？十七位專家中，只有一位認為DNA相符。胺基酸的排序並不符合檢察官預設的框架，但這並不表示偏見不可能存在。必須有人詮釋這個結果。而第一組分析專家不自覺地就被他們所得知的資訊動搖了。

確認偏誤也在大衛．羅森巴姆的案子中扮演了重要的角色。一旦大衛被貼上醉漢的標籤，前來的人和醫療專業人員都開始專注於找證據支持這個敘述。很有趣的是，大衛的第一發現者——普里切特夫婦——並沒有聞到大衛身上有酒味。為什麼呢？或許是他們並沒有覺得自己會聞到酒味，因為他們一開始是認為這個倒在人行道上的男人中風了。但是對於那些認為是ETOH的人來說，卻是臭氣薰天。就像一位救難隊員所說的：「我可以聞到他散發出濃濃的酒味，就好像是從他的每個毛孔裡飄出來。」

這又倒過來強化了他們認為這個男人是醉倒路旁的想法——雖然酒味其實不足以決定什麼。根據美國衛生和公眾服務部（U.S. Department of Health and Human Services）的統計，華盛頓哥倫比亞特區（District of Columbia）有一半以上的成年人認為自己的飲酒量算大。星期五吃過晚餐之後，這個城市裡有上千人（就像大衛）會在週末開始的前四或五個小時內喝點酒。如果你在夜班時間坐在霍華德大學附屬醫院急診室，你會發現許多病患——不論是心臟病發作、受到槍擊、有過敏反應或是得到肺炎——都會呼出一點酒氣。

不過問題不只是前來的人員用證據形成了一個偏頗的結論；問題在於他們對證據的評價是有選擇

性的——如果一個事實可以支持他們原本對於案件的解讀，它就會被認為極有說服力，但如果不行，就會被漠視。例如：有一位救難隊員的報告中說他立刻排除了路倒者是糖尿病患者的可能性，因為他沒有找到醫療識別的手環——「如果人已經不能講話的話」，他通常都會先試著找找看。沒戴手環這件事好像增加了他是醉漢的說服力，不過其實這完全不能排除他是糖尿病患者的可能性：受害者或許沒有手環，或許把它脫掉了，也或許根本還沒去診斷。

同樣地，普里切特夫婦和負責的員警、救難隊員以及緊急醫療技術員都注意到大衛戴著很貴的手錶和結婚戒指。因此第二警察管區的指揮官羅伯特．康蒂（Robert Contee）說：這表示「我們沒有理由相信大衛遭到搶劫」。不過，這當然是錯的。搶匪可能在拿走他的錢包之後就被嚇跑了，或是根本沒有注意到他有戴戒指和手錶。

的確，如果前來的人曾經設想過他們是在處理一件犯罪，他們很可能就會在到達的前幾分鐘掌握關鍵性的證據，例如在同一條街上找到證人——或許有人看到了幾分鐘前攻擊大衛的人，並且覺得他們看起來很可疑（甚至記下他們的車牌號碼的前幾個數字）。如果一開始的預設是不同的，來處理的人就可能注意到大衛褲子後面的口袋被扯破了——這暗示了錢包可能是在他遭到搶劫時掉的。事實上，第一個發現口袋被扯破的，是一位霍華德大學附屬醫院的護理人員（她是在為大衛清理時發現的）。但她並不知道大衛被發現時的情況，所以也沒有將兩者連結在一起。

為什麼標籤會一直跟著受害者，一個很大的原因是我們甚至常常沒有察覺到自己已經貼了標籤，或標籤有可能是錯的。我們從來不曾重新檢視自己一開始的假設，看看它是否還能成立（如果它曾經正確的話）。許多看到大衛的人都接受他是醉漢這個標籤，不曾有過質疑。而且雖然有許多反面的跡象擺在眼前，他們還是如此相信。如果他真的喝醉了，酒在哪裡呢？而且如果他喝了這麼多酒，怎麼可能沒有帶錢包或是錢在身上？如果他連站都站不起來，是怎麼跑來倒在這個高級社區的人行道上的？其實有許多證據顯示他的狀況比ＥＴＯＨ嚴重許多：這個男子已經無法言語、對氧氣沒有反應、開始嘔吐、運動控制極為不良、瞳孔縮小、脈搏升高、頭在流血；除此之外，他的右半邊都不能動了。但是這些現象都被忽略或是低估了，只因為它們無法套進已經被認定的一套說法中。

前來的人並沒有個別對大衛進行評估，這無疑使得反面的跡象更受到漠視。如果他們有一個個走過來靠近他，試著釐清他發生了什麼事，他們就可能會得出不同的結論，也可能會更快發現他的頭部受傷了。他們沒有一個一個分別作出判斷是件令人費解的事，因為警察部門都知道——他們都有聽取證人說詞的經驗——只要有一個人，不管是出於什麼原因，在很早的階段公開了他的觀察和結論，其他人就會覺得應該認同他。這也就是為什麼（假設）有六個人同時看到一樁銀行搶案，刑警通常會分成六次，分開請他們提供證詞和指認犯罪者。

以大衛的案子來說，我們很難不去設想「那如果……會怎樣」的問題。如果加害者用的不是塑膠管，而是刀子呢？如果大衛身上帶著身分證呢？如果大衛的太太出去找他，而且在救護車抵達時正好在那裡，或是有在霍華德大學附屬醫院見到醫護人員呢？如果普里切特夫婦載大衛去醫院，然後直接把他們認為的事實告訴急診室的護理人員呢？

這些事情都很可能完全改變大衛遭受攻擊那晚所發生的事，但是它們都沒有發生——而且這並不只是因為運氣差。錯誤是可以預期的，也可以預防。事實讓大衛．羅森巴姆的死亡顯得極為悲劇性，但也提供了一絲希望——這是大衛的家人們所希望的。他們決定要與華盛頓特區交換條件：如果政府願意成立一個專門小組，對火警與緊急醫療服務部進行改革，以杜絕未來再發生類似的悲劇，他們願意撤回對市政府的告訴。許多這類改革——例如保證緊急醫療技術員和救難隊員都會克盡醫療職責，而且對於自己的作為有解釋義務——都可以防止未來負責處理的人員犯下和大衛案中同樣的錯誤。但我們還是必須進一步釐清問題的根源：預防人們在一開始就被貼上有害的標籤。

如果知道不相關的因素最後會變成有害的標籤，我們應該想辦法對抗它們。例如：要控制噁心的感覺所帶來的影響，或許只需要提供一些薄荷油膏給第一批到達的人，讓他們放在鼻子底下，以緩和嘔吐物、排泄物或是死屍的味道就好了。如果我們知道某些特定的人——老年人、未成年者、流浪漢、毒品／藥物成癮的人——會被看扁或是受到不合規定的對待，我們也需要採取行動。我們可以為警察、緊急醫療技術員和急診室護理人員提供更適合照看這些人的訓練——他們在通報給九一一的案件中占絕對的多數——因為人類應該要受到更富有愛心、更仔細的照料。

或許最重要的，是前來處理的人不應該帶有偏見地自行對受害者進行評斷——包括給予一個認知上的評價、搜查犯罪現場，或是進行鑑定。事實的資料（「他的瞳孔有不正常放大，脈膊異常」）應該和相關人員共享；但是標籤（「這人是個醉漢」）就不必了。

根據標籤——例如ETOH——來對待某人，應該是最後的依靠。如果我們都根據同一個標籤行動，一定會忽略一些細微但是重要的差別。因卡崔娜颶風（Hurricane Katrina）的登陸而造成停電和洪水時，紐奧良紀念醫學中心（Memorial Medical Center）的主任訂了一個疏散計畫。他先把病患們分類：有簽放棄急救同意書（do-not-resuscitate，DNR）的是要留在醫院最後疏散的。在那個大家都很恐慌的時刻，這個決定看起來是有理由的——主任在事後解釋說，因為這些人看起來「可失去的最少」——不過，事後回想起來，用這個標籤來分類根本是大錯特錯。這對於醫生們區分一定會走向死亡和還有救的人並沒有幫助，也無法分出願意一死和奮力求生的人。放棄急救同意書只是告訴醫護人員：當他／她已經停止呼吸或是心臟停止跳動時，不要再對他／她做心肺復甦術；這個同意書並沒有排除其他的醫療救助。而且，簽署放棄急救同意書的人不一定身染重病。但是，使用這個標籤卻讓中心主任陷入自以為客觀的錯覺中。

被遺棄在七樓的病患絕對不只有一種標籤。他們可以被貼上各式各樣（數量無上限）的標籤——正在康復的、末期的、有投保的、老年人、四十幾歲的、母親、兒子、胖的、英俊的、好鬥的、好人。有些標籤就寫在他們的病歷上，或是從他們的臉上、咳嗽聲和顫抖的雙手便可以了解。但大部分則是隱而未見的。

沒有人應該被用一個詞代表。也沒有人應該死於英文字母的縮寫。

2 危險的自白◆偵查人員

公寓的後門被用藍色的拖把撞開了。有誰在水槽裡洗著沾滿血的雙手。如果你直接走到前面的樓梯間，彎下身來，就會看到同一雙手曾經從欄杆附近的牆上拂過——在白牆上留下了一道鮮明的紅色污痕。

當五歲的兒子走進了她工作的酒吧，道恩．恩格爾布雷克特（Dawn Engelbrecht）就知道一定發生什麼事了。霍莉．斯泰克（Holly Staker）理應在照看道恩的兒子和他的妹妹，但是小布雷克（Blake）現在卻站在道恩的面前。有一個鄰居注意到小布雷克晚上一個人在外面玩，所以便把他帶過來了。

道恩打電話回家，沒有人接，於是她打電話給霍莉的媽媽，兩個人約在山胡桃街（Hickory Street）四四二號見面。

房子就位在美國伊利諾州的沃基根（Waukegan）北邊，是一座典型的二層磚造樓房，與鄰居家靠得很近。大部分人都會認為這個街區很好，雖然它以前更好。其他房子的臺階都是直接穿過街道和人行道之間大片草地的邊緣，不過四四二號不太一樣：它有一條小路沿著房子的左邊繞到後面，如果你想要從前門進去，就必須走到右邊。

門是鎖著的，就跟道恩離開時一樣。不過當她最後轉開二樓公寓的門鎖時，卻發現電視是開著的。地上躺著一隻白色的網球鞋。餐廳裡有一張椅子側翻在地上。

她們叫著霍莉的名字，但是卻沒有人回應。兩歲的泰勒（Taylor）好好的——安全無事，躺在她哥哥的床上。說不定霍莉只是覺得無聊就離開了？

一直到警察來了，道恩才想到要看看臥室門的後面。

十一歲的霍莉蜷曲得像個嬰兒，手高舉到臉旁邊，她的黑色彈力褲被脫在旁邊，另一隻白色的鞋和一個馬鐙纏在一起。她被刺了二十七刀，而且被強暴了。

一年之後，十二位陪審員鎖定了胡安．瑞維拉（Juan Rivera），他因為此項罪名而被起訴。胡安——一位秀氣的犯罪者，年僅二十歲——坐著不動。十二位陪審員都聽了證據、不在場證明、報告、每一位證人和專家的陳述。他們也都看了臥室和霍莉的照片，是該作決定的時候了。

有罪。

二審也維持原判；在胡安的第一個有罪判決被推翻之後，由伊利諾州上訴法院（Appellate Court）作出裁決。不同的陪審團，但是相同的結果。

對於胡安來說——他已經兩次被判終身監禁不得假釋了——能夠第三次站在陪審團面前的機會，可以說是像六月下雪一樣地微乎其微。不過他的律師還是找到了方法：DNA證據。

證據一直都在那裡，在胡安坐牢的十二年間。為霍莉驗屍時，也有做陰道的採樣。但是在歸類之後，它就一直被靜置在證據櫃裡，直到二〇〇五才終於被拿出來化驗。

分析的結果讓人嚇了一跳。取樣的精液都屬於同一個人，而那個人並不是胡安．瑞維拉。

鐵證。證明無罪。在這麼長時間身陷黑暗之後，似乎有人為他的前途照了一盞燈。他可以離開監獄了。他將獲得重生。可以過自己的人生了。

又花了四年多才進入第三審，這個時刻終於來臨了——有機會讓科學糾正過去的錯誤，並且拯救這個被判有罪的人。既然科學化驗的結果已經證明無罪了，也沒有身體上的證據證明胡安和這起犯罪有關，結果應該就是廢棄原判決了吧。

但是在進行的過程中，卻發生了某件令人無法理解的事。檢察官並沒有退卻，反而還加碼，為採樣的證據提出兩種解釋：要不就是DNA的樣本被污染了，要不就是霍莉被胡安強暴和殺害之前，曾經和另一個人有過性行為。

檢察官面臨的問題在於沒有任何跡象表明採樣證據遭到破壞，而且專家也都同意精液是在被害者死亡不久之前才累積的。精液一般都會流到內褲上，但是霍莉的衣物上並沒有發現精液。這意思是說：檢察官要陪審團相信，這個十一歲的女孩在遭受胡安．瑞維拉的暴力攻擊之前，才剛和另一個神祕的男子有過性行為，而胡安有意讓神祕男子的精液完整保留在女孩的體內，完全不留下任何他自己曾經碰過這個女孩的痕跡，更不必說他曾經在那個公寓裡活動的痕跡。若是認為這個陳述完全不合理，應該也不誇張。

再一次地，十二位陪審員退到一個封閉的房間，仔細考慮這起在山胡桃街四四二號所發生的悲劇。當他們回來的時候，他們同時接觸到霍莉的雙胞胎姐妹——希瑟（Heather）——和胡安的兄弟——米格爾（Miguel）——的視線。胡安則很安靜而且篤定——相信自己即將獲得釋放。

有罪。

胡安的律師形容這個判決根本「不可理喻」，但是它確實發生了。又再一次。

辯護律師舉了許多事實說明陪審團所認定的事實非常值得懷疑。有大量犯罪現場的證據——血跡、指紋、頭髮和精液——經法醫鑒定後，都證明不是胡安的。不只於此，還有通話紀錄和胡安所戴的電子腳鐐的資料（他稍前曾被控偷竊汽車的立體音響，保釋條件便是要配戴電子腳鐐），都可以證實他父母聲稱的：在案發的那晚，胡安在家裡和他的母親（當時人在波多黎各）通電話。不過，雖然有胡安的不在場證明，也沒有其他目擊者的證詞或是身體上的證據，檢察官依然認為他有罪，因為有一個極具破壞性的證據，足以讓審判中的其他因素看起來都無關緊要：那就是經本人簽署的一份三頁的自白書。

霍莉的姐妹在事後也說：「為什麼你會自白呢？如果我被控謀殺，我一定不會承認一件我沒有做的事，我可以說明整個晚上我在做什麼、怎麼做、為什麼要做——如果我真的沒有殺人。」無辜的人就不會自白。的確，受人尊敬的證據法之父——約翰・亨利・威格莫爾（John Henry Wigmore）——便曾說：不實的自白是「不可想像的」。這種先入為主的想法加深了我們的懷疑，就算有可以證明無罪的證據，或是有跡象顯示自白是受到警察的脅迫。

我們認為人應該是前後一致的；如果某人簽署了自白書，我們便相信他的確是這麼想的。有一個著名的研究便想證明這個現象。研究者要求受試者評量一些關於菲德爾・卡斯楚（Fidel Castro）的文章。雖然受試者已被告知，這些文章的作者都被指派了各自的立場——贊成或是反對，但是受試者還是會過度地相信：如果文章的內容贊成卡斯楚，作者本身的立場就是贊成卡斯楚。他們太過於相信外在的行為會反映出內在的信仰，並且低估了情勢有形塑行為的力量。他們預期——不論有沒有受到指派——一個人對於卡斯楚的觀點始終就是一致的：永保忠誠（*semper fidelis*）。

我們很難接受一個人會作假的自白的另一個理由是，我們相信體制不會讓那些逼人作假自白的手段存在。對嫌疑犯施以殘酷高壓的對待，已經有一段很長的歷史了。如同美國最高法院大法官休戈·布萊克（Hugo Black）在一九四〇年所寫的：「肢刑架、拇指夾、死亡輪、單獨監禁、疲勞訊問和反覆盤問……讓他們在被綁上十字架、斷頭臺、火刑柱、絞架之前，還要清醒地忍受手腳被砍斷，極度疲勞的痛楚。」的確，在一九三〇年代之前，對嫌疑犯施以「酷刑逼供」（third degree）——包括身體上的巨大疼痛——讓他們自白，還是很常見的。但是這種作法已經在看不見的歷史中被拋棄了。

不過，胡安卻作了不實的自白——而且他不是唯一的一個。在美國，有超過百分之六十由DNA證據顯示為無罪的謀殺案中，不實的自白和認罪陳述都是使法院作出（錯誤的）有罪殺人判決的最主要因素。更擴大來說，在所有定罪後再免罪的案子中，也有百分之二十五是出於這個因素。

這些案子似乎和我們預期中的狀況天差地別。我們預期的是：身體上的強制十分少見、自白中通常有許多細節、幾個無罪的嫌犯可能會供認他們一起行動。的確，在一個著名的案件——「美國紐約中央公園慢跑者案」（Central Park Jogger case）——中，五位青少年都承認自己粗暴地強暴了一位女性，但事後的DNA分析證明他們是無罪的。有些作不實自白的人最後也相信了自己確實有犯罪，但大部分人其實都很清楚自己是無辜的。已經有研究者開始想要理解，為什麼會有這種令人不解的行為出現。

最重要的，是我們是如何訊問嫌犯的。一般所接受的黃金準則是「詢問與審問的里德技巧」（Reid Technique of Interviewing and Interrogation），美國有半數以上的警察都學習過這個技巧，但它不只對於防止不實的自白並無任何幫助，還助長了不實自白的出現。

如果是使用里德技巧，像胡安這樣的人被帶來訊問時，偵訊人員先會用一個不那麼咄咄逼人的詢問方式，判斷他所言是否屬實；如果他在說謊，而且可以「合理確定」他是有罪的，偵訊人員就會改用凶猛的訊問方式，以取得自白。很不幸地——細節將於後述——警察並不比我們其他人更善於察覺欺騙。而里德技巧完全不去糾正警察對於說謊的錯誤直覺，反而教他們依賴不可靠的直覺和可疑的線索，判斷嫌犯所說的話是否騙人。

這表示：受到里德技巧的殘酷審問的人，其中應該有數量可觀的人其實是無辜的。的確，正因為是無辜的人，所以更容易放棄他們保持緘默的權利，和在第一時間通知律師到場的權利。他們很容易假設——相信我們也都會——他們自己所知的事實對於旁觀者而言也是明顯的事實。既然他們根本沒有犯罪，就把什麼都告訴警察也沒什麼風險；反而是保持沉默或者要求辯護人，看起來就像是內心有鬼。但事實是：只要進入了審問階段，無罪這回事就會被拋諸腦後了。偵查人員一般都認為，一定要一再地重複控訴嫌犯是有罪的，讓他們無法否認，或無法有其他說詞。一切都朝向獲得一個強而有力的自白而努力。為了達到這個目標，里德手冊中當真認為政府的立場應該無視某些證據。如果你想要讓一個堅不吐實的罪犯承認罪行，就不能只是當個好人。

因此，偵訊人員會在環境上最大限度地給予精神壓迫：嫌犯會被完全孤立在一個沒有窗子的房間裡，說不定還會經歷連續幾小時疲勞轟炸式的訓話或斥責。許多作了不實自白的人，事後都說他們承認犯罪，只是因為不堪這種虐待。而實驗的證據也顯示，如果有機會可以擺脫短期的痛苦，人們經常會低估一旦承認進行非法活動，將會帶來的長期後果。只要有機會可以終結當下所受到的壓力、疲勞和恐懼，我們便很難意識到如果承認了根本沒做過的事，會有多麼災難性的後果。

警察的訊問充分利用了我們在認知上的短淺。若是根據里德技巧的九個步驟，審訊者應該要反覆強調嫌疑犯的罪證確鑿，並且根據可定罪的證據，強調再否認也是徒勞的，再同時表示同情和提供可能的辯解，讓當事者覺得自白才是比較好的。警察可能會說：這個罪也沒什麼大不了的（「你知道的，受害者有點是自找的——如果你問我的話；如果我是你，大概也會做同樣的事」），或是提供一種說法，以減輕犯法者的道德責任（「我敢說，你一定不是預謀要殺他的，你只是需要一點錢，而且是因為他突然開始攻擊你，你才扣下板機的」）。

經驗上的證據告訴我們，這兩種方法——一般被稱為最小化（minimization）和最大化（maximization）——都可以製造不實的自白，而且影響並不小；一項研究顯示，如果在學生被控作弊時使用最小化（「我相信你一定不知道這件事的嚴重性」），得到不實自白的比例會增加三倍。如果審訊者隱約暗示：只要自白就可以得到寬大的對待（「如果你在自白書上簽名的話，」事情就可以很快地解決」），不實自白率會增加七倍。

即使有了這些嚴重的問題，但法官還是不太願意改革偵訊的實務。雖然最高法院已經正式禁止用暴力、威脅以及直接或暗示的承諾來取得自白，但較低層級的法院通常還是對這些強制性規定視而不見。除此之外，法官還會明白地認可審訊者的話術，例如假裝已經握有指紋證據，或是以不實的測謊結果欺騙嫌疑犯，這些都可能讓無辜的人承認他們沒有犯過的罪行。

在某一個極為悲劇的案例中，十七歲的馬丁·譚克雷夫（Martin Tankleff）有一天早上醒來時，發現他的母親被刺死，而父親也傷勢嚴重，奄奄一息。調查人員懷疑馬丁是行凶者，所以在訊問時，其中一個人假裝——在馬丁可以聽到的範圍內——和另一個在醫院（馬丁父親被送往的醫院）的警察通電話。講完這通偽造的通話之後，警察告訴馬丁他的父親已經從昏迷中甦醒，並且說出是「馬蒂」做的。事實上，馬丁的父親從未甦醒過，而且在不久之後就去世了，但是馬丁因此承認犯案，並坐了十七年的牢，直到他被證明無罪。

最糟的是，馬丁的不實自白其實是可以預期的。在他的案例中，包括了兩個已知可能導向災難的基本元素：嫌犯會特別容易受到強制和疲勞訊問的影響。在已經證實為不實的自白中，有不成比例的不實自白是由十八歲以下、有身心障礙的嫌疑犯，在很長時間的訊問——平均而言至少持續十二小時——之後所作成的。

對胡安·瑞維拉的審訊就完全符合這個模式。在因為強暴和謀殺霍莉·斯泰克的嫌疑而被逮捕時，胡安十九歲，智商是七十九（遠低於平均的一百），閱讀能力也低於平均。以心理疾病來說，他患有重鬱症（major depressive disorder），曾多次試圖自殺。雖然這些警訊都很早便向警察揭露，但是警察還是進行了一次長時間、高壓的訊問。

訊問和測謊總共花了四天，不過最後，胡安又回到他最初對於霍莉被殺那晚的陳述。胡安 開始就說他在犯罪現場附近的一個地方參加派對，並且看到某個行跡可疑的人。有許多理由會讓像胡安這樣的嫌犯在一開始接受訊問時，並沒有講真話——最重要的理由是他可能會怕事實聽起來不足採信，或是他以為撒點小謊，可以讓他免於受到更強烈、更令人受罪的對待。但是警察通常會把胡安的前後不一致視為一個明顯的「有罪」信號，並因此決定用更攻擊性的手段取得自白。雖然由里德同仁公司（Reid & Associates）——發展出里德技巧的公司——所執行的測謊並不具有決定性，但是訊問的警察讓操作測謊器的人撒了謊，直接指控瑞維拉強暴、謀殺了霍莉。

瑞維拉立即激動了起來，並否認涉案，但是偵訊人員又把他帶回萊克縣監獄（Lake County Jail），並繼續要求他作出自白。大約在午夜的時候——繼白天的訊問之後，又展開了超過十二小時的馬拉松式訊問後——瑞維拉崩潰哭了起來，嚎啕大哭，哭得他的衣服幾乎都濕透了。他已經哭得說不出話來，不過當警官再次嚴厲地問他——「胡安，那時候你就和霍莉．斯泰克一起在公寓裡，對吧？」——胡安點頭了。

在其後的幾個小時中，胡安提供了一個完整的自白給警察。在凌晨三點之前，警察已經得到了他們要的東西，並且繕打成稿。瑞維拉被單獨留了下來，開始用自己的頭猛撞牆壁。他隨後被移往一個加了襯墊的牢房，在那裡陷入完全精神錯亂的狀態。負責照看他的護理人員形容他根本語無倫次（依照護理人員的說法，瑞維拉「聽起來像是在說哪裡的方言」，而且「和發生在他周圍的真實世界似乎沒有連結」）。當護理人員過了幾小時後再回來，他已經扯下一大片自己的頭髮和頭皮，並且蜷曲得像個胎兒。

偵訊人員在清晨時回來，也在胡安躺著（還戴著手銬和腳鐐）的地上躺下，把自白的摘要讀給他聽，然後讓他在最後面簽名。

但是，那份文稿的內容卻過於前後矛盾，而且充滿事實上的錯誤（例如：胡安說霍莉是穿著睡袍），因此聯邦檢察官告訴偵訊人員這份自白不足以採信。還是必須繼續訊問。但是兩位偵訊人員都過於疲倦而無法繼續下去，所以由兩位新的偵訊人員接手。

這次的訊問焦點在於「澄清」胡安第一份自白中有問題和矛盾的部分。又過了幾個小時，他們拿到了想要的改良版本，不過——想當然爾——他們有許多問題都是極具暗示性的。這類問題像是「她穿了一件五顏六色的襯衫，對吧，胡安？」這說明了為什麼會有這麼多不實的自白可以包含對於被害人和犯罪現場的具體陳述。本來應該是只有真正的凶手才會知道的事，在調查過程中，常會被不經意地（有時候則是故意地）透露給嫌犯。胡安．瑞維拉在接受訊問的四天中，曾與不下十位執法人員討論過案件，而且在第二天，就由偵訊人員「一路」（ride along）帶他到犯罪現場。除此之外，在胡安的自白中，有五十四件據稱是「獨特的」（unique）事實，但至少有十五件刊登在地方新聞上。不幸的是，正是這些細節，被拿來當作自白屬實的有力證據。

雖然一次更嚴峻的訊問說不定會為胡安帶來不同的結果，但他還是必須滿足偵訊人員認為他是有罪的假設。如同我們在前文所說的，人只要形成了對於某個人的第一印象，就很難改變了。如果這發生在警方的訊問中，就會有很大的問題，因為一個嫌犯之所以開始被訊問，唯一的理由就是偵訊人員直覺地認為他與犯罪有關。

以有罪的假設開始這個過程，調查人員會很容易認為嫌犯一些令人懷疑的行徑都是詐術，而且對於這個假設過於自信。這會讓他們先採用一種冷靜、經過計算的訊問方式，然後轉換成比較積極強硬的方式。有一項研究發現，模擬的偵訊人員可能會問一些帶有偏見的問題、採取堅持己見的態度，並且用其實不存在（而且對嫌犯不利）的證據欺騙嫌犯，只因為他們一開始就被引導相信嫌犯與犯罪脫不了關係。結果是很明確的：如果受試者一開始就傾向相信嫌犯有罪，他們會比最初相信無罪的人多出百分之二十以上的機率，在最後確認嫌犯為有罪。

我們可以看到在胡安的案子中，確實有這些心理學力量的作用。在胡安的不實自白中，他對警察說的許多情況都與犯案的事實互相矛盾（他描述在房間裡為嬰兒換尿布，但其實嬰兒並沒有穿著尿布）或不合理（他說在他拒絕與霍莉繼續有性行為之後，十一歲的她憤怒地拿著刀向他衝過去）。但是這些明顯矛盾的說詞都沒有讓警察或是檢察官疑心他是否真的有罪；都只表示了在下一輪的訊問中，偵訊人員必須釐清一些事情。

一旦設法問到了自白之後，每個人——調查人員、律師、陪審員和法官——都開始用有罪的眼光來看整個案子，所以其他證據也顯得比實際上更有力。這是大規模對於確證的偏見。就連朦朦朧朧沒看清楚的目擊者指認，也突然變得十分可信賴。監獄裡的線人為了謀取好處而提供的情報，也一下子變得極為可靠。接下來，你的辯護律師不再那麼認真地為你的無罪而戰，法官可能對你益發冷酷，而檢察官在認罪協商的立場上，可能轉為強硬。而最關鍵的，可能是自白會使得偵查人員不再繼續調查了。在一個極為不幸的例子中，其實有技術專家發現嫌犯的血型根本和犯罪現場的證據不符，他也要求把樣本送到FBI再進行DNA測試。但是被拒絕了，只因為警察已經取得自白。

就算在審判之前，DNA樣本的測試已經排除了犯案可能，但是嫌犯可能仍然無法擺脫自白給自己戴上的枷鎖。在前二百五十個由DNA檢驗結果證明無罪的案子中，有八例的嫌犯自白承認罪行，但審判前的檢驗結果都顯示他並沒有犯案，而這八例中的警察、檢察官、法官和陪審員都忽略了DNA的結果。這些人最後重獲自由的唯一理由，是從犯罪現場取得的生物證據最後找到了另一個人與之符合。雖然值得注意，但胡安·瑞維拉並非特例。

而且胡安也絕對不是唯一一個被引導對強暴並謀殺霍莉·斯泰克作出不實自白的人。如果沒有其他明確的證據，再加上重大犯罪帶來巨大破案壓力，就容易出現冷靜而經過計算的審訊。如果無法取得自白，可能會使得調查人員無法將一個大案子結案，這不僅會讓受害者的家屬和社會大眾失望，也有損於他自己和整個警界的聲望。當胡安被帶來訊問時，案子正陷入膠著，而我們不得不想到，其他（在警察的第一份報告中所提到的）嫌疑犯也都可能成為胡安——那個把霍莉的照片藏在皮夾裡的高中生？那個向他的朋友吹噓說他曾經持刀砍傷她幾次的小子？近水樓臺、有性侵十一歲繼女嫌疑的男子？哪一個住在霍莉附近的性犯罪者、流浪漢或是毒蟲？他們都被這股漩渦掃到了。胡安只是第一個被漩渦捲進來的人罷了。

胡安的故事最後有一個好的結局。二〇一一年十二月時，伊利諾州上訴法院推翻了原判決。但如果認為這就是司法制度的勝利，也不過是自欺欺人罷了。這其實是一次巨大的失敗。胡安·瑞維拉為了他從未犯過的罪，花了半生被關在牢裡——他在斯泰特維爾懲教中心（Stateville Correctional Center）失去的十九年光陰是不可能再回來的。他在二〇一一年一月獲得釋放，但這耗盡了一群人多年不懈、無償的努力，包括西北大學（Northwestern University）錯誤定罪中心（Center on Wrongful Convictions）的律師群、一位史丹佛大學的法律系教授，和一群聰穎、無私奉獻的學生們。這讓胡安一直相信真相終會現身，並且始終堅持他的無辜——雖然他一直被要求認罪以交換減輕刑期。它占據了報紙的篇幅、廣播訪談和電視報導。共進行了三次審判、組成三次陪審團，與三次上訴。從頭到尾共花了十九年。在這段時間內，真正的凶手一直逍遙法外——直到二〇一〇年六月發生了一次十分折騰人的意外轉折。這位謎般男子的DNA終於找到了吻合的對象，那是在霍莉受到攻擊的將近十年後，另一件謀殺案的凶手。

每天早上在囚室中醒來的時候，胡安都感覺到正義的諷刺，不過他的案子所代表的不公義卻在斯泰特維爾懲教中心的牆外延燒。它讓斯泰克的家人們始終無法如願地終結這件事。它對瑞維拉和沃基根市都造成了傷害。

這對於我們所有人來說都是一個警訊。我們被哄騙得以為只要摒棄拷問臺和密室裡的凶漢，就已經夠了。但我們做的其實只是改變了壓迫的形式。傷口和疤痕現在被藏起來了，這讓我們處於更不確定的狀態。如果沒有瘀青或是毆打的痕跡，我們怎麼分得出自白是遭到強迫的呢？如果沒有一個穿著蒙頭斗篷的人在嚴刑拷打、沒有屈打成招的自白，我們怎麼知道應該警惕呢？無辜算什麼東西？

在胡安的第三次審判的結案陳詞中，檢察官麥克・默梅爾（Mike Mermel）問陪審員：「是否有任何一位（參與本案的警察）虛構了任何事，讓您認為他們是那種決定為這個志業奉獻一生，卻只因為覺得調查很累或是想要早點回家，就決定陷可憐而無辜的胡安・瑞維拉於罪的人？」如果答案是「否」，那麼，胡安一定是有罪的。

但是科學告訴我們，這是大錯特錯的。即使每個人都想拼命做到最好、每個人都追求正義，而且沒有偵查人員掄起拳頭打在嫌犯的肚子上，一個人仍然會承認他沒有犯過的罪行。並不是那三十六位陪審員太過愚笨或是麻木不仁，也不是斯塔克（Starck）法官或是檢查官有貪污之嫌，更不是胡安的辯護律師不適任。媒體提出的解釋都是這些，但是他們忽略了胡安大半生必須監禁在監獄裡的真正理由。

胡安沒有第三審的機會，因為努力想把事情做對的專家和相關市民，並不認為他的自白出於脅迫。我們無法負擔這樣的盲目。如同我將在最後一章討論的，其他經過經驗驗證的訊問技巧（它們可以避免里德技巧的錯誤）已經被用在其他國家，美國也可以使用。但是我們也必須問自己一個更宏觀的問題：對於一個公正的法律體系而言，要求有罪自白到底是不是一個恰當的作法？

在今天的美國，絕大多數被以犯罪案件起訴的人有兩個選擇：一是承認你有做，然後得到寬待；二是堅持自己無罪，但如果陪審團不同意，就要承擔後果。有百分之九十到九十五的人承認有罪，這表示沒有人負責舉證被告的確有涉案，陪審團也不必對證據作考量，這件案子可以完全跳過審判過程。

我們要記住這件事：在坐牢的人中，十個有九個都只是因為自己承認犯行，才受到處罰的。

沒錯，我們是已經拋棄死亡輪了，但事實上我們又進展到了哪裡呢？

假設有人告訴你，一次武力劫奪汽車事件的受害者指認你是襲擊他們的人，現在你有兩個選擇：(1)承認你被指控的罪名，然後花兩年時間待在牢裡，或是(2)試試你在法庭上的運氣，但有可能必須坐上二十五年的牢。如果你明知道自己是無辜的，你會冒這個險嗎？二十歲的詹姆士．奧喬亞（James Ochoa）就面臨了這個終極的選擇，但他覺得橘郡（Orange County）的陪審團有可能採信被害者錯誤的指認，所以他不能冒這個險。於是他決定認罪，並花了十六個月的時間在牢裡，但在獄中的時候，他被同獄的犯人刺傷——之後警察在另一件不相關的武力劫車案件中抓到真正行凶的人，而且DNA結果是一致的。

最高法院認為這類案件僅是少數，但是證據顯示並非如此。在最近一項花費數個月的研究中，一群大學生被要求在兩個選項中擇一：承認蓄意在邏輯考試中作弊，那就可以不必被送到學術審查委員會（Academic Review Board）審理，但是要放棄本來可以獲得的實驗報酬；或者選擇交由委員會審理，風險就是可能會失去報酬、被強制要求上倫理規範的課程，和被指導教授罵。有超過一半無辜的參與者都不實地承認自己作弊。

如果我們真的相信透明性、不受脅迫、符合正義等司法審判的價值，我們便不能夠繼續操作這個奠基於認罪協商之上的體制。雖然奧喬亞一案中的檢察官話說得很滿，但是他們能夠出手的牌卻很弱：奧喬亞有強力的不在場證明，目擊者的指認彼此矛盾，而且引領警察到奧喬亞家門口的警犬，在過程中受到不當的指揮。最重要的是，車子和槍上留有DNA和指紋，而郡級的罪證化驗室已經排除這些DNA和指紋是奧喬亞的可能性。但是真正的牌沒有被掀開，也沒有人評估過事實為何。

這顯示了認罪的愚不可及。而既然只有不到百分之十的刑事被告會站上法庭，這顯示改革的重點絕對必須放在認罪協商。但是它的缺點也是由刑事程序中的其他面向交織出來的——之所以有這麼多人選擇認罪，是因為他們更不敢冒險進入這個體系的其他程序。如果警方的調查、審判和刑罰沒有這麼嚴重的缺陷（這將在後章討論），無辜的人們絕對不會認罪。他們大可以相信真相、正義和平等，並知其將永遠存在。

3 犯罪心理◆嫌疑犯

你可以從一個人的臉看出他有犯罪嗎？

看看下面的這些人。哪一個人是因為強暴八歲女童而被判罪？哪一個是因為竊盜而被捕的走鋼絲表演者？又是哪一個因為殺羊而被判刑？

我們會盯著他們拱起的眉毛、彎曲的鼻樑、突出的耳朵看。我們會看著照片中人物的嘴唇：他們的嘴唇緊閉嗎？鎮靜嗎？還是害怕、生氣？這雙手的主人有戀童癖嗎？

我們停不下來。這些嫌犯的臉部照片裡有什麼東西揪住了我們，有一瞬間吸引了我們的目光，然後是再下一瞬間。

如果沒有仔細審視這些被告，我會覺得很難讀懂他們的犯罪。如果最近有一個嫌犯因為殘忍地殺害一位年輕醫師（在她家裡，而她的家離我們的街區不遠）而被逮捕，我所做的第一件事便是輸入他的名字，好讓我能夠看到他的臉。這好像很自然——損害發生的當下，這是一個必須的步驟：檢查一下他的輪廓，試圖釐清其中的意義。當我

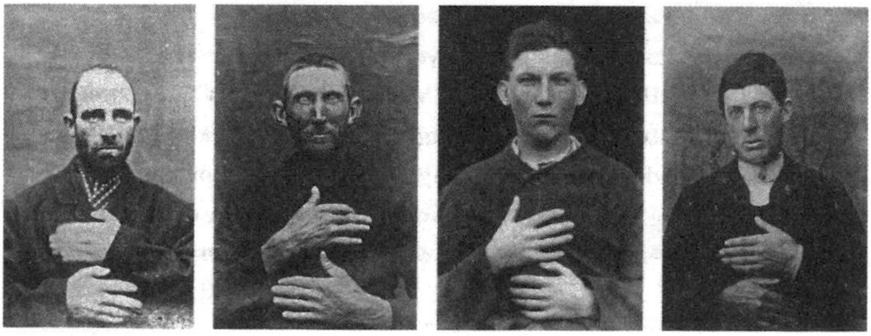

1884-1889年的受刑人檔案，紐西蘭警察博物館（New Zealand Police Museum）藏。

開始寫這本書時，我花了數小時鑽研紐西蘭在一八八七年到一八九〇年之間拍攝的許多照片，這四張照片只是其中極小的一部分。

我不是唯一一個像磁鐵相吸一樣被這些影像吸引的人。還有許多書籍、畫展、政府資料庫和個人收藏、eBay拍賣、CNN幻燈片和專屬的網站，都投入於蒐集嫌犯檔案中的臉部照片。它們到處都有：是我們最希望得到的，也是最不希望碰到的。

當然，它們之所以具有吸引力，其中一部分是出於人們的窺淫癖。網路上還有各種「性感的嫌犯臉部照片」、「哭泣的嫌犯臉部照片」和「嫌犯臉部紋面照片」的搭配，十分具有娛樂性——如果是名人、留著奇怪的髮型，或是親身經受了法律強大力量的人，甚至還有各自的頁面。我們可以直視他們的眼睛、把他們畫成埃及豔后的造型或是浮腫的樣子。但我想，這其中應該另有深意吧。

他們的臉——和身體——或許透露了犯罪的信號和原因。

當一件可怕的事情發生，我們會尋找事前的預警。而且我們希望找到這個損害的源頭：是什麼讓一個人對住家放火、從背後開槍殺了一個人，或是性侵一名兒童。

讓我們再看看這四位紐西蘭人。最左邊那位——法蘭克·馬斯特斯（Frank Masters）——是強暴犯。其他人犯的都只是財產上的輕罪，從左到右依序是約翰·鮑威爾（John Powell，他殺了羊後偷取屍體，被判處有期徒刑兩年）、阿利克·埃文·麥格雷戈（Alick Evan McGregor，竊盜罪，一個月徒刑）以及走鋼絲的表演者威廉·約翰斯頓（William Johnston，竊盜罪，三個月徒刑）。馬斯特斯是連續性侵犯，在一八八五年到一八八八年之間，他至少有四次因為猥褻行為而被判刑——更具體來說，是「在年輕女性面前裸露性器官」。

雖然所有受到馬斯特斯罪行影響的人——被害者和她的父母、陪審員、法官、威靈頓（Wellington）周圍的社區——很久以前就都不在了，但是這個兒童強暴案件卻仍然攪得我們不得安寧。這個人為什麼會變成馬斯特斯呢？在他身上發生了什麼事？我們焦急地想知道，卻沒有什麼方法可以查出事實。

就算我們可以回到一八八九年十二月，和皇家大律師（Crown Prosecutor）互換身分，我們仍然不會知道當馬斯特斯犯下罪行的時候，他在想什麼。他真正的動機、他的狀態、他的衝動是什麼——這些一直到今天都還是跟當時一樣，被藏在一張留了鬍鬚、深色眼睛、禿頭的臉後面。

在法庭上，馬斯特斯解釋他糟糕的行為是出於一種強迫作用，但是呈現在法官和陪審員面前的證據卻很難解釋。在他第四次因為猥褻行為而受審的時候，馬斯特斯宣稱「當犯下這些罪行的時候，他好像不是自己的主人，而且在被逮捕之前，他都不知道發生了什麼事」。根據律師的建議，法院命令馬斯特斯「接受醫學鑑定，看他的精神是否正常」。不過，約翰斯頓（Johnston）醫師——監獄的醫官——「認為他的……神智正常，只是有一些下流的習慣」。

因此，雖然馬斯特斯請求法院「採取一些步驟防止他再做同樣的事」，但他還是在不久之後就被釋放了，而且很快地在外面強暴了一個孩子。

根據報紙的報導，馬斯特斯在宣判時進入了「異常而且恍惚的狀態，語帶哭音地說了至少二十五分鐘以上」。「（他說）他一定是瘋了——一個徹頭徹尾的瘋子——所以根本停不下來」。除了「建議應該把他的『手腳都綁起來』、關進瘋人院之外，他還提出一個可以有效防止他再度犯案的極端手法」。他也想要做好，「能夠結婚，正正當當地過日子，不要像現在這樣」，但是卻有什麼——他的本性、他的命運——一再為他的生活製造麻煩。轉述這場審判的記者認為馬斯特斯只是在演戲：「他無疑地只是在裝腔作勢。」不過法官就沒有這麼確定了：「他無法判斷囚犯的精神是否真的異常。」

在這個脈絡底下，很容易覺得有某些方法、實務和經驗法則可以掀出隱藏在背後的真相：行為的真實原因、有罪的證據，或是一個已經墮落的靈魂。本書一開始所提到的「神裁法」就是這樣的一種機制。它會讓內心的邪惡表露出來。一個異端者可能會說自己是無辜的，但是沉進水裡之後，真實就會顯露出來了。

當然，我們並不總是依靠精心設計的儀式來揭露犯罪。的確，歷史上大多時候我們都只是靠自己的眼睛。我們會直覺地覺得罪犯長什麼樣子、他們的姿勢和行為看起來像什麼樣子。我們其實每天都會用到這種直覺，例如我們必須決定拿到零錢時要不要數、有人插隊時要說什麼、回家的路上要什麼時候過馬路。當你看著這四位受到控告的紐西蘭人時，這些連結便在下意識裡主導了你的選擇。我們的確會看封面來評斷一本書——雖然可能很難明確地說我們到底在看什麼、為什麼它會連結到犯罪。我們會說：「他看起來就像個強暴犯」，好像這就足以說明一切了。

認為一個人的臉部特徵會透露出他的個性，這個想法可以追溯到中世紀以前；不過一直要到十九世紀，才發展出「觀相術」，並用它來理解犯罪。對於當時的人來說，那真是一個革命性的時刻，從此可以解開許多謎團，丟棄那些落伍的作法。它透露出的訊息是：世界是可以被歸類、被解讀的，而科學和技術的進步可以改善社會。達爾文、愛迪生和達蓋爾（Daguerre）＊都告訴我們了。如果雀類的喙的弧度可以透露出牠偏愛特定種類的種子，為什麼一個人的鼻子有多挺，沒有辦法告訴我們他的內在動機是好還是壞呢？如果有人可以設計出一個機器，正確地比較每個人的鼻子，那麼，社會不就能為罪犯建立一個分類系統了嗎？消除犯罪看起來真的是可能的。

義大利都靈大學（University of Turin）的切薩雷・龍布羅梭（Cesare Lombroso）教授（他以前曾是佩薩羅〔Pesaro〕的精神病院院長）便是其中一個激動地喊出這個作法的人。龍布羅梭犯罪學理論的追隨者相信，用科學的方法可以識別出任何犯罪行為的根源。研究犯罪者的生理特徵是否和其他人不一樣，是他們特別有興趣的部分。

某一次重大犯罪的屍體解剖讓龍布羅梭有所頓悟。在那次解剖中，他對於眼前這些頭部的解剖結構（「殘暴成性的人」或是「粗笨大漢」的頭部結構）有多麼類似，感到十分驚訝：「當看到那個頭骨時，我似乎突然看透了罪犯的本質（如同在燃燒的天空下出現一片曠野）——原始人在繁衍下一代時，會把原始人性中凶猛的本性和內在的動物性複製給下一代。」現在擺在他面前桌上的，是對於犯罪這種禍患的解釋。在我們之中，那些似乎「只為自己、對於邪惡有著不能壓抑的渴望」的人、想要「毀滅生命」的人、在性方面敗壞的人，或是「因過分懶惰」而走向詐欺或是偷竊的人，在心理和生

＊路易・雅克・曼德・達蓋爾（Louis-Jacques-Mandé Daguerre，一七八一－一八五一），法國發明家、化學家和藝術家，因發明達蓋爾銀版法（又稱達蓋爾攝影法）而聞名，被視為現代攝影的發明者之一。

理上就是不同的。他們「生來就是犯罪者」——比較像動物，因為動物有這些行為很正常。如果要區別出這些「墮落的人」（他們天生就容易作一些犯法的行為），只能夠靠他們身體上的不同來識別——龍布羅梭說他們「有烙印」，透露出他們處於一個未進化的、動物的狀態。這不是一個全新的概念——其他人早在幾世紀之前就在思考人和野獸之間的連結（如同上方的木刻畫的例子），但是龍布羅梭精確地專注在這方面。他和他的追隨者開始仔細地確認和測量各種不同的身體特徵和比例——從是否有紋身到頭蓋骨的形狀——努力要讓犯罪可以按圖索驥。

只要拿面鏡子來，你就可以看看自己——而這也是龍布羅梭犯罪學理論的追隨者當時所作的。頭形尖嗎？下巴的線條分明嗎？鬍鬚只有一點點嗎？眉毛很淡嗎？這些都是犯罪者的特徵。

一連串出現的新科技，大大地幫助了龍布羅梭的研究計畫。有機器可以記錄一個人的腦容量和形狀；他的血壓；他的觸覺、嗅覺和視覺；他對於痛楚和溫度的敏感度；以及他說話的方式，還有其他許多事項。其中我最喜歡的發明，或許是路易士・弗里杰里奧（Louis Frigerio）的「測耳儀」

（otometer），這個儀器是用來測量耳朵的直徑，以及它與頭之間所夾的角度——弗里杰里奧認為在所有的器官中，耳朵是用來標示一個人是否墮落的最重要器官。弗里杰里奧認為罪犯和精神病患擁有比較平且大、從頭部突出來的耳朵，其道理在於大猩猩和其他「低等動物」都有類似的耳朵。

如果要記錄罪犯的身體狀況，以進行客觀的比較，最好用的工具莫過於照相機。雖然照下嫌犯的臉部照片，最初只是用來追蹤罪犯——警察機構彙集「犯案者的照片檔案」，是為了方便他們自己在已發現的罪犯身上作記號——但是對觀相術有興趣的人，則產生了更宏大的計畫。法蘭西斯・高爾頓（Francis Galton）——一位英國的改革者、查爾斯・達爾文的表弟——發明了一個方式：拍下數張不同罪犯的影像，把他們重疊在同一張相片裡。旅館的小偷會長什麼樣子呢？高爾頓找來六位被逮捕的旅館小偷，為他們照相，然後把六張照片組合成一個原型。可以想像，這樣我們就可以在某人當真把第三隻手伸向受害者的大衣之前，先認出他天生就是個扒手。新的黎明即將來臨：我們可以憑記號認出犯罪，而且知道他這麼做是基於獸性。我們也許可以減少犯罪——甚至可以完全消滅它。

但這是徒勞無功的。高爾頓、龍布羅梭等人的研究的正確性幾乎是零。還有更糟的，他們這些突發奇想的理論助長了種族主義的意識型態，而且被用來為優生學的運動辯護（優生學運動是要藉著控管特定人群的生育，來達到根除犯罪的目的）。

看起來我們離箝制的過去已經大有進步；畢竟我們解放了達豪（Dachau）集中營＊。我們領悟到

＊ 納粹德國建立的第一個集中營，位於德國南部巴伐利亞邦的達豪鎮附近，最初目的是囚禁政治犯。達豪集中營啟用於一九三三年，並於一九四五年由美軍解放，同時發生達豪大屠殺。

二十世紀前半葉的強制絕育是一個悲劇，也失敗了。對於那些仍然相信可以從一個人的身體推測出他的本質的人，我們也只會加以嘲笑。那些還這麼說的人——像是席維斯・史特龍（Sylvester Stallone）的母親賈姬（Jackie，一位頗有名氣的算命師，只要看一個人的臀部特徵就可以幫他算命）——也只淪為脫口秀的段子而已。

但所謂的進步大部分只是假象。雖然我們的確不再採信擺明的、公開的觀相術，但其實在**私底下**還是會看相，渾然不覺我們其實是在根據一個人的膚色、嘴唇太厚或是耳朵不對稱來評價他。這些評價沒有被指明出來，反而更具有殺傷力。龍布羅梭和高爾頓想要幫分類確立一個客觀、可以證偽的系統，所以專注在檢驗、測試和評價等與公眾相關的領域。而我們的法官則正好相反：十分地主觀，鮮少作仔細的觀察。

同樣有問題的是，當我們在考慮一個人**為什麼**會犯罪的時候，我們也會依賴一種只看外觀的「犯罪者臉部照片」的概念——只專注在有如紙一般薄的、對於犯罪者的片面印象，而不去顧及周遭的狀況。一般來說，我們會認為一個人的行為來自於他的自由選擇——根據他固定的性格特徵、喜好和信念。當我們聽到一件令人髮指的事件——例如一件謀殺案——時，我們會立刻產生出一個虛擬的「犯罪者臉部照片」的概念：他一定是一個邪惡的人，為了滿足個人的欲望，寧可選擇漠視我們最重要的社會規範。我們不太會關注其他的偶然因素可能帶來的影響——像是他兒時可能暴露在含鉛的環境中，或是他在幫派中的同儕壓力——除非它們明顯到完全無法忽視（例如有人拿槍指著這位犯罪者的頭）。我們通常都會堅信自己心裡類似於「犯罪者照片」的簡單想像，這讓我們認為人的行為在不同情況下都是一樣的。一日為殺人犯，終身為殺人犯。

有時候這會是對的，不過通常不是——而且即使人們的行為真如我們所預測，也通常只是個巧合。我們用「犯罪者臉部照片」這個概念來解釋悲劇的事件，既扭曲也不公平。我們會認為大部分的罪犯彼此之間都獨立不相干，他們是理性的行為者，自己決定要追求一個貪婪、縱欲或是惡毒的結果。我們都低估了周圍的世界和我們大腦的運作動力——這兩者都意義重大，而且幾乎無法白行控制。我們又再次把注意力放在錯的事情上了。

我們所做的每件事都以大腦的軟組織為起點。

是什麼讓你可以讀懂這個句子中的每個字、理解它們的意思、記住前一段的內容、感覺到你拿在手裡的書頁或是閱讀裝置，並且決定繼續讀下一段？

答案就是神經元、突觸[1]和神經傳遞介質。如果把這些電氣化學的相互作用都拿掉，結果就是我們將沒有想法、沒有情緒、沒有選擇、沒有行動。

就算是對那些沒有宗教信仰的人來說，這聽起來也不對勁。感覺起來，我們應該有某種像是「靈魂」的東西——獨立存在、有意義而且有理性——在指揮我們的行為。這個**東西**怎麼可能只是產生神經衝動、觸發並傳輸化學信號的神經元呢？這應該不太可能，甚至是完全不可能。但這就是事實。

1 兩個神經元的相接處。

沒有什麼惡靈命令馬斯特斯強暴一個八歲的女童；他有這個行為，原因在於他腦袋裡一團三磅重的細胞。要理解犯罪行為，其中一個有效的出發點，便是考慮像馬斯特斯這樣的罪犯，他的大腦是否和「正常人」的大腦相異。

即使回到馬斯特斯的時代，在當時對這件事提出的各種解釋中，也有一個說法提到大腦的特定區域可能與某些特定的行為有關。或許最有名的例子就是二十五歲的費尼斯．蓋吉（**Phineas P. Gage**）——他是興建佛蒙特州的拉特蘭（**Rutland**）與伯靈頓（**Burlington**）之間的鐵路的工頭。

蓋吉的出名要追溯到一八四八年的某一天——那是個既悲劇又奇蹟的一天。在那天，蓋吉用一根金屬棒在石頭中放置要引爆的火藥。他的行為（以我們今天謹慎的眼光來看，或許不能說完全意外地）觸發了一次突然的爆炸，十三磅重的鐵片直接貫穿他的左臉頰，再從他的頭頂飛出來。

雖然前額葉皮質和大腦的其他區塊受到重傷，蓋吉卻奇蹟般地活了下來，而且大部分的身體機能和智力都保留下來。但是他的朋友也立刻注意到，蓋吉「已經不是蓋吉了」。在意外發生之前，蓋吉是個謙恭有禮、討人喜歡而且盡職的人，但是在意外發生之後，卻變得懶惰、粗魯，而且容易發脾氣。大腦的某些特定部位受傷，似乎也改變了他的行為中某些特定的面向。

不過沒有證據顯示蓋吉曾經有犯罪行為，所以與馬斯特斯比較相關的例子，或許應該算是《神經病學文獻》（*Archives of Neurology*）裡報導的另一個例子——發生在蓋吉受傷的一五〇年之後。的確，有許多事件好像都在回應關於馬斯特斯的報告。

在二〇〇〇年，一位已婚的四十歲維吉尼亞州學校教師歐夫特（**Oft**）先生——他之前從來沒有過異常的性衝動——突然開始蒐集兒童的色情圖片，在不久之後還想要對處在前青春期的繼女作一些猥褻的行為。因為是初犯，所以他被引導接受一個十二期的住院療程，希望治療他的性上癮（sexual addiction）。只要有任何嚴重的差錯，他就會被送去坐牢。雖然他知道有這個風險（而且不想被關起來），似乎也知道自己的行為是錯的，但他卻開始勾引療養院的工作人員和他發生性關係。

當然，歐夫特被取消了療程，而且隔天就被提交給法院；就在此時，他爆發了劇烈的頭痛，嚴重到他必須去醫院。但是一開始檢查他的神經系統，他就向房間裡的女性提出猥褻的要求，而且公開討論他怕自己會強暴房東太太。

因為他有明顯不正當的行為，所以醫生大可判斷他的頭痛只是裝的，真正的目的是想拖延被送進監獄的時間，不過醫生卻安排了腦部掃描。掃描的結果令人難以置信：他們發現了一顆像蛋一樣大的腫瘤，就在前額葉基底部的右邊（right orbitofrontal area）。

動手術割除腫瘤後的結果也同樣令人震驚；腫瘤被切除之後，歐夫特對於色情圖片的興趣頓失，而且一下子就完成了他之前一直感到很困難的嗜性者互誡協會（Sexaholics Anonymous）的療程。在七個月之後，他就被准許回家了。

歐夫特明顯復原了，但是事情卻還沒有結束。在二〇〇一年十月，他的頭痛又復發，而且祕密蒐集色情圖片的行為也又出現了。這兩者是有關聯的嗎？果然，當醫生再次進行腦部掃描時，他們發現那顆腫瘤又長出來了，而且隨著在二〇〇二年二月進行的第二次手術，那些性方面的異常行為也再度消失了。

類似的例子清楚說明了腦部問題會對人的行為造成巨大的改變。不過我們必須知道，這麼明顯的例子是很少見的，而且軼事也只能告訴我們這麼多了。在大部分的時候，我們碰到的都是像馬斯特斯這樣的人——做了某件殘暴不仁的事，不過腦子裡並沒有一顆很大的腫瘤或是破洞。如果要看犯罪者的神經系統狀況，比較好的作法是把許多人的腦部拿來作比較。

現有的監禁資料可以告訴我們應該關注的重點有哪些。例如：我們的監獄關了不成比例患有重大精神疾病的人（包括精神變態和反社會人格障礙，這是美國精神病協會〔American Psychiatric Association〕的《精神疾病診斷與統計手冊》〔*Diagnostic and Statistical Manual of Mental Disorders*〕裡列出來有相關、但是更廣義的疾病）。精神變態者的特徵，就是你認為被關在牢裡的人都有的特徵：自私、作表面功夫、衝動、不老實、沒有責任感，而且對於其他人漠不關心或沒有同理心。雖然他們頂多占人口的百分之一到二，但是在全部坐牢的人裡面，卻占有百分之十五到二十五的多數。腦部受到外傷的證據也赤裸裸地呈現出來；雖然監獄外的一般人只有不到百分之九有這樣的創傷，但是關在牢裏的人，卻有大約百分之六十的比例至少受過一次類似的外傷。

雖然犯罪神經科學的基礎取向與早期的觀相術很類似，不過比起弗里杰里奧的測耳儀，我們的工具還是進步得多了。電腦斷層攝影（computed tomography，CT）和磁振造影（magnetic resonance imaging，MRI）都可以瞬間了解腦部的構造。你可以把電腦斷層攝影想成是為我們的大腦內部照了一張快照——專照大腦內部的拍立得；其主要價值在於發現外傷、疾病或是異常，它們可以告訴你：這個人是否有一個像蛋一樣大的腫瘤，或是腦內的某個特定區塊的組織特別少。相反地，功能性磁振造影（functional magnetic resonance imaging，fMRI）則會告訴我們，腦部的哪一個區域會**在某些時間**增加較多的含氧血——也就是說，當人們被問到問題，或是看著某些影像（例如成人和兒童的色情圖片）時，哪個地方的神經活動會比較頻繁。這個神經成像的技術讓我們可以了解腦部結構和人類活動（及行為）兩者之間的關係。

再說說前額葉皮質區。病理性說謊者、具有高度攻擊性和反社會人格障礙的人，這個區域的灰質都比較少。前額葉皮質區的受損也和暴力行為有關，腦部的這個區域如果血流減少，也會產生犯罪。相關的研究顯示，前額葉皮質區對於控制衝動十分重要，影響一個人是否可以審慎地對長遠的未來作出決定、把享樂向後延遲，和遵守規則。

前額葉皮質區機能障礙最奇怪的表現之一，便是如果有人傷到了腦部的這個區域，他或許可以分辨對錯，但是卻無法讓自己的行為符合道德。歐夫特先生的案例就是一個明顯的例子——他知道自己的行為是應該受到譴責的，但是他說自己沒有能力控制這些行為。

考慮到反社會的行為十分複雜，所以如果說大腦的其他部位也會影響犯罪行為，應該也不讓人驚訝。例如：杏仁核對於約束侵略行為就具有重要的功能。神經科學家認為這個區域對於了解其他人的信仰、意圖、欲望和情緒非常重要。由於它的功能在於察知別人所受到的驚嚇、恐懼和痛苦，防止我們傷害別人，所以如果它的運作出現了問題，一個人出現暴力行為的風險就會增加。我們一直都知道精神病患者有嚴重的同理能力的缺陷——不消說，他們的杏仁核的功能也比大多數人更不完整。

雖然我們會將每個部位分開討論，但其實腦的各個部位都是互有相關的；一個以上區域的功能不足，會造成特定的犯罪行為。以戀童癖為例，似乎就出自許多神經系統的缺陷，包括杏仁核**和**前額葉皮質區的問題，這些地方的問題會干擾一個人如何處理情緒的信號和性方面的刺激。

不過，出現異常或機能障礙的位置，會影響一個人犯罪的性質。前額葉皮質區有缺陷的人比較會犯下衝動或被情緒刺激的犯罪（例如在被嘲笑之後，拿起瓶子打破對方的頭）。另一方面，杏仁核出現異常——不過前額葉皮質區運作正常——的人，則比較會從事經過計算、有針對性、而且不帶情緒的攻擊行為（花幾週的時間蒐集工具和跟蹤某人，最後才殘忍地殺了她、搶走珠寶）。這兩種機能障礙都可能導致最後的謀殺舉動，但是它們的神經系統結構和過程卻是不同的。

有些研究者認為這或許可以用來解釋「習得的精神變態」（acquired psychopathy）和「發展的精神變態」（developmental psychopathology）兩個相對照的行為——「習得的精神變態」多是因為立即的危險或是挫折而造成的攻擊反應，而「發展的精神變態」所做的攻擊行為則多半是手段性的，是為了在最後達成完全利己的目的。有習得的精神變態的人是前額葉皮質區受損，讓他們很難管理自己的情緒反應，而有發展的精神變態的人，則是杏仁核的機能異常，所以他們無法正確地處理痛苦的信號。

電視劇和電影引導我們把精神變態者想成一個完全的惡魔（例如血腥恐怖片《月光光心慌慌》〔*Halloween*〕裡的麥克．邁爾斯〔Michael Myers〕），或是超級理性的行為者，出於選擇才做出慘無人道的事（例如漢尼拔．萊克特〔Hannibal Lecter〕）[2]，但是科學為他們的行為提供了一個非常不同的解釋：是腦部的異常使他們缺乏了我們其他人理應擁有的重要工具。我們將在後文討論，其實我們很不願意接受這個生物學上的說法，因為這讓我們對於罪犯的嚴厲對待變得沒有正當性——但證據就是這麼告訴我們的。只要思考一下是什麼在一開始造成腦部的機能障礙——基因和發展方面的因素（而這幾乎不是受到影響的個人所能夠控制的）——反對將犯罪者過分簡化成「犯罪者臉部照片」，這個概念就會得到進一步的強化。

有些科學家認為，人的反社會特徵中，幾乎有一半的變數都可以說是基因問題（而基因是與生俱有的）。在所有條件相同的情況下，如果你有Y染色體，那麼從事暴力犯罪行為的可能性就高出其他人數倍——精神變態者和有戀童癖的人都有不成比例的多數是男性。但也可能很難把基因的影響和社會因素區別開來，畢竟，男性和女性會有的經歷和受到的期待，本來就是非常不同的。

要說明基因和環境之間的相互作用，單胺氧化酶A（enzyme monoamine oxidase A，MAO-A）應該是一個很好的例子，它可以使某些神經傳遞介質失去活性，而且是由單一基因所決定的。科學家認為，如果你擁有製造比較少這種酶的基因版本，在二十五歲之前犯下暴力犯罪的可能性就是其他人的幾百倍——前提是你**還**曾在童年時期受到虐待。

一般來說，環境對於我們的腦部如何發展具有重要的作用，特別是在產前、嬰兒和幼兒時期，對於我們未來是否會犯罪，具有決定性的影響。頭部受傷的確會有影響，不過經驗也同樣會形塑我們，

2 湯瑪斯・哈里斯（Thomas Harris）所創作的懸疑小說系列中的虛構人物，曾出現在多部電影中，包括一九八八年的《沉默的羔羊》（*The Silence of the Lambs*），二〇〇一年的《人魔》（*Hannibal*），二〇〇二年的《紅龍》（*Red Dragon*），以及二〇〇六年的《人魔崛起》（*Hannibal Rising*）。

並增加我們將來觸法的可能性。

身體在建構一個健康的大腦時，如果發生了某些經驗，可能會使我們缺乏所需的東西。例如有許多證據顯示，胎兒在懷孕期或嬰幼兒時期的營養不足，會導致認知功能障礙。就連微量營養素都很重要；有幾個研究顯示，微量元素（像是鋅和鐵）含量不足與攻擊性增加有關。

暴露在某些有毒的物質中也會有影響。如果你的母親在懷孕時抽菸，你長大後犯罪的機率是別人的三倍；酗酒也有類似的影響。尤其令人不安的是那些母親也無法控制的因素；如果你是在某個時期生於某個國家的某個地區，你可能會被曝露在重金屬的環境中，當你每次喝水和呼吸時，都增加了暴力行為的可能性。

例如，有愈來愈多的證據顯示，汽油造成的鉛中毒可能是一九六〇到九〇年代之間暴力犯罪激增的主要原因。背後的理論是一九四〇和五〇年代的兒童都暴露在汽車排放的鉛塵當中，使得他們的腦容量減少且機能異常，尤其是在前額葉皮質區的部分（這個詞又再度出現了，有暴力行為的人通常腦的這個部位都有異常）。因此，在二十年之後，這些高度暴露的人對於控管情緒和衝動的能力比較不足，於是造成了犯罪的結果。

其他重要的經驗也包括人與人之間的互動。你的父母、兄弟姐妹、朋友和鄰居是什麼人，都會有影響。如果父母一再辱罵小孩或是疏於教養，如果在學校遭到孤立，或是交到行為不良的朋友，都會增加一個人犯罪的可能性。

而許多這些風險因子又都有互相加乘的效果：一個過動的十歲孩子，智商不足，又與反社會的單親媽媽住在貧民區，媽媽的管教嚴厲，還會不時虐待小孩——這些都預示了少年犯罪的出現；他在十八歲之前出現暴力犯罪的機率，是另一個只有智商不足的十歲孩子的好幾倍。

就算基因和環境讓一個人只有較低的犯罪風險，但是處於某個年齡層也可能讓機會遽增。我們知道在刑犯的名單中，十幾歲後半和二十幾歲前半的人占不符比例的多數。英國最近的一項調查顯示，十六歲到二十四歲之間的暴力犯罪者，比**其他所有年齡的人加起來**都還要多。

有一種解釋是，我們的大腦也會**發展**，就和我們身體的其他部位一樣，不過卻又比身體的其他部位來得慢。額葉——尤其是掌管判斷、決定和自我管控的部位——或許在人們完全成長到二十幾歲之前都還不成熟。看著他們的大腦時，你會發現青少年比較不會考量行動的後果。他們快速作決定的結構還不夠成熟——這種結構讓成年人可以不必經過深思熟慮，就能避開可能有危險的犯罪活動。但如果是青少年，就很可能會在衡量一件事的風險大小時迷失——我應該把槍從口袋裡掏出來嗎？我應該對著那輛車丟這個瓶子嗎？我應該吸這口毒品嗎？有一派理論認為，一部分的問題在於如果前額葉皮質區的發展速度較慢，杏仁核（負責掌管情緒反應和反應處理）就會發育得過早，讓十幾歲後半的青少年很容易受到犯罪行為的引誘、被他們的情緒所左右。

從進化的觀點來看，青少年大腦的特徵和耗時的發展似乎令人感到不解，不過有些科學家相信，青少年大腦最大的特色——追求冒險和嘗鮮——在我們祖先過去的生活中，可能是為了適應環境才發展出來的功能，是為了鼓勵青少年踏進這個世界、發展出新的社會連結、得到寶貴的新經驗，並且在競爭的環境中獲得成功所需要的機會。也許我們一直只想到年輕的心靈要付出的成本——酒精和藥物會過量、容易發生車禍、鬥毆，和被逮捕——而忘了這對於一個青少年大腦的益處：他會願意去經歷、與新的人相遇、求知若渴、願意感受，而且將知道這世界會提供給他什麼。

一個明顯的徵兆是在最近的案子中，大部分的最高法院法官似乎也根據科學證據，接受了少年的心智和成人的心智有著基本的差異。不論是「葛蘭姆訴佛羅里達州案」（*Graham v. Florida*，該案宣告若不是犯謀殺罪的少年犯，不得科處終身監禁不得假釋），或是「羅珀訴西蒙斯案」（*Roper v. Simmons*，該案宣告不得對未滿十八歲的罪犯科處死刑），最高法院都承認：青少年除了比較容易受到同儕和其他外在壓力的影響之外，心理上的發展也較不足，無法有負責任的表現。我們必須把這個新的理解——青少年的大腦功能會讓他們面對特別的風險——推廣給不論老少的每個人。

不過，在這場反對把罪犯簡化成「犯罪者臉部照片」的戰役中，讓最高法院和一般大眾相信犯罪通常只是神經系統有缺陷，只是戰役的一半。以往會說，犯罪行為的背後一定藏著可憐的個性或是邪惡的靈魂，而如果要消滅這種神話，我們還必須建立一個觀念：即使是那些大腦**沒有**異常的人，也仍然會受到環境很大的影響，使得他們決定做出違反法律的事。基因、生物學和經驗上的因素使得某些人屬於犯罪的高風險群，但是大部分人的道德認同卻不是堅定不移的。我們所處的特定環境便能夠造成各種差異。

同一個豆莢裡的兩顆種子可能長成非常不同的兩棵樹。看看巴爾傑（Bulger）兄弟——詹姆斯（綽號白毛〔Whitey〕）和威廉（被叫作比利〔Billy〕）——就知道了。

他們一起在南波士頓（South Boston）長大，是詹姆斯・巴爾傑和琴・巴爾傑（James and Jean Bulger）的六個孩子中的其中兩個。詹姆斯（爸爸）在一場意外中失去了一部分手臂，他一直想找一份安穩的工作。他們一家人住在奧德港（Old Harbor）——這是新英格蘭（New England）的第一棟國民住宅建案。白毛、比利和杰基（Jackie，他們的弟弟）共用一個房間，一直到比利讀高中二年級，家中的女孩們都搬到走廊盡頭的一間房間。雖然這棟建築物裡一直充滿著毒品和絕望，不過奧德港還是一個雙親家庭的社區，貧窮但也努力地生活。巴爾傑一家擁有的不多，但他們有尊嚴地和家人住在一起。

白毛一直留在家鄉，和美世街（Mercer Street）的混混們攪和在一起。他交朋友的對象都是一些蹺課的學生，他們會在一起打架，或做一些更糟的事。白毛在十四歲時第一次因為偷竊而被捕。很快地，他又有了竊盜、偽造、毆打、施暴和武裝搶劫的前科。

十四歲對於比利來說也是關鍵的一年：他在那一年決定離開家，到波士頓學院高中（Boston College High School）就讀，而不是和朋友們一起留在南波士頓。當白毛在到處打架、惹麻煩的時候，比利正忙著寫功課，或為了賺自己的學費，而到約翰和瑪麗・卡普（John and Mary Karp）的肉鋪子打工。之後，當比利進入波士頓學院（Boston College）就讀、正式進入學問的世界時，白毛因為搶劫銀行遭到追捕，最後被判了多年的牢獄之災。

這對兄弟在各自的路上愈走愈遠之後，各自的方向也漸行漸遠了。

比利接著進入法學院、寫了有關法律的論文，這帶他走向從政之路，成為一個具有影響力的政治家：國家的代議士和麻薩諸塞州的參議院議長。他在代議士的職位上致力於兒童虐待的議題，並投入教育和福利的改革等。之後，他又受聘為麻薩諸塞州大學（University of Massachusetts）第二十四任校長，而且得到了超過二十個榮譽學位。

那白毛呢？他在關了九年之後被放出來，成為波士頓勢力最大的幫派分子——在馬丁．史柯西斯（Martin Scorsese）得到奧斯卡金像獎的電影《無間道風雲》（*The Departed*）中，傑克．尼克遜（Jack Nicholson）所飾演的角色，就是受到白毛的啟發。奧薩瑪．賓．拉登（Osama bin Laden）被殺了之後，白毛就一躍成為美國的頭號通緝人物。在當局終於抓到他之後，他因為涉嫌參與十一起謀殺案、販毒、敲詐等罪而被判處兩個無期徒刑，再加上五年有期徒刑。

即使如此，我們不應該誇大這個例子：比利——就和其他許多二十世紀的波士頓政治人物一樣——並非毫無爭議，而且他沒有背叛白毛，反而拒絕協助警方逮捕白毛。不過，包庇護短和態度強硬的政治家，還是和殺人犯及毒販大不相同。而且，不論比利對於他這位哥哥有著什麼樣的感情，他在學業方面的努力、專業經驗，和他的日常生活，還是給了他一個完全不同的社會身分。

當然，也有可能白毛和比利的基因差異很大——畢竟，他們並不是同卵雙胞胎，而只是兄弟。也說不定在十幾歲的一次打架中，白毛的腦部受了傷，讓他在衝動控制上出了些問題。但是最合理的解釋，應該只是這對兄弟在各自生命中的重要時刻，碰到了兩個截然不同的環境。我們周遭的環境常常會造成十分重大的影響，幾乎足以抹煞性格這個因素。

想像一個當代的白毛。十六歲的他，臉上戴著面罩，手裡拿著一把槍、藏在夾克裡。要加入黑幫的入會儀式，就是去搶劫一個人——被他選上的那個人正走在他站著的小巷裡，小巷的牆上畫滿了亂七八糟的塗鴉。他做到了，而且在過程中用槍射殺了那個人——三個孩子的爸爸。

讀完這段簡短的敘述，我們大部分人已經在腦中勾勒出一個有著前因後果的故事，我們專注於那個男孩有缺陷的人格和他糟糕的選擇。不過，在這場不幸的犯罪中，現場狀況到底扮演著什麼樣的角色呢？

在開始之前，讓我們先把狀況中的某些因素（一定不會構成原因的因素）排除在外——例如他所戴的面罩。犯罪者為什麼要戴面罩？一般認為是當壞人想要做壞事時，會套著長襪或是巴拉克拉法帽（balaclava）*來遮住他們的臉，讓他們得以為所欲為——破門竊盜、搶劫、強暴或是謀殺——而不會被認出來或被抓住。那是一個工具，幫人達成他所選擇的結果。

這看起來不會有任何爭議，不過研究者最近發現，面罩本身可能就是有害行為的**源頭**。這個實驗以一群在萬聖節派對中玩遊戲的小學生為對象——研究者先讓他們穿平常的衣服，然後換上萬聖節裝扮，接著再換回平常的衣服。在有「匿名」效果的第二次遊戲中，學生們明顯地比較具有攻擊性，但是在他們拿掉面具進行最後一輪的遊戲時，攻擊性又消失了。真正有影響的似乎是這群孩子的裝扮，而不是他們原有的個性——一項被認為與人類學有關的研究也發現，某些社會的戰士在出征時會戴上

---

* 一種在從事戶外運動、執行警備勤務或非法活動時常見的頭套，其特徵是戴在頭上時僅露出臉的一部分。該詞彙來自於一八五四年克里木戰爭中的巴拉克拉法戰役，當時英國騎兵配戴這種頭套以抵禦寒冷海風。

面具，或改變他們的外貌，而這些戰士就會非常傾向於殺害或是凌虐他們的戰俘。

接下來，研究者決定看看如果有裝扮（匿名），孩子們會不會真的做出什麼犯罪行為。在實驗中，孩子們到各家去提出「不給糖就搗蛋」的要求，他們進入的人家裡面會有一個碗裡放著糖果，而另一個碗裡則放滿硬幣。開門的人會告訴孩子：每個人都可以有一顆糖果，而如果孩子們發問，就告訴他們硬幣是要捐出去的。

如果在這時候，開門的人離開孩子、走到另一個房間去，這群孩子會怎麼做呢？

嗯，有許多孩子會把糖果偷走，也會偷錢。有幾組人還把整個碗都拿走。不過有一個有趣的轉折：實驗的某一個設計讓開門的婦女先問孩子們的名字和住處，這群孩子就沒有偷拿東西——面具帶來的匿名效果被破壞了。

現在想想現代白毛在犯罪時會用的另一個工具：槍。我們都聽過這個說法：「槍不會殺人；殺人的是人。」*就算有些人對於美國全國步槍協會（NRA）極度地不信任和輕視，這個貼在汽車保險桿上的標語還是有一定的道理——畢竟槍是沒有生命的，它們不可能有能力影響一個人的行為。

直到有研究證明它們是可以的。

帶著武器可能會讓我們發生改變。在一個研究中，每一位受試者都獲得了一把玩具槍，或是其他非武器類的東西（例如一顆球），他們要拿著那個東西，同時螢幕上會出現不同人的照片。受試者被告知，如果螢幕上出現的人拿著槍，他們應該趕快用自己手上的東西對準螢幕；而如果螢幕上出現的人拿的是手機、錢包或是鞋子，他們手上的東西應該對著地板。

結果令人十分震驚。只要手上有沒有拿著槍，就會影響受試者判斷一個人的危險程度。只要手裡有槍，受試者（比起那些手裡只拿著一些無害東西的人）舉槍瞄準螢幕裡的人的次數就會大幅增加。而且，如果槍只放在實驗室裡明顯可見的地方，不會造成什麼影響；受試者必須拿著它。最好的解釋是，用槍作為指示物（pointer），會讓人把模糊曖昧的東西也認知為槍，因為認知和計畫行動在腦中是共用同一個過程。手裡握著槍會讓世界看起來更充滿威脅，隨時都可能發生致命的結果。

就連周圍的景觀——被噴漆的巷弄、排水溝裡的垃圾、一排廢棄的房子——都可能影響現代白毛的行為。回到一九八〇年代早期，喬治・凱林（George L. Kelling）和詹姆士・威爾遜（James Q. Wilson）提出了「破窗效應」（broken windows）理論，這是指潛在的犯罪者會從環境中獲得線索：「如果建築物的一扇窗戶破了，而且沒有人管它，其他窗戶也很快就會破了……一扇沒有修補的破窗戶是一個信號，表示沒有人會在意，所以就算把其他窗戶打破，也不會怎麼樣。」隨地的垃圾、荒廢的建築物和燒壞的汽車也會鼓勵犯罪行為嗎？有一段很長的時間，我們認為這只是隨便說說，不過，最近的實驗研究開始支持凱林和威爾遜的想法。

在一組實驗中，荷蘭的研究者發現，在一個真實的社區裡，只要製造出一點非常輕微（但是人們

＊ 原文為 *Guns don't kill people; people kill people.* 這是美國的全國步槍協會的口號，在美國被大量地貼在汽車保險桿及臉書動態上。

看得到的）的脫序，就會改變人們的行為。如果出現更多塗鴉，就會明顯地有比較多人偷五歐元的紙幣（如果可以看到它附在一封被塞進郵筒的信裡）。當實驗者違法地把腳踏車鎖起來（而且大家都可以看到），就會有超過三倍的人擅自進入一個明顯標示「禁止進入」的區域。

一個比較正面的發現是，城市中的綠色空間可能會有相反的效果。犯罪不會潛藏在灌木叢裡。的確，在費城——我的家鄉，最近的研究發現有樹、灌木林和草地的地方，犯罪會比較少，尤其是搶劫和施暴。

就算我們同意背景會成為某個事件的原因，我們還是很難相信，只因為現場的某些因素，就會讓一個人犯下非常凶殘的行為——例如殺害一個人。不過事實上，心理學上最有名的一系列實驗的結論，都幾乎可以證明這件事。這系列的實驗只問了一個簡單的問題：多少比例的人會只因為另一個人在考試時答錯了答案，就對他施以可能致命的電擊？

雖然邏輯告訴我們，只有殘酷成性的虐待狂才會按下電擊按鈕，但是斯坦利．米爾格拉姆（Stanley Milgram）卻發現，如果實驗者指示他們這麼做，有百分之六十三的實驗對象都會持續對對方施以電擊，直到上限四百五十伏特。更有趣的是，只要米爾格拉姆改變環境中一些不太重要的因素，就可以讓服從這個指令的比例在百分之零和九十二．五之間變動。受試者有先看到前兩位受試者都拒絕接受指令嗎？如果有的話，服從度會陡然急降。要受試者繼續進行實驗的指令，是出自一位穿著灰色實驗室大褂的科學家、還是非專業的行政人員呢？如果是科學家的話，絕大多數受試者都會服從。實驗是在耶魯大學、還是在康乃狄克州布里奇波特（Bridgeport）的一個私人機構裡進行呢？如果是在布里奇波特的實驗室，會施以電擊的人數就低得多。

我們都想要相信殘酷的罪行一定是由凶殘的人做的——這些人和我們根本不是同一類人。但其實不是這樣的。漢娜・鄂蘭（Hannah Arendt）把邪惡描述成「平庸」的言論十分著名，它背後也受到心理學的支持。鄂蘭為《紐約客》（*New Yorker*）採訪並報導納粹戰犯阿道夫・艾希曼（Adolf Eichmann）的審判，但在觀察整個審判程序時，讓她印象最深刻的，卻是艾希曼看起來是如何地普通。在她眼前的這個人做了極端駭人聽聞的事——負責執行所謂的「最終解決方案」（Final Solution）*——但是他看起來卻完全不像個魔鬼。雖然後續的研究顯示，艾希曼是個比他裝出來的樣子更激烈百倍的劊子手，不過鄂蘭這個更一般性的短評還是流傳了下來。

我們大概很難接受這句話背後的含意：我們都有可能做出傷害別人的事，我們都可能是罪犯。不過這對於我們自尊的威脅，事實上還要嚴重得多。承認科學的結果，就表示我們失去了重要的掩護。如果當場的情況對於攻擊行為扮演著這麼決定性的角色，我們便不能夠再自稱為局外的旁觀者了。如果我們決定不對武器加以管制，如果我們選擇離開日益衰敗的周邊社區，或是削減婦女、嬰兒和兒童的營養方案，如果我們讓貧民區的青年沒有太多選擇、只好加入幫派，我們便和最後發生的犯罪脫不了關係。

---

* 指納粹德國在二次大戰期間進行的系統化種族滅絕行動，其高峰被稱為「納粹大屠殺」（Holocaust 或 Shoah）。據估計，「最終解決方案」的受害人數在一千一百萬到一千七百萬之間，約有六百萬人為猶太人，其餘則是共產黨人、同性戀者、羅姆人、戰俘、異議分子等。

所以，如果說駁斥罪犯們有著「犯罪者臉部照片」這個概念，會有什麼最重要的影響，那就是除去了橫立在我們和那些被我們關起來的人之間的界線。這並不容易，但是對於一個正義的法律體系而言，卻是不可或缺的——我們將在本書的結尾時回到這個主題。如果我們評斷一個人有比別人高得多的犯罪可能性，是因為他的基因不好，或是因為腦袋被打過，這讓我們比較容易對犯錯的人感到同情、比較容易原諒他們、幫助（而不是傷害）他們。而如果我們知道是環境的力量讓我們都可能犯下可怕的罪行，我們就突然有理由改變環境，以確保沒有人會誤入歧途。

去除了「犯罪者臉部照片」的想法，我們在看法蘭克・馬斯特斯、約翰・鮑威爾、阿利克・埃文・麥格雷戈和威廉・約翰斯頓的相片時，就會用不同的眼光。嫌犯臉部特寫的真實照片將不再是我們感興趣和好奇的對象。我們會看到它們真正的本質：對於我們未完成工作的提醒。

第二部
判決

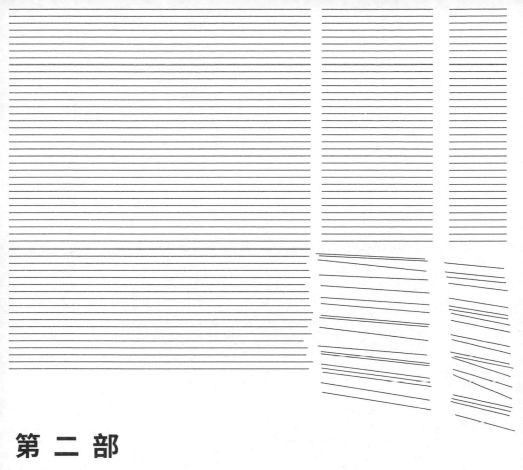

4 破壞規則◆檢察官*

不是只有殺人犯才會在臨終前懺悔。有時候，檢察官也會。

格里．迪根（Gerry Deegan）死於肺癌。他是路易斯安那州奧爾良郡（Orleans Parish）的地區檢察官，從法律系學生時代開始，就一直努力把壞人關進監牢裡。現在他即將走到生命的盡頭，在死之前，他想要告訴他的朋友——麥可．萊爾曼（Michael Riehlmann）——一些事。萊爾曼之前也是同區的一位檢察官。萊爾曼聽著。

九年前，迪根做了一件事，讓他後悔至今。

事情的起頭是小雷蒙德．柳扎（Raymond T. Liuzza, Jr.）——紐奧良（New Orleans）一位知名企業家的兒子——在一九八四年十二月六日的清晨倒在自家門口，因為失血過多而死。這起槍殺案唯一的目擊者告訴警方：開槍的是一個六呎高的非裔美國人，留著「小平頭」。不過這對於警方鎖定嫌疑人的範圍並沒有太大的幫助，所以他們只得到處想方設法，直到柳扎家族懸賞一萬五千元美金，給提供線索、幫助雷蒙德謀殺案早日破案的人。

這筆錢誘使理查德．帕金斯（Richard Perkins）出洞，他告訴柳扎：「我可以幫（你）抓到（加害者），不過我希望（你）也可以幫幫我，那麼——你知道的——我就會幫忙（你）。」

根據帕金斯的說法，這場犯罪的幕後有兩個人：凱文．弗里曼（Kevin Freeman）和約翰．湯普森（John Thompson）。警察先抓到了弗里曼，然後再踢門闖進了湯普森的祖母家。當時，湯普森的兩個兒子、他的女朋友、媽媽、弟弟、妹妹和祖母都在家裡。他們就看著警察拔出槍來，把湯普森帶走了。那時他二十二歲。

弗里曼符合證人的陳述：高個、小平頭，所以他有個綽號叫「科亞克」（Kojak）[1]。但卻是湯普森——他比弗里曼矮四吋，而且留著一個爆炸頭——將面臨官司。

湯普森的照片被登在報紙上，有一位父親注意到了這張照片；他的三個孩子最近經歷了一件看起來與這沒什麼相關的事件——一場預謀的暴力汽車搶劫案。但是這三個孩子看著照片裡的爆炸頭，覺得他就是那場搶劫案的搶匪。而且當他們到警局指認的時候，在一堆嫌犯的照片中，也挑出了被刊在報紙上的那張照片。

檢察官辦公室覺得抓到人了。更有甚者，弗里曼還馬上就答應要在法庭上指認湯普森。檢察官要做的，只剩下想想該用什麼策略——他們有一手好牌可以求處死刑，不過出牌的時候還是要謹慎一點。

＊ 此處原文為「lawyer」，忠於原文的譯法為「法庭辯護人」，因檢察官的職責即是刑事案件中的控方（原告）律師，在法庭上代表被害人及國家的立場進行辯護。本章主要討論對象為檢察官，原文中交互使用「lawyer」及「prosecutor」二字，但考慮到中文讀者的閱讀與理解習慣，在與譯者討論後，將本章出現「lawyer」一詞意指檢察官的部分逕譯為「檢察官」。

1 這是七〇年代警匪動作影集《警網鐵金剛》（*Kojak*）的男主角在劇中的名字。

最後決定第一步先起訴湯普森以武力搶劫三個孩子，因為該案定罪之後，會讓湯普森在比較關鍵的謀殺罪審判中，難以為自己辯護。如果他選擇要辯護，檢察官可以依證據法則，引用他在搶劫案中的有罪判決，質疑他的證詞可信度——這會是極具殺傷力的一招。只要湯普森無法提供證詞，辯護律師就很難幫湯普森說話，並且降低反方證詞帶來的影響。很重要的是，如果湯普森的紀錄中曾出現牽涉暴力的重罪，他在下一個案件中就比較可能被判處死刑。

武裝搶劫案是由迪根協助詹姆斯．威廉斯（James Williams）共同偵辦的，而謀殺案則是由威廉斯和埃里克．杜比利埃（Eric Dubelier）負責。迪根和威廉斯這庭的結果非常完美——由於有三位受害者的指認，湯普森因搶劫而被判處四十九．五年的有期徒刑，不得假釋；這也讓檢察官在謀殺案中定然取得勝訴。湯普森即將被執行死刑。哈利．康尼克（Harry F. Connick Sr.）——奧爾良郡的地區檢察長（同時也是同名音樂家和演員哈利．康尼克的父親）——簽名後就取得了勝利；這件事的意義是：就算紐奧良有時不太平靜，但正義最後還是會得到伸張。

約翰．湯普森被送到牢裡，接著成了路易斯安那州立監獄（Louisiana State Penitentiary）——也就是惡名昭彰的「安哥拉」（Angola），或被叫作「南方惡魔島」（Alcatraz of the South）——的死刑囚。按照迪根和威廉斯的說法：他現在在那兒好好待著。

那麼，迪根覺得不吐不快的事究竟是什麼呢？

他在第一個審判中做錯了一件事。在汽車被搶劫時，年紀最大的那個孩子弄傷了搶匪，所以搶匪的血沾到了他的褲子上。犯罪現場的偵查人員把沾到血的布料取樣化驗，所以他們知道行凶者的血型。但是這份報告從來沒有被提出來，所以湯普森的律師並不知道有這件事，而迪根自己，在審判的第一天就從證物室拿這個樣本來看過了，但是並沒有把它還回去。

這件事情九年來一直埋藏在他自己的心裡：他隱瞞了血型的證據。

讓我們回到一九六三年的「布瑞迪訴馬里蘭案」（*Brady v. Maryland*），在該案中，最高法院明確指示檢察官必須公開對被告有利的證據，就算是對證明有罪、加諸刑罰不利的材料，也必須提出來。如果怠於為此——在一般的說法中，就是違反了**布瑞迪**原則——等於侵犯了憲法要保障的正當法律程序（due process）。

萊爾曼建議迪根把他做過的事情講出來——全盤托出。這才是該做的事。但是迪根最後還是決定保持沉默，萊爾曼也什麼都沒說。

有超過五年的時間，湯普森都被單獨監禁在一間牢房裡，等待著被執行死刑的那一天。他前前後後共被安排了六次行刑時間，每次都因為上訴而往後延，但是差不多也無法再上訴了。他第七次——同時也是最後一次——被決定行刑的日期，是一九九九年五月二十日。

湯普森的律師決定背水一戰，他僱了一位私家偵探，最後再把所有的證據都看一遍。離行刑時間已經不到一個月了。其實大家對於這位私家偵探能否翻轉局勢，並沒有抱太大的希望，但是她把犯罪化驗實驗室裡所有的檔案微捲都看了一遍，所以就看到了這份有汽車搶案劫匪血型的實驗室報告。

上面寫著：B型。

湯普森是O型。所以他是無辜的。

湯普森的暴力搶劫有罪判決被推翻了，連帶地，對於他的謀殺有罪判決也必須重新審視。湯普森終於可以講出他自己的辯護之詞了。在新的審判中，湯普森出示證據，表示在一審中指認他的主要官方證人——凱文·弗里曼——其實才是真正的凶手。陪審團只花了三十五分鐘，就決定湯普森是無罪的。

歷經超過十八年的牢獄之災後，湯普森終於在二〇〇三年五月九日走出了「安哥拉」。

這麼慘無人道的事——已經沒有別的字眼可以形容它了——到底是怎麼發生的呢？是什麼讓一個人把證據藏起來——這個證據可以拯救一個無辜的人免於一死啊？

最高法院可以告訴我們一種答案。檢察官是最正直的一群人，但是——就和其他行業一樣——還是會有一些壞分子混在其中。我們現在的法律體制已經有足夠的機制，讓檢察官遵守他們的道德責任，不過，說到底，那還是檢察官他們自己的選擇。檢察官都知道他們在法律上的責任；如果發生了一件令人憂心的事件（像是這件），一定是因為有某人決定漠視自己的責任，表現出不誠實的一面。從法院的立場來說，其實沒有什麼方法可以預防，因為問題主要是在於個人的道德選擇，而不是制度或其他環境上的壓力。

從牢裡釋放出來之後，湯普森對地區檢察長康尼克提起訴訟，因為康尼克蓄意忽略對於檢察官的培訓，疏於教導他們有責任公開可以證明被告無罪的辯護證據（例如湯普森的辯護人就不知道本案還有血液的證據）。湯普森原本基於上述理由可以獲得一千四百萬美金的賠償金——他被關在死囚室的一年就算一百萬——但是當案件到達最高法院時，卻被代表多數派的克萊倫絲．托馬斯（Clarence Thomas）法官撤銷了。多數意見認為對於法律倫理的培訓是沒有問題的，檢察官的角色很清楚，沒有證據顯示格里．迪根的行為不是一次單一事件。

同樣地，史卡利亞（Scalia）大法官——在和阿利托（Alito）法官一起撰寫的協同意見中——把這次扣住證據的事件，定位成單一的「不法檢察官」「基於奸巧，蓄意地違反規定」。迪根在這個架構下成了一個粗暴的行為者——一個我行我素、不顧後果的人，「故意隱瞞了他認為可以證明被告無罪的證據，全力想要陷湯普森於罪」。如果認為地區檢察長辦公室裡，還有其他更大的力量是剝奪湯普森權利的幫凶，這一定是無稽之談。樹大必有枯枝，這個社會也必須接受「如果刑事審判多達一定的量，錯誤將是無可避免的」。

這符合我們的常識，不過有許多人還會想得更遠。是的，我們應該可以預期到有好的檢察官和壞的檢察官，但我們一般也都認為檢察官的名聲不好。他們就像是騙子或是職業殺手，願意不計任何手段、方法，只想要贏。

雖然這些刻板印象很普遍，但是因此就只關注某些檢察官**或是所有檢察官**不好的一面、說他們會有不正直的行為，還是很不對的。檢察官的確會行騙或是說謊——他們會違反規則，使得別人受很大的苦；當迪根不把血液的化驗結果交給湯普森的辯護律師、還把真正的樣本藏起來的時候，他就觸犯了法律，而且——更重要的是——破壞了基本的道德原則：有一個人的生命危在旦夕，而迪根竟然不讓他知道還有證據可以拯救自己的生命。這些都是事實，但是更大的問題是：為什麼？除非我們可以正確地了解事情是怎麼發生的，否則在消除檢察官的不正行為這件事上，我們不可能有長足的進展。

如果你花時間研究不正直的行為，應該會很快地注意到一個奇怪的悖論：雖然我們大部分人都很在乎自己是否合乎道德和倫理，但我們總是會跨越那條線。人的行為是很難以理解的。

在一方面，我們是遵守規則的生物。看到紅燈，我們會停下來；跟在狗的後面撿牠們的大便（就算沒有被別人看到）；進到一所小學的時候，我們不會亂罵三字經；不會偷星巴克小費罐裡的錢；不會在陌生人經過時偷摸他們一下；不會只是為了好玩就追著陌生人跑。我們也頌揚自己在宗教、職業和學校的生活中，都能夠遵守道德規範。我們為十誡樹立碑文，也有必修的倫理學和刑法課。如果我們被貼上不道德的標籤，這是一種恥辱。

但是在另一方面，看看四周吧——我們的周遭充斥著欺騙。就在此時此刻，我們面前的人——不管是陌生人或是我們認識的人；我們的偶像；我們的敵人或是我們的朋友（就有著最不好的表現）——員工在工時記錄卡上作假，或是浮報支出；運動員假裝對方犯規來換取罰球，或是服用可以加強表現的藥物，獲得競爭上的優勢；我們會欺騙另一半或是合夥人；不管是男人或是女人，都會有詐取保險金或是騙稅的行為，要不然就是詐騙年事已高的親戚；有上百萬的美國人從網路上下載了超過十億條歌曲和影片（沒有付費）。

有證據顯示，人生的幾乎每個階段都充滿欺騙的行為。過去我們認為青少年是最純真的，但是最近的資料告訴我們，或許是時候拋棄這種浪漫的想法了。學生的作弊很猖獗——有超過一半的高中生承認他們會作弊，大學生的作弊情況也差不多，或甚至更糟。研究所學生也會作弊，其中以商學院的學生比例最高（有百分之五十六的學生承認作弊），而以法庭辯護人為志業的學生，作弊比例則低於平均值（百分之四十五）。而且，成績好的學生會違反校規的比例，和鐘形曲線中的其他學生並沒有兩樣。近幾年來，紐約的菁英學校史岱文森高中（Stuyvesant High School）、美國空軍學院（Air Force Academy）和哈佛大學都被爆出為數眾多的作弊行為。

的確，貝格斯路（Beggars Row）*、華爾街和它們之間的每一條路上，都有人們在閃躲、迴避、騙錢或設局。看看你的孩子、另一半、你的學生、同事和員工，你就會看到他們正在玩的把戲。

那麼，為什麼會有這些呢？為什麼人們要欺騙別人？為什麼我們的法律體系讓檢察官特別容易受到影響呢？

如果不是只有少數人品不好的人才會欺騙，那我們認為人會欺騙別人的原因——也就是說，當欺騙別人的好處大於要付出的成本（可能會被發現或是被處罰），人就會選擇欺騙別人——還是正確的嗎？

研究者決定要測試一下這個理論是不是正確的——他們讓受試者玩有償的數字遊戲，並且改變了一些我們認為會影響人是否誠實的因素。但是結果很令人費解。研究者發現，即使說謊比較不容易被

* 在英美文化中，「貝格斯路」常被用來代指城鎮中的貧窮區域，因此在修辭上常與富裕區域並列（如在另一條一九四三年的資料中，出現 in Beggars Row or in the Grand Hotel 的用法），以彰顯「高」、「低」對比。

抓到，受試者也不會因此就大幅增加欺騙的次數，而即使提高受試者答對後的報酬，結果也是一樣的。甚至，如果研究者把每局的金額提高到十美金，欺騙的事情還會減少。

所以，我們之所以欺騙，並不只是因為簡單的成本效益分析（cost-benefit analysis）。有數不清的人會有欺騙的行為，但是就算給他們機會和誘因，他們也不會因此「騙更大」。

有一個研究證明了這個現象。一群行為科學家讓受試者做選擇題測驗，他們有機會作弊而不被發現，而每答對一題常識題，又都可以獲得獎金。果不其然，許多受試者都作弊了。但是每一個人作弊的題數相對而言都不算多——只有他們可以作弊不被發現的題數的百分之二十。

這看起來像是說，人的內心有什麼東西，會阻止自己很快地變得不誠實。研究者認為這個機制可能是我們的自尊心。我們每個人都有足夠的動機，很想讓自己維持一個品德高尚的形象——這個動機可能會讓我們大力地限制自己的利己行為。我們想要相信自己是誠實而合乎道德的，如果作弊了，就是自己破壞了這個美好的自我觀感。作弊的行為愈會抹黑我們自己，我們就愈不可能去做。

有一群實驗者讓這件事獲得了一個很有趣的證明。實驗者請受試者丟硬幣，然後告訴他們：只要他們欺瞞正面朝上的真實次數，就有可能獲得獎金。所有受試者都知道他們可以亂講而不被發現，不過實驗者對其中一部分的受試者說：「請不要作弊（cheat）」，而對另一群受試者則是說：「請不要當騙子（cheater）」。我們很難想像這種語言上無關痛癢的暗示會有任何效果，但是研究者發現它們還真的有效。如果用的是動詞「作弊」，有些人還是會繼續作弊，但是如果用的是與自己有關的詞「騙子」，受試者會突然感覺是在指自己，就沒有人作弊了。

如果我們要喜歡自己，最明顯的答案就是要根除欺騙，或是讓它減到最少。在心理學實驗裡對幾個問題故意說謊，或是隱瞞一點賭博贏錢的事以避稅，並不會讓我們覺得自己是個壞人。而當我們的行為和對自己的正面想像發生衝突時，也還有別的方法來對付這種內在的不一致，也就是欺騙自己：自己根本沒有那麼壞。

所以，雖然在一項研究中，有百分之五十一的高中生承認他們最近有在考試中作弊，百分之六十一承認他們曾經欺騙老師，而有百分之二十的人承認他們曾在商店裡偷過東西，但是卻有百分之九十三接受調查的人「對於（他們）自己的道德和個性感到滿意」。同樣地，雖然納稅人每年誆騙政府的金額高達三千八百五十億美元——通常是因為沒有誠實申報收入——但是卻有超過百分之九十的公眾同意「每位美國公民都應該公平地負擔稅額」，而且「如果任何人對於自己應繳的稅額有任何隱瞞，都應該被究責」。雖然我們不願意承認，不過我們應該都有這種自欺的能力。

如果我們想知道人為什麼會欺騙，就得看看如果要把欺騙的行為合理化，到底有多容易（或者有多難）。如果為自己的行為辯護十分費力，我們就會覺得違反規定沒有那麼容易。這中間就有著檢察官會做出不正行為的關鍵：大部分的檢察官並不是有意識地想欺騙被告；他們只是非常擅長欺騙自己。

如果人們要把一個對道德有損的行為加以合理化，其中一個最可行的策略，就是故意貶低欺騙的行為和相關損害之間的因果連結。如果我相信自己的行為不會造成任何損害，就很容易說明我的行為是正當的，也可以維持我對於自己的正面看法。只要我認為自己做的事和任何明擺著的損害之間，愈沒有關聯性——中間有愈多的干擾因素——我就愈沒有理由要選擇一個誠實的作法。例如，科學家發現，如果有兩個遊戲，一個是勝者可以得到代幣（代幣可以換成錢），另一個是勝者可以直接贏錢，前項遊戲（勝者得到代幣）的作弊次數大約是後項遊戲（勝者直接贏錢）的兩倍。

讓我們設想一下兩位檢察官，就能夠理解這為什麼和檢察官的不正行為有關。一位——像迪根一樣——要決定是不是應該交出從犯罪現場取得的血液化驗報告（這樣或許可以證明被告無罪）；另一位則在決定是不是要花一萬美金賄賂搖擺不定的陪審員，取得被告的有罪判決。

研究發現，第二位檢察官遠比第一位更可能決定不要採取任何欺騙的行為，因為他很難相信自己的行為是無害的。畢竟，這些行為發生在決策的關鍵時刻，而且沒有其他明顯的干預者可以歸咎——通過賄賂陪審團，第二位檢察官決定了結果。

相較之下，第一位檢察官就與任何有害的結果都保持著安全距離。就算他沒有交出那份報告，被告的律師還是有可能自己發現其他證據，證明被告是無罪的——只要他真的無辜。接著，被告和律師應該可以向陪審團提出某些具有說服力的證據，讓自己獲得無罪釋放。所以，如果判決發生了錯誤，應該怪的是被告的律師和陪審團。

在湯普森的例子中，迪根負責的是他的搶劫案，而不是謀殺案；這讓迪根更容易覺得，自己的行為和湯普森的死刑判決之間沒有直接相關——迪根完成了自己的起訴工作之後，還有另一個完整的審判呢！

辯論式訴訟制度的本質——要求檢察官積極主張自己的立場，但是最終的決定權卻不在他們身上——可能也增加了欺騙的行為，因為檢察官會覺得自己比較不必為行為造成的結果負責。而且，在審判過程中，愈早發生的事，愈會被認為和最後的損害結果沒有關係。如果事情沒有什麼突然的變化，我們應該可以預期在審判開始之前——比起已經選定陪審員名單、進入審判程序之後——會發生比較多不正的事。一旦定罪之後，過程就會反過來了：如果新發生的不正行為只會讓現狀維持（例如：因為欺騙的行為讓被告無法獲得公正的上訴機會或是假釋聽證會），它會很容易被合理化。

既然當迪根把事實——他把可能證明湯普森無罪的證據扣住了——告訴他的朋友萊爾曼時，湯普森已經在等著被執行死刑了；萊爾曼不把這個資訊告訴湯普森的律師，這個行為應該是很難被正當化的。但是萊爾曼和迪根不一樣，他與這個案子無關，他也沒有隱瞞證據。他只是**聽說了**這件違規的行為。同樣重要的是，當萊爾曼知道這件事的時候，湯普森已經被判有罪、也已經被判死刑了。既然萊爾曼不知道湯普森的血型，他並不知道如果把這件事告訴湯普森的律師，事情會不會有任何不同。的確，也說不定就算他把報告交給對方，但是被告的血型剛好和搶匪一樣，這反而會讓他**更可能**被判有罪，而不是更有機會脫罪。雖然我們無法確定是什麼原因，讓萊爾曼又把迪根告訴他的祕密藏了五年——即使湯普森命懸一線，但是看起來不管是誰在他的位置，都很有可能這麼做，而不會覺得自己有什麼責任。

我們也不要忘了，失職和犯罪被認為是不同的兩回事。我們比較容易看到犯罪（例如前文中假設的情況——檢察官賄賂陪審員）所造成的損害，而失職則不會（迪根沒有移交化驗報告就屬於失職）。失職好像不會打亂事情的「正常」過程，但是犯罪就會把事件導到不同的方向。而且，失職也比較容易被合理化，因為如果我們有什麼事沒做，總是可以有些好理由：「我不知道那也是我的責任」、「沒有人告訴我」，或就只是「我忘了」。

所以，如果檢察官沒有做他應該做的事，這也算是違反**布瑞迪**原則，那麼違反布瑞迪原則的情況就更容易發生了。其他常見的檢察官不正行為還包括各種失職，例如：知道證人作偽證卻沒有知會法院，或是明知道執法官員隱匿或毀損證據，卻睜一隻眼閉一隻眼。

如果我們覺得有別人（或是別的事）在控制我們的行為，我們也很可能不會採取行動。如果是老闆要求我們這麼做，我們就不必為發生的事負責了。刑事司法制度中的代理人通常都是根據別人的指示行動——助理地區檢察官就很清楚他是在為地區檢察官工作；公設辯護人也知道，最後作決定的是他的委託人。因此，這個死板的階級制度和層層下達的指令，為不正行為搭起了一條康莊大道。

另一個把規則的扭曲正當化的方法，便是透過社會比較。我一生中見過的欺騙行為中，大部分都是由一群人做出來的，而不是一個人，這或許令人感到有點不可思議。當一個人越線之後，突然就會有三個人和他同行。身處在人群中，好像會改變一個人的道德界線，把大家的頻道都調成一樣，並引誘那些原本在困境中還是會堅守倫理的人。研究者開始更進一步地研究「不誠實好像會傳染」的這個面向。我們不再用絕對的標準來看待我們的行為（「在這個考試中作弊是道德或是不道德的？」），而是用周圍的人來衡量（「我最好的朋友有在這次考試中把答案告訴別人嗎？」）

在最近的一次實驗中，心理學家要一群人做一個測驗，成績愈好的人會得到愈多錢。其中一個「參加考試的人」——他其實是這個實驗僱來的槍手，會依照實驗者的指示行動——非常公然地作弊，而且在考試只進行到六十秒的時候，就站起來交卷走人了，但是他的答案都是對的，所以曾得到最高額的報酬。問題在於這個行為究竟會不會鼓勵其他人跟著作弊？會的，但是只有在這個作弊的人看起來和教室裡的其他人屬於同一個團體的時候——也就是說，他穿著這個學校的T恤。如果他穿著另一所競爭對手學校的T恤，作弊的人數甚至會大幅**減少**（還低於對照組）。

在雙方要對立辯論的法律體系中，法學專業人員會有特別強烈的群體意識——檢察官就是與被告處於對立面——而且在這種環境中，他們會對於同業的道德表現非常敏感。在這個脈絡下，我們發現檢察官的不正行為通常不是獨立事件——雖然我們一般會以為這只是一個害群之馬的自我墮落，結果走向貪腐。

史卡利亞法官把檢察官在湯普森案中的不正行為定調成「只是一位（奧爾良郡）……檢察官違反了布瑞迪原則」，但是露絲·拜德·金斯伯格（Ruth Bader Ginsburg）法官在（她在法庭中宣讀的）不同意見書中，卻措詞激烈地指出，其實有「五位以上檢察官」的表現都剝奪了湯普森的權利，而且「年復一年地阻止他獲得可以為自己辯護的證據」。正如她所說的，這「不只是一時的失察，或是單一執法人員不正執法的單一事件」，「在起訴湯普森之前和審判的過程中，四位起訴他武裝搶劫和謀殺的法律專業人員，都不讓湯普森知道有可以讓他提出辯解、證明無罪的資料（即使湯普森已經提出要求、而且也有憲法上的權利確保他獲得這類資料）。」

布魯斯・惠特克（Bruce Whitaker）——一開始核准起訴湯普森武裝搶劫的檢察長——曾經看過犯罪的化驗報告（其中載明搶匪的血型是B型），他看過之後，就把報告放在負責此案的助理地區檢察官詹姆斯・威廉斯的桌上。但是沒有人把報告交給湯普森的辯護人——雖然湯普森方確實有正式請求所有「對被告有利」以及與「判罪或處刑」有關的資料，包括「科學測試或化驗」的「任何結果或是報告」。接著是和威廉斯一起工作的迪根，他把所有實際上的證據從警方的證物室轉移到法院，獨漏了沾到血的樣本。威廉斯和迪根都有在審判中提過樣本或是犯罪化驗報告——但是沒有人再見過那個樣本了。

幾位檢察官（包括與威廉斯一起起訴謀殺案的埃里克・杜比利埃）都還有其他重要的資料沒有交給被告。理查德・帕金斯（第一位把湯普森的名字交給警方的證人）說他在挺身而出之前，並不知道有賞金，如果湯普森的律師可以拆穿帕金斯的謊言，或許就可以大幅削弱帕金斯證詞的可信度——但是檢方並沒有交出帕金斯與被害人家屬討論酬金的錄音帶。其他還有：被告律師原本可以指出凱文・弗里曼（檢方的主要證人）和帕金斯兩人的證言有互相矛盾的地方（謀殺情節應該是由弗里曼告訴帕金斯的），但是警方的報告（其中記載有帕金斯的回憶）卻從來沒有交給被告方。還有一件很重要的事：湯普森的律師根本無法指出目擊證人是描述凶手留著「小平頭」，但是湯普森其實是爆炸頭——因為相關的警察報告也沒有交給他們。

這些都表示欺騙是一種**文化**——現在也有足夠的證據顯示多年來地區檢察官有不正行為。如同金斯伯格法官所說的：「奧爾良郡已經對布瑞迪原則所要求的公開性置之不理了。」地區檢察長康尼克自己也被控（在另一個案件中）隱瞞犯罪的化驗報告，並且還有其他幾件有罪判決被路易斯安那州法院推翻，因為康尼克任內的檢察官沒有依照布瑞迪原則公開資料。

如同紐奧良檢察署的悲劇告訴我們的，只要有正確的環境，欺騙的行為可能會像瘟疫一樣散播開來。我們會觀察周圍的人，來決定什麼行為是可以接受的、什麼行為是不可以接受的——如果旁人的作法是扭曲規則，大部分人是很難抵抗的。更拉大來說，對於檢察官的負面刻板印象——例如認為檢察官都很凶惡、奸詐或是非不分——可能會真的造成他們不道德的行為，因為這等於是在說這個職業的人普遍都極端不誠實。其他人都是這麼做的，我何必例外呢？

無疑地，我們都會觀察周圍的人，來決定怎樣做才是道德的。但是我們自己過去的行為也有助我們作決定。這可以部分說明，如果我們在一開始就做出一個非常輕微的欺騙行為，最後會怎樣地漸漸變成一個比較嚴重的錯誤。這次數學考試我要作弊嗎？嗯，我昨天晚上的代數作業是抄同學的，那和考試作弊也差不多，這不會影響我對於自己的想法。當你朝著不誠實的方向走了幾步，你就會很快地發現：自己離原本的自己已經差之千里了。

也不是只有小的違法事件會越演越烈；科學家認為，只要改變一個人對於道德的自我觀點，就很可能誘發出比較嚴重的欺騙行為。我最欣賞的實驗之一是研究者要參加者戴著太陽眼鏡受試，有一部分受試者被告知他們的太陽眼鏡是正版的設計師款，另一部分受試者則被告知他們的太陽眼鏡是仿冒的。你可能會認為仿冒品不會對他們造成任何影響，但其實戴著仿冒品的人，作弊次數是另一組的兩倍以上。研究者認為這是因為戴著仿冒眼鏡的受試者，會突然用一個新的眼光來看自己：臉上掛著不誠實的標誌，讓作弊也變得容易多了。他們看待自己的同儕時，眼光也不同了，他們會認為比起戴著「正版」太陽眼鏡的人，這群人作弊的機率高出好幾倍。

我們很容易看到檢察官受到滑坡謬誤（slippery slope）的影響。最初可能是一個同事或是上級對他施加壓力，讓他稍微違反了一點點倫理規範（例如：在請求證據時故意沒有提到一個相關的案子，因為該案會削弱主要的論點）。知道自己有這次違法之後，他可能會開始採用另一個比較寬鬆的道德標準。有了第一次違反倫理之後，就算表現得稍微沒有那麼誠實（例如：沒有把證人對於犯罪者的描述告訴被告，雖然證人對犯罪者的描述只有部分與被告的特徵吻合），他之後對於自己的整體價值的評價，也不會受到那麼大的影響了。還有更糟的是，研究指出檢察官欺騙別人的事愈多，他就愈容易相信其他人——他的同事和對立的被告方——也都在欺騙，而這會進一步強化他的欺騙行為。這是一個危險的因果鏈——尤其是當人命關天的時候。

雖然聽起來不大可能，不過要把我們在道德上的錯誤加以合理化，最有效的方式之一，便是把我們的錯誤行為重新塑造成**對的**——把它說成是一個恢復秩序或是行使正義的方式。用一個錯誤來糾正另一個錯誤，這就可能變成是對的了。的確，研究者認為欺騙行為的出現，常是為了讓事情變得公平。

科學家在一個實驗中，故意安排了一名咖啡店的服務生對顧客的態度很差，他們想要觀察在最後結帳時，如果這名服務生多找了錢給顧客，之後會發生什麼事。科學家發現：那些沒有被好好服務的顧客，比較不會主動告知有多找錢的事，他們不退回零錢的比例比受到正常服務的顧客高出許多。如果顧客受到商家無禮的對待，他們似乎就有個好藉口，可以留著本該屬於商家的錢。

如果檢察官覺得法官給了對造一個不對等的優勢（例如請求被駁回，或是證據無法呈給陪審團），或者他覺得走廊上迎面走過來的對造辯護人，好像藏了什麼不可告人的奸計，他就比較可能會有欺騙的行為。好鬥的情緒可能使人有動機為了自己的利益扭曲規則，並且將這種行為正當化。就算他們感到的不公平狀態不是來自於對造辯護人或法官做了什麼，結果還是一樣的。檢察官也會感到不平衡，或許只是因為他們覺得自己處於劣勢——因為他的工時很長、工作累得像狗一樣、領的錢又比自己開業的律師少，或是因為他有一個不講理的上級，或是自己畢業的法學院名聲不夠好。我們也可以想像一位新手檢察官會覺得自己有點比不上辦公室裡的其他檢察官，所以在趕上其他人之前，需要作點小弊。在幾位檢察官之中，迪根是最沒有經驗的——當他被委派負責湯普森的案件時，離他加入地區檢察官的行列才不到一年。

如果要讓我們相信自己的行為是對的，另一個類似的方法是貶低被我們欺騙或是說謊的對象。如果我們傷害的人本身就有道德瑕疵，我們的行為就會突然變得比較正當。而且，如果這個人被逮捕或是起訴，我們就很容易覺得自己其實是在為了一個道德目標作努力。

迪根就把他自己看作正義的守護者。如果湯普森的血型和從汽車搶案受害者身上採到的血液樣本不符，湯普森就很有可能不會在搶劫案中被判有罪；而如果沒有第一個有罪判決，他也很可能逃過謀殺的指控。如果你真的確信湯普森是殘酷殺害小雷蒙德．柳扎的凶手，那麼破壞一點規則，以確保湯普森得到應有的處罰，應該也是可以接受的。除此之外，為政府工作的人都會認為，大部分的被告（除了他這次被起訴的罪名之外）都已經逃過了許多犯罪的懲罰。如果你讓檢察官坦誠以告——在談到他們某次稍微違反法規的時候——你會很驚訝有為數眾多的檢察官都說了同樣的理由：「反正就算他在這個案子裡是無辜的，他還是有犯過**其他罪**。」

所以，在很多情況下，說不定是為了做**對的**事——一個利他的行為——才讓我們選擇了捷徑。科學家發現了一件令人驚訝的事：如果人們欺騙的結果對別人比較有好處（而不是對自己），他們會騙得更多。如果我們做的只是為了別人，就不太會用負面的眼光看待自己，即使有什麼不道德的行為，也很容易被合理化。在非營利機構、學校或是其他公共福祉組織工作的人，相對而言可能比較常違反規定，因為盡力追求社會福祉這件事，好像就可以將欺騙的行為正當化了。

如果這個理論是正確的，那麼對於這類型合理化的藉口，檢察官和公設辯護人的抵抗力可能是最弱的。從某種意義上來說，如果檢察官不違反規則，會讓許多人失望：被害者家屬、負責調查此案的警察、其他檢察官同事，甚至是整個社會（包括未來的潛在被害者，因為如果行凶者在此案伏法，他們就安全了）。他也可能讓所有期待他出人頭地的人失望——他的伴侶、孩子、父母和朋友。所以諷刺的是，其實是因為深深地關懷別人——而不是麻木不仁地缺乏同情心——才誘發了某些欺騙的行為。

我們都同意，經過合理化的欺騙是人的部分天性。不過，還是有些人比其他人誠實一些。那麼，我們怎麼知道誰比較會做出欺騙的事呢？

科學家發現的某些人格特質可能在我們的預料中。例如：容易有罪惡感的人比較不會做出違反道德的事。不過有些發現卻是我們比較想不到的。

科學家發現，和其他人相比，病態說謊者的前額葉皮質區明顯多出許多白質（white matter，負責在大腦的不同區域之間傳遞信號的細胞），而且我們已經知道白質的結構與創造力有關，這個有趣的發現讓研究者決定看看如果人的創造力不同，會不會影響到他們的欺騙行為。研究者假設比較有創造力的人，比較容易想出有說服力的故事，為他們不道德的行為取得正當性。不消說，在他們的實驗中，最有創造力的受試者也是最不誠實的。除此之外，研究者發現，如果他們教人變得比較有創造力，欺騙的事也會全面增加。有趣的是，一般的智力還不一定相關；特別是要創造力才會造成影響。

這會讓人覺得最有創造力的檢察官最可能有欺騙的行為，不過也可能——說不定這更為關鍵——檢察官這個群體就是如此。當然，大部分檢察官所受的訓練，就是要為不同的行為或是事件尋找辯護的方式、理由和論據。他們的工作就是要建構一些看起來足夠可信的故事，讓他們的形勢居於上風。甚至有人認為，如果要區分出成功和不成功的檢察官，創造力是最關鍵的因素。如果一位檢察官有能力鋪陳出一個令人信服的故事，讓被告被安上一個罪名，這表示他應該也可以建構出一個可信的故事，為他侵害被告權利的事辯解——這種想法頗令人感到不安。

檢察官的道德規範通常都很模糊，而且有很大的裁量空間，所以檢察官常覺得自己在模棱兩可的空間中遊走，這讓創造力可以對欺騙行為發揮最大的影響。幾乎所有起訴時最普遍的不正行為，都可以被重新詮釋。到底你是在隱匿可能證明被告無罪的證據，還是不要讓陪審團被無關緊要的報告搞糊塗?你是作了一個不太恰當的終結辯論，還是一位熱情的辯護者?你是在糾纏、操縱證人，還是在盡責地進行交叉詰問、確保可以問出實情?你是在鼓動錯誤的證詞，還是要讓陪審團有機會聽到所有面向?

或許檢察官特別擅長將他們的欺騙行為合理化，但也是因為他們的立場，才讓這樣的作法對他們格外有吸引力。如果迪根只是檢查一下警方證物室裡的血液樣本，事情就會變得不一樣了。血液的化驗報告是被送到檢察官辦公室，這對於事情也有影響，因為檢察官可以不把報告交給被告。這些看起來都很順其自然。檢察官對這個國家的證物和證人有這麼強的控制力，這才是我們應該要擔心的——是檢察官在決定被告方能不能夠或什麼時候才會看到彈道報告、DNA報告、證人陳述的複印本，或是警方的原始紀錄。這像是把雞舍鑰匙給了黃鼠狼——即使是最正直的一隻——看會發生什麼事。

除此之外，研究也顯示如果我們用完了預留的自制力，就會特別容易出現欺騙的行為。有些心理學家認為意志力是一種有限的資源，而很不幸的是，檢察官的工作環境通常會讓它被嚴重消耗。檢察官也會面臨和我們其他人一樣的挑戰：要想辦法達成自己的新年願望（在上工前先去慢跑）、在面對不講理的老闆時要想辦法控制情緒、在一個無聊的電話會議中想辦法集中精神、試著不要對叛逆的青春期兒子發飆。不過他們可能還要面對其他的壓力，例如近在眼前的期限。助理地區檢察官的手上通常會同時有好幾件案子，這表示他們要同時應付法院的意見、法條、事實和其他細節。除此之外，他的工作還必須滿足多方人馬的需求和願望（這幾方人馬的利益還可能會互相衝突）。找出方法讓被害者的家屬、社會大眾、法官和他自己的長官都感到滿意，與此同時，他還要試著實現正義，並且抵擋來自對造的攻擊，這勢必會讓人在精神上感覺十分疲憊——以及造成（雖然稱不上多的）欺騙行為。

檢察官方面常出現不正的行為，但是卻很少有調查或規範，這似乎讓人覺得很奇怪。主要的理由是很難偵察。在過去二十年來，許多案子之所以引起我們的注意，都只是因為DNA化驗結果顯示為無罪，這提醒了我們該去看看一個無辜的人是怎麼被判成有罪的。藏匿證據是最普遍的不正行為之一，但這特別難被發現，因為被告甚至不知道有什麼東西自己沒有看到。而且檢察官往往根本不承認自己做了不對的事。迪根最後還對他的決定感到後悔，但是在某些案子中，就算是不道德的行為很重大，我們還是可以騙自己相信不誠實的行為確實有換得利益。在一組實驗中，有一些在考試中作弊、最後得到高分的人，會把這個分數當成他們自己很聰明的證據！用了欺騙的方式獲得優勢、最後贏得官司的檢察官，日後也會把成功歸因於努力工作、訴訟技巧和自己的智慧。只要贏了，不乾淨的紀錄也會被洗白了。

所以，存在於法律體系中的大部分欺騙行為，是根本不會被看到的。但這並不表示什麼事都沒發生。我們對於道德的適應性是雙向的：雖然作弊會傳染，但是我們周圍的人也會感染我們去做一些對的事。我們必須想辦法強化自己對其他人帶來的正面影響，方法便是改變政府的法律專業人員對於自己角色的定位。研究顯示，如果檢察官愈關注贏——而不是達成正義，他們就愈可能有欺騙的行為。但是很不幸地，他們接收到的許多隱約（或是不那麼隱約）的暗示，都告訴他們勝訴率才是最重要的事。其中一個極端的例子是伊利諾州的庫克縣（Cook County），檢察官之間甚至舉辦了一個比賽——

這個比賽被稱作「兩噸競賽」（Two-Ton Contest），只要起訴並獲得有罪判決的被告加起來的總體重超過四千磅，第一位達成這個標準的檢察官便是優勝者。不過只要檢察署的領導者願意推動健全的道德規範，並確保它們獲得適當的監督，就可以改變這個狀況。

有愈來愈多的實驗證據顯示，如果知道有人正在看著我們，我們就不會作出錯誤的表現。的確，雖然最高法院的多數意見認為，不是康尼克的監督不周造成了湯普森案的錯誤判決，不過，我們有理由相信只要地區檢察長恪盡監督之責，或許可以讓湯普森免於遭受不公正之苦。如果格里．迪根的工作環境嚴守**布瑞迪**原則，同僚就會彼此監看是否有違反道德之事，迪根就很有可能決定把重要的血液證據交給湯普森的律師。

我們知道這種文化的轉型是絕對可能的，因為它正在發生。達拉斯縣（Dallas County）的地區檢察長克雷格．沃特金斯（Craig Watkins）便在二〇〇六年成立了新單位，專門指出錯誤的有罪判決——也就是由檢方成立小組，重新審查對於被告有罪尚有爭論的案子。沃特金斯認為檢察官特別應該傾聽無辜者的要求——不只是因為這樣才能夠抓到真正的凶手，也是因為檢察官有責任洗清他們的錯誤。這個行動非常成功，開始之後就澄清了三十三個人的冤屈。它的成就鼓勵了庫克縣、明尼蘇達州的偉恩（Wayne）、布魯克林區（Brooklyn）和加州的聖塔克拉拉（Santa Clara）相繼出現類似的計畫。這些管轄區要傳達給政府的訴訟代理人的訊息十分強而有力：檢察官的角色就是要確保刑事司法程序的正直與健全，所以有聰明、勤奮的人會檢查你的工作。

要建立一個新的機制來監督和重新定位檢察官的角色，必須要願意改變，這是一個重大的決心。

不過有一些比較簡單的方法，可以讓所有的檢察署鼓勵署內的誠實行為。實驗顯示，就算只是對道德作不明顯的提示，也會有幫助。例如要求一個人簽署榮譽法則——或只是試著寫下他記得的十誡——就可以大幅減少（甚至杜絕）他在考試時作弊。更讓人驚訝的是，就算這個人根本想不起來十誡中的幾條，或是榮譽法則只不過是表面文章，這些道德提示還是會有作用。例如：麻省理工學院（MIT）其實根本沒有榮譽法則，但是研究者發現這並不會造成任何阻礙；如果學生簽署了一個假的榮譽法則（「我了解本實驗是根據麻省理工學院榮譽法則的原則進行」），他們就不會作弊了。

這個研究告訴我們，我們應該對檢察官灌輸道德提示；這樣他們在受到誘惑的時候，就不會為自己的行為尋求合理化或辯白。其中一個方法是在每一天審判程序開始之前，都要檢察官重新朗誦一遍誓言——或是寫下他們認為自己的固有道德或是倫理責任是什麼。同樣地，如果要鼓勵檢察官把能夠證明被告無罪的證據交給被告方，我們也可以要求檢察官簽署遵守**布瑞迪**原則的承諾，並加上幾句話，明確地指出為什麼不移交這類資料就是違反道德。科學家發現，關鍵是要將這些提醒變成流程的一部分，但又不要讓它們變得太像例行公事，因此反而被忽略了。

這是一個簡單的規則：如果我們希望檢察官遵循道德的路徑，我們就必須指出希望他們走的道路，我們必須設好路標，而且定期檢查他們的進度。我們不能夠只是坐著等，希望別人導正一切。等到檢察官已經破壞規範，一切就太遲了。

再看一次我們需要多少奇蹟才能夠拯救湯普森一命：在湯普森寄了幾百封信給許多律師都石沉大海之後，有兩位精明的律師無償接手了湯普森的案子；在用盡所有上訴機會之後，律師願意最後再拚一次；而在千鈞一髮之際，偵探在滿是灰塵的微捲裡發現了汽車搶劫案的血液化驗報告。這聽起來像是小說裡才會有的情節。我們必須面對現實：這個世界上大部分的湯普森並沒有守護天使。受制於有限的資源和過重的工作量，只有很少數的辯護律師會扮演好他們的角色，也幾乎沒有什麼錢進行特別的調查。陪審團或法官能不能不辱其名、確實地要求檢察官，並發掘真正的事實，這是一個很難下定論的問題——也是接下來的章節要討論的主題。不過，用這個方法測試我們的運氣，應該是很不智的——我們大可以在一個無辜的人（例如湯普森）被揪到法庭之前就先介入。

5 在旁觀者眼中◆陪審團

人們對於權力的欲望如此強烈——我們扯破了喉嚨要爭取控制權，或是為了巴掌大的地盤，張牙舞爪地捍衛我們的小小勢力——所以我總是對於人們會全力逃避擔任陪審員這件事，感到難以理解。對於許多被法院選中、列在陪審名單中的人來說——不誇張地說——這可能是他們一生中，能夠掌握到最大權力的一次機會了。陪審員不只能夠決定被告有罪還是無罪——也就是動用國家資源改變一個人的人生——他們還有超自然的能力，能夠在事情發生之後，重新決定歷史是什麼。擔任陪審員意謂著你可以決定發生了什麼事。陪審員創作了事實。而你——前一天晚上才在和老婆激烈地爭吵電視開多大聲要聽誰的——竟然卻放棄了這一切，**騙法官**說你背痛得「非常厲害」。

人很奇怪，於是我們有了這個比較一般性的問題：為什麼我們一開始會信任外行人、讓他們負擔這麼大的責任——儘管他們沒有特殊的資格，也沒有受過法律訓練？

其實這幾個世紀以來，有許多法律界的菁英份子——法官和學者——並不信任陪審團。長久以來，都有人懷疑陪審團是否有能力正確地判斷案件事實，所以，也曾有許多人嘗試建立各種不同的機制，來限制陪審團的權力。在今天，又因為科技的出現，使得關於陪審團的爭議再一次浮出了水面。既然有錄影帶可以錄下重要的事件，我們真的還需要陪審團來告訴我們發生了什麼事嗎？

最近一個不尋常的案子，把這個問題推上了檯面。

副局長克林頓．雷諾茲（Clinton Reynolds）坐在他的巡邏車上，停在亞特蘭大（Atlanta）西南方三十四號高速公路的路邊。那是一個三月下旬的星期四傍晚，空氣中充滿了濕氣。經過的車子如果瞥見他，都會踩一下煞車。他盯著雷達測速儀。突然出現了一輛時速七十三英里的凱迪拉克（速限是五十五英里），所以他扭亮了警車車頂上的藍燈。他其實一開始就打算讓這輛車這樣過去了——每個人都會超速的。他甚至沒打算要開車。

但是凱迪拉克在經過時絲毫沒有減速。甚至當他把車頭轉向兩線道時，駕駛還加速了。

雷諾茲用無線電回報了那輛車的車牌，並且告知他要前往追捕。他沒有請求支援，但是有另一位警察——提摩西．斯科特（Timothy Scott）——正好聽到了無線電通話，所以很快地加入追捕。凱迪拉克轉進了一個購物中心的停車場，斯科特於是先一步去封鎖了出口。他以為這樣就會把凱迪拉克困在裡面了，但是凱迪拉克卻在最後一刻突然來個大轉彎，稍微擦撞到他的巡邏車之後，向南一路上了第七十四號高速公路。

兩個人又重新展開追捕，但是斯科特請雷諾茲讓開，讓他來主導這次追捕行動：「抓他的事讓我來……我的車都毀了。」

六分鐘的追捕橫跨了兩個郡，讓斯科特覺得夠了、該結束了。他用無線電要求准許對那輛車進行「PIT」。「PIT（Precision Intervention Technique）——準確干擾技術」是指追撞逃逸車輛的後方，讓它在旋轉以後停下來。雖然這在兩車高速行駛時是很危險的，但是斯科特還是獲准這麼做了，批准的命令大聲地從無線電中傳過來：「去吧，把他逮住。」兩輛車進入一條沒有路肩的小路，斯科特逮到了一個機會。他猛踩油門，用力撞上了凱迪拉克後面的保險槓。

接下來發生的事非常戲劇化：凱迪拉克突然轉彎，於是它滑向右邊，四輪朝上地翻倒在路邊。斯科特對著無線電大吼：「一〇－五〇（警方代碼，用來指稱意外事件）。發生了不好的一〇－五〇。很不好。」汽車殘骸中冒出白煙。警察們都下車跑到車子旁邊，拼命地想拉開車門。斯科特從車窗外看進去，看到駕駛「沒有繫安全帶。他的頭卡在剎車踏板的下方，身體橫過了駕駛座，腳則彎折在座位後方」。

一位警察說，當時他們心裡都在想：「他不該搞成這樣的。」

十九歲的維克托・哈里斯（Victor Harris）是九個孩子中的老么，他在這次意外中奇蹟般地活了下來。但是代價也十分高昂：醫院告訴維克托，他的頸部以下都癱瘓了。

這次意外事故造成了維克托的癱瘓，於是他決定根據美國憲法第四修正案（Fourth Amendment of the Constitution），對斯科特警官提出告訴，因為第四修正案禁止不合理的拘捕行為。維克托的主張是，憲法禁止警官在一個偷竊商店的扒手逃跑時從背後開槍射他，而他一開始的違規事項只不過是超速了幾英里；憲法應該也不容許警察用可能致命的追撞方式，讓一部私人汽車打滑翻覆。

政府針對與自己相關的部分，對於「斯科特警官的行動不合理」這個主張提出了抗辯，這牽涉到一些重要的事實問題。或許最重要的，是要知道這個追逐行為究竟會帶來多大的風險，以及它製造的危險應該怪誰——維克托，還是警方？

如果這件意外發生在十或二十年前，要斟酌維克托的主張，並決定到底發生了什麼事，就必須把雙方的陳述、許多證人和專家的證言全部拼湊在一起。但是在二〇〇一年喬治亞州的考維塔縣（Coweta County），巡邏警車裡都有行車紀錄器。要知道是否因為維克托在逃逸時採取太過危險的方式，才使得斯科特決定請求進行準確干擾技術，我們不需要重建追逐現場；只需要坐下來看影片就可以了。

這個案子最後到了最高法院。在口頭答辯中，可以明顯得知法官們對於維克托的立場有所懷疑。他們都看過影片了，而且印象深刻。就如同史卡利亞大法官所說的：維克托「製造的追逐場面是除了電影《霹靂神探》（*The French Connection*）之外，我看過最驚險的場面」。

不過，重點在於陪審團會怎麼想。會有任何理性的陪審員在看了影片之後，不同意史卡利亞大法官的看法嗎？如果有的話，大法官就必須把案子發回重審；如果沒有的話，就表示維克托想要獲得賠償的願望落空了。

最高法院的多數意見覺得這個問題的答案很簡單，因為影片實在是非常清楚地錄下了事發經過。最高法院認為，任何一位理性的陪審員只要看過影片，都會覺得那場追逐極度危險，不可能有任何一位理性的陪審員認為維克托的癱瘓是警方造成的。如同史卡利亞大法官在意見書中所寫的：影片可以證明維克托「對於事件的描述」「完全不足以採信」。最高法院對於自己的看法極為自信，所以做了一件史無前例的事：在網路上把影片公開，讓一般大眾都可以看到。

可是，有自信和做得對之間，還是有差距的。

我們每個人都相信，我們所看到的世界就是它真正的樣子，其他有理性的人看到的事情也都類似——也就是說，我們所看到的就是正確的。不論我們是正看見一位足球裁判在球場裡舉牌，正在和一個朋友討論經濟情勢，或是正在和其他陪審員一起整理證據，都不會有假。四分衛的罰球有進、還是沒有進？看球賽只會有一種正確的方式，看臺上坐在我們旁邊的那個人，看到的和我們應該是一樣的。

我們都誤以為，真實不會經過任何過濾，而是會直接進入我們的腦中。如果我們從別人那裡聽到了什麼事——例如：一個朋友事後才告訴我們裁判在比賽中如何判定——我們會知道轉述的事實可能有偏見，但是如果我們親眼看到比賽，看到的就一定是事實。就算是透過科技看到的東西，也不會有錯；當我們觀看一段影片、聽一段錄音，或是看著一張照片時，我們會覺得自己是客觀、中立地在看這些東西。

不過，並不是每個人和我們看到的都一樣。

當我們碰到了某些人的看法或是信念和我們不一致時，我們會經歷一些衝突，並且想要解決它。其中一個作法便是重新評估證據，或是質疑我們自己的客觀性，不過我們大概都不會選擇這個作法。相反地，我們會找到對方立論的缺陷，來支持與他相反的立場、駁斥他的觀點。與我們的看法或信念衝突的那些人——照道理來說——一定是有什麼問題，讓他們失去了洞察力：他們有偏見、他們被意識形態操縱了、他們太笨、他們沒有受過教育。

如果你相信氣候正在發生變化，而且主要是由人類造成的，試想：如果得知某位參議員說全球暖化只是被虛構出來的，你會怎麼想呢？這會讓你重新思考自己相信的事是否真的正確嗎？還是，你的第一個反應是：「噢，他一定是拿了石油公司什麼好處」，或者，「他腦子沒問題吧？」

如果你去看一部電影，看完之後覺得它棒透了，但是你的約會對象卻覺得它無聊透頂，你會反省自己或許有失客觀嗎？你會覺得「或許我錯了」，或是「我們兩個的看法都很合理」嗎？還是你會立刻開始重新考慮是不是該繼續跟他出去約會──「這個傢伙好像沒有很聰明」，或是比較寬容地想：「或許他需要多接觸獨立電影」？

為了維持自己的論點，我們通常都會懷疑那些與我們意見不同的人，這個過程是在無意識中發生的。不過，不論是在看紐約巨人隊（Giants）的比賽，或是在抗議的集會上，我們大部分的歧異都不是因為那些與我們看法不同的人有什麼立論上的缺陷；相反的，這其實反應了文化認知的實況：我們共有的背景和經驗，形塑出我們認為什麼才是客觀的事實。如果看到裁判舉牌說費城老鷹隊（Eagles）的後衛撞到了巨人隊的四分衛，在判斷裁判的判決正不正確時，「自己是不是支持巨人隊」這個因素勢必會發生影響。雖然我們的判斷看起來像是完全中立的，但其實不然。不管在任何時刻，種族、性別、年齡、職業、政治傾向、宗教和其他（數不清的）我這個人所具有的特徵和關係，都會影響到我們到底看到什麼。

最高法院認為「任何理性的陪審員都不可能」認為是因為連續追撞，才使得維克托．哈里斯癱瘓──理性的人都會同意是因為維克托的逃逸舉動極度危險，才造成了最後的事故。於是有一群法律專家決定測試一下最高法院的這個結論，而他們得到的結果，強而有力地證實了上一段所說的現象。

是不是真像史卡利亞大法官所說的：「錄影帶……自己會講話」？研究者要求一千三百五十位不同族群的美國人看這段影片，並說出他們的印象。

受試者眼裡所見的，會根據事件相關的意識型態、文化和其他區隔而有明顯的差異：這場追逐值得冒那個險嗎？維克托是不是對警察和大眾都帶來了致命的危險？警察為了結束這場追逐而決定用可能致命的方式，是否合理？誰的錯比較多——警察還是維克托？

參加實驗的每位受試者所看的都是同一場追逐，但他們看到的卻不是同一件事。一個不是那麼有錢，但是思想開明、受過高等教育（同時支持平等主義和共產主義）的非裔美國婦女，和一個富有、保守、支持現存的社會階級和個人主義的白人男性，兩者相比，前者更容易認為斯科特警官和警方才是主要犯錯的人。

這不是因為有些人沒有誠實地說出他們看到什麼、他們的注意力不集中，或是不了解問題在問什麼。而是因為他們的身分或是隸屬關係就像有色眼鏡一樣，會自動過濾掉一些細節，讓他們只聚焦在某幾點上。最高法院的結論並不正確：對於事實，並不是只有一種「合理的」看法——絕對會有好幾種。亞利桑納州斯科茨代爾（Scottsdale）的退休白人企業家，在閃爍的燈光和旋轉的車輪下所看到的東西，就和費城的黑人大學生非常不同。

但是，受試者不會覺得是身分在決定自己的觀點。而且，我們並不知道人與人之間的歧異是由什麼造成的，但這件事會造成很嚴重的問題。研究團隊也指出，就是因為這種無知和盲目，讓最高法院作出了錯誤的結論，覺得這個案件不需要陪審團；因為要理解這件事，只會有一種合理的方式——而且他們在過程中，還指責所有與史卡利亞大法官的多數意見持不同看法的人。最高法院認為這群人「不理智」，理所當然應該從司法程序中排除。

當然，就算這個案子有陪審團參與，我們還是會相信自己的理解，懷疑那些與我們持不同看法的人。這個態度還是會帶來問題。一個人原有的承諾、信念和偏見會影響自己對於一件事的印象，但陪審員很容易忘記這件事也會發生在自己身上，反而很快、而且很容易地就想到這些因素會影響其他人。

在電視劇《十二怒漢》（*12 Angry Men*）（它同時也在一九五七年拍成電影）中，十號陪審員最缺乏客觀性——他絲毫不隱藏自己對於西語裔被告的偏見，夸夸其談西語裔美國人有多麼「危險」和「野蠻」；他們「真的都是醉鬼」，還是天生的騙子。他說：「他們大部分都這樣。好像沒有知覺一樣！什麼事都做得出來！」雖然十號陪審員說了許多明顯對被告有種族歧視的話，但也是他，最清楚地表達出都是因為其他人有偏見或是缺乏經驗，才會和他的看法不同：「我不懂你們這些人！你們一直在找麻煩，挑一些事情出來說。但是它們一點意義都沒有。你們都跟我一樣看到那個孩子了。你們該不會說，你相信那些騙人的故事吧——像是那把刀子丟了，或是他那時候正在看電影。」

十號陪審員並不奇怪；如果陪審團內部對於案件的事實有爭議，他們大概都會怪罪持不同意見的那個（群）人，認為是他（們）的立論有問題。法官常獲知某些陪審員很「難搞」或是「不講理」，事情陷入僵局也不是什麼罕見的狀況。這時候，法官通常會鼓勵陪審員繼續他們的工作，如果在最後終於達成共識，這會被當作是群體決策（group decision-making）的勝利——由局外人釐清事實。不過我們的確應該保持懷疑的態度。在《十二怒漢》中，是由八號陪審員（在電影中是由令人難忘的亨利．方達〔Henry Fonda〕所飾演）開始提出不同的聲音，並且在最後說服了另外十一位陪審員，讓被告獲得無罪釋放。但是在現實生活中，讓步的通常會是亨利．方達。即使他們認為的事實和其他陪審員不同，但是他們最後通常會被迫聽從多數意見，還認為自己是不理智的。最近的研究也發現，如果要預測陪審團的判決結果，最好的方法便是看看在商議之前，大部分的陪審員贊成哪一邊，因為這兩者大概有百分之九十的時候是一樣的。

事實上，沒有人可以免於受到認知和判斷的左右；它們會影響到在法庭上的每個角色，也會決定大眾對於司法判決的回應。辛普森（O.J. Simpson）被控謀殺他的前妻妮克爾．布朗．辛普森（Nicole Brown Simpson）以及她的朋友羅納德．高曼（Ronald Goldman），當辛普森被宣告無罪時，許多人的反應是想找到陪審團的缺點。為什麼他們會認為辛普森無罪？嗯，十二位陪審員中有九位是黑人，他們在投票時一定有袒護同種族的人，故意忽略所有證據。或許那與智力有關——畢竟，只有兩位陪審員有大學學歷；或是他們看不懂科學證據，或者很容易被約翰尼．科克倫（Johnnie Cochran）所領軍的一群職業訟棍操縱。很少人願意接受其他人在看了同樣的證據之後，會真的產生一個「合理的懷疑」，覺得檢察官的起訴不足以證明什麼。

如果有著不同背景和身分的不同人，在看同一件事的時候，會看到非常不同的事實，那麼，同一個人在看著同樣的事件時，會不會也因為資訊呈現的方式不同，而看到了非常不同的事實？這看起來非常可疑——既然我們都看到了「事實」，外在給我們的框架就不應該有任何影響。證人可能會忘記當天的事、可能會搞混或是說謊，但如果是照片或是錄影帶，我們就會認為它可以真實地紀錄下當時確實發生的事。

就是這種認為錄影帶絕對客觀的自信，讓最高法院自行決定了「斯科特訴哈里斯案」（*Scott v. Harris*）的結果。如同史卡利亞大法官所說的：警察追捕的影片呈現出一個中立、未經篩選的事件經過，並顯示出維克托對於事件的陳述「顯然是捏造的」。許多在不同政治光譜中的人，都共同歡迎這個「錄影帶時代」的曙光，他們認為這是一條康莊大道，有助於改善我們法律體系中的正確性：終於，陪審員可以用自己的眼睛親自確認事件中發生的重要互動了。就連美枝．辛普森（Marge Simpson）[1]都參了一角：「你知道的，法院可能沒什麼作用，但是只要每個人都可以錄下別人做的事，正義還是會得到伸張的。」

但是美枝和史卡利亞大法官是對的嗎？

很不幸的是，最新的科學證據顯示他們錯了。除非你是電影評論家或是藝術家，否則，你通常不會想到攝影機的特定角度或是位置，會影響到我們怎麼解讀擺在眼前的場景。我們會專注於我們所看到的東西，但是不會去思考我們是怎麼看到它的，或是我們可能漏了什麼。但是所有看似中立的媒體，都有可能會誤導我們的認知和究責對象。

在過去的幾十年間，研究者進行了好幾個實驗，證明這件事是如何發生的。如果我們站在當事者的立場看發生了什麼事，比較容易把行為者的舉動歸因於周遭環境的力量和限制，但是如果我們採取局外觀察者的視點，就比較會聚焦在個人的性格和個性。

想像一下：你被選為陪審員，必須決定被告的自白到底是出於自願，還是遭到警方的強制。還不錯，整個偵訊過程都有錄影。偵訊室中有三個錄影機，警方會提供其中一支錄影機的錄像給你：一個錄影機的鏡頭對著偵訊者，一個對著被告，另一個則從側邊拍攝，所以兩方都能錄到。這樣看起來，好像應該是不管你看到哪一個鏡頭的錄像，都會作出同樣的結論，因為這三臺錄影機照的都是同一個場景。不過，當科學家用這個設定作了好幾個研究之後，他們發現視角會帶來非常大的不同。研究者發現，就算只是從被偵訊者的視角轉換成偵訊者的視角，認為自白是出於強制的人數就會大大減少了。從嫌犯的眼中看偵訊者，會很容易看到——和感覺到——威脅和壓力。而如果看的是第三支錄影機（雙方都有照到）的錄像，作出的評價就會介於兩者中間。

在我們決定被告是否有罪、應該受到多嚴厲的處罰時，錄影機的視角所帶來的偏見也會造成影響。一個實驗證實，在觀看自白的錄影帶時，如果從可以同時看到嫌犯和偵訊者的視角，變成只專注在嫌犯身上的視角，判有罪的機率就會變成兩倍。而且，還不只是一些輕罪（例如偷竊商店）會發生這種偏見，比較嚴重的犯罪（例如搶劫、強暴和殺人）也是如此。更讓人覺得糟糕的是，即使作決定的人很專業（身分是執法的官員或是法官）、要負的責任重大，或者明知審判的原則就是要排除不同角度會帶來的偏見，這些似乎都完全不見效果。人們就是看不到自己沒看到的那一面。

1　美國動畫電視劇《辛普森家庭》中的一個角色，是主角荷馬·辛普森的妻子。

錄影機視角會造成的偏見是否也適用於維克托・哈里斯的案子呢？

史卡利亞大法官認為他已經排除了任何不公平的可能性，因為「沒有任何根據或是跡象，顯示錄影帶曾經遭到竄改或是變造」，但是他和持相同意見的其他人都錯了。

錄影機是裝在斯科特警官的巡邏車上，這看起來可以提供一個未經過濾的視野，還原案件的真相。但是它不只紀錄了一場高速的追逐；它所紀錄的是從**負責追捕的帶頭警官眼中看出去的**追逐。當觀看錄影帶的時候，我們是坐在這位警官的位置上、聽到他所聽到的聲音——嫌犯的凱迪拉克車尾燈照亮了考維塔縣路上的水漬，無線電那頭嘶吼著叫我們「抓住他」。因為和警官立於同一個物理上的位置，所以很容易對情勢作出和他一樣的評估，並且能夠理解他為什麼會那樣做。

但是如果最高法院看了另一個不同的錄影帶，又會如何呢——例如：如果有站在十字路口的路人錄下了事件經過，或是有報社的直升機從上方拍下連續鏡頭？或是如果哈里斯的車裡有錄影機，向後錄下了在他後面緊追不捨的那些警車呢？如果有這些錄影帶，它們也都會真實、正確地呈現出警方的這場追逐，但是研究結果告訴我們：對於這場追逐有多大的風險、在那個情況下是否應該使用可能致命的武力、讓公眾都處於危險之下到底是誰該負責，我們將會得到非常不同的結論。

透過維克托的眼睛看這件事，我們會對他的行為有著完全不同的解釋。觀看者可能會考慮，作為一位住在喬治亞州的十九歲黑人，在三更半夜被好幾輛閃著警示燈、鳴著警笛的警車在後面追趕時，會是什麼感覺。這可能會觸發觀看者的同情心，並且因此產生帶點質疑的問題：「如果是我的話，會怎麼做？一開始警察叫我的時候，我沒有開到路邊，而且我也知道警察都是怎麼對付那些逃逸的人，如果事情失去控制的話，旁邊又好像沒有證人會來介入、阻止將發生的事。」如果是這種角度的錄影帶，我們會比較容易把維克托看成是一個當時處於強大壓力之下的年輕人。

當事件發生的時候，維克托在一個臨時機構工作，賺取他在格里芬技術學院（Griffin Technical College）的學費。那天早上他在清晨四點就離開家，工作了一整天。到了晚上十一點的時候，他已經累壞了，所以完全沒有注意到他經過了一個汽車超速監視區。當突然在汽車的後照鏡裡看到警車的車燈時，他「嚇壞了」。他因為沒有繳罰單被吊扣了駕照，所以擔心自己會因此而坐牢。許多美國人都不會在看到警察時想要逃走，但是維克托是一名年輕的非裔美國男性——他們都曾經感受過被騷擾、逮捕或是被關押的威脅與恐懼——從小時候開始，他們看到警察的第一個直覺就是要逃走。他們不期待事情會獲得解決，不期待可以受到公平的待遇或相信警察及這個體制。對於許多黑人青少年來說，看到警察時，先逃就對了。

在那個關鍵的時刻，維克托踩下了油門。他事後的解釋是：「我並不想做出危害別人生命的事，或是嚇到任何人。我只想要回家……當我一邊開的時候，看到有別的警車堵住了前面的路，我覺得我被困住了……我不敢相信這種事會發生在我身上……我真的完全不想要傷害自己或是其他人。我才十九歲，我太害怕了。」

維克托・哈里斯的確在那個下雨的夜晚作出了錯誤的判斷，但他應受的懲罰還不到終身癱瘓，也不該被剝奪由陪審團裁定的機會。這個體制拋棄了他，只因為操作體制的人受到心理學上的限制——那是我們都有的限制。用聖經上的話來說，我們都看到了弟兄眼裡的木屑，但是卻看不見自己眼裡的樑木。我們只是盲目地相信科技帶來了客觀性，因為它們看起來可以告訴我們事實——但其實只是扭曲了我們的觀點。

有理性的陪審員對於一件案子的理解可能南轅北轍。如果你碰到的是「不對的」陪審員，就很可能被判有罪——但是如果換成其他十二位陪審員，你就可能是無罪的了。同樣地，有些作法最初的立意是要保護嫌犯不受到警方的濫權（例如將所有的訊問過程錄音），但是也可能讓事情（反而）不公平地傾向檢方這一邊——如果錄影機總是放在偵訊者的後方。

如果我們想要再進一步，這兩種狀況都的確有加以改革的必要。

關於觀點有偏見的問題，現在就是必須行動的時刻。每年都有愈來愈多的巡邏警車裝上行車紀錄器，愈來愈多的司法程序需要偵訊全程錄影，以及愈來愈多的警察隨身帶著錄影裝置，這是標準程序。大部分這類錄影所呈現的都是從警察眼裡看到的事件，而且每一段影片都可能影響日後看到的人怎麼想——不論看到的人是一位檢察官（他要決定是否以拒捕起訴嫌犯）、一位內部事務的偵查人員（他在檢查官員的行為是否恰當）、一位陪審員（他在試著找出入侵者是誰），或是一位上訴審法官（他要對案子進行重審）。

不過解決方式並不是全面取消安裝錄影機。如果以正確的方式使用，錄影機還是可以讓我們的體系更公平。

二〇一二年時，加州的里亞托（Rialto）推動了一項計畫，在每個警察的身上都安裝小型的錄影機（裝在他們的太陽眼鏡上）。而在隔年，不論是對警察的申訴或是警察使用暴力的事件，都減少了約百分之五十。如果警察和一般民眾都知道有人會看著他們，兩方都會表現得比較謙恭有禮。

與日俱增的錄影機錄像或許也可以幫我們去除許多偏見（例如：我們可以不必再依賴常出錯的證人記憶來指認嫌犯）。而且，只要我們了解錄影其實可能影響到我們的觀點，我們就可以改變錄影機的使用方法，避免它被曲解。例如錄影機的角度——既然在判斷自白是否遭到強制的時候，錄影機放在由第三者看出去的角度最可以避免誤判，那麼這個角度就應該是第一優先的選項。既然警車的行車紀錄器（或是警察太陽眼鏡上的錄影機）不太可能提供中立的角度，那麼下結論時就不應該使用這類錄像（就像前例中最高法院所做的那樣）。如果影像的畫面裡沒有出現所有當事人，或是如果它只錄到某些主要的事件，我們就必須特別小心。或者，也可以規定必須要有被告的同意，才能夠把它當成證據。

不幸的是，因為每位陪審員的背景和經驗都不同，所以要分別控制他們遭受的影響，格外令人傷腦筋。美國憲法第六修正案（Sixth Amendment）規定刑事審判中的被告有權享有「公正的陪審團」。我們並沒有遵守這個承諾，可能也永遠無法達成。但我們還是可以做得更好。

其中一個選項，是把決定事實的責任轉移更多給法官。不過如果法官認為事情十分清楚、毫無爭議，就擅自取代了陪審團的角色（就像是最高法院在「斯科特訴哈里斯案」中所做的），那也只不過是把陪審團的各種背景和經驗，換成法官自己的背景和經驗而已。

我們其實更應該關注的是陪審團的組成。如果不同的陪審員就是會對主要的事實和法律議題有不同的見解，陪審團就應該要有不同的組成方式。像現在這樣，某些族群（例如白種美國人）占陪審員候選人的絕大多數，而其他族群則低於適當的比例，這樣並不公平。這對於來自弱勢族群的陪審員候選人並不公平，對於像維克托·哈里斯這樣的人也不公平（如果陪審員的組成能夠更兼容並蓄，他在法庭中會有更多的機會）。為了正視這個問題，我們必須仔細地想一想為什麼——幾十年前的改革就已經強調不該排除某些族群——陪審團的多元性依然是個問題。我們可能需要依順序進行許多改革，包括支付陪審員（或其雇主）足夠的薪水，保證沒有人會因此而失去收入，視需要提供交通工具和托兒服務，並且重新思考我們是怎麼選出陪審員的。

在我們的現行制度中，審判前會先有「預先審查」（*voir dire*）；在這個過程中，律師和法官會先從陪審員的候選人名單中剔除一些人——如果律師或法官認為他們會對某一方當事人有偏見。主要的挑戰——我將在後文中詳述——是如何讓「預先審查」符合它原本的目的，因為我們知道，特定的身分、經驗和價值觀，可能會在審判時影響陪審員的觀點和決定。

想像一下：如果有個案子是對一位四十二歲的婦女進行支票詐欺的控訴，這位婦女是個肥胖的非裔美國人、六個孩子的母親，靠社會福利過活。我們要如何篩選出合適的陪審員呢？

最近有研究指出，一個人的體重可能會影響陪審員的判斷——男性陪審員比較容易覺得過重的女性被告（比起偏瘦的人）是有罪的。相較之下，女性陪審員就沒有這種體型的偏見，而男性陪審員在審判其他男性時，體型的影響也不大。尤有甚者，如果是體型偏瘦的男性，會對肥胖的女性被告特別有偏見——他們除了很容易覺得胖的女性（比起較瘦的女性）會犯罪之外，甚至還會覺得胖的女性比較容易再犯。

有鑑於此，我們可以特別排除男性被選為陪審員，或是不考慮所有瘦的男性。或者，我們也可以在預先審查時問男性比較詳細的問題，在他們之中作出區分。如果我們真的在乎公平地對待每個人，什麼都不做就顯得太漫不經心了。

不過，我們很難知道範圍應該到哪兒。還有許多其他變數，都會使得某些陪審員有偏見，而其他人則沒有，包括——在這個詐欺案件中——被告的年齡、種族和社經狀況。如果只有有限的資源，我們應該如何在不同因素之間作出取捨呢？

新興技術幫助我們漸漸了解，文化上的認知如何操縱陪審員的投票。透過「內隱聯結測驗」（implicit association test），我們可以掌握一個人對於不同的團體（包括少數民族、窮人和胖子）的刻板印象和一般態度到底有多強。該測驗背後的基本想法是：人們對於本來就覺得應該連在一起的兩件事（例如一個瘦子的圖片和「**好**」這個字眼），就可以比較快地把它們歸到同一組；如果是兩個本來覺得不應該在一起的概念（例如一張胖子的圖片和「**好**」這個字眼），相較之下就會花比較久的時間。在作這個測驗時，會有一張圖片或是一個字出現在電腦螢幕上，如果它屬於螢幕左方的類別（瘦的／正面的字眼），你就必須按「E」鍵，如果是螢幕右方的類別（胖的／負面的字眼），就按「I」鍵。接著兩邊的分類會互換（瘦／壞和胖／好）。科學家會以千分之一秒為單位，偵測你作出反應的時間，於是他們便可以知道這個人的反射性（而且通常是無意識的）偏見，這對於釐清陪審員內心的偏見特別有用。例如：講到肥胖的時候，對於體形，人們確實會有表露出來**和**藏於內心的強烈偏見，因為我們的文化接受我們對肥胖的人表達負面的感覺。不過，對於黑人和窮人，我們也有這種偏見。在這些例子中，有許多人都毫無保留地顯示出強烈的偏見，不過只有相對少數的人知道他們有這個傾向，或是願意承認。

到目前為止，發展出這些測試的研究者一直基於倫理道德的理由，警告大家這些測驗只能用於教育陪審員。不過如同我們將在後文討論的，已經有審判顧問（trial consultant）提供了針對個人進行複雜的陪審員評估，而且我們的法律體系也是許可的。或許終有一天，科學審查會是「預先審查」的標準程序之一，神經科學的突破也或許可以讓我們用中性的活動，偵測出個人陪審員的某些傾向。初步的工作已經展開了。在最近一個功能性磁振造影的研究中，科學家發現受測的陪審員會判給一位黑人受害者多少金額，可以由他看著黑人和白人的臉時的腦部活動事先預測。或許在將來的某一天，陪審員將不再被要求填寫一張問卷，而是會有不同的人、狀況或是事件的圖片、敘述擺在他的眼前，如果此時他的腦部出現對本案有偏見的反應模式，他就會被除名了（或是也可能會「互相抵銷」）。這到底是政府的一種危險干預形式，或是向前邁進了一大步，大概就取決於你對現行體制的感覺了。

最大的挑戰是：我們得知道，測量一個人沒有表現出來的偏見或是他（她）特定的大腦活動，這到底是不是一個可靠的行為預測方式，可靠到足以作為政府介入的依據。我們要有多確定一位陪審員會偏向警方（不論個案的真相為何）才可以呢？

不過這其實不是一個新問題了。幾乎每個審判都要面對這個問題——有的明顯可見，有的則不在檯面上。我們要決定的，只是要不要靠科學的幫助來回答這個問題。車子發動了；輪子在轉；無論如何，我們都正在往前開。我們可以找一張最好的地圖來看——就算或許它並不完美——或是只憑直覺。選擇權在我們的手上。

6 記憶的崩解◆證人

「今天你在這個法庭上，有看到那晚進到你公寓裡的那個人嗎？」

被害者環顧室內。

「有的，檢察官。」

梅里韋瑟郡（Meriwether County）的檢察官小心地措辭。這是審判中的關鍵時刻：可以讓情勢一舉倒向自己的機會。如果他的表現可以發揮最大的戲劇效果，喬治亞州的陪審員就會站在他這邊了。席上的女人等待著，其他人看著她——這位上了年紀的女性受傷得很嚴重，連專門採集強暴證據的工具都派不上用場；她的臉有一部分已經麻痺動不了了，臉上還帶著犯罪發生當時的恐懼。

「女士，如果可以的話，請走出證人席，並指出那個人是誰。」

她依照檢察官的要求離開了座位，將法庭四面環顧了一次之後，舉起手。

「是他。」

約翰．耶柔米．懷特（John Jerome White）被宣告有罪，並判終身監禁。

在審判中，懷特一直堅持他沒有在一九七九年八月十一日的清晨闖進那位女性的屋裡，打了她，還強暴她。他也沒有接著又從她的皮包裡搶走七十元現金，把電話線從插座上扯斷，然後從後門走出去。他一直說：「我知道我沒有強暴那位女士。」

如果這件案子只看實際證據的話，懷特大概就可以讓陪審團決定放他走了。檢察官沒有太多物證——國家犯罪實驗室（State Crime Laboratory）哥倫布分部（Columbus Branch）的刑事專家證明從犯罪現場床上採到的頭髮，和懷特的頭髮「有足夠的相似性」，「足以認為它們屬於同一個人」。但是經過交叉詰問之後，作出該分析的專家卻被迫承認他的確信程度其實很低：從被害者的房子裡所採集到的頭髮「可能是」懷特的，但這只不過是指「是懷特的可能性比不是他的可能性大一點」。

不過，檢察官還有最後一張王牌。

被害者指認懷特是攻擊她的人，而且不只一次，而是有三次，都在不同的時候。任何地區檢察官都會告訴你：只要能讓被害者主動指認，就是成功收押一個人最有效的方式之一。依照最高法院大法官小威廉．布倫南（William J. Brennan Jr.）的說法：「由一個活生生的人在席上伸手指向被告，並說出：『就是他！』，沒有比這更有說服力的了。」

不過約翰．耶柔米．懷特真的沒有做。犯罪現場的頭髮在二〇〇七年又重做了一次DNA測試，排除了他是行凶者的可能性。

當懷特在那年的十二月走出梅肯州立監獄（Macon State Prison）時，被害者已經去世很久了，但是她在二十八年前指向他的手指，留下了無法回復的傷痕。如果不是她犯了錯，懷特就不用大半生都在牢裡度過了。這件事情這麼輕易，而殘酷。

不過這個案子還有個更黑暗的轉折點。因為懷特受到指認，所以本案就結案了。當局於是不曾再試著找出真正的行凶者，也不知道警察其實差一步就逮到他了——不是當凶手在幾十年後又強暴了另一位梅里韋瑟郡的婦女的時候，而是就在一九七九年當時。在犯罪發生沒幾週之後，被害者來到警察局、站在前頁圖的五位男性面前的時候。

懷特剛好站在五個人的中間，穿著撕破的牛仔短褲和白色T恤。他瘦得像根電線杆，姿勢很放鬆，幾乎像個女孩子——兩腿併在一起，手肘靠在身體上，屁股扭向一邊。眼睛直視著照相機。被害者毫不遲疑地認出他——拿著三號牌子的人。被害者說她「幾乎確信」他就是那個行凶的人。

這是一個可怕的錯誤。但這個故事還只說到一半。其實她那天犯了**兩個**致命的錯誤。真正攻擊她的人也站在她面前，只要再往右邊看兩個人：拿著五號牌子的詹姆斯．愛德華．帕勒姆（James Edward Parham）——他是圓臉，穿著牛仔褲和橫紋襯衫，睛睛看向旁邊。就在警察局，她看到了真正攻擊她的人，但卻選了一個無辜的人。

帕勒姆也被列在接受指認的幾個人之中，其實只是一個巧合。警察主要針對的人是懷特。帕勒姆只是剛好在被害者要來指認時，因為另一件不相關的案件被關進警局裡，才被拉來當「分母」的。警察也完全不知道帕勒姆才是他們在找的人。在過了幾乎三十年之後，當時發生的每件事才被串在一起。

懷特的案子並不常見，但是也絕不是單一個案。有少數的案子在事後由研究者以DNA化驗證明為無罪；這些案子中還有至少其他兩個例子，也是被害者在可以指認加害者時，卻選擇了一個無辜的人。

其中一件案子是一個二十二歲的大學生——珍妮弗．湯普森（Jennifer Thompson）——在所住的公寓裡被用刀子抵住，然後被強暴了。她決定要幫助警方抓到攻擊她的凶手，而當警察給她看許多照片、在警局面對真人指認，和在法庭中指認的時候，她每次都指向同一個人——羅納德．朱尼爾．戈登（Ronald Junior Cotton）。湯普森「完全確信」，也讓戈登被判了無期徒刑。但是在戈登服刑的地方，隔壁監獄有一個人——博比．普爾（Bobby Poole）——開始吹噓他才是強暴湯普森的人。在戈登接受再審的時候，普爾被帶到法庭上。「湯普森女士，妳見過這個人嗎？」湯普森毫不猶豫地回答：「我從來沒有見過他。我根本不知道他是誰。」戈登於是又被判了一次刑，並在監獄中度過餘生。不過，就和懷特一樣，他也是無辜的，而且真正的犯人——透過DNA的比對證實——確實就是普爾。湯普森在事後寫道：「我很確定，但是我錯了。」

這些悲劇讓證人的記憶問題被赤裸裸地呈現出來。如果連一個與攻擊者面對面這麼久的人，都有可能指不出這個人是誰，或甚至還指成別人，那麼其他的案件又會如何呢？在大部分的案件中，其實證人都只是匆匆地瞥過行凶者一眼，而且真正的凶手可能根本就不在警局裡等著被指認。

雖然還有其他方法可以指認嫌疑犯或是把事件拼湊出來——包括監視錄影和DNA證據，不過找來證人說出事件經過，還是最普遍的作法。有些證人的記憶——例如行凶者的臉或是他的汽車型號——對破案很有幫助。其他的線索也可以告訴我們事情是**怎麼**發生的——可以顯示出犯案的動機、建構犯罪中的必要因素（例如：殺害被害人是有預謀的），或是排除正當防衛的可能性（被害者拿出刀，完全是因為嫌犯用槍指著他）。幾乎每個案子都有些部分是依賴證人的記憶，不論是指揮警方找到證據、使原本認為不可行的檢察官決定起訴、讓陪審團相信被告有罪，或是影響法官的判刑。只要引用統計數字，就會發現美國每年有七萬七千人是在警察局經過證人的指認之後，被指控為犯罪。

要不是有上千個對於記憶所作的研究、模擬證人的實驗、真實生活中發生的案子描繪出清晰的圖像，我們或許還不會對於自己這麼依賴證人的記憶感到如此擔憂。

例如，有壓倒性的證據顯示證人的指認通常不正確。如果真正的行凶者和其他幾個無辜的人一起接受指認，大約有三分之一的證人會認為凶手不在裡面；而如果證人的確指認了某人，也有三分之一是選錯了人。如果你是真的凶手，這可是個大消息，因為這表示就算你必須接受指認，也只有百分之五十的機率會被認出來。不過更令人不安的事還在後面：就算行凶者**沒有**出現在接受指認的隊伍裡，還是有一半的機會，證人會選擇一位無辜的人（而不是不作指認，雖然這才是正確的）。除此之外，即使在指認時選到了正確的人，證人通常也一點都不肯定；當這些人又被要求再指認一次（但這次行凶者並**沒有**在隊伍中），大概有一半的人又會選出另一個人——一個無辜的人。

所以，證人錯誤的指認也是造成錯誤判決的主要原因之一，就沒什麼好令人驚訝的了。在美國的前兩百五十件因為DNA化驗結果證明為無罪的案子中，就有一百九十件涉及錯誤的指認。

難以理解的是，其實在許多案件中，並沒有人想要誤導辦案或是欺騙，但為什麼還是發生了這麼可怕、不公平的事呢？被害者當然想要找到真正的犯人。其他的證人出面，大部分也是想要提供幫助。警察、檢察官、陪審員和法官當然也有很強的動機，要將真正的罪犯繩之以法。例如在約翰．耶柔米．懷特的案子中，警察好像沒有理由要整他或是故意扭曲規則；他們也只是想要抓到真正的強暴犯，讓他接受法律的制裁。在證實無罪之後，懷特本人並沒有意願攻擊那些剝奪了他大半生自由的人。這不是一個充滿著邪惡陰謀的故事，只是「有些人會犯某些錯」的例子。

懷特是對的，但是他也忽略了一些重點：這些錯誤並不是偶然，也不是意外。如同我們將在後文討論的，它們是這個刑事司法制度下可預期的結果，因為人類的記憶原本就有限制和缺陷，而這個制度加深了它的限制和缺陷。

我們大部分人對於自己的記憶如何運作，都有強烈的直覺。其中一個最廣為大家接受的概念，就是記憶基本上像錄影機一樣：多年以來，我們的大腦記錄了數以千計的影像和剪影，需要時就可以把它們抓出來。當然，有時候我們會忘記東西儲存在哪裡，或是影像太模糊了，但是只要我們成功地找到了儲存的圖片或是錄像，我們就可以開始觀賞一段可靠而且正確、曾經就在我們眼前上演的紀錄片。

我們大部分人都認為自己有很好的記憶力；不僅如此，我們也預期其他健康的人都有基本的記憶力，正確、而且前後一致。因此，我們極端相信記憶，相信它足以在刑事司法制度中當作有力的工具。這個信念有一部分的確有正當的理由。在某些方面，我們的記憶的確像我們所想的，是打擊犯罪的有用工具。例如：我們有一個不可思議的能力，可以記住某些臉。

但是我們也都知道，記憶經常會出問題。我常常記不起來剛才介紹給我的人叫什麼名字、我在幾秒鐘前才看到的縱橫字謎遊戲的提示，以及我太太叫我買的東西（我明明跟她說不必寫下來的）。我怎麼可以老記得學校裡那些沒用的事——像是《物種起源》（*On the Origin of Species*）第一次出版的年分（一八五九年）——但是不記得我剛剛才問到的皮膚科醫生的電話後四碼？為什麼在好幾年之後，當我們在倫敦東北線的一個地鐵站巧遇時，我可以一下子就認出她是高一時置物櫃在我隔壁的女生，但是在學校附近的酒吧裡，我卻認不出我的學生——他上個學期才剛上過我的課？

答案是因為：我們的記憶根本就不像錄影機。首先，我們真正的記憶有很大程度受到理解力和注意力的限制。我們不可能處理每一天的每一秒所碰到的資料，它們的數量太過驚人。只是看到、聽到或是聞到某個東西，不會馬上就成為我們可以記住的一段記憶。

為了說明，我希望你可以形容一下一位你已經見過上千次的人。的確，很有可能你現在就帶著至少一張他的照片。

想像我是一位素描畫家。現在，請和我形容一下在美金十元紙鈔正面的那個人——當然不要看解答。他的頭髮——捲嗎，呈波浪形、還是直髮？有蓋到他的耳朵嗎？他的下巴上有肉窩嗎？他是不是有打蝴蝶結領結？他的眉毛很濃密嗎？他的上衣是小領子還是大領子？他的鼻子長得什麼樣子？最後是，他叫什麼名字？

現在，翻到下一頁，看看紙鈔上的那個人。你的形容和他有多接近？

對於許多人來說，這個任務應該很難，不過還有更難的。我還沒問你，簽名是在亞歷山大・漢密爾頓（Alexander Hamilton）的脖子右邊還是左邊，或是紙鈔的反面是什麼。

我們通常不會注意到出現在我們視線裡的東西——除非我們的焦點在它身上。漢密爾頓的的臉上有什麼，和我們使用這張十元紙鈔並沒有什麼相關。當我們抽出一張十元時，只會想到我們要買東西；我們只需知道自己拿的是十元紙鈔，而不是五元、一元或是二十元。雖然我們看過它無數次，它也很重要，但這些都沒有影響。的確，我們有時候會忽略了某些在生活中十分重要的東西。

研究者在一項研究中發現，在加州大學洛杉磯分校（UCLA）的心理學系系館裡擁有辦公室的教職員和學生中，只有百分之二十四的人記得最近的滅火器在哪裡——雖然每個滅火器都在明顯可見的地方，而且兩個滅火器相距不會超過二十五英尺。系館中有許多人，多年來每一天都會看到滅火器，但是這也不重要。滅火器和他們每天的目標和經驗沒有什麼密切的關係。

但事情也有好的一面，如果我們被提醒要注意某件事，我們就會對它有記憶了。實驗者在兩個月之後又回到加州大學洛杉磯分校的系辦建築物，再度詢問同樣的受試者最近的滅火器在哪裡，這次大家都知道了；稍早的互動讓他們把這個亮亮的紅色東西擺到心裡的重要位置了。刑事案件證人的挑戰在於，對他們而言，直到案件發生之前，相關物件或是人的關聯性通常都是不夠清楚的。如果沒有什麼特殊的理由，我們不太可能會記得一輛停在那裡的小貨車，或是留著鬍子的路人。

想像一下，如果有個情況，讓你知道應該記下周圍發生的每一件事——例如你在巷子裡看到了一起殘忍的暴行。不幸的是，就算是這種情況，我們的記憶還是不如我們所預期的那樣完整。我們的記憶不是照片或是錄影帶；隨著時間的經過，我們會記不住許多親身的經驗，而且遺忘的過程都不一樣。我們通常只會記得事情發生的要點（有兩個人在爭執，比較高的那個人拿起一根管子，朝矮的那人的頭上打），而不太記得事情的細節（高的那人說：「是你叫比爾把錢留在地下室」）。細節部分是最快被忘記的，而具體的對話內容更是不容易記住。如果事件會引發強烈的情緒——例如暴力犯罪——更會強化我們對於事件核心的記憶，而記不得許多周遭的事實：比較高的那個人有背包嗎？有誰把車停在小巷子的路邊等嗎？對街的房子裡有任何燈在那時亮著嗎？調查員通常可以靠這些小細節偵破犯罪。

過分地依賴記憶，需要考慮的問題還不只有我們無法解讀某些事，或是我們會隨著時間漸漸淡忘；同時，我們所記住的事，也是我們根據自己的動機、預期和經驗所看到的。因此，不會有兩個人對於同一件事有完全相同的記憶。

而且記憶不是永遠不變的。它們會經過修改、變更和重新安排。記憶是一個建構的過程，或許我們可以把它比作完成一幅拼貼畫：我們會把許多碎片湊在一起，然後根據我們的背景知識、渴望和信念把它們都填進空白處，直到我們完成了一個有用的東西。當我們回想事情時，不是只從一個舊的檔案櫃裡翻出一張快照；當我們在搜尋的時候，可能又一邊重組了那些影像。

已經有許多實驗證明了我們的記憶有可塑性，例如有一個實驗給受試者看兩張圖

片，一張是天安門事件（一九八九年發生在北京）的代表性圖片（下），另一張是經過變造的同樣場景（上）。對這張圖片的變造影響了人們對於天安門事件的記憶：看到上圖照片的人，回想起的抗議人數，就遠比看到原圖的人多出許多。

如果我們聽到一個事件的新資訊，就很可能會把它跟自己記得的混在一起。我們甚至可能記得自己從來不曾經歷或是看過的東西。有一個研究發現，有百分之四十的英國受試者說自己看過二〇〇五年倫敦受到恐怖攻擊時，一輛公車爆炸的影片——事實上，根本沒有這種影片，但是其中有百分之三十五的人甚至可以描述出那個虛構影片的某個細節。和我們所想的不同，不實的記憶通常十分具體，這讓它們看起來大為可信——不論是對於認為自己有這個記憶的人，或者是第三者（包括警察、陪審員和法官）。

不實的記憶通常不是我們亂編出來的，而是根據我們所預期或是希望發生的事，有邏輯地發展成我們的記憶。我們可能會記得曾經對一個工作向同事表達懷疑，而那個工作最後也失敗了，或是記得聽到一個人含糊不清地講話，而那個人當天稍晚就發生了酒後駕車的意外。生出這些記憶會提供給我們一套合理的說法，而且還證實了我們想要相信的事。

如果我們多看幾個實驗結果，就知道人對於事件的回憶大約有百分之八十的正確性。換言之，也就是每五件事中，大概會有一件是錯的。不過問題不只是我們會記錯事情；問題在於，我們雖然記錯了，但是卻十分自信——有一個研究顯示：提出不正確記憶的人之中，有四分之一是非常確信的。記得嗎，指認約翰．耶柔米．懷特的被害者就「幾乎確信」他是攻擊她的人。

她怎麼會錯得這麼離譜呢?部分理由顯然是因為同想的關係。她已經七十四歲了,受到襲擊時也沒有戴眼鏡。唯一的光線是從隔壁的小房間裡透過來的。而且加害者在離開之前塞給她一個枕頭,叫她「把這個摀在臉上,等我走出門之後再拿下來」。研究顯示,證人的視力和年紀、他所看到的時間長短和距離,以及光線的狀態,都會影響到他的記憶是否正確。

不過許多研究結果並不那麼直覺。例如有一項研究顯示,要一個人認出他在滿月之夜看到的人,正確度和丟銅板差不多——也就是說,一點都不正確。而且總的來說,會影響我們形成記憶的因素,遠比我們所想的更具有威力。研究者發現,只要把證人看到某人時的狀況改變一下,指認的正確率就可以提高到百分之八十六,或是下降到百分之十四。

法律體系甚至加深了這個問題的嚴重性,因為法律體系認為許多重要的變數完全沒有相關性。例如在懷特的案子中,被害者之所以會誤認,其中一個可能性是她是白人,而加害者是黑人。研究顯示,要認出一個與自己不同種族的人,會增加百分之五十的認錯機率——雖然如果這個人經常接觸到該種族的人,正確的機率會比較高。要認出不同年紀的人也是如此。但是因為法律承諾不能夠有任何歧視,所以法律不會承認或是提出這個事實——而大部分的警察、法官和陪審員,甚至不知道這件事很關鍵。

研究也顯示,我們的記憶會受到心理或是身體壓力的影響。我們很難模擬被害者處於受害現場時的恐懼和焦慮,不過科學家極富創造性,他們製造出其他會產生同樣感覺的經驗。例如:有一個實驗讓受試者體驗倫敦地牢(London Dungeon)的「恐怖迷宮」(Horror Labyrinth)之旅,受試者要穿過一個黑暗的迷宮，兩邊擺滿了會讓人感到不舒服的骷髏，音樂也讓人感到害怕，還有會讓人失去方向感的鏡子，最後則是一個穿著黑色長袍的演員擋住了遊客的去路。如果受試者不認為這個經歷讓他們感到痛苦，便比較能夠從九個人之中，正確地指認出穿長袍的演員是誰；相較於那些說他們極度焦慮、心跳加速的受試者，前者指認的正確率是後者的四倍。

所以，如果一個罪犯持槍搶劫，不只會讓被害者傾向順從，還會讓被害者比較不容易記住他的臉。此外，在一場持槍搶劫中，我們不太可靠的記憶會集中在注意力所及的地方（記得那個十元紙鈔的例子吧）。如果我們被一把槍指著，槍就很可能占了畫面中最主要的位置；如果我們的目光一直放在槍管上，事後就不太可能認得出嫌犯。

我們的記憶也可能受到大幅度肢體動作的牽連，例如被害者在抵抗加害者的施暴，或是警察在追捕嫌犯時的動作。在一個模擬的研究中，研究者先掛上一個三百磅重的沙包，讓警察對它又打又踢，直到筋疲力盡，然後進行測驗。這些勞動後的警察在記憶力測試中的表現遠比一旁什麼都沒做的警察來得差。他們不只會想不起來之前收到的簡報資料，要他們正確指認之前見過的嫌犯，正確率也降到一半。

這看起來違反常理——我們都以為如果和攻擊者對抗過，會比較**容易**記得那個人，不過事實並非如此。這表示如果警察或是其他證人在與罪犯劍拔弩張地面對面之後，竟然搞錯當時的某些細節，我們的直覺——他們一定是在說謊或是在袒護加害者——可能是錯的。他們很可能就只是真的不記得了。

法律體系即使有影響力，通常也無法控制一個人的記憶如何形成。如果槍擊發生的時候，證人離得很遠，或是當時很暗，警察、檢察官或是法官也無可奈何。不過在記憶被取證及回溯時，這些執法人員卻有很大的掌控權。我們使用證人的方式，對於指認真正的行凶者和得知事實，通常也很重要。

所以，如果我們得知全美國有大約兩萬個執法單位，各自指揮證人的方式是這麼隨意而且充滿變數，應該會覺得很不可思議。大部分的執法人員從未受過正式的訓練，教他們如何正確地詢問證或是要求證人指認，許多警察機構也完全沒有指導方針。如果常常採用錯誤的程序，勢必會嚴重危及我們進行公平而且有效的調查。

在懷特的案子中，對被害者的引導從一開始就明顯有瑕疵。

電視劇裡都是這樣演的。當警察沒有任何頭緒的時候，他們通常會先請被害者協助，拼出一張嫌犯的畫像。這張畫像會被張貼在城裡各處，並發給所有官員，最後就會找到那個加害者（而且都剛好趕在劇終開始跑字幕之前）。

真實生活中的強暴案也是照著這個劇本走。當一位喬治亞州調查局（Georgia Bureau of Investigation）的探員看到強暴犯的畫像時，覺得畫像裡的人看起來有點像他在調查的另一件盜竊案的相關人：約翰·耶柔米·懷特。這個故事太完美了，只是懷特不是他要找的人。

其實合成肖像畫的整體紀錄並不太好。看著合成畫指認嫌犯，只比隨便亂猜好一點點。如果合成畫像不會造成負面的影響，事情也不會這麼糟。不過，與一位畫家或電腦技師共同創作畫像，這個過程本身就可能會改變證人最原始的記憶。在一些例子中，合成的畫像甚至會**取代**證人最初的記憶。

在懷特的案子中，被害者的記憶如果有任何扭曲，都是因為警察讓她看了一系列照片，才變得更糟的。

從好的方面來說，看許多照片（或者說用照片來指認，photo arrays 或 photographic lineups）比「犯罪現場模擬」（show-up）——這是最常用的指認程序——正確得多。在「犯罪現場模擬」時，警察（通常是在犯罪現場）會要求證人觀察某一位嫌犯。基於效率和方便，警察會比較喜歡犯罪現場模擬，但是這個方法具有高度的暗示性，通常會造成錯誤的指認結果。如果你看到一個人戴著手銬坐在路邊，這很明顯是在說：警察很確定他就是犯人了。照片只讓人看見很多人的頭像，已經是一大進步了，但是它還是大有問題。

首先，給證人看一組照片時，證人很自然地就會認為其中一定有一張是行凶者的照片。如果他們得知自己選到的是一個無辜充數的人，有超過一半的證人會再回去選出另一張照片。好消息是如果你明確地告訴證人，行凶者不一定在裡面，就不會發生上述的情形，但是警察通常不會作出任何提醒。

或許在懷特的案子中，照片指認的最大問題就只是它離案件發生實在太久了——大約是在案發的六個禮拜之後了。時間是證人的正確性最大的敵人，所以，如果你是在目擊一件犯罪的當天晚上走進警察局，你能夠正確指認的可能性遠比一個月後（或甚至更久）來得高。的確，大概在事情發生的七天之後，正確性就會驟然下降。有一項研究顯示，在事件發生的一個月之後，證人能夠正確指出行凶者的機率，只有事件剛發生一週時的一半。

當然，在懷特的案子中，警察不只有拿照片請被害者指認；在一週後，被害者又被要求對幾位真人作指認。雖然直接對人作指認不是最常用的方法，不過看起來是正確性最高的方式。但這還是要視指認如何進行和被引導而定，而在懷特的案子中，這個過程存在許多大問題。

如果要有效地安排指認（請證人當面指認加害人），在指認行列中的所有人，都必須要符合證人最初的描述，這是基本的原則之一，免得嫌犯顯得太突出。美國的作法是會安排五個人一起接受指認，如果五個人中只有幾位符合最初的描述，其他不符合的人就會顯得完全不相關。所以指認的人選中，有時候只有兩或三個是可能的加害者——或有時候甚至只有一個。

在懷特的案子中，受害者最初描述攻擊她的人是一個矮胖、結實、圓臉的人。她形容他留著短髮、沒有鬍子。讓我們翻回前幾頁看一下照片，就會發現挑選這幾位供指認有一個問題：懷特很瘦、尖臉，而且絕對稱不上結實。除此之外，他的頭髮滿長的，而且留著小鬍子。懷特左邊的兩個人和他右邊的那個人身形也算修長、屬於長臉。算起來，唯一符合被害者最初描述的，只有最右邊的詹姆斯・愛德華・帕勒姆——也就是真正的加害者。但是，一個非常突發的轉折，讓這次有著嚴重缺陷的指認，焦點沒有放在帕勒姆身上。警方犯的另一個完全不同的錯誤，製造了更嚴重的失真：就在一週之前，被害者看到、並且挑出了懷特的照片。

有證據可以證明，人們確實常把記憶中的幾個人搞混，這有部分是因為人在回想時，常常會忘記記憶的來源。我們要知道，回憶的過程其實是一個建構的過程：有時候我們會把某個人的臉或身體剪下來，貼到一個完全不同的情境裡。這個無意識的移動過程不需要任何警方的介入；證人指認的某個人，也許只是剛好出現在犯罪現場的旁觀者，或是他早上吃早餐的麥當勞員工。其實，也有證據顯示，就算是事先在社群媒體上看到某個人的照片，也會影響到我們記住某個人的過程。

如果警方要求證人看了嫌犯好幾次，更容易出問題。實驗證明，如果證人在印有嫌犯臉部照片的冊子中看過這個人，在稍後的指認中，他就很有可能會選這個人，就算真正的凶手——另有其人——就在旁邊。

要證人進行多次指認通常是出於好意：警方真心希望能夠確認他們抓到了對的人。以懷特為例，之所以會有第二次的指認，是因為被害者不完全確定她第一次看照片時所作的指認是正確的，警察也擔心或許照片並沒有很像懷特本人。但是他們不知道，如果懷特是唯一一個又出現在照片、又出現在接受指認行列中的人，等於增加了他被誤認的風險。當看到懷特本人時，被害者可能又變得更確信了——事實上，她也是這麼說的——不過她記得的到底是什麼呢？是兩個月前在她家裡殘酷地襲擊她的那張臉，還是一週前她挑出來的照片裡的那張臉？

這種過程會使得證人對她的指認愈來愈確信，但卻不表示正確度跟著提高。因為與記憶本身完全無關的因素，可能會讓證人變得信心滿滿。如果警察說出一些表示支持的字眼，像是「太好了——你選的人就是我們懷疑的人」，證人就比較不會懷疑自己的指認，也會變得更有信心，覺得她的確清楚看到了行凶者。

事實上，在我們討論過的所有因素中，其他人的意見對於證人的記憶可能是影響最大的。證人目擊一場犯罪之後，同時也會接觸到關於這件事的其他資訊。有些來自新聞報導，或是與其他證人的閒聊；也或許是與警察的互動中，警察透露了某些細節。當然，這些額外的資訊也有可能讓一個人的記憶變得更正確，但通常是帶來反效果。

最近有個研究，是讓受試者看一張幻燈片，幻燈片的內容是一個男人拿走一個女人的錢包，然後把它藏在自己的夾克口袋裡。看完影像之後，再讓受試者聽一段關於幻燈片的描述，但是其中的內容是錯的，例如「接著，男人就把皮包藏在他的褲子口袋中」。當受試者被要求對他們看到的影像作出回憶時，有許多人會根據他們所聽到的錯誤資訊，作出錯誤的描述，包括宣稱他們看到了男人把皮包藏進他的褲子口袋裡。

就算只是警察的一個用詞，也可能會改變證人的記憶。另外一個研究讓兩組人看同一個車禍事故的影片，然後問他們覺得當車子「衝撞」或是「擦撞」的時候，車子的時速會是多少。聽到「**衝撞**」字眼的一組，預估的平均時速比另一組快了九英里。「衝撞」組的受試者也比較容易記得車禍現場有玻璃碎片，雖然其實影片中並沒有。

小朋友和老年人特別容易受到錯誤資訊的影響，或是智商較低、睡眠不足，或總是迎合別人的人。

或許最讓人吃驚的，是別人的建議甚至可以製造出我們對於自己生活經驗的假回憶。有許多研究都證實了植入假的記憶是多麼簡單的一件事——任何事情都可以，包括很痛的灌腸，和在迪士尼樂園看到兔巴哥（Bugs Bunny，這是不可能的事，因為兔巴哥是華納兄弟創造出來的角色）。有一組研究人員發現，只要把一張假的照片夾在其他真的兒時照片中，一起給受試者看（假照片的內容是他在兒時參加過一次熱氣球之旅），有百分之五十的受試者就會全部或部分記起這個從未存在過的熱氣球之旅。

這是個嚴肅的研究，告訴我們執法人員與證人的互動方式是至關重大的。不論是口頭或是非口頭的暗示，都會降低證人的陳述與指認的正確性，即使警察是出於善意，或是證人有所查覺。

想像你是負責照片指認工作的警察。證人說她「非常確定就是這個傢伙」，同時指向一張絕對不可能正確的照片。你知道如果她挑了一個不對的人，這個案子會很難善後，所以你跟她說：「不必著急。妳可以慢慢的想清楚，再挑一個妳確定的人。」你沒有告訴她應該選誰，所以這句話沒有任何問題，對吧？

這看起來像是個無害的好建議，但是其實已經是一種誘導了，它可能會造成錯誤的指認。就算只是咳嗽、嘆氣或是手勢，也可能有一樣的力量。在一項研究中，實驗者會給受試者看一段影片，再問受試者影片中的男人有沒有留鬍子，實驗者發現，只要他摸著自己的下巴，回答「有」的人就會變三倍，雖然其實他並沒有鬍子。在大部分的案件中，都不會記錄到這麼隱微的作用力——證人其實已經受到影響了，但是沒有人知道。

如果警察問了一些問題，會更令人擔心——問題不太可能完全不影響到證人。尤其大部分警察都沒有受過應該如何問問題的訓練，他們用的方法反而常常會妨礙證人回答完整、正確的記憶。首先，他們常無法與證人的步調一致；他們會打斷證人，問一些具有高度暗示性或是太限縮的問題。到最後已經問不出來的時候，他們又喜歡繼續刺探，催促證人再想出一些一定在那裡的細節。這有時候可能會奏效，但常常只是讓證人想起一些根本沒有發生過的事——這或許是因為證人努力地想填補那些遺忘的細節，反而自然而然地填入了一些虛構的情節，又或許是因為警察提供了一些具體的資訊（「妳記得他的衣服上有菸味嗎？」）。而且問的人問愈多次，或是為了破案而在許多場合都提出同樣的問題，會讓證人對於她的記憶愈來愈有自信——不管它是不是對的。

如果在刑事案件中，最終的決定者都知道這些因素可能會導致證詞的失真、扭曲，並因此調整自己的期待，那麼這些因素也不至於造成太多的傷害。但是研究證實，大部分的法官和未來的陪審員都對證人的記憶太有信心。他們常常忘記有些因素會降低正確性和可信度，所以在作出最後的判決時，都會錯誤地過分仰賴（例如）某個特定證人的指認結果。

陪審員並不知道證人「看到什麼」的情境其實是很糟的，而且指認的過程也充滿偏見；除此之外，他們還依賴一些可疑的標準來決定證人的指認或陳述是否正確，這讓問題更是雪上加霜。例如：如果證人顯得極度自信（相較於沒有那麼自信的證人），陪審員會加倍或是三倍地相信他們，這些印象也會影響到行為——證人愈有自信，陪審員愈容易判有罪。像是懷特案件中的被害者，她勇於出面指認強暴和打傷她的加害者，還說她十分確定，這讓我們確定真的抓對人了。

陪審員特別容易對於法庭中的指認印象深刻，因為他們可以親眼看到這齣戲在眼前上演：證人當眾指出（真的用手指）了加害者。不過這類指認可能是所有方式中問題最多的；在許多案件中，證人其實事前都已經看過被告好幾次了，他們覺得必須作出前後一致的指認，並因此而感受到巨大的壓力。如果懷特一案中的受害者沒有走下證人席、指出襲擊她的人，不只會讓自己看起來很無能，甚至還可能讓整個案子都無法好好進行，讓幾週來努力奔走、希望助她獲得正義的警察和律師的辛勞都付諸流水。檢察官通常都會安排證人在法庭上演這一齣，因為他們知道這種表演對於陪審員具有絕對的說服力。法官通常也不會干預，因為他們也對記憶有著同樣錯誤的信賴。他們相信標準的法庭工具（像是辯護人的交叉詰問）已經提供了足夠的保障機制，但不知道這類工具可能沒什麼用——大部分的證人根本不知道，他們的記憶其實已經毀損了。

心理學的先驅者雨果・曼斯特伯格（Hugo Münsterberg）在一九〇八年撰寫了《證人席上》（*On the Witness Stand*）這本書，雨果在該書中描述了一場著名的德國「科學協會的會議，與會者包括法學家、心理學家和醫師」。會議當時，街上剛好在舉辦公開的慶典。會議進行到一半時，面向大廳的門突然被猛地打開了，闖進一個「穿著五顏六色的小丑」，背後跟著一個拿著左輪手槍的人。這兩個人互相對著對方嘶吼，並且開始扭打，這時候，槍聲突然響了。兩個侵入者也迅速離開了房間。因為幾乎可以確定之後一定會有刑事調查，所以協會主席要求在場的四十個人（分別）仔細寫下了他們看到的事。但他們不知道的是，這整個事件是主席策畫的一次實驗——針對證人的觀察和記憶所作的一次實驗。

結果令人感到沮喪；陳述中充滿了不實的情節，還漏掉許多關鍵的事實。曼斯特伯格認為，如果與他自己對於哈佛大學生所作的記憶實驗合在一起看，這個慘不忍睹的結果意味著「警告，不要盲目地相信一般人所作的觀察」。的確，「在全世界上千個地方的上千個法庭中，證人每天宣誓後所作的證詞……混合了真實與虛假、記憶與幻覺、知識與聯想、實際的經驗與錯誤的結論」。

經過了一世紀多之後，這個控訴依然適用。看看二〇〇七年約翰．耶柔米．懷特終於被證明無罪之後，發生了什麼事。在事件剛發生的時候，整個喬治亞州認真推動了目擊者程序的改革，要求在執行上做到最好，而且警察必須強制受訓。不過，除了新開設目擊者程序的訓練課程提供警察選擇之外，並沒有根據研究結果作出任何重大的改革。全國絕大部分的司法權都會自我保護，這點大家並無二致，而最高法院對於國家層級的司法權也沒有太大的干預力量。

當然，自從曼斯特伯格開始從心理學的角度檢討法律之後，這幾十年來還是發生了**一些**進步。在最近的三十年中，單只針對證人的指認就有超過兩千個研究成果出版。我們現在已經掌握了更精確的科學方式，對於記憶也有了更全面的理解；關於我們的刑事司法制度如何處理證人，已經有了比較好的出發點，可以持續進行革新了。

第一步是要讓司法體系的局內和局外人都相信這個制度出了問題，而基於正義，我們必須要強調它。如同曼斯特伯格所說的：「如果有一天，就連法官都有某程度需要接受現代的心理學，那麼大眾必須施加一些壓力。」

我們必須開始想想證人所犯的錯誤——就像我們思考個人、團體或是機構所犯的其他類型的錯誤一樣。如同前文所討論的，對於由警察所指揮的目擊者程序進行了實際的研究之後，我們發現證人很有可能會選到一個無辜的人，而這個機率超過百分之三十。我們的社會難道會容許賣出的車輛每開出門三次，就有一次剎車燈是壞的嗎，或是醫院對於每三個病人就給錯一次藥？一定不可能的；我們會立刻就要求變革。那麼，為什麼我們可以接受司法體系的運作就這樣馬馬虎虎呢？

當然，當證人從接受指認的行列裡選了一個無辜的人，在大部分的時候，這個人並不會因此就被判有罪。但是，每年有成千上萬件需要證人指認的案子，就算只有極小一部分導致錯誤的結果，還是會造成高度的傷害。而且試想一下，其實我們對於每三個病患就給錯一次藥方的醫院，一樣可以說得輕鬆：大部分病人都會在吃藥以前就發現錯誤，或是吃了之後也沒有太嚴重的不舒服。但是，如果真的有病人發生了嚴重的反應，或是因此而喪命，難道我們會和這些病人——或是和遺族——說：「發生這種錯誤真的很糟糕，但是我們的體系平常不會出問題，所以我們也不打算作任何改變」嗎？

我們也必須知道，被錯判有罪的人，並不是唯一因為有瑕疵的目擊者程序而受罪的人。如果一個無辜的人被關起來了，警察就不會再尋找真正的犯人。其實，我們至少知道有兩百三十起錯誤指認的案子（懷特便是其中之一），事後這些無辜的人都被證明無罪，並且透過DNA化驗找到了真正的凶手。這些案子中幾乎有一半的凶手在偵察終結之後，又犯了另外的案子。

如果記憶遭到扭曲，傳達給辦案人員的都是錯誤的資訊，那麼警察和檢察官就會花上好幾天、好幾週甚至好幾個月，在調查錯誤的線索，圍繞著錯誤的人釐清案情。他們將無法為被害者伸張正義，而且浪費了其他案件也亟需的有限資源。改善目擊者程序不是在為了被告的利益而與司法力量對抗；這是為了我們都希望在刑法中達到的公平與效率。其實有許多警察很支持這個改革。一如喬治亞州調查局的發言人在懷特被證明為無罪時所說的：「沒有一位執法人員希望自己逮捕到錯的人。」

雖然已經有多個州（例如維吉尼亞州、北卡羅萊納州、康乃狄克州和俄亥俄州）成功引進了新的目擊者程序，不過其中又以紐澤西州最值得注意，因為它大膽採用了最新的研究。紐澤西州的檢察總長在二〇〇一年發布了新的目擊者指導原則，其中一項便是要求指認程序必須由主要調查者之外的其他人主持。警方也被指示，在拿照片或是找幾位嫌犯給證人指認時，必須一個一個給證人看，再記錄下證人分別的反應。十年之後，紐澤西州的最高法院甚至又更進一步。法院表示「缺乏可信度的證人指認會造成問題」，而且明確指出「確實可能存在錯誤的指認」，所以對於審判中使用的目擊者證據，法院大致加以規定，例如：如果被告能夠提出證據，證明證人可能受到不應容許的影響，那麼指認可信的舉證責任就落到州檢察官的身上。就算爭議性證據仍可以呈給陪審團，法官它必須提供適當的資訊，對陪審員說明錯誤的指認有其風險——也就是本章所討論的各種風險。推動改革的人希望將來各州都能夠以紐澤西州作為榜樣。

在國外也可以找到值得借鏡的方式。如果要增進證人回憶的正確性和完整度，現有工具中最有效的方式之一，就是認知性晤談（cognitive interview），英國、紐西蘭、澳洲、加拿大和挪威的警方都已經採取這種方式。這種方法從認知和社會心理學取經，重點在與證人建立良好的交流，讓證人的陳述中只會包含最小限度的開放式問題和最少的干擾。研究證明，這種技巧能得到正確性高出百分之二十五到五十的資訊。

認知性晤談之所以這麼成功，其中一個理由是它盡最大的努力保留證人原本的記憶，而不會有暗示性的提問，也會阻止證人用猜的。這個方式的優點提醒了我們，必須從根本上重新思考如何處理目擊者證據。對於行凶者長相的記憶，其實也很容易摻進假的內容或遭到誤用，這和在犯罪現場採到的頭髮樣本或是部分指紋是很相似的，但我們卻不會想到證人的記憶也是如此。我們不太擔心它走樣、喪失或是遭到不實的轉述。我們不認為它也需要受到仔細的監測或是客觀的評估。這個想法需要改變。如同雨果．曼斯特伯格所說的：法院必須「最大限度地利用所有現代的科學方法，例如謀殺案中應該檢驗乾掉的血跡；但是同一個法院在審查人腦的產物（尤其是證人的記憶）時，卻只是滿足於充滿偏見和無知、最不科學和隨意的方式」，這是完全不合理的。

曼斯特伯格認為，進一步的方式，是要更仰賴其他類的證人：專家。這是一個很值得討論的可能性。如果ＤＮＡ證據必須要靠遺傳學家來解碼，那麼記憶證據——從找到證人的那一刻開始，一直到證人在審判中作證為止——是不是也應該依靠心理學家呢？如果我們充滿問題的刑事司法制度需要客觀性、一致性和正確性，專家會是我們最大的期望嗎？

7 如何說謊 ◆ 專家

這裡有嚴重惡劣的證據，還有惡名昭彰的羅德尼．金（Rodney King）錄影帶。

喬治．好萊迪（George Holliday）被窗外盤旋的直升機聲音吵醒，於是帶著他新買的索尼（Sony）攝錄像機走到陽臺，按下了「錄影」鍵。雖然那時候差不多是凌晨一點，但是錄影帶中的影像卻被警車的遠光燈照得像白天一樣亮。裡面的人都在動。在影帶的前幾秒，金被一打左右的警察圍住，他從地上爬起來，走了幾步，然後又被金屬警棍迎面打中。他的胸口被射進泰瑟槍（Taser）*的針頭；還看得到金屬線發出的光芒。接下來的一分半鐘，金被打了五十六次，警察像揮球棒一樣地揮舞他們的警棍——一直對著金的頭部和肩膀「揮大棒」。金倒在地上，警察又死命地踢他。他看起來極度痛苦地在地上打滾，但是警察還沒有停下來——直到金被五花大綁，他的手和腳都被反綁在背後，臉被壓在柏油路上。他們把他拖到路邊，把他留在一灘血泊之中，自己一個人等著救護車。

這會是你見過最野蠻的警察暴行。即使在事發了二十四年之後，我還是不忍卒睹。

金的頭骨有九處破裂，眼窩和顴骨都碎了，腳也骨折。他有腦震盪，兩腳膝蓋都有受傷，顏面神

---

* 泰瑟槍是一種利用電流來攻擊的武器，在發射後會有兩支連著導線的針頭射進對方體內，接著利用電流以擊倒對方。為了防止濫用，泰瑟槍具有記錄功能，調查人員可輕易地查到槍枝持有者。此外，槍內亦配備微型晶片，可記錄每次射擊的日期和時間。

經也受損。警察宣稱他一定有嗑天使丸（PCP）——他們希望這可以解釋為什麼需要這麼粗暴地對待他——但是他的體內並沒有驗出任何天使丸。雖然警察一開始是因為抓到金超速，才有之後接連的這些反應，但是金從未因當晚的超速而遭判刑＊。

那支影帶在全國的主要電視網被播放了好幾次。而且在對直接參與施暴的三位巡警和警長進行審判之前，民意調查的結果發現，看過影帶的洛杉磯市民中，有超過百分之九十的人都認為警察過度使用武力。接下來幾週發生的事也讓事情變得更糟。其中一個警察在那天晚上的稍早，曾經形容他上一通接到的報案——處理事涉非洲裔美國人的家事案件，「就像是上演《迷霧中的大猩猩》（*Gorillas in the Mist*）[1]。」在幾乎把金打到斷氣之後，另一個警察則極其歡樂地高呼：「我好久沒有揍人揍得這麼痛快了。」在醫院的急診室中，他們又繼續嘲笑一息尚存的金：「我們這場硬式棒球打得太漂亮了……擊出好幾支全壘打呢。」這些都讓事情顯得很清楚：有一夥種族主義的白人警察把殘忍地對待一個黑人當作消遣。

兩黨的政治領袖對這件事情的看法完全一致。洛杉磯市市長湯姆·布拉德利（Tom Bradley）認為：「連警棍和腳都用上了，任何人都不會懷疑他們必須受到譴責」。喬治·布希（George Bush）總統——他所提出的法律與秩序（law-and-order）政綱讓他得到警界的廣泛支持——也發表了類似的嚴厲評論：「如此駭人的場面喚醒了我們，我們必須終止這種無端的暴力和野蠻行為。執法人員不應該將他們自己置於宣誓捍衛的法律之上。我絕對不願意看到這種打人事件的發生，而且我認為完全沒有任何理由可以解釋。這是絕對無法饒恕的。」

證據是如此明顯，而且情節極其嚴重，這促使美國司法部（Justice Department）重新審視了過去六年來所有對警察暴行的申訴。全國各地的警察單位也都開始用影帶作為反面教材，教導警察**不可以**做什麼。戴露．蓋茨（Darryl F. Gates）——洛杉磯的警察總長——被迫辭職。

如果說有什麼是躺著都會贏、穩操勝券的訴訟，這件應該就是了。

但是審判並不如所有人的預期。在一九九二年四月二十九日，四名警官都被宣告無罪。人們湧入了南洛杉磯（South Central）的街道。商店遭到打劫，駕駛被從車子裡拖出來，還有好幾個地方被放火。超過五十個人死亡；一千棟以上的建築物遭到毀損；兩千人以上受傷；還有超過一萬兩千人遭到逮捕。

怎麼會發生這種事呢？

這些被告宣判無罪，引爆了美國在二十世紀最激烈的暴動，而無罪的結果大體而言，可以歸因於兩個人在審判中的表現：斯泰西．孔恩（Stacey Koon）警長——在金被毆打的現場負責指揮工作的

---

* 此句原文為：*And though it was speeding that had initiated the police response, King was never charged with any crimes.* 事實上，羅德尼．金曾在一九八七年因家暴被判處緩刑，又於一九八九年因搶劫遭判處兩年徒刑。經與作者求證，此處欲表達的是「金不曾因為當晚的超速而被判刑」，而非「金在此之前從未有過犯罪前科」之意。

1 黛安．福西（Dian Fossey）的著作，她曾在盧安達山區叢林中研究大猩猩十八年，本書就是描述她的研究經歷和成果。

最高階警官；和查爾斯．杜克（Charles Duke）警官——被告方的主要專家，由他證明被好萊迪錄到的每一記警棍、每一發泰瑟槍和踢在金身上的每一腳，都符合警方的規定。

這個案件被移交到一個由白人占主導地位的地區，這給了被告一個機會，不過一般認為還是因為這兩個人，案子才獲得勝訴。他們的證詞的確十分重要——不過一般的說法還是沒有掌握到勝訴的真正原因。

孔恩、勞倫斯．鮑威爾（Laurence Powell）、西歐多．布里塞尼奧（Theodore Briseno）和帝摩斯．溫德（Timothy Wind）之所以能在看起來罪證確鑿的證據面前，還從西米谷（Simi Valley）的法院全身而退，其實和上述兩位警官的能力不太相關，反而應該想想我們的司法體系裡的「專家悖論」（expert paradox）。如果對於某些事項，專家比我們更有資格作評估，我們便應該尊重專家的意見，但是我們卻常常做反了——我們依賴自己充滿瑕疵的分析技巧，然後欣然接受專家的誤導和提供的無用證據。金在州法院的審判並未獲得正義，這是因為陪審員太過信任自己有能力判斷孔恩是否在說謊，而且也太容易接受杜克那可疑的架構。

他們看著孔恩站在席上，穿著白襯衫、打著紅色的條紋領帶，亮光打在他光禿禿的前額上。他們看著他身體放輕鬆，稍微有點駝背，眼睛慢慢地眨著，有時候還不太對稱，右眼比左眼先閉起來。他們聽到他慢而穩的聲音、直接而精確的回答，有些字顯得口齒不清。他們看到當被要求回憶一些事時，他會抬眼看著自己的右上方，開始回想事情。他們會與他四目相接。當他轉向陪審團，開始解釋他怕金是嗑了藥時，他們也會看到他用目光逼視檢察官，堅定地說他的下屬所做的每個行為都是「合理的，而且是因為必要而採取了最小限度的武力」：「有時候，警察的工作確實是粗暴的。這就是真實的生活。」他們都看在眼裡，包括他先搶在下一個問題之前抿著嘴不發一語。不過陪審員認為最足以透露出事實的信號，反而都是經過設計來轉移注意力的。

同樣的，當杜克說警察都是盡忠職守，而且小心謹慎地在執行勤務時，陪審團也因為他符合專家的形象，就對他的話照單全收了。杜克是洛杉磯警察局（LAPD）的前自衛教練（self-defense instructor），擁有超過二十年的經驗；當他在法庭上、站在陪審團的面前、拿著麥克風和一根用來指出重點的棒子時，顯得居高臨下、占據了掌控的位置。他的胸部厚實，有著古銅色的肌肉，還有點斜視（像個老鳥一樣）。他散發出一種權威感，也因為他的冷靜和自制，而讓人把他和「客觀」聯想在一起。他告訴檢察官：「我要先知道所有的事實，才能夠形成我的看法。」但是他在看完影帶之後是否感到非常驚訝呢？沒有。警察都是按照既有的政策和程序；當面對一個危險的嫌犯時，就是應該這樣。

同樣重要的是，杜克為他的陳述加了一點不可少的科學證明。金被打的影像之所以如此震撼，是因為它是動態的即時錄影。如同我們所看到的，影片讓我們覺得自己就在那裡，親身經歷。杜克也就利用這個結構的威力，把影像拆解成各個分別的部分——當金受到毆打時的靜止畫面——以緩和它所帶來的衝擊，而且被告的辯護律師還分別針對畫面一個一個分析：「當他在3:36:19的這個位置時，用警棍打金先生是適當的作法嗎？」這看起來像是一個完全中立的舉動，一位專家要幫我們釐清到底發生了什麼事——畢竟，把東西拆開來弄清楚，好像是科學方法中的基本作法。而杜克所用的特定技巧——放慢影片的速度，審視毆人的影像——也符合我們的期望：專家用特殊的工具發掘出隱藏在表面之下的真相。杜克所作的時間編碼和套到錄影帶靜止畫面上的網格，只有讓他的客觀權威印象又更加分了。

他看起來會告訴我們真實發生的事，但是其實杜克所做的事，只是形成陪審團的偏見，以暗助被告。我們曾經覺得殘忍、失控和本能的踢人舉動，現在變得靜態、無感，而且遙遠；一個完全而且明顯可見的殘暴行為，被拆散成一堆有著缺口的碎片。甚至，杜克不把動作連貫起來，是更刻意地想把金重新塑造成挑釁者。他把觀者的注意力導向每一個畫面中金在做什麼——讓人覺得警察只是因為金那「揮出來的」手臂、他把「腳踢起來」的方式、他怎麼擺出了一個「搖搖晃晃的姿勢」，所以才必須作出反應。陪審員還以為杜克是要給他們換副新眼鏡，殊不知杜克是給他們戴上了眼罩。

所以，我們看待專家意見的方式，其實存在著根本上的問題。為了了解問題的源頭，我們必須看看自己為什麼認為專家的意見遙不可及，但是又相信我們自己的知識和能力，而且還很著迷於專家的觀察和——尤其是——他們特殊的工具。想想看，任何刑事司法制度中最基本的事都只有一件：把事實和非事實分開來。羅德尼·金審判中的陪審員們在席上看到孔恩和杜克時，也盡了最大的努力想做好這件事。為什麼存著好心的人們，卻犯了這麼大的錯誤呢？

我們窮其一生都在練習如何察覺謊言。想想看，你一天當中有多少機會鍛鍊自己的技巧：你的兒子真的有好好刷牙嗎？你的剎車真的需要讓技工換了嗎？你的太太真的覺得對不起你嗎？你學生的阿嬤真的生病了嗎？我們都預設，經歷過這麼多事，當我們長成大人的時候，大部分的人都有很好的能力，能夠分辨大謊以及小謊。要判斷何謂真實，我們都會是專家。

我們的法律制度也是這麼想的。法律認為西米谷的十二位陪審員都有絕對的能力觀察到孔恩警官在眨眼、聽到他語調平平的回應，並且自己作主。例如：第三巡迴上訴法院（Third Circuit）——聯邦法院，它的管轄範圍包括德拉瓦州、紐澤西州和賓夕法尼亞州——的標準刑案陪審團指示（Model Criminal Jury Instructions）中就明白指出，陪審員是真相的守護者，「你們是判斷證人是否可信的唯一裁判者。可信性是指一位證人是否值得信賴：證人有講真話嗎？證人所作的證言正確嗎？你可以相信一位證人所說的每件事，或是其中一部分，或是完全不相信他所說的話。」

在審判開始之前，第三巡迴上訴法院的法官向陪審員解釋，要判斷法庭中的可信性，其實並沒有什麼特別的方式——「就像你對於任何一件重要的事一樣，你可以根據一位證人的行為和他作證的態度、證人所作的解釋，以及案件中的其他證據，判斷是不是要相信他（或她），判斷他（或她）的回憶是否真實、坦率和正確。」

判斷可信度時需要某些工具和知識，而陪審員接收到的訊息是他們都已經具備了這些工具和知識。當他們坐在陪審團席上看著每位證人時，只需要跟著自己的感覺走就對了。判斷一個人在說謊並不是火箭技術或是大腦手術，只需要「記得用你的常識、鑑別力和經驗去判斷就好了」。

這些都符合我們一般人的想法，我們都認為外行人也能夠察覺出案件的真實：發生了什麼事、誰要負責、主要人物在關鍵時刻在想什麼。我們不會找一群刑法教授來解答這些問題；事實上，陪審員的資格並不要求需要嫻熟法律、法醫分析或是心理學。陪審員甚至不必有高中學歷。我們的司法體系十分看重外行人的能力，賦予他（她）一個重要的任務，決定一個案件的事實，並且適用相關的法律。

相較於此，官方任命的專家就會帶來科學、技術性和專門化的知識；一般來說，我們討論過的科學證據——包括DNA和功能性磁振造影——都只會因為這些專家的證詞而出現在法庭上。不過他們的角色只是次要的。如果有一個專家證人提供了證詞，我們不會要求陪審員只能聽醫生的。例如在第三巡迴上訴法院，專家意見的重要性「可以由你自行決定」。事實上，陪審員「說不定完全不考慮那些意見」。

如果我們要仰賴一個普通人的力量去找出虛假和不正確，那麼，**什麼樣**的常識可以知道對方在說謊？我們一般都是怎麼「說」的？

在我執教的「法律與精神科學」（Law and Mind Science）課上，每年的第一堂課，我都會描述自己昨天晚上在做什麼，然後要學生判斷我說的是不是真的：我做了西班牙食物Tapas當作晚餐，和朋友一起享用之後，出外到一間酒吧看了《週一足球夜》（*Monday Night Football*）。

我說的都是真的，但是——幾無例外——每一年的學生幾乎都會認為我在說謊。他們會說我沒有看著他們的眼睛，我似乎有「太多」的肢體動作，或是我說話的速度比平常快。他們會注意到的這些行為上的線索，確實就是我們一般人認為的智慧。實驗和調查都發現，把眼光避開，確實是人們最常認為對方在說謊的理由。刑事司法制度中的警察和其他人也都會注意到這類的事，因為他們受到的訓練和指示就是如此。

如果你還記得里德技巧，在警察開始審訊嫌犯、取得自白之前，他必須先決定嫌犯是不是在說謊。為了要做到這件事，里德手冊上說：審訊者必須注意嫌犯在「語言之外的行為，因為這會反應出他是否覺得很自在或是很焦慮，他是自信的或是不肯定，他確實是清白的或是有罪的（或羞恥）」。所以，假設「一個嫌犯沒有正視你，就表示他很可能正在隱藏什麼」。只要警察知道騙人的信號——例如一直抖腳或是扯衣角，他們就可以自信地找出誰在說謊。

同樣地，在判斷法庭內的證詞是否可信時，法官通常會指示陪審員注意證人的行為舉止——把她的行動和她所說的話互相對照。例如第三巡迴上訴法院就明確指示陪審員，要考量「證人在作證時的外觀、行為和態度」。我們對於這些判斷方式的確非常有信心，所以才會用它們來決定結果。如果陪審員觀察了被告之後，（根據他的肢體語言）決定他在作偽證，陪審團就可以用這個作為有罪的確證。

問題在於，研究者發現這些由我們的常識所認定的線索，大部分都和一個人是否在說謊無關。真正能夠告訴我們真相的，其實是口頭的元素（像是一個人的聲音中透露出的緊張，或是回答中缺少了某些細節），而不是我們看到的。例如，有許多研究告訴我們，其實人在說謊的時候，手和腳是比較不會動的（而不是像一般觀察者認為的會一直動），而且目光閃避也不一定代表在說謊。更糟的是，如果一個人有巨大的壓力要讓自己顯得很可信，他的行為反而通常更會讓觀察者覺得他在說謊。一個說真話的人，在他家裡時會平靜地看著你的眼睛，和你討論事情，但是當被叫到法庭上為他自己作辯護的時候，卻會一直低頭瞪著他抖不停的腳。

完全不相關的因素也可能提高證人的可信度。如果坐在證人席上的是可親又英俊的喬治・克隆尼（George Clooney），人們比較會傾向於相信他說的話，但是如果證人長得不太好看，態度又不太友善，可能就不是那麼回事了。同樣地，如果證人是一位得獎的詩人或是抗癌鬥士（一個無關緊要的正面描述），聽他說話的人就比較有可能相信他的陳述——但是如果他是一個被牙醫學系退學的人，或是很討厭狗（一個無關的負面形容），就沒有那麼容易取信別人了。有些標準實在是非常古怪。例如初步的證據顯示，相較於藍眼睛的人，人們比較會相信咖啡色眼睛的人，除非藍眼睛的那人有張大臉。研究者證實，咖啡色眼睛的人通常有張圓臉，所以其實是人的臉形在發揮影響：圓臉比較會讓人感到快樂，而快樂的臉與信任連結在一起（相反的，不值得信任的臉比較會讓人覺得在生氣）。

整體看起來，其實我們很不擅長發現對方在欺騙。最近有一項計畫，針對超過兩百個研究進行分析，結果發現受試者可以正確區分出謊言和真實的比例，僅有百分之五十四，這只比隨機亂猜好一點點。而且我們以為可以偵測出謊言的一些元素——不論是在判斷熟識已久的老朋友或是陌生人，不論謊言有沒有高風險，不論我們是當事人或是從第三者的角度旁觀——都不會改變這個百分比。尤有甚者，我們認為特別懂得如何判斷謊言的人——警察、法官、精神科醫師、稽核員——其實在分辨謊言這方面，完全不比我們其他人更有能力。

不過，就像我的學生一樣，實驗對象通常都對自己辯識謊言的能力非常有自信。而且不幸的是，對自己的判斷最有信心的人，通常不會比懷疑自己判斷的人更正確。如果我們從實驗室裡走到真實世界之後，會更懂得如何判斷謊言，這雖然可能是件好事，但也可能表示我們在法庭裡的判斷會更糟。首先，研究中的受試者通常都能夠把注意力放在任何他們覺得對判斷謊言最有幫助的事項上，不過，陪審員則被明確的要求把精力集中在一些會誤導他們的元素上，尤其是證人的行為舉止。而且，在「預先審查」的階段，如果（因為眼盲）不能夠察覺到視覺上的線索，還會被當作合理的理由，將該人從陪審員名單中除名。但諷刺的是，與許多法院的預設不同，盲人通常比一直專注於肢體語言的陪審員**更容易**發覺真實，因為他們不會看到證人一直看著地下或是一直抖腳，也就不會受到這些事的誤導。

除此之外，證人上了真正的法庭之後，通常會比在實驗中緊張許多——就算他們是無辜的，或者講的都是實話——而緊張的表現通常會被誤讀成騙人的證據。而且，有些不誠實的證人並不會露出在說謊的樣子，這或許只是因為他們已經和辯護律師練習過好幾次了；研究的確證明練習可以讓說謊顯得天衣無縫。最後，即使某些線索確實具有判斷上的價值，陪審員也很難利用這些有限的線索。他要如何穿過法庭看到被告的瞳孔放大了，或是在被告的幾百種行為中，決定哪些值得注意，同時還要注意聽被告在說什麼？

所以，你可能會對自己說：我們對於誰在說謊的直覺和真正的科學證據之間的確有差距，不過，至少還是有經過證實的技術可以彌補我們的不足。對於探測誰在說謊是有**科學方法**的。

那麼這裡就出現矛盾了。從邏輯上來說，我們對於自己懂得判斷謊言具有絕對的信心，這會讓我們特別不願意接受外來的專家。而且每個人都知道，只要有合適的價錢，專家可以為任何一邊的立場辯護。不過，當我們看到杜克警官對於影像鏡頭的分析時——當審判中有專家站在我們面前、用科學作包裝時，我們又會忘記這些想法了。他們的方法和工具抹去了我們的部分擔心，因為他們看起來沒有什麼主觀或是偏見。結果就是，我們通常會對專家帶進法庭的科學和技術太有信心。

需要判斷是否說謊的案子中可以看得最清楚。如果我們認為說謊會在身體上表現出來，就等於我們準備好要接受許多值得懷疑的測謊專家——只要他們看起來可以提供客觀的分析。「專家們」已經讓好幾代人相信他們有能力、技術和機器揭露出以前沒有被發現的真相：那擺動的身體、顫抖的雙手、飄移的視線、成串的汗珠和有疤的皮膚，都隱藏了虛假的謊言。

幾個世紀以來，心臟都是最受到關注的。丹尼爾・笛福（Daniel Defoe）——《魯濱遜漂流記》（*Robinson Crusoe*）的作者——在一七三〇年的一篇文章中便提出，如果要分辨犯罪者和無辜者，應該檢查那位被懷疑是竊賊的人的血液循環：「砰砰跳的心臟、不尋常的脈博、突然的心悸，都會明顯地告訴我們就是他——就算他一臉鎮靜地說著假話。」

到了大約兩百年之後的一九二三年，威廉・馬斯頓（William Marston）試著把他的說謊偵側器（它可以測量人的心臟收縮壓的變化）應用到真正的刑案程序中。馬斯頓和笛福一樣，同時追求真實和謊言——他的「心臟收縮壓謊言測試」可以得到完全符合、一致的結果，但這其實幾乎是個想像，和他創作出來的漫畫角色神力女超人（Wonder Woman）的武器沒有什麼兩樣——她有一個神奇的套索，只要套住壞人的頭，就可以讓他們說實話了。

不過一九二三年發生的這件事也不是只存在於想像：說謊測試真的有被應用到一次真實的審判中；被告是詹姆斯・弗賴伊（James Frye）——他被控搶劫和謀殺。法院最後拒絕馬斯頓以專家的身分作證，因為他的說謊偵側方式並沒有廣泛地受到科學界的接納。不過他的努力為史上第一部現代測謊器——測量受測者的脈搏、血壓和呼吸——打下了重要的基礎。而且弗賴伊的案子也建立起美國此後數十年間允許專家作證的標準，在某些州還延用至今。

雖然與情報有關的機構、行業、警察或甚至是個人，都愈來愈常使用測謊器——每年都有數十萬件測試在進行——但是測謊器一直沒有說服科學家，所以測謊結果一般都不能夠當作對刑事被告不利的證據。如同最高法院在一九九八年表示的：「沒有共識顯示測謊證據是可靠的」。部分問題在於，就連最複雜的測謊器，也都只是測量一些生理上的反應——例如心臟血管、呼吸，或是皮膚上來自於腦部深處的微細電流活動——而這些活動不一定和說謊直接相關。人經常在說謊時沒有流汗，在說實話時反而流汗了。

比較近期的發展還是有同樣的問題，例如根據神經語言程式學（Neuro Linguistic Programming）所進行的測謊是依據以下想法進行的：右撇子在想像一個他們真的經歷過的事件時，會抬頭看他們的左邊，而憑空想像一個事件時，則會看他們的右邊。如果孔恩在席上時，只要眼睛飄向右邊，就一定具有某種意義，這個想法很令人振奮，但是沒有證據支持眼球的移動一定可以用來偵測謊言。一般來說，用一個人非口頭的行為斷定他在說謊，和測量一個人的頭蓋骨以評估他的犯罪傾向，這兩者的有效性相差無幾。

這些方法都行不通，所以有人開始想從說謊的源頭——大腦——抓出一個人在說謊。直到最近，這個方法也還是行不通，不過神經科學的重大突破——包括腦電波儀（EEG）和功能性磁振造影——終於讓我們得以一窺那神祕的黑盒子。我們現在問一個人是否謀殺了他的太太，以及讓他看沾滿血跡的浴缸時，還可以同時看到他的腦袋裡發生了什麼事。

這些神經科學的進步很快地被應用在測謊領域。私人公司、執法和情報機構等很快地掌握了這些技術，並且開始用於特定目的。國防高等研究計畫署（Defense Advanced Research Projects Agency，DARPA）在二〇一一年通過了幾近二億五千萬美元的預算，專做認知神經科學的研究，而國家安全機構在過去十年來，也投資了數百萬美元在開發有效的測謊技術。在今天，就算是一般國民也可以接觸到某些最新的工具。想要「證明」你沒有外遇或是從職場上偷東西嗎？只需要幾千美元，就至少有兩家公司可以幫你用腦電波儀或功能性磁振造影的設備證明你的大腦活動。

律師們想把腦電波儀和功能性磁振造影帶進法庭，這只是時間的問題。但是從一開始，學者和法官就很質疑這些新科技是否能夠應付挑戰——尤其是犯罪問題。要用腦部掃描來釐清一個人對於婚姻是否忠誠是一回事，不過要允許陪審團用專家出示的測謊證據，來宣告一個被告的謀殺罪成立，這又是另一回事了。

在二〇一二年，馬里蘭州蒙哥馬利縣（Montgomery County）的巡迴法院法官，埃里克·詹森（Eric M. Johnson）就必須對法蘭克·海斯特（Frank Haist）——一位聖地牙哥加利福尼亞大學

（University of California）的精神病學助理教授——的專家證言作出類似的決定。海斯特受僱於「沒有謊言」磁振造影（No Lie MRI）公司，負責研究一個被控犯了殘忍謀殺罪的人的大腦。海斯特和該公司作出一個意義非凡而且吸引人的承諾：我們有機會可以揭開隱藏在被告腦中的神祕真相。

檢察官宣稱，加里．史密斯（Gary Smith）——一位前陸軍遊騎兵——在某個晚上一如往常地在海外作戰退伍軍人協會（VFW）享用啤酒和玩撞球之後，槍殺了他的室友兼同袍——退伍軍人邁克爾．麥昆（Michael McQueen）。

當警察抵達兩人位於蓋瑟斯堡（Gaithersburg）的公寓時，發現加里渾身是血地在屋外嘔吐。是加里把警察叫來的，他在電話裡哭著說：「噢，我的天啊，幫幫我……我把他留在家裡，然後我回來的時候，發現他頭上有個大洞。」不消說，當警察進到房子裡的時候，他們發現了邁克爾的屍體。不過奇怪的是，他們並沒有看到槍。

加里和警察說的故事有好幾個不同的版本。他回家來，發現邁克爾已經死了，不過武器和槍都不見了。等等，槍在那裡——邁克爾是自殺的。不是，再等等，加里**本來**也在公寓裡。邁克爾用了他的槍，所以他太驚慌了。就把槍丟到湖裡了。

這一系列奇怪的陳述讓案件變得撲朔迷離。那天晚上到底發生了什麼事？

加里希望借助「沒有謊言」磁振造影公司的專家力量幫助他釐清事實。專家讓他躺在一個磁振造影的機器裡，並且問了他一些問題。加里被告知要對一些明顯為真的問題說謊——例如他曾經在伊拉克服役——這樣才能夠建構關於謀殺案問題的基線（他被要求對謀殺事件吐實）。

「是你殺了邁克爾．麥昆嗎？」

加里回答他沒有。

海斯特教授會檢視不同的功能性磁振造影影像。海斯特知道當人們說謊時，大腦的哪一個區域會呈現高度的活躍狀態，所以只要他知道加里說謊時的大腦狀態，就可以嚴格地審視加里在回答有關邁克爾死亡問題時的大腦影像。

確定加里在說謊時所拍到的影像，和他回答謀殺案問題時的大腦影像，海斯特認為兩者是明顯不同的。就算是外行人也看得出兩者的差異：當加里說謊時，掃描到的影像多出許多紅色和黃色的斑點。這明顯表示加里對於他室友的死亡並沒有說謊。

如果真的這麼簡單就好了。

首先，我們並沒有足夠的資料可以知道，在法律的背景下，是不是真的可以依賴使用腦電波儀、功能性磁振造影和其他腦部掃描技術的測謊方式。有些科學技術其實並沒有獲得其他獨立的同儕審查結果支持；它們主要只是靠自己提出一些未經證實的主張在支撐。例如：腦波科技（Brainwave Science）公司提供了一種根據腦電波儀開發出來的工具——大腦指紋（Brain fingerprinting），並且聲稱它可以「測量腦波，用科學方法偵測出大腦中是否存在特定的資訊」，而且「正確率超過百分之九十九」。腦波科技公司的網頁上說：「許多經驗豐富的罪犯都已經知道如何逃過測謊器。但是要騙過『大腦指紋』就困難得多了。只要對象受到刺激，就會不由自主地發生腦波反應（MERMER）。這是個極簡單的方式，但可以發掘真相。」它的好處很明顯：「偵查人員只要讓嫌犯在電腦螢幕上看一些與犯罪有關的照片或是文字，並且測量他們的腦波反應，就可以找出嫌犯，或知道他是無罪的。」你被說服了嗎？就連大部分科學家都沒有辦法。

獲得最多實證經驗支持的是功能性磁振造影測謊方式，它發覺說謊時大腦有某些區域的血流會充氧，不過因為沒有標準化的方式，只有很小的樣本規模，而且結果也不一致，所以相關研究也缺乏支持。最大的問題之一是受試者通常都知道他們正在參加實驗，並且被告知應該要說謊或是說實話。如果一個人試著要隱瞞他射殺了室友這件事，和某人被指示要隱藏他抽到了哪一張撲克牌，這兩者難道會是一樣的嗎？領了錢參加研究的大學生，會比得上慣性說謊又有毒癮的精神病患者（而且他說不定會被判死刑）嗎？如果這個精神病患者想要的話，他可以騙得過測試結果嗎？

我們一直都知道測謊器只好比賭博，而如果是功能性磁振造影，用來混淆它的對策也很有效。只要輕輕擺一下你的頭、動動你的舌頭讓它發出聲音、把你的腳趾頭捲起來，或是摒住你的呼吸，就可以讓資料變得沒有什麼用了。在詢問時改成想別的事（例如去背各國的首都，或是每三個一數、從一百開始倒數），也可能把結果搞亂。許多功能性磁振造影測謊是根據以下的想法：因為從認知上來說，說謊比說實話困難，所以說謊時大腦中有比較多的區域都需要活化（因此當哈里確定在說謊時，他的大腦影像中有比較多紅色和黃色的斑點）。但是如果你在誠實回答問題時讓自己的大腦很忙碌，那大腦看起來就會比較像是在說謊的狀態。相反的，只要你仔細記住所有謊話，讓它們只需要被回想起來，就可以讓自己看起來像是個不說謊的聖徒。

雖然有這些問題，但我們還是可以想像終有一天，會出現某個正確率達百分之八十、九十，或甚至九十九的測謊方式。這時候的問題就變成：這種等級的正確率夠高了嗎？如果人們可以記得錯誤還是可能發生的，而且專家的證詞也不過就是證據之一，那就不會有太大的問題。不過我們是否真的能夠做到這樣，是值得懷疑的。

擔心陪審團可能過分高估科學證據的想法，已經存在一段時間了。從一九九〇年代開始，律師、法官和學者就開始擔心「白袍症候群」（**white-coat syndrome**），這是指陪審團會盲目地聽從專家的意見，不去真正評判他們的證詞。十年之後，這種擔憂漸漸轉變成「CSI效應」（CSI effect）——這是某些電視劇（例如《CSI犯罪現場》、《法律與秩序》、《失蹤現場》〔*Without a Trace*〕）所造成的，劇中的案件經常用到DNA測試、纖維分析和指紋資料庫，讓大眾以為這些法醫學上的證據不僅經常有幫助，而且幾乎是不會錯的。

比較近期的研究開始追問神經科學的證據如何左右刑案審判的結果。腦部的掃描可能會對陪審員有特別強烈的影響。一個實驗發現，相較於測謊或是熱影像（**thermal-imaging**）的結果，如果被告沒有通過功能性磁振造影的測謊測驗，會有更多（出許多）的受試者認為被告是有罪的。功能性磁振造影在刑事脈絡中之所以這麼有分量，其中的一個原因或許是我們把它和在醫學上用來發現疾病（例如腫瘤或中風）的檢驗混為一談了。我們會認為用作醫學診斷的造像就是這裡的造像。

特別令人擔憂的是，就算是受過訓練的法官，也不一定可以抗拒神經科學的獨特誘惑。一項研究讓一百八十一位州法官看喬納森・多納休（**Jonathan Donahue**）的案子——他計畫搶劫漢堡王

（Burger King），最後還用槍一直敲一位餐廳經理的頭（並造成她永久性的腦部損傷），因為「那肥婆一直哭個不停」。根據一位精神科醫師的證詞，多納休符合精神病患者的標準。實驗中有「一位神經生物學家」（其專門領域為精神病的成因）根據基因測試的結果，提供了證詞。測試結果顯示多納休有一個和反社會行為有關的特殊基因——它特別會造成大腦發展的問題，導致他缺乏「一般人所具有的抑制暴力的機制」。有半數法官看到了這份證詞，但是另外半數的法官則沒有收到這份專家證詞。

你可能會認為精神病學上的診斷只會影響到量刑——知道它背後神經病學上的原因好像也不會有什麼影響。你大概也覺得法官會因為這項科學上的證據而決定把多納休關久一點；畢竟，精神病患者對於未來是一個潛在的嚴重威脅。

不過你錯了。證明被告有反社會傾向，這種專家說法是一個雙面刃。和我們所想的一樣，整體來說，讓法官看到被告是精神病患者的證據，會讓被告處於不利的狀態，不過另外對於精神病提出神經生物學的說明，則會大大**減少**刑期——平均大約縮短百分之七。神經生物學家的證詞會改變法官對於被告的想法。知道多納休的行為是源於他的大腦，讓他突然變成一個不太能控制自己行為的人，也因此可以受比較少責難。

當然，問題在於專家的意見是不是應該具有這樣的分量。許多神經生物學家也都對此表示關心，這一方面是因為根據現在的科學水準，是不是能夠把對遺傳學及大腦功能的一般性研究應用到特定人身上，還值得存疑，同時，為何對特定精神病患者的生物學機制作出解釋便足以影響量刑，也還沒有清楚的說法。畢竟，法官已經看到了證詞如何解釋精神病患者的心理，以及他對於治療的抵抗。重點在於此人具有一個他無法負責的損傷。不論這個損傷是因為他兒時在情緒上受到虐待、具有某個特定的基因，或是經歷過一連串衝擊，都不應該有任何的不同。

在審判前的三天證言時間中，前陸軍遊騎兵加里・史密斯的功能性磁振造影證據被提了出來，詹森法官也看到了前文所討論的一些研究。現在，他必須決定，是否要把海斯特教授的發現呈給陪審團看。這絕對不是一個容易的決定——有一個人被控謀殺了他的朋友兼室友，而他的生命正處在緊要關頭。而他的要求，只不過是讓陪審團可以看到一些或許能夠為他辯護的證據。如果你被控謀殺，但是有一些證據可以證明你是無罪的——即使它只是根據一些未經確定的科學——難道你不能夠至少讓決定你命運的那些人，看看這些證據嗎？

而詹森法官說：不行，大腦的掃描結果不能夠帶進法庭。加里・史密斯最後被判過失殺人罪，有期徒刑二十八年，本案現在正在上訴法庭處理中。

詹森法官選擇了謹慎的態度。但是並不是每一位法官都能夠抗拒神經科學的測謊結果，再靜待這個領域有所發展。在半個地球之外，已經有一個令人注目的案子出現了。二〇〇八年六月十二日，印度孟買（Mumbai）的夏里尼・范薩卡喬許（Shalini Phansalkar-Joshi）法官就——在史上第一次——以腦部掃描的結果作為部分原因，判了某人謀殺罪。

它的開端其實是一個愛情故事。阿迪提・夏爾馬（Aditi Sharma）和烏迪德・巴拉帝（Udit Bharati）從青少年時期就認識了。他們在就讀瑪漢曾工程學院（Mahantsingh Engineering College）的學生時代開始交往，訂婚之後，又一起前往位於浦那（Pune）的印度現代管理學院（Indian Institute of Modern Management）就讀。可是阿迪提不久之後就悔婚，因為她與一位ＭＢＡ的同學——普拉溫・坎德瓦（Pravin Khandelwal）——陷入愛河。阿迪提與普拉溫一起休學，搬到另一州——阿迪提的父母當然感到很失望，不過到目前為止，也還沒有什麼不尋常的。

然而在六個月之後，阿迪提回到浦那，聽說她約了烏迪德在麥當勞見面。而烏迪德在不到隔天晚上就死了。

檢察官聲稱阿迪提在坐下來與烏迪德談話時，用攙了砒霜的糖果毒死他。阿迪提最初做的測謊測試顯示她與烏迪德的死有關，而本案的轉折點發生在之後——在第一次測謊結果之後，阿迪提同意做另一個腦電波儀測試。作測試時，阿迪提必須坐著，讓三十二個電極接在她的頭上，技術人員會大聲的念出各種無關緊要的陳述，也會用第一人稱念出本案中的關鍵事實：「我帶了砒霜。」「我和烏迪德約在麥當勞見面。」

執行大腦電振動信號（Brain Electrical Oscillations Signature，BEOS）測試的研究人員認為，只需要頭皮表面發出的電信號就夠了。當阿迪提聽到犯罪的細節時，大腦中關於過去經驗重生的特定區域變得活躍了起來。她不只是聽到這件謀殺，她對於本案有「經驗上的認識」——所以，她就是凶手。而最令人驚奇的是，不必阿迪提說一個字，研究人員就可以得出這個結論了。

大腦電振動信號的結果成為范薩卡喬許法官最主要的證據；她的判決用了九頁以上的篇幅，說明並為她的結論作辯護。之後在等待上訴的期間（可能需要再花個幾年），孟買高等法院允許阿迪提交保，所以這個案件很容易被視為一個例外，用現行的司法程序便足以彌補了。但是這種想法其實是一個天大的錯誤，因為現在世界各地的律師，不管在任何狀況下，都想要帶進這類證據了。

美國的法院不容許任何神經科學的測謊技術呈現到陪審團眼前，不過法官允許用大腦影像來挑戰證人的證詞，或減輕被告對犯罪的責任。在過去的十年間，已經有數百個案件的刑案被告辯護人使用了神經病學的證據，而且這個趨勢有增無減。所以——例如——在格雷迪．納爾遜（Grady Nelson）謀殺他的妻子，並刺傷和強暴他的十一歲女兒時，他的律師說服了邁阿密法官，讓一位神經科學專家證明納爾遜的腦部有異常。這個證據最後救了他一命。兩位反對判他死刑的陪審員表示：是神經科學讓他們投反對票的。「它完全改變了我的決定」，其中一位這麼說。「科技真的讓我動搖了……在看過腦部的掃描之後，我相信這個人的大腦的確有某種問題。」只要其中一位陪審員不投反對票，納爾遜就會被判死刑了。

就算測謊技術不被法庭接受，但它還是對我們的司法制度有著重大的影響力。雖然多年來刑案的審判都不接受測謊器，但它還是在許多有罪判決中扮演了重要的角色。不論是聯邦或是地方層級，對於刑案的調查都很常使用測謊器。例如我們也在胡安．瑞維拉被誤判有罪的案子中看到，為了獲得自白，偵查人員甚至會對嫌犯謊報結果，因為測謊器有「硬科學」（hard science）的光環，所以它甚至會對無辜的人發生作用。例如警察就告訴凱文．福克斯（Kevin Fox），如果他通過測謊，就可以洗清他強暴並謀殺自己的小女兒——萊利（Riley）——的嫌疑。不過，實施測試的人卻騙了福克斯，據說他告訴福克斯：伊利諾州法院完全信任而且接受測謊器，而測謊的結果顯示他就是加害者。當面對這個極具毀滅性的打擊時，福克斯——就和瑞維拉一樣——覺得沒有其他辦法了，只好承認了一個他沒有犯過的可怕罪行。

在緩刑和假釋的程序中，固定都會用到測謊——包括管理獲釋的性犯罪者時。例如：紐澤西州五千六百名受到監督的性犯罪者，幾乎每年都必須進行至少一次測謊。他們會接上一些管子，和測謊器連在一起；實施測謊的人可能會問他們是否有在不受監督的情況下和未成年人、毒癮者有任何接觸，或他們是否在工作的速食餐廳，曾感覺到被十六歲的同事吸引。如果通不過測試，他們可能會丟掉工作、被要求戴上電子腳鐐，或是又被關回牢裡。在某些州，他們甚至還可能必須接受「揭露（終生）性史的調查」，如果因此發現了其他的犯罪，可能還會因為其他事而被起訴。

一個科幻的世界——在那個世界中，政府會試著讀取你的內心——已經離我們不遠了，如果說腦電波儀或功能性磁振造影就是我們要使用的下一代工具，這也不是什麼天方夜譚了。這些科技已經開始對我們的法律體系造成影響，而那些準備要用科技得到什麼的人，並不會等到科學的確立（比測謊器）能給我們更多保證之後才開始行動。

在法官下決心准許這些新的測謊證據之前，我們必須讓他們做好萬全準備。現在的教育還不足以勝任這個任務。主要的問題並不是最高法院建立了什麼標準，來引導各級法院決定是否接受專家的證詞——研究可以通過試驗和反證嗎？它有經過同儕審查嗎？科學界都接受它嗎？可能或是已知的誤差率是多少？這些都是該問的問題——而是大部分的法官都無法回答這些問題。最近一項調查顯示：只有百分之五的州級法官能夠解釋「可反證性」（falsifiability）是什麼意思，而了解「誤差率」（error rate）的人又更少了。除此之外，在一項以佛羅里達州巡迴法院法官為對象的實驗中，研究者發現法官在決定要允許或是排除專家的證詞時，完全不是根據該方法是否夠科學。日後必定會有許多法律相關的科學取得突破性的進展，而且方法也日趨複雜，這個議題值得被正視。

聯邦和州的司法體系應該為法官提供嚴格的訓練，教導他們評估專家的證詞。既然起重機的操作員都必須具備基本的能力，懂得操作他工作上所需的標準裝備，為什麼法官不必呢？不論是起重機的操作員或是法官，如果對自己的工作不夠熟練，都會造成災難性的結果。而且強制法官必須具備科學知識，也不是在貶低他們；這反而證明了他們所做的事十分重要。如同我們將在下一章討論的，法官的教育也提供了其他優勢，而且是有先例的。在過去的幾年間，已經有一些具領導地位的學者擬出了綱領，幫助法官處理神經科學的證據，全國各地也都舉辦了一些研討會。但是我們還是必須大大推廣和支持這個工作——早點開始便是一個方法，我們可以在法學院中開設課程，聚焦於法律領域中的科學。第一本法律與神經科學的教科書才剛出版，除了我任教的學校之外，其他還有超過二十間學校開設了課程，教授法律與人腦的科學設計。

不過，培訓只是解決方法之一。我們也必須決定是不是有些專家用新興科學提出的證詞，是法官不應該考慮的。我們應該完全排除讀心的證詞被呈上法庭，並禁止警察用功能性磁振造影偵訊嫌犯，也不能給他們某種特別的授權，去「搜尋」一個人腦中關於犯罪的記憶。

幾個世紀以來，我們都極度致力於保護隱私權。在傳統的英國法底下，就算是相關機構已經取得了授權，政府還是不可以接觸私人文件。美國的憲法第四及第五修正案就是為了保障所有人的隱私權——即使他／她犯了極度令人髮指的罪行。不過，我們今天對隱私權已經有不同的想法了：我們很樂意在社群媒體上分享內心的祕密、信念、希望和情緒，給任何一個認識的人，甚至常常是陌生人。當我在課堂上指出今天的企業是如何利用統計學的資訊和個人資料，以蒐集和分析我們的購物習慣、網路使用、旅遊經歷和其他無數日常生活中的細節，好預測我們的行為時，我的許多學生只是聳聳肩。就算是在我告訴別人之前，有間公司就已經知道我是同性戀、我懷孕了、或正在考慮和老公離婚，那又怎麼樣呢？美國政府一直在密切監視外國領袖和自己的國民，而這竟然沒有大大危及到這個政權。其實，許多美國人並不覺得沒有獲得同意就去挖掘一個嫌犯或被告的內心，是「對人性尊嚴最嚴重的冒犯」——就像美國公民自由聯盟（ACLU）最近所定調的那樣。

不過我們——全部的人，不是只有少數的神經行為學家——需要停下腳步，重新思考：我們應該讓下一代自己決定隱私和安全之間的平衡點在哪裡。因為人們的文化背景各自不同，所以最好的方法或許是想想：如果一個人知道他有天會因為一件犯罪被起訴，但是不知道他將被判無辜或有罪，他的觀點會是什麼呢？如果從這個角度出發的話，在直到科學真的非常穩定、可信之前，我們絕對不會希望警察在偵訊時都使用腦部掃描。相反地，我們可能轉而支持被告有權利提出關於真實的證據（就算並不完美）。在測謊證據這方面，檢察官和被告遇到的困難並不相同。在一段時間之內（雖然我們無法確定這段時間該有多久），讀心的技術應該被拿來當作保護的盾，而不是攻擊的劍。

8 只是裁判，或是參與的行動者？◆法官

二〇〇五七月，當被喬治・布希總統提名為最高法院大法官的時候，約翰・羅伯茲（John Roberts）正坐在美國哥倫比亞特區巡迴上訴法院（D.C. Circuit Court of Appeals）的席上。上一次有新大法官加入最高法院，已經是超過十年前的事了，而首席大法官威廉・芮恩奎斯特（William Rehnquist）在九月過世，更突顯了這件事。現在有兩個空缺，總統屬意由羅伯茲接替首席之位。他即將面對的就是參議院委員會（Senate Committee）司法委員會的同意權聽證會（confirmation hearing）。

在以前，像是羅伯茲這樣頂著亮麗光環的人——哈佛大學雙學位、有在政府機構服務和個人執業的多年律師經驗、曾有三十九件案子上訴到最高法院，還是聯邦上訴法院的法官——參議院是不會刁難或是質疑他的。不過因為羅伯特・博爾克（Robert Bork）在一九八七年被提名失敗，情勢已經整個改變了。

博爾克也和羅伯茲一樣，有著漂亮的履歷，而且當隆納・雷根（Ronald Reagan）總統徵召他時，他也是哥倫比亞特區巡迴上訴法院的法官。他受到保守勢力的支持——對於許多人來說，他是一股圓夢的力量。雖然自由派的團體試著毀壞他的聲譽，但是直到聽證會的前一天，大眾輿論還是站在他這邊。但是在麥克風和照相機前的一連串失誤，使得局勢一變。最後，有五十八位參議員投下了反

對票，寫下最高法院提名史上最具決定性的失敗。

羅伯茲和他的團隊決定不要重蹈覆轍，而且他們也做到了。博爾克表現得太缺少幽默感而且充滿傲慢——他曾經一度表示自己想進入最高法院，因為那是一個「知識分子的殿堂」——針對這個部分，羅伯茲就表現得謙卑而且有魅力。相較於博爾克過分著墨於某些熱門議題——例如批評「羅訴韋德案」（*Roe v. Wade*）背後的立論——羅伯茲就避免對一些有爭議的議題發表清楚的立場。可以說他很聰明地告訴大家，他認為法官是什麼：

「法官就像是裁判。裁判不會制定規則；他們只負責用。」

羅伯茲當然不是第一個用這種比喻的人，但是在二〇〇五秋天，對於許多住在國會山莊（Capitol Hill）以及他們選區的選民來說，這似乎特別有吸引力。好法官只判斷是好球還是壞球。他們不會投球或是揮棒。他們會把自己的背景、經驗和愛國心放在一邊，只把清楚的法條適用到清楚的事實上。相反地，不好的法官就會讓他們個人對於政策的意見影響到他們的裁決。他們是沒有經過選舉的行動者，靠著對事情的「解釋」達到自己的目標——但其實不應該有解釋的空間，也不該把立法逼到靠邊站。

羅伯茲區分出這兩種明確的分類，然後宣稱自己是好的那一種——客觀的法官（「沒有預設」，也「沒有宣稱」）。這消除了人們對他的疑慮（怕他和博爾克一樣）——怕他也是一位保守的「理論家」，但是卻有著宏大的計畫。更重要的是，他製造出的這個世界，讓後繼者——塞繆爾・阿利托（Samuel Alito）、索尼婭・索托馬約爾（Sonia Sotomayor）和艾蕾娜・卡根（Elena Kagan）——都必須承認「法官是裁判」的基本架構，以及面對提名有被否決的可能性。

索托馬約爾大法官要獲得參議院的同意之路更是充滿危機，因為她曾經宣稱她相信「個人的經驗會影響法官選擇要看到的事實」，而且法官或許「在所有，或是大部分的案子中」，都無法達到真正的公正。索托馬約爾認為法律通常都不夠明確、充滿歧義，所以勢必得經過解釋：「不論是出自於經驗，或是出於原本在生理或是文化上的不同……我們的性別和種族可能、而且真的會導致我們作出不同的裁決。」

對於許多參議員和美國大眾來說，這種概念讓人完全無法接受。就像德克薩斯州的共和黨參議員約翰．康寧（John Cornyn）所說的：索托馬約爾在專業上的成功不一定會讓她通過提名投票——「真正的問題在於她怎麼看待自己身為法官的角色：是要推動一些目標或團體，還是只判斷好球或是壞球。」有一些民主黨參議員批評這個比喻無法掌握法官角色的真正本質，不過索托馬約爾決定遵循前例，再度保證她不是行動者，她將只會適用法律。

這是羅伯茲最重要的一擊。在他的同意權聽證會上，他不只是讓自己贏得了提名；他還主動出擊，重塑了長此以往對於判決本質的認定。關於法官能夠、應該做什麼，一直存在著爭議。但是在確立了「裁判」才是理想的典型之後，如果有些法官認為他們的背景會對自己的判決有影響，這些法官就會受到掣肘；如果總統希望有更多女性、黑人、西語裔、亞裔、穆斯林和同性戀的法官，也有一樣的限制。在法院中擔任裁判的人並不需要多元性。如果有其他人認為法律不中立、不明確、並非無法更改，而是時常有歧異，會隨著時代的改變而有不同的意義，那麼這些人也會受到牽制。只擔任裁判的法官必須嚴守原文——他只是一個嚴格的法令解釋者——沒有權利用自己對於規則的想法來決定案件。

羅伯茲首席大法官的這個比喻，有助於部分地維持他的優勢，因為我們對於法官的直覺和觀察，的確就是把他們二分成客觀的技術人員，或是帶有偏見的理論家。的確有些法官看起來像是會自己介入遊戲中，或是試著影響結果。大部分的美國人覺得「司法能動主義」（judicial activism）面臨了危機，也有大約四分之三的人相信法官有時候確實會因為他們的政治或個人觀點而搖擺。

不過，大眾似乎對於**哪一位**法官會有偏見，則無定論。對於某些人來說，金斯伯格大法官是一個帶有預設立場的危險行動者，而史卡利亞大法官則是客觀的指標；然而對於另一些人來說，則正好相反。同樣的，有百分之四十五的保守派共和黨人士認為最高法院傾向自由主義，只有百分之九認為它很保守；傾向自由主義的民主黨人則正好相反：百分之四十八認為最高法院偏向保守，只有百分之十五認為它走向自由主義。

很顯然地，這些數字應該足夠讓我們思索，其實我們對於司法公平性的評斷，並不是根據事實。我們很容易認為第三者——包括判決者、媒體、監督辯論的人、裁判員——都持與我們相反的立場、支持我們的對手（但其實他們並沒有）。關於這種傾向，有一個著名的示範操作——有兩群人分別支持以色列人和阿拉伯人，他們都看了一個主流電視臺所作的新聞報導，內容是關於以色列軍隊在一九八二年進入西貝魯特（West Beirut）的軍事行動。不難想像的是——由於文化認知所造成的影響（這已經在陪審團的章節討論過）——雖然這兩群人看的是同一部影片，但是他們卻看到了不同的「客觀」事實。而讓我們感到驚訝的是：這兩群人都覺得新聞明顯地偏向另一邊。

所以，我們很容易覺得法官有偏見——就算他們並沒有。因為相信自己的觀點絕對正確，所以如果我們很反對某位法官的立場，我們會懷疑他不值得相信。如果我們認為某一位法官屬於行動者，而另一位則是裁判員，兩者的不同可能並不是因為他們真的有什麼成見，而是在於他們是否與我們的觀點一致。

不過，把法官建構成裁判會有的問題，以上只提到一半。如果根據羅伯茲的模式，我們很容易認為法官的偏見是出於故意的選擇。所以我們規定司法官不可以在政治機構中任職、向將出庭之人要求餽贈，或是因為個人關係而影響他們的判決。不過，其實我們很少明確地發現法官受賄，或是因為家族成員的要求而作出某種判決，可見故意作成的偏見其實並不是法官的主要問題。會有偏袒的也不限於那些傾向於積極介入判決——個性不好、沒有骨氣、不誠實——的法官。如同我們將在後文討論的，所有法官都會受到許多不被認可的偏見左右，這會影響到他們對於看似中立之法律及事實的認知，和他們最後的判決。

雖然法官希望在進入法庭之前確認他們的屬性——以符合羅伯茲首席大法官的裁判形象——但這是不可能的。如同我們從陪審員身上學到的，一個人的背景和經驗勢必會影響他的看法、情緒、立論和判斷。羅伯茲宣誓要把真正的中立帶進工作中，但其實沒有任何法官是沒有預設、沒有意識形態的。這種人只存在於神話中。說最高法院是由中立的大法官所組成，並不會比我們說最高法院是由八隻獨角獸和一個巨人所組成的，更接近真實。

雖然我們不太可能找得到任何一位法官，會承認他的確受到自己政治偏好的左右，不過研究者分析了超過兩萬個聯邦法院的判決，發現法官在處理聯邦機構的決定時，的確有明顯的黨派傾向。像是在由民主黨任命的法官中，就會有不成比例的人反對「保守的」判決（在這些判決中，是由企業——像是通用汽車〔GM〕或是艾克森〔Exxon〕——提出異議），並支持「自由的」判決（在這些判決中，則是由工會或公益團體——像是塞拉俱樂部〔Sierra Club〕——提出異議），而由共和黨任命的法官則剛好相反。除此之外，雖然矛頭通常指向自由主義的法官，但其實反而是最高法院的保守分子才有比較高的「司法行動主義」傾向（這是由他們決定推翻政府決議的比例來評斷）。其他研究也指出，在法官的政治隸屬和兩造所受到的待遇之間，有著類似的連結——民主黨任命的法官比較會站在少數族群、勞工、被判有罪的罪犯、無身分文件的移民這邊，而由共和黨所任命的法官，則比較會站在大企業和政府的立場。

當然，會造成影響的並不只有政治傾向；年齡、種族、性別等因素都會影響法官在工作上的表現，這點和陪審團並沒有什麼兩樣。雖然索托馬約爾大法官被迫改變了說法（她本來聲稱性別和種族會影響判決），但是她其實是對的：身分和個人的經驗的確「會影響法官選擇要看到的事實」。這也表示，法官通常會對案件作出預設的判斷。尤其是史卡利亞大法官，他經常被批評把公眾的立場帶進一些（例如同志婚姻的）議題，因而使得他在日後的相關案件中無法脫身。不過，其實沒有任何法官或是司法人員可以用真正開放的心態處理案件。在他們閱讀起訴書或是聆聽雙方的論戰時，曾經上過的教會主日學、服過的兵役、在鱈魚角（Cape Cod）度假的時光，以及多年來擔任檢察官或是律師的經驗，就已經形塑了他們的想法。研究者最近發現，在決定與性別有關的公民權利案件時，有女兒的法官——比起只有兒子的法官——多百分之十六會贊同婦女的權利；這個效果主要出現在共和黨任命的男性法官身上。一個理論是說，擁有女兒可以幫助這些法官了解女性在面對同工同酬和生殖健康等議題時的挑戰，否則他們將永遠不會有這些觀點。

這些理論都顯示，我們現在的法庭缺乏多元性，是一個嚴重的問題。以州的上訴法官來說，白人相對於其他所有人種的比例，幾乎高達二比一。但在這裡也出現了一個歷史上的困境；我們的體制依循的原則是「遵循先例」（*stare decisis*）——也就是在原則上，法院必須遵照之前的案件中確立的法律——許多刑事法也的確是反映出法官在幾十年前的決定。怎麼樣才構成強暴？正當防衛的有效要件是什麼？被害人是否需要在法庭上和原告面對面？心理學上的證據顯示：如果法官或是立法者的性別、宗教、性取向和政治傾向（以及其他）不同，他們的反應就會非常不同。

不過，我們得到的答案仍然經常只是出自於常春藤盟校（Ivy League）的狹隘觀點——來自北歐和西歐的後裔、受過教育的基督徒，而且是男性。在第一位非裔美國人有機會在最高法院發表觀點之前，最高法院已經形成了將近一百八十年的判例；在超過一百九十年之後，才有第一位女性有機會表示意見；而第一位西語裔開始表達看法時，則已經過了兩百二十年。所以，就算你剛好碰到一位拉丁美洲裔的女性法官（她的背景和觀點都對你有利），但是她的行事還是得依照幾世紀以來建構而成的精密法律架構——而建構這個架構的人，經驗都和你非常不同。

會影響司法判決的，除了法官是**誰**之外，還有她是怎麼想的。如同前文所討論的，我們的決定會同時受到兩件事的影響——快速而自動反應的直覺，和比較慢、可受控制的考慮。你可能會認為法官——由於他工作的本質和所受的訓練——一定是經過審慎的推論之後才作出決定，但其實法官經常——甚至有些研究者認為主要——是根據直覺在作決定的。就和我們其他人一樣，當法官必須作決定時——不論是決定要不要把證據呈給陪審團看，或是將一個人判刑——他們也都會在腦中走捷徑。

有時候，這些腦中自動冒出來的經驗法則其實滿有用的。如果一個法官不確定是否該駁回一個異議，他可能會試著回想自己以前和某位律師的互動——他的異議看起來都很不必要，但是可以激怒對造的律師。這可以幫他作出正確的決定。不幸的是，這些直覺的過程也可能造成系統上的錯誤——如果都只根據不相關的線索和值得懷疑的連結的話。

想想所謂的「錨定效應」（anchoring effect），最初的一個數值（例如我問你電話號碼的最末兩碼是多少）最後會形成評估的結果（例如你認為這瓶紅酒價值多少）。在一九七〇年代中期之前，研究者就發現，只要拋出一個數字，人們對於某件事的判斷（例如非洲國家在聯合國會員國中的比例）就會受到極大的影響。不過，如果因此就認為，這也會影響一位有經驗的法官對於真正重要的事所作的決定（例如一位車禍被害者在失去右手之後，應該要得到多少賠償金，或是一個強暴犯或慣竊應該被判刑多少年），似乎還是過於跳躍。然而，當研究者真的對法官提出這些問題時，他們發現有明顯的證據證明，錨定效應確實存在。當法官們被要求對一個假設的被告判刑時，他們很明顯地會受到不相干的因素影響，例如記者在法庭休會時，透過電話所作的民意調查中提到的數字（「您認為這個案件中的被告如果被判刑，應該超過或低於三年？」），或是檢察官隨機地對法官建議的求刑年限。令人震驚的是，就算是擲骰子得到的結果，也會影響到法官正式宣告的判刑。

還有另一點令人驚訝的是，這個研究顯示專業知識和經驗並沒有特別的幫助。如果受試者是刑法專家，或是曾經處理過與假設問題類似的案子，也一樣會受到不相關的數字影響，就和沒有相關背景的法律專業人士沒什麼兩樣。雖然也有其他研究認為，專業知識——在某些情況下——可以讓法官避掉外行人容易有的認知錯誤，但是在這個研究中，專業知識的功能似乎只有讓法官對於他們的判決更有自信。

為什麼會出現這個問題，其實原因也不是個祕密——法官常常必須在充滿不確定的情況下為一個問題下決定。任何人都無法確定是否應該准許交保、被告的照片是否會引起不公平的偏見，或是什麼時候應該宣告審判無效。法官要回答這類問題時，能依靠的證據通常是彼此對立的，所以也沒什麼幫助——因為制度中的兩造本來就是對立的，其中的檢察官和被告必須分別提出支持他們的論點。因此，如果一些不實的訊號提供了解決之道，法官便很容易受到影響。而且法律的規定也讓法官通常無法達到理想的目標。

例如：法律上要求法官不可以考慮會引起偏見和不相關的事實（像是被告曾經在五年前因為搶奪錢包而被逮捕）。雖然這看起來是要讓法官只考慮被告在本件中的竊盜罪，不要讓其他的事實幫助證明他是有罪的。不過，有兩組不同的研究者都發現，當現實生活中的法官要決定一個假設性的案件時，他們通常無法排除這些資訊的影響——就算有人明確地提醒他們：他們被告知的這些事實不應該被列入考慮。

性別、種族、階級和其他許多因素也都有類似的軌跡。法官們都很清楚不應該讓這些因素影響判決的作成；其實，他們還常指示陪審員在評價證人、被告和辯護人時，不可以受到這些差異的影響。不過，法官也只是這個社會的一分子；在這個社會中，這些因素就是會帶來許多聯想，例如對婦女的刻板印象就是相夫教子，或是對於變性人的想法。人不會因為穿上了法袍，就輕易地擺脫一個人的成見。

如果法官一貫地持有偏見，那麼，他們是不是會一貫地保持**相同的**偏見呢？有一組研究者對於這個問題感到好奇，於是他們決定看看，法官在一整天中是如何作決定的？調查者把重點放在兩個以色列的假釋裁決委員會裡，八位經驗豐富的法官身上。

整體來說，在受刑人所提出的申請中，有百分之六十四．二遭到這八位法官的拒絕。但這不是這些研究者感興趣的部分：他們想要知道在一天中的不同時刻，這些法官會不會作出不同的決定。如果假釋案在一早就提給委員會，或是在午休時間剛過時提出，結果會有不同嗎？如果法官只是裁判，就不應該會有影響——好球就是好球，和太陽在哪裡應該沒有關係。不過這些現實世界的法官又是如何呢？

針對超過一千件裁定所作的分析發現，法官在一天的上班時間剛開始的時候，和兩次用餐的休息時間過後，特別容易通過受刑人的假釋申請——有約百分之六十五的申請會獲得同意——相較於此，如果是一天的尾聲，或是休息時間之前，通過的件數幾乎是零。除此之外，像是犯罪的嚴重性、受刑人已經服刑的時間——這些才是真正應該影響法官決定的因素——卻反而對於裁定結果沒有什麼影響。一天裡的時刻似乎才是件重要的事。

怎麼會這樣呢？

進行研究的人假設，在一天要結束之前，法官在精神上會感到耗盡心力，讓他們選擇在認知上比較容易的作法，而且傾向於堅守現狀：駁回假釋申請。一直作決定會耗盡我們的精神和腦力，為了克服這種疲勞，我們可能需要休息，或是更多的葡萄糖——從字面上來說，就是動腦所需要的食糧。

最讓人感到憂心的，是這並不是什麼實驗室裡所作的實驗。以色列有約百分之四十的假釋申請，都是由研究中所涉及的兩個假釋裁決委員會處理的。而法官對於他們偏見的本質或程度毫無所覺。這可以解釋為什麼精神上的疲憊會帶來如此大的危險：通常你一點都不覺得累，所以也不覺得自己的判斷會有什麼值得懷疑的地方。

當然，法官會想要保持一致。而最近一個令人沮喪的研究結果顯示，這種願望其實反而更會造成我們的偏見。身為一個教授，其實我每個學期在打成績時，都會面臨這個問題。例如在我的刑法課上，我只能給（頂多）百分之二十的學生A或A-。雖然從統計上來說，在一個八十人的班級裡，我也可能在前五份考卷中就改到三個A，但是我預期五份中只會有一個A，這個預期可能會逼使我改變評分標準（在這個例子中，是讓我對於前面答得好的考卷變得比較嚴格）。研究者把這種現象叫作「狹窄性取景」（narrow bracketing）——必須要接連作出判斷的人，會把要判斷的對象分成小組，對每一個小組進行孤立的考量（例如：在午餐前改完的所有考卷，或是在一天之內看完的所有案件），並避免讓結果與預期的分配方式差太多。這個研究顯示，雖然法官只要從申請名單中准許五名受刑人的假釋申請就好，不過如果先連續同意四名的申請之後，法官就不太可能繼續同意第五名的申請，只因為這樣會不符合他所預設的狀況（也就是每三人中，只應該同意兩個人的假釋申請）。

法官對於某個案件的判決會影響他的下一個判決，或是這個案件在一天中的什麼時間被提出，會影響到它的結果，這都和我們對於公平的司法體系的想像完全不符。我們必須繼續努力，更進一步地了解會影響司法判決的力量。如同法理論家和上訴法院法官傑羅姆・弗蘭克（Jerome Frank）早在一九三〇年所寫的：「如果法律包括法官的決定，而那些決定是根據法官的直覺作成的，那麼，法官的直覺從何而來，就是司法程序中的關鍵了。什麼形成了法官的直覺，什麼就形成了法律。」

所以，法官並不像是羅伯茲首席大法官所說的那般客觀、中立和公正無私。其實，他們也不是真的能夠做到裁判或判決者的角色。

當社會學家在研究司法判決的過程時，也有其他學者投入研究裁判的偏見。兩者的發現有驚人的類似：雖然在不同的運動中，裁判都想要表現得中立和客觀，但是最後還是會作出扭曲的裁判，或是在指揮比賽時出現不公。例如：網球賽事委員會容易受到知覺偏誤（perceptual bias）的左右，就很類似於法官和陪審員會受到照相機視角的影響。裁判看到球落地的點，會隨著球的移動方向而轉變，所以他比較容易把界內的球判成出界（把界外球判成界內的情形相對而言比較少）。就和法官一樣，裁判也會被一些不相關的因素左右。如果裁判是白人，白人打者的好球帶就比黑人打者小；在跆拳道比賽中，穿紅衣服的參賽者會比穿藍衣服的參賽者得到更多點數；如果兩個足球選手相撞，高的那個比較容易被認為犯規。除此之外，就像法官會覺得應該依分配拒絕某些假釋申請，於是在潛意識中改變了他們的決定；籃球裁判也會平衡兩隊的犯規數，棒球裁判則會在兩好球之後縮小好球帶，並在三壞球之後放寬好球帶。而且就像法官一樣，裁判也不可能完全不理會觀眾的聲音——在很多運動中都可以看到裁判對主場球隊的偏見根深蒂固；觀眾的數量越多，偏袒地主隊的可能性就越大。

我們許多人都希望法官只是裁判的角色，但或許我們真正想要的，是機器人法官——而且它的程式不是由人類所設定的。如果是血肉之軀的裁判員，他腦中的硬體就一定和我們其他人一樣受到限制——電路只能夠符合更新世（Pleistocene）[1]的需要，處理器太慢無法同步，儲存的硬碟容量也不夠。

這些現象都帶來了一個有趣的謎：如同我在前文所討論的，法官（和這裡討論的裁判）很少——或是不曾——覺得他們有偏見。大部分的法官應該都會振振有詞地否認，他們受到環境中任何不被允許或不相關的因素影響，或是他們有依直覺（而不是純粹的理性）作決定。的確，大部分的人應該都很自信地認為自己排除了偏見，只專注在與案件相關的細節。但既然有愈來愈多的研究證實這類關於客觀性的樂觀論點其實很值得懷疑，法官們如何還能這麼盲目呢？

原因在於：個人的自省和觀察不會拼出完整的故事。當上訴審法官坐在他的辦公室裡，翻開憲法放在左手邊，一堆案件放在右手邊，而下級法院的紀錄則攤開在膝蓋上，他確實會覺得自己只是在依法律的字面意義，適用到案件中。但是，**覺得**你是不帶偏見地閱讀憲法第四修正案並適用判例，並不表示事實就是如此。

法學訓練、經驗與這個工作的規定和要求，或許可以幫助法官克服某些偏見，但它們也同時強化了對於公平的迷思。例如：有些法學院的社會化包括要學習如何處理一些重大而敏感的法律議題——例如性伴侶構成強暴——而不「訴諸情感」。當學生們學著不帶情緒地討論未經合意的性交時，他們被認為是在客觀地看事情。不過當然，讓情感保持淡然，對於減少人們對於事情的偏見，並不太有（或完全沒有）幫助。而且在碰到像是性暴力這種事時，沒有情緒並不表示客觀或是公正、持平。那只是感覺起來如此而已。

同樣的，在過去的一百年間，許多法學教授都把教學重點放在法學意見、法條的架構和意義，並且要求學生吸收。而指定閱讀的案例選輯，也都想彰顯出法律就是一套有條有理的規定，可以推論、學習、應用，並具有一致性和可預測性。當然，對於法官而言，判例和成文法可以是一個有力的約束——甚至可能有助於消除或減少偏見——但是當我們這些教授告訴大家「法律的世界是由一群忠於職守的專業人員在依清楚的指示運作」時，我們也一起裝模作樣地危害了社會。那種世界並不存在，但是所有法官所受的訓練都預期它是存在的。

等他們坐上了法官席之後，看起來像是要幫助法官確保客觀性的解釋方式，反而遮蔽了真實。例

1 地質時代第四紀的早期，顯著特徵為氣候變冷。

如：安東寧・史卡利亞（Antonin Scalia）大法官的文本原旨主義（textual originalism）認為，法官應該「探求官方文字的原意，找尋其制定之初的文字意義，司法不應該推測起草者在文字之外另行衍生的目的，或因希冀公平，而讀出其他預期的結果」。所以，法官的判決就是要根據文本，除了文本之外，還是文本與文本。因為看起來完全不容許個人的預設立場或是政治上的扭曲，所以是裁判型法官最理想的典型。

不過事實是，文本通常不會只有一種解釋，而且找出一個法條來源的歷史意義，本來就是全憑主觀和推測的。第四修正案一開始就寫到：「人民的人身、住宅、文件和財產有不受無理搜查和扣押的權利，此權利不得侵犯……」。那麼，什麼是「搜查」？如果使用熱影像的儀器，從對街看一個人是不是用加熱燈在家裡種植大麻，這算是「搜查」嗎？如果在車上放GPS追蹤裝置，這算是「搜查」嗎？文本原旨主義沒有告訴我們一個清楚的答案；它只是為一個勢必帶有偏見的工作披上了合法性的外衣。

在這種狀況下，法官可以任意地穿鑿附會一個意義，支持自己想要的結果，並且「找到」這個意義的歷史來源，同時還覺得都是文本導出這個結果。

雖然文本原旨主義讓我們著實難看出（並承認）法官的偏見，不過所有法官——不論是遵循史卡利亞大法官或是金斯伯格大法官的模式——也都試著理解在工作中，他們就像戴著眼罩一樣，會有些看不到的部分。而且因為現在最高法院的法官或其他人員愈來愈常針對案件的事實進行調查，這個傾向尤其明顯。

一般人都認為法官不負責發掘事實；他們只負責接受，然後針對審判中確立的事實適用法條。不過，法院成員其實也會針對和特定法律及政策議題相關的一般性問題進行「內部」調查。法官（和他們的助手）不會只依靠下級法院的紀錄、摘要，他們更常做的是搜尋Google、Westlaw法律線上資料庫或是最高法院圖書館的目錄，查詢空氣中的二氧化碳排放量、晚期墮胎（late-term abortion）的孕婦是否以生活在貧困線下的婦女為主，或是否大多數的人都認為正當防衛是基本權利。的確，一位法律學者調查了近十年來最重要的一百二十則意見之後，發現大部分案件都有引用到一件（以上）的外部來源。

乍看之下，這似乎不會有什麼問題。如果案件討論到駕車逃避警方的追捕是否構成《武裝職業刑法》（Armed Career Criminal Act）中的「暴力重罪」，那麼法官（或其助手）閱讀一些資料，事先知道警方追捕會造成的死傷人數，先有一些背景知識又有什麼不對呢？在「美國訴賽克斯案」（*United States v. Sykes.*）中，肯尼迪（Kennedy）大法官和托馬斯（Thomas）大法官都去找了事故的統計資料，最後因而認為以交通工具快速逃離，也算是構成暴力重罪。如果法官對於某個特定的主題欠缺足夠的知識，或是紀錄（或者摘要）中沒有相關資料時，這不就是我們希望法官做的事嗎？

如同學者所指出的，問題不在於法官試著變得更有知識一點，而是他們接觸到的資訊本身的問題。在許多案件中，他們所發現的「事實」都有瑕疵，或者會造成誤導。

法官也和我們其他人一樣，都會依直覺作出判斷，接著就一直尋找可以支持這個判斷的資料，拋棄或是不考慮那些相衝突的證據。不管是警察、救難人員和醫護人員都有同樣的問題，他們都專注在符合第一印象的事實——大衛．羅森巴姆只是喝醉了。當法官在搜尋資料時，他們已經知道自己要找什麼，而且——好奇怪啊！——他們總是可以找到。他們真正在做的事其實是支持一個論點，而不是發現真實。

假設你是法官，才剛開始尋找有關「賽克斯案」的資料。你的第一個直覺是（無疑是因為看了警方追捕的錄影帶，以及四年前發生在「斯科特訴哈里斯案」中的嚴重事故）：駕車逃避警方的追捕當然是暴力重罪。但是你需要一個理由論證這個立場，所以你的大腦就提供了一個解釋：追捕過程中會造成許多人傷亡。這看起來像是絕對不會錯的；你只需要找找看有沒有可以反駁的資料就好了。所以你就上網找些資料，直到你終於找到了這麼一篇研究。它可以證明在警方追捕時，會有人員受傷或是死亡，所以如果犯罪者乘交通工具快速逃離，的確該當於暴力重罪。這看起來像是該案的事實指定了這個結論，但其實是一個單純出於直覺的反應，讓你的搜尋只鎖定了限定的範圍和目標。

我們通常會認為一個人擁有的資料愈多，判斷就會愈正確。但事實是：擁有的資訊愈多，愈有可能為一個錯誤的立場找到支持。有兩位政治學家詢問一群共和黨員：「年度預算的赤字在柯林頓總統任內是增加、減少或是維持不變？」——正確答案是減少——對於政治狀況最熟悉的黨員（第九十五百分位數）比沒那麼熟悉的黨員（第五十百分位數）更容易給出錯誤的答案。如果拿雷根總統任內的通貨膨脹情況問民主黨員，也是同樣的結果。掌握了愈多資訊可以證明自己的直覺（也就是另一黨的總統一定表現不好），就愈容易得到錯誤（但是自己喜歡的）結論。

類似的原因也會使我們的分析技巧發生扭曲；有時候比較擅長評估某件事，反而會擴大我們在意識型態上的偏見。在一組實驗中，研究者聚集了一群數學能力各有高低的人，想要看看如果給他們基本的資料，他們會如何計算皮疹治療或是槍炮管制的效益。關於皮疹的治療，事情大概如你所預測——數學能力不佳的人答對的機率，大概只有數學好的人的一半。但是當受試者被要求評估槍炮管制的效益時，在數學能力很好的人身上發生了一些有趣的現象。如果依資料算出來的結論和他們事先所想的不符，他們會選擇忽視這些資料。如果所給的數字暗示犯罪會減少，精於數學計算的保守分子只有百分之二十會答對，但是如果資料顯示會增加，答對的人就有百分之八十五。自由主義者則正好相反：如果資料指出犯罪會減少，會有約百分之七十的人答對，但是如果資料暗示管制是無用的，答對者就會降到一半以下。雖然知道怎麼用數字得到正確的答案，但是思想立場剛好相反的人，只想跟著自己的直覺走。研究結果告訴我們：比較有技巧和經驗的法官，不一定能帶來我們所期望的好處。

當有爭議的議題進入最高法院時，不管你採取哪一邊的立場，總是可以找到權威和你支持同一方，這讓事情變得更糟。的確，當艾蕾娜·卡根大法官在「賽克斯案」中表達不同意見——駕車逃離警方的追捕不一定具有暴力和攻擊性——時，她很容易找到資料支持她的看法。她可以引用證據，說明駕駛有理由害怕要求他把車子停下來的人是罪犯而不是警察。法官所作的研究常是為了完成某個推論，而不是開放給所有的可能性；這個事實反映在法官所引用的五花八門的資料來源上。看看最近的意見書，你會發現除了既得利益團體的網站和部落格之外，也有具分量且經同儕審查的期刊。

法官的日常互動中，通常只接觸到極有限的想法、經驗和觀點，這又使得事情毫無好轉的可能。當然，法官也不是只生活在象牙塔中。他們也有另一半、孩子和朋友；他們也會去戶外野炊、參加婚禮和比賽；他們也會讀書、看電影、去度假。不過，和我們一樣，他們也會每天做同樣的事，堅持他們本來就知道、喜歡和相信的事。

史卡利亞大法官每天都讀兩份報紙：《華爾街日報》（*The Wall Street Journal*）和《華盛頓時報》（*The Washington Times*）。他告訴《紐約》（*New York*）雜誌的記者，他「都會讀《華盛頓時報》，但是它……離我太遙遠了。我對它沒辦法。」他無法忍受它「幾乎對每個保守議題都很尖酸刻薄。它的立場明顯傾向一邊，而且常令人不舒服。你知道的，我何必每天早上都搞得自己不高興呢？」他「經常」聽談話性的廣播節目——那是他大部分的新聞來源。他過去會參加同時有自由主義者和保守分子出席的晚宴，不過那是好久以前的事了。

我們都戴著眼罩——它的樣子根據我們有限的生活圈而定。如果你剛好住在維吉尼亞州北部、收聽全國公共廣播電臺（NPR），而且主要交往的人都是自由主義者，你所作的司法調查就會立基於這個立場，你只會點選某些網站（但是不想看其他的）、引用某些特定的研究結果、鑽研某位作者的文章摘要（但是不讀他的同事所寫的）。而你周圍的人，可能也都是和你一樣的人。

搜尋引擎——例如Google——或許可以幫助我們脫離這種困境。不過搜尋引擎本身也帶有偏見。許多搜尋引擎會根據你造訪過的網站、你的臉書（Facebook）檔案或是其他個人資料，得悉你的興趣和傾向，再依這個結果建立過濾氣泡（filter bubble）[2]。所以其實在不知不覺中，你所得到的搜尋結果一定是自己認為最有說服力、最能支持你的觀點——但絕對不會讓你有機會重新思索自己的立場。

拉丁文的Amicus curiae——也就是法庭之友（friend-of-the-court）制度[3]——一般被認為有助於法官彌補資訊上的不足，所以是種助力，但是它其實也是個死胡同。雖然法庭之友通常都聲稱他們所提供的建議不會偏袒任何一方，但實際上都是選擇性地列舉事實，為其中一方提供說詞。法院引用他們的時候——在二〇〇八年到二〇一三年之間共有超過一百次——竟然不作任何審查。法院會引用電子郵件的備份、由法庭之友自己出資進行的研究、並未出版且「只由作者持有」的研究結果，有時甚至還不註明引用。因為某些（而且每年有愈來愈多）案子會藉助法庭之友，看似法官多了一個知識的寶庫，但其實只是這個制度提供了一個比較簡單的方式，讓法官找到理由支持他們事先已經決定好的結論。

如同我們在前文中討論過的，許多會影響法官判決的偏見，都是在不知不覺中、無意識地出現的。在許多案件中，它們其實很不明顯，甚至經過包裝，讓人不會注意到它們的存在。

它就像是有一個階梯比其他階高出一點點。在布魯克林區的三十六街地下鐵站就有這麼一個階梯，一直到最近才被修復。每一天，它都害得許多人在上樓梯時被絆倒，但是卻沒有人想做點什麼，

2 過濾氣泡是指網站會對個人的搜尋提供篩選後的結果，網站內嵌的演算法會根據使用者的地區、先前的活動紀錄或是搜尋結果，提供使用者想要的、或是和之前的活動紀錄一致的結果。

3 指不是訴訟當事人的任何一方，出於自願或是基於訴訟雙方當事人的請求，提出相關資訊與法律解釋的文書給法庭，以協助訴訟進行，或讓法官更了解爭議所在；提出這種法律文書的人，就被稱為法庭之友。

就算是受害最深的人也一樣。幾乎把懷裡的孩子摔出去的爸爸？跌倒後膝蓋受傷的女士？他們重新找回平衡，或是假裝什麼都沒發生之後，又繼續往前走，告訴自己只是運氣不好，或是他們太不靈活、走路不專心。只有極少數的人（或根本沒有人）會覺得是樓梯的問題，但是它還是會一直保持那樣——和別階就是差了一吋，一直到有人決定在地鐵入口拍一段影片。突然間，有一大堆資料突顯出這個問題的滑稽。在不到一個小時的時間裡，攝影師就會拍到十七個人在階梯上絆倒。而在證據被放上網的一天之內，紐約市的大都會運輸署就會開始重做階梯了。

對於法院，我們也應該提供類似的機制。法官必須知道他們是不是在早上（相對於一天的尾聲）比較容易准許假釋申請，或是對於白人請願人（相較於黑人請願人）會比較寬大。他們必須知道內部是怎麼調查的、他們是不是常和政府採取同一立場，而女性律師在他們面前受到的待遇，是不是和男性律師一樣。不過，如果沒有人仔細紀錄下他們的判決，他們怎麼會知道法官的行為有固定的模式呢？

還好已經有許多監看和統計的機制了。不論是記者或是學者，都比以前更容易發現審判中有不平等的待遇或是扭曲的結果。例如：《波士頓環球報》（*The Boston Globe*）分析了麻薩諸塞州超過一千五百件的酒駕案件，發現判決中有重大的失衡（gross disparity）。在二〇一〇年，選擇由法官審判的酒駕案件中，有百分之八十二獲判無罪（超過全國的平均值）；但是由陪審團審理的案件中，無罪釋放的卻只有百分之五十一。在訪問中，法官們也對這個結果感到很驚訝——他們並不知道自己這麼偏向起訴的另一邊。所以，需要一位旁觀的監測者把所有資料湊在一起，才能夠彰顯出這種傾向。這篇記者的報導讓最高法院決定自己委託專家，對這個問題進行為時一年的研究，最後作出了具體的建議，這不僅有助於降低宣判無罪的比例，也讓辯護律師無法替客戶挑選對他最有利的法官。這些進行中的改革除了可以增加公平性之外，還拯救了一些生命。

也就是說，隨著印刷媒體的式微——印刷媒體是認真進行調查報導的傳統堡壘——而大學的研究也有其限制，司法體系自己更應該努力地留下紀錄，才能夠發掘隱而不顯的偏見。如果麻薩諸塞州的法院自己就有蒐集資料（例如法官和陪審團審判的有罪率）的慣例，它可能在好幾年前就會注意到這個問題了。

心理學的研究顯示，法官（在個人層次上）如果知道（並且接受）他們絕對無法免於偏見，便可以透過**自我**的監測得知會有什麼偏見影響他們的行為，因而得以判斷他們實際上的表現。司法制度在這個過程中可以幫助法官的，除了提供相關的心理學知識培訓之外（聯邦層級的法院已經針對隱含的偏見提供了一些課程），也可以提供個人化的統計。令人意外的是，法官平常其實不會得到什麼對於他們判決的回饋——律師不會說，而上訴的審查過程也不會針對認知上的偏見或是錯誤提供任何有意義的資訊。例如：一位法官要如何知道被告的種族、性別或是年齡會不會影響到他如何對待被告，或是他如果從嚴判刑，到底有沒有用？法官通常也是一邊試一邊往前走。但是如果能看到資料，就會對解決問題很有幫助。

法官對於案子都會有直覺——如果這個直覺是根據數年來的經驗，也很有價值。但是直覺也可能造成錯誤，所以我們都必須很小心地檢視我們的直覺。

對於警察、律師、陪審員和證人來說也是如此——法律行為中所有的主要參與者都應該對自己的第一個決定抱持懷疑。這聽起來很奇怪，不過懷疑並不是正義之敵——盲目地確信才是。在大部分的案子中，健全的懷疑態度並不會自我助長，因為會有許多力量把它拉到另一個方向。

紐約州最高法院的前法官弗蘭克．巴爾瓦羅（Frank Barbaro）便是一個最好的例子，他對於自己的直覺和判決提出了疑問。雖然它會被很多東西蓋過去，但是巴爾瓦羅還是找到了一個方法：「我有個習慣……不論我什麼時候對法律作了一個決定，我都不會把它放在那兒不管。我會重新再想一次。」有一個案子是他特別一直在仔細思索的。在一九九九年十月，被告唐納德．卡根（Donald Kagan）放棄了可以組成陪審團的權利，決定把他的命運完全交託在巴爾瓦羅手中。卡根主張他在布魯克林區的電影院外面射殺韋弗爾．溫特（Wavell Wint），完全是出於正常防衛。但是巴爾瓦羅法官還是判了他二級謀殺罪與持有槍械，十五年有期徒刑。

雖然判決確定後已過了十年，不過巴爾瓦羅告訴他的太太帕蒂（Patti）：「我真的覺得有必要再重提這個案子。我需要拿副本來重看。我覺得好像有哪裡不對。它一直盤旋在我的腦中。」當他重新仔細讀完了檔案，他「完全嚇到了」：「我很明顯犯了一個錯。我覺得很不舒服。真的病了一場。」

他是一個堅定的民權擁護者，他知道這個背景和經驗反而讓他在判斷此案時無法公正：「在審判的一開始，我就完全確定唐納德．卡根（他是白人）是個種族主義者，他故意尋釁，並且藉口殺了溫特先生（他是個黑人）。」這個故事架構讓他忽略了可以證明卡根是正常防衛的證據。

重新回想一下事實，這次變成溫特才是挑釁的人了。卡根亮出他的槍，只是為了阻止喝醉的溫特，因為他想要搶卡根的金鏈。溫特的朋友試著拉開他，但是溫特把他們都趕走，而且撞上了卡根的臉。卡根於是第二次亮出槍，溫特還想再搶他的金鏈。在扭打中，子彈射進了溫特的身體。在二〇一三年十二月，也就是卡根被判有罪的十四年之後，巴爾瓦羅法官又叫來證人，主張他自己的有罪判決應該被推翻：「我現在相信我把這個年輕的白人看成了一個偏執的人，我以為他謀殺了一位非裔美國人……我在審判之前就已經有偏見了。」

一位法官親口承認由於偏見讓他作出了錯誤的審判，這幾乎是前所未聞的。這也真的需要勇氣：承認偏見不只是向全世界揭露了一個可怕的錯誤——他的錯誤——而且也讓他自己暴露在檢察官的惡意攻擊下，被形容成一個愚昧的老傢伙。但是對於巴爾瓦羅來說，向前進的唯一方法似乎就是對於回顧過去不要心存畏懼：「法律體系應該要敏銳地檢視我們是否做到正義？我們是否犯了錯？而這就是我正試著做的。」

第三部
處罰

9 以眼還眼◆大眾

整個法萊斯（Falaise）有超過五百位居民來到死刑現場。他們把鎮上的絞刑臺圍了一圈，死刑過程則是由法萊斯的子爵本人主持。

被告已經在稍早接受審判，並且被宣告犯下了一起殘忍的罪行：她粗暴地弄傷了一個小孩的臉和手臂，並導致孩子的死亡，但是她在審判中卻沒有表示悔意，也沒有向家屬道歉。的確，從被拘禁以來，這個罪人就沒有說過一個字，就連宣布要對她施以嚴酷的刑罰時，她也沒有吭聲：她被判處絞刑，但是在被絞死之前，她要和那個孩子受一樣的苦——也就是把她的頭部和手臂打傷。

當她被帶上絞刑臺，好讓每個人都看到她時，大眾的眼睛裡燃燒著熊熊的怒火。她穿著男人的衣服，負責行刑的人是特別從巴黎找來的。那年是一三八六年，法國北部的人們都期待著這場秀。不過，這位死刑囚還是什麼都不說。

在所有準備都完成之後，圍觀的男人和女人等待著最後一個步驟。相信子爵一定認為，對於這個粗暴的攻擊行為來說，這是正確的處罰方式，因為在行刑者完成他的工作、把這位重罪犯的屍體軟趴趴地吊在那裡之後，子爵還下令把這個場景畫成壁畫，畫在鎮上的三一教堂（Church of Holy Trinity）的牆壁上。大約過了三十年後，亨利五世（Henry V）帶來英國人，把這個教堂的大部分都摧毀了，法萊斯人民又一起修復了壁畫，而且它之後還留存了超過四百年。

雖然壁畫最後還是不在了——教堂在一八二〇年整修的時候把它都塗成白色——不過，我們今天終於知道了為什麼這位死刑囚始終無語。

因為她是一隻豬。

發生在法萊斯的事件絕對不是特例。好幾世紀以來，對於動物的審判和處罰都很常見。騷擾村莊和損毀農作物的老鼠和蝗蟲都會被司法程序起訴。獒犬會因為謀殺而被送上斷頭臺。訴訟程序和各項流程都不會少。在某些案子中，甚至會指派律師代表被告。

柏拉圖也說，在古代希臘，「如果擔任勞役的牲畜或是其他動物造成人的死亡，除非這件事發生在動物參加公開競技時，否則，遺族應該對殺人者進行司法程序；一旦確認有罪，該動物應該被處以死刑，並驅逐出境。」審判不會只在鄉下的倉庫或是名不見經傳的牧場中進行，而是在雅典城的公共會堂——這個社會的社會和文化中心——舉行。

同樣的，舊約聖經上也說：「若是一隻牛用獠牙咬死了人，那隻牛必須用石頭砸死，牠的肉不可食用；不過牛的主人則可免除（也就是說，不必負責）。」

歐洲留下了許多動物受到審判和處罰的紀錄，不過全世界都有類似的證據。例如：一則十九世紀印度的民族誌報告，就描述了在庫奇斯族（Kookies），「如果有族人在村莊附近被老虎殺死了，整族的人都會拿武器去追捕那隻動物；牠被殺死之後，死者的家人就會享用牠的肉，以報復牠殺了他們的親人。如果族人無法殺死那隻老虎，在大家一起進行追捕之後，死者的家人還必須繼續這場追捕；直到他們殺死這隻老虎，**或是其他隻老虎**，並吃了牠的肉，否則他們在村裡會永遠抬不起頭來，其他的人也不會和他們來往。」

直接說這些行為是更早的時代——也就是一個更野蠻的時代——的遺風，是很輕鬆的作法，在那個時代，處罰是以復仇為目的。我們現在知道處罰的目的是什麼了。處罰是為了制止潛在的犯罪者，並且讓具有危險性的人不能採取行動。而且整體來說，我們只處罰那些能控制自己的行為，而且有頭腦、懂得更多的人。畢竟，我們應該是公平而且正義的。

從現在的觀點來看，我們會覺得以前的例子不符合標準。牛在我們的司法體系中，並不符合應該受到責難和處罰的標準：牠沒有能力理解自己的行為在道德上錯在哪裡；牠的行為不是出於惡意；牠無法遵守規定。如果覺得牠可以的話，就是一種「超自然的想法」了——如同一九一六年田納西州法院在審理一樁牛車撞死人的意外時所說的：「如果說涉及本案的貨車或是牛隻……在道德上造成了當事人的死亡……和我們對於正義的想法是互相抵觸的。」牛車的確可能造成重大的損害，但是如果認為牛是事件中的道德主體，這種想法就太神祕了——堪稱是一種未開化的愚蠢想法，不可能被現代的社會所接受。

不過這個二十世紀經過啟蒙的故事也還不是放諸四海皆準。在田納西州法院發表這番看法時，肯塔基州——就只是田納西州的隔壁州——居民所進行的一連串案子，都還與過去的思維看起來極為類似。

在一九一八年，肯塔基州通過一條法律，廢除了「狗殺羊」的審判。但是法院學習新知的速度很慢，在其後的十年間，還是有許多狗遭到起訴。

例如：牧羊犬比爾（Bill）就被指控「身為狗的本性凶惡」，《美聯社》（*Associated Press*）在一九二六年的冬天報導了這個案子：

「陪審團認為被告有罪」，陪審團昨天在「肯塔基州訴比爾」（*the state of Kentucky versus Bill*）案中作出了有罪宣告……

郡法官普魯伊特（J.W. Pruitt）接著宣判死刑，依法對比爾執行死刑。

起訴這隻狗的是牠的飼主——索菲亞．史東（Sophia Stone）太太——的老公。

證人對於比爾在攻擊鄰居女兒之前的性格提出證詞（比爾攻擊鄰居的女兒是牠被起訴的主因）。

在法官宣告判決的幾分鐘之後，比爾就被電擊處死了。他的頭顱被送到萊辛頓（Lexington）實驗室進行檢驗。

這不是為了娛樂讀者的一篇搞笑文章。這是真正的司法審判——和一個人類被起訴時要面對的司法審判並沒有什麼不同。出於同樣的理由，在兩年之後，聯邦檢察官（commonwealth's attorney）漢密爾頓（W. C. Hamilton）告訴《紐約時報》：凱撒．比爾（Kaiser Bill）——一隻德國牧羊犬，但是牠的名字有點貴族氣息——和其他犯了謀殺罪的人一樣，都必須接受審判。

凱撒．比爾在法庭上的遭遇比普通狗比爾好。（或許是）因為牠像皇帝般的名字，牠有一位比較有力的律師幫牠辯護。而且，雖然牠因殺羊而三次被判有罪，也三次都被宣告死刑，但最後還是被肯塔基州上訴審法院（Kentucky Court of Appeals）釋放了。有趣的是，凱撒．比爾的飼主——亨莉．葛（Henry Gay）太太——宣稱，如果有必要，她會「花光最後一分錢」，上訴到最高法院，阻止死刑的執行。但這並不是因為對狗進行謀殺的審判實在太荒謬了，而是——照她所說的——因為凱撒．比爾是無辜的。

我們想要相信，我們終於找到了一個現代、經過啟蒙的方式來實現正義——只處罰那些有「犯罪意識」的人，不是因為處罰令我們高興，而是因為我們必須保護這個社會。但即使到了今天，我們的基本直覺還是不時會浮現出來。

我們好像還是不時會對動物有報復的心理。如果在澳洲的海岸附近，有一個衝浪的人被大白鯊拉到水面下，那我們可能就會要求，不要再對大白鯊的法律地位加以保護，以便處死牠們。如果一名登山客在黃石國家公園（Yellowstone National Park）遭到北美洲西部灰棕熊的攻擊，我們也會進行完整的調查、重建犯罪現場、比對ＤＮＡ，然後處死那隻動物。

有時候，我們甚至想要處罰一些沒有生命的物體。老實說吧——當你的電腦遺失了檔案，或是在關鍵時刻當機的時候，你是不是曾經想過向它報復？你有踢過一張害你撞到腳趾的椅子嗎？

有時候，那些傷害過我們的人——流氓、扒手和恐怖分子——如果受到傷害或是感到痛苦，我們也會感到開心，就算他們的不幸並不會讓我們的未來更加安全。

我們處罰別人的動機到底是什麼呢？其實和我們所想的並不一樣。

提到道德和處罰的時候，我們會覺得自己在是作理性的推論。如果我問你：殺掉並吃了你的寵物狗，這件事是錯的嗎？相信你會毫不考慮地回答：當然！如果我再進一步問你：這為什麼是錯的？你也一定可以給我一個答案。但是，到底是這些理由讓你得到這個結果呢，還是你先依直覺得到了答案，然後才為它找了個理由呢？

有很明顯的證據顯示，雖然我們作的許多決定看似經過深思熟慮和論證，但是在我們決定行為時，道德感通常還是超越我們自覺到的意識。有一個著名的實驗要求受試者閱讀一些對於行為的描述——這些行為是一般我們會認為不道德的，例如兄妹（或姐弟）發生性行為——然後把他們的想法告訴研究者。研究者會小心地設計這個假設的狀況，讓一般人想不到有什麼明顯的理由可以反對它。例如：在上述近親相姦的情節中，兄妹（或姐弟）必須都已成年、有避孕、雙方合意，也都有過性經驗，所以不會有任何不舒服的感覺。而且這個亂倫的性行為只發生一次，也沒有被第三人知道。受試者會很快地下結論，說這是不對的，但是如果研究者指出他們反對的理由（例如：可能生出基因有缺陷的孩子）在這個假定的情況中是不可能發生的（兩人採取了有效的避孕），他們就無法進一步解釋了。但即使受試者被問到詞窮，他們還是不會改變自己的看法——大約有百分之八十的人會堅持這件事是錯的。

這個結果點出了一個出現在我們眼前好幾次的事實：雖然我們有能力作仔細的分析，但是我們卻不總是一位這麼冷靜、客觀和理性的裁判員（雖然我們自以為是）。再進一步看，這表示我們的判斷全都不安全。甚至我們在道德上的決定也可能是（而且通常是）啟發式的捷思過程——快速而且自動反應的心理捷徑——而不是經過理性的思考。有時候，我們的道德會讓自己「傻眼」（dumbfounded）。我們到達一個終點，卻不知道是什麼帶我們來的，但是我們還是可以侃侃而談這一趟路程的理由和正當性。

不過，心理學家可以釐清我們的路徑。當我們在作道德的論證時，也不是隨意地發展。如果我們觀察許多面臨同樣狀況的人，就可以看出模式了。

試想，如果一位年輕人（我們就叫他大衛好了）在一場重要的西洋棋比賽中，想要毒死與他對戰的一位西洋棋高手（但是失敗了），他是否應該受到處罰，或者應該受到什麼樣的處罰呢？如果覺得大衛應該受到處罰，會有好幾種可能的理由。可能是因為覺得他很危險，所以要讓他以後不能再殺害別人。或者，處罰大衛可以達到殺雞儆猴的效果，讓其他潛在的投毒者不敢輕舉妄動，或是讓大衛改變他自己的行為。也或者我們處罰大衛，只是因為覺得那些故意做壞事的人都該得到應得的報應——依照他犯罪的嚴重性而定。

被問到這個問題時，人們會聚焦在未來、採取比較功利主義的想法：他們都說贊成處罰大衛，是為了避免對未來造成危害。但是，這種自陳式的表態無法告訴我們，受訪者真正的動機是什麼，因為——和前面的例子一樣——人們通常不知道帶領他們的到底是什麼。報復——希望對方償還的潛在欲望——真的有影響力嗎？

很遺憾的是，這個問題很難用實驗找出答案，因為會影響我們決定要怎麼處罰一個罪犯，或是消除潛在違規者的因素——例如犯行的嚴重性或是他故意的程度——也都會影響我們想要報復的欲望。如果情況改成大衛不是想謀殺他的競爭者，而只是想讓他身體不舒服，受訪者就比較沒有阻止他再犯，或是根除其他類似行為者的動機，因為隱藏在未來的危險性比較小了。不過人們應該也會覺得對他比較沒有報復的心態——想要讓一個人不舒服應該付出的代價，畢竟和想要謀殺一個人大不相同。所以，把大衛的罪行分成不同的嚴重度來看，會讓我們發現無法把報復視為一個特別的動機。

這就是我和傑夫．古德溫（Geoff Goodwin）——賓州大學（University of Pennsylvania）的心理學家——所碰到的難題，所以我們決定嘗試一個新的實驗策略：不要研究對於人類違法者的處罰，改成研究動物的違法者。如果我們獵殺了一隻攻擊泳客的鯊魚，我們總不能騙自己說：其他鯊魚會因為同伴被獵殺而學到一些什麼，牠們會因此而知道如果殺了去海灘的遊客，就會受到這種處罰，並依此修正牠們在未來的行為，以免招致同樣的處罰。這樣一來，我們就可以確定地排除掉威懾作用這個可能的動機。要再排除另一個處罰的可能動機——只是為了讓這個具有危險性的犯罪者無法再犯——就更簡單了：不管我們選擇做什麼，只需要確保這個犯罪者再也沒有行動能力就好了。

試想一下兩個場景。其一是鯊魚攻擊一個在海裡玩的小女孩；另一個則是鯊魚攻擊了四十八歲的戀童癖患者。鯊魚最後被當局獵捕後決定處死，唯一的問題是要用什麼方法殺死牠。當給鯊魚注射毒素時，應該給牠多少劑量的麻醉劑，免得鯊魚覺得痛苦？

如果你的動機是要確保海灘未來的遊客安全，答案就不應該因為被害者的身分而有所不同，畢竟鯊魚總是要被殺的——也就是說，讓牠在未來不可能傷害任何人。但是如果你的動機是出於報復，那答案就**應該**不同了，因為殺害一個無辜的小女孩，看起來是比殺害一個成人性侵犯更糟，因此需要給牠更嚴厲的回報。當然，這也是我和傑夫最後得到的結果：比起咬死小女孩的鯊魚，人們會給咬死戀童癖的鯊魚比較多的止痛劑。

我們可以換成不同的動物或是不同的情境，不過結果都是一樣的。人們是基於報復心理才處罰攻擊人的鯊魚、牛和狗，這和人想要處罰犯了同等罪行的人類犯罪者的動機，並沒有太大不同。

在一個純粹理性的層次，如果有鯊魚咬死了衝浪者，我們獵殺的唯一理由應該是要確保海灘的安全，這樣才合理，而不是因為我們覺得應該把鯊魚法辦、施以處罰。不過資料透露出我們真實的想法；其他科學家所進行的研究也發現，人們給予處罰的理由和他們真正的動機之間，常常存在著歧異。

的確，有愈來愈多的科學家同意：對於報復的欲望——而不是威懾或讓犯罪者沒有行為能力——才是我們施以處罰的最大原因。這讓一些心理學家認為，當某個損害（例如：謀殺）造成時，人們會本能地想要讓犯罪者付出代價。只有在某些時候，他們才會更仔細思索怎麼處罰犯罪的人，以防範未來可能的違規者，並形塑一個更安全的環境。

雖然我們通常沒有意識到它的影響，不過我們對於報復的本能渴望，卻可能帶來嚴重的問題，並破壞我們在過去幾世紀以來精心發展的法律——我們所發展的法律希望平衡大眾的安全，讓無辜的人得到保護、讓受到控告的人也得到公平的對待。例如：我們曾努力不要讓處罰只是憑運氣來決定——看子彈是剛好打到目標還是他旁邊的牆壁，管式炸彈爆炸案炸死的是電影明星還是無家可歸的街友。

我們也曾經試著建構一個合理的體系，把那些可作為處罰對象的人和其他人區分開來。但是如果我們只是強烈地渴求報復，這些保障終將是沒有意義的。

依照古代英國法的規定，如果要讓一個人被定罪，只需要證明他做了一個「不好的行為」就好了。羅傑（Roger）用斧頭殺了查理斯（Charles）嗎？是，那就結案了。但是從十二世紀開始，又出現了對於「犯罪行為」（*actus reus*）的要求：還必須證明他的「犯罪心態」（*mens rea*）。當羅傑用那把斧頭砍向查理斯的頭時，他的心理狀態是否具有可責性？如果沒有，那麼羅傑就不應該受到責難或是處罰。出於自己的意識揮動那把斧頭，並且造成了查理斯的死亡，這件事本身並不意謂著羅傑構成犯罪——法院必須釐清羅傑在當時的想法、意圖和理解。他的心智健全嗎，他有沒有嚴重的心理疾病，讓他無法理解自己行為的本質和結果？羅傑的目的是要殺了查理斯嗎，或者，其實是他在砍樹的時候，手一滑讓斧頭飛走了？問這些問題的意義在今天是很顯而易見的。如同受人尊敬的奧利弗·溫德爾·霍姆斯（Oliver Wendell Holmes）法官所寫的：「就算是一隻狗，也分得出來是被絆倒還是被踢。」

美國最高法院認為，如果要判某人有罪，必須是他「以惡意的想法，作了惡劣的行為」，所以某些行為人不應該成為受責難或是處罰的對象。一般認為不具有犯罪能力——或至少被認為能力有限——的是兒童、有心理疾病或是嚴重的智能障礙者，以及動物。當然，這個世界上不同的法律體系會對心智能力採用不同的標準。例如在英格蘭，負有刑事責任的年紀——也就是兒童在達到這個年紀之後，就必須與成人負同樣的責任了——是十歲，而在義大利是十四歲，瑞典是十五歲，比利時則是十八歲。美國各州在實務上的作法不同，不過依照全國性的規定，七歲以下的兒童完全不須為違反法律負責，而七歲到十四歲的兒童也被認為缺乏能力；如果要起訴兒童，必須證明該兒童知道他在做什麼，並且明知道這是錯的。如同我們在前文所討論的，就算是年紀更長的青少年，也會受到特別的待遇（因為他們的大腦發展還不完全）——不可以對十八歲以下的青少年判處死刑或終身監禁不得假釋。之所以需要少年法庭的體系，部分原因就是認為未成年者缺乏和成人一樣的可責性，因此需要另外處理。如同班傑明．林賽（**Benjamin Lindsey**）——一位少年法庭法官先驅——在一九一〇年所寫的：「我們訂來處罰犯罪的法律，對於兒童和傻瓜一樣不適用。」同樣地，在美國，不論是多麼令人髮指的犯罪，處死一個「智力不足」的罪犯就是違憲的；有的州還承認，如果被告的心理疾病嚴重到符合精神失常的標準，就可以完全不受處罰。

雖然這些法律架構是出於善意，但是我和古德溫設計的實驗，對於人們是否會遵守他們所設下的明顯界限卻提出了質疑。人們會覺得一個人應該受到責難，確實和他的心智能力有關，所以受試者會覺得ＩＱ比較高的大人，比ＩＱ較低的大人或是兒童更具有可責性（而後兩者又比一隻蛇更具有可責性）。但是在判斷時，受試者又很在乎造成的損害有多嚴重，所以其實沒有一個明確的方法，可以決定哪些行為人應該受到處罰，其他則不必。如果一個十四歲的男孩從橋上對著橋下高速行駛的汽車丟了一個汽水瓶，相較於一個八歲的男孩做這件事，人們會認為十四歲的男孩應該受到比較嚴厲的處罰，不過他在少年感化院的刑期長短，就要看那個瓶子最後造成什麼結果了。如果在**純粹偶然**的情況下，那個瓶子使得一名婦女和她女兒死亡，這名男孩被判的刑期就會久得多（不管他幾歲）。而且在平均上來說，如果一名八歲男孩丟的瓶子造成了一場死亡車禍，而另一個做了相同舉動的十四歲男孩卻沒有造成人員傷亡，八歲男孩要在感化院服刑的期間會是十四歲男孩的兩倍以上。的確，相較於一個二十歲的犯罪者（只要他的瓶子沒有造成損害），人們會給一個不走運的孩子兩倍以上的處罰。

在決定要怎麼對待違反法律的人時，我們會有這些斟酌和彈性，這個發現極具意義。誰會被認為是精神失常的行為者？這看起來是一個客觀的判斷，但是其實相當主觀；而且實際的答案可能和犯法的行為本身比較有關，反而和被告的實際精神狀態或是能力沒有那麼相關。哪些青少年犯罪者會被移送到成人法庭，哪些又會被留在少年法庭？我們在這裡看到，書上的法律明確地聲稱會保護兒童，因為他們的心智不成熟，但是這個宣稱很容易被忽略。因此，當我們發現每年有超過二十萬少年犯接受成人的審判程序時，應該也絲毫不會感到驚訝。在最近的最高法院案件中，就有青少年謀殺犯被判處自動終身監禁，或較輕微的案件被判處終身監禁不得保釋。其實，會有許多州利用這些漏洞，也是完全可以預期的。為什麼州法官會一直迴避那些判決的核心精神——拒絕對之前被判自動終身監禁的人重新量刑，或是在新起訴的案子中，對青少年宣告七十或八十年的有期徒刑不得假釋（這在技術上無異於終身監禁了）——便需要用人們隱藏的欲望來說明。

我們聲稱不會像怪罪大人一樣怪罪小孩子，或是處罰那些心理有疾病的人（因為他們無法理解他們的犯罪行為的本質），但其實我們就是這麼做的。

如果我們對於道德的處理就像我們認為的那樣——會從細節到整體、仔細地評估相關證據之後，才決定適當的處罰——或許我們就真的可以遵守承諾，不會那麼嚴厲地處罰兒童和心智有問題的成年人。但是我們好像都是先決定處罰了之後，才來證明它是正當的。一個人造成損害時，我們希望他負道德上的責任，所以——在犯罪的事實發生之後——我們便高估他具有的控制能力、故意程度，甚至是自由意志。

這真的很奇怪——我們會認為人都相信自由意志，而且根據這個世界觀決定處罰。但是我們對於人類能動性（human agency）的概念，其實出乎意料地有彈性。研究顯示，如果削弱了人對於自由意志的信仰（例如：讓他們出席神經科學的課程，宣導人類行為的機械性理由），他們所決定的懲罰就不會那麼嚴厲。反之亦然：我們想要懲罰別人的欲望，會使我們相信自由意志。所以——舉例來說——如果人們得知一個貪污的法官收了回扣，把一個無辜的孩子送進一間營利的少年感化院，整體而言，人們會表現出對於自由意志的強烈信仰，但如果他們只是被告知一段中性的陳述（例如學校新僱用了一位管理者），就不會反應出這麼強烈的信仰。想要處罰那位法官的想法，似乎讓人們改變了對於人性本質和責任能力的理解，讓處罰法官可以獲得更多的理論支持。

如果轉而討論我們在道德上的直覺，許多看起來已成定見的事，就會變得不是那麼絕對了——就算是一些看起來很基本的事。在某些情況下，甚至連懲罰一個無辜者都可以獲得滿意度。這很值得注意，因為我們的法律體系預設無辜者絕對不應該因為犯罪而受到處罰。如同班傑明．富蘭克林（Benjamin Franklin）所說的：「寧可錯放一百，絕不誤殺一人。」著名的英國法學家威廉．布萊克斯通（William Blackstone）說的是十人和一人，但是觀點是類似的，還有其他許多法官和學者也都持同樣的看法。就連聖經都說：上帝之所以毀滅了所多瑪城（Sodom），是因為城裡的人故意濫殺無辜。這應該是我們的刑法和刑事程序中最基本的概念了。

但是庫奇斯族人的事又怎麼說呢？如果有一隻老虎咬死了他們的村人，他們一定要獵捕到那隻老虎，但是如果沒有辦法，就必須殺掉另一隻老虎。處罰一個無辜者會讓我們感到滿足嗎？

在我和古德溫所作的一組實驗中，我們讓受試者閱讀遭遇鯊魚的死亡攻擊之後，三段不同的後續發展情節。第一個結局是咬死人的那隻鯊魚被抓到，並且被處死了，解剖結果也證實抓到的就是咬死人的那隻鯊魚。第二個版本也是一隻鯊魚被殺了，但不是咬死人的那隻鯊魚，而是同樣大小與品種的另一隻鯊魚。在第三個版本中，被殺的也不是咬死人的那隻鯊魚，而是一隻不同品種（但是這個品種也同樣危險）的鯊魚。我們可以想像，受試者絕對認為應該獵殺咬死人的那隻鯊魚，而不是像後兩個版本一樣，殺了另一隻無辜的鯊魚。但是他們也不覺得後兩段情節中的錯誤程度是一樣的。他們會認為與真正咬死人的鯊魚同樣品種的鯊魚比較應該受到處罰——雖然牠和其他品種的鯊魚一樣是無辜的，而且也沒有比較危險。

就算在危險性低得多的比賽中，這個狀況也適用。研究者在相關研究中選定觸身球作為觀察的對象——因為同隊的打者在前次上場打擊時被對方投手的觸身球打到，為了報復對手，投手就鎖定了一名無辜的打者。研究者發現，如果假設由兩個大聯盟的球隊對戰，其中一隊的投手做出這樣的舉動，在接受調查的棒球迷中，幾乎有半數的球迷都會認為這在道德上是可以接受的。如果是他們支持的球隊做出這種報復的舉動，球迷甚至會更不遺餘力地支持投手鎖定一個無辜的對手打者。

這件事的意義值得我們憂心，這表示當一個損害造成時，我們想要找到罪犯，並且藉著處罰來重整道德秩序，這種欲望有時候壓過了我們對於公平待遇的承諾。在我們的心靈深處，或許已經知道了自己的這一面——只是不願意承認。這種血腥的不公正染紅了我們的歷史書和新聞報導：在警方公布強暴案的嫌疑人是黑人之後，就有暴民以私刑處死了一個無辜的黑人；幫派信奉的格言是「你要拿走我們的，我也要拿走你們的」；在九一一事件之後，也發生對（被認為是）「敵方戰鬥人員」（**enemy combatant**）的人施以水刑的事件。如果你仔細看，就會發現這些報復的行為絕對不像是意外、反常或是間接發生的損害。它們反應出我們真正的本性——我們就是這樣的人。

如果我們認為在實務上可以捨棄本質上公平的處罰，那麼我們想要施以處罰的欲望，就會受到不相關的因素影響。試舉一例：一個假設的被告——皮特．福斯特（**Pete Foster**）——因為謀殺一個年輕的白人女孩（因為她拒絕與皮特有性行為）遭到判刑。

如果那位女性不是白人，而是個黑人女孩，你就比較不那麼認為皮特會被判處死刑。許多研究都證實謀殺白人（相較於謀殺黑人）比較會被判死刑。被列在等待執行死刑名單中的非裔美國人，也比較可能真的被獲准行刑。

但是，其實不只有**被害者**的種族會造成影響。如果其他條件都一樣，只有皮特的種族改變了，也一樣會造成很大的影響。黑人被告比較容易被判處死刑（而且容易得多）。他們的保釋金也會比較高，收押的機率比較高，而且刑期也會比白人被告長。黑人未成年犯不只比較容易被移送到成人法庭，而且最後宣判的刑責也會比與他們同齡的白人嚴重得多。

用模擬陪審員和真正的裁決者所進行的實驗，都證實了處罰中的確存在著對於種族的偏見。例如：相較於一些比較中性的字眼（例如：**上帝**、**寂寞**），如果青少年緩刑犯的觀護員接觸到的是一些潛意識中會被認為與黑人有關的字彙（例如：**哈林區**[1]、**細髮辮**、**籃球**），他們會很容易認為犯罪者比較暴力、應受譴責、容易再犯，而且應該受到處罰。這應該是一種隱藏的偏見，而不是一種露骨的偏執。

科學家認為這類潛意識中的偏見，根源於我們的文化中從黑奴時代（之前）就開始的負面刻板印象，又因為不成比例的大量新聞故事聚焦在非裔美國人和犯罪，所以助長了這種印象。這些刻板印象為黑人被告的行為提供了一個現成的解釋：都是因為他具有暴力和犯罪的天性。如果焦點被放在被告的邪惡性格，而不是無法由他塑造的環境，我們就會很自然地用比較嚴厲的態度對待他。在最近的一個實驗中，研究者告訴兩組受試者，有一個十四歲的青少年被告（十七歲為成年）強暴了一位年長的女性。研究者接著問受試者：整體來說，對於非謀殺的案件，他們有多支持不能假釋的終身監禁。兩組人聽到的描述完全相同，只除了一個字之外：第一組人被告知被告是一個黑人；而第二組人聽到的被告是白人。相較之下，聽到黑人青少年犯罪的那組受試者，更容易支持嚴厲的判刑，而且認為孩子也和成人一樣應該受到責難。

1 紐約市的黑人區。

只是稍微和種族有關就會帶來影響，這種想法令人不舒服。在真正的審判中，種族在許多方面都會遭到突顯，例如被告的膚色，檢察官、法官或證人的用語。但每個人受到這些因素影響的程度是不一樣的。某些人如果聽到被告被形容成「暴力的內城區[2]的罪犯」（而不只是「暴力的罪犯」），他們就會覺得被告應該受到比較嚴厲的處罰，但是有些人對於這類帶有種族色彩的用語則完全無感。也有證據顯示，如果有些人知道種族會影響結果——不論是因為他們對於種族特別敏銳，或是因為種族歧視的威脅已經浮到檯面上了——也會反其道而行，不對黑人被告特別嚴厲，免得表現得像個種族主義者。

回到皮特的例子；如果他是個黑人，受到的處罰會比他是個白人來得更嚴厲，也就不足為奇了——畢竟我們大部分人都知道在刑事司法制度中，還殘留著對於種族的偏見。不過我們現在想研究得更細緻一點。如果改變一下皮特的鼻子，讓他的鼻孔大一點、鼻子平一點。這也會造成任何不同嗎？

用一個字來回答：會。所以問題不在於你到底是不是黑人——而是你有多**像黑人**。被告的鼻子有多寬、嘴唇有多厚、皮膚有多黑，都與死刑判決有關：如果被害者是白人，被告的臉部特徵有多像典型的黑人，他被判死刑的可能性就有多高。非死刑的判決也會有同樣的傾向。一項研究發現，如果重罪犯有十分典型的黑人臉孔，會比最不像黑人的罪犯多關八個月。

說到鼻子和嘴唇，如果我們給皮特動個好一點的整形手術呢？如果他的臉帥一點，也會對處罰有影響嗎？大家都聽過美女總是能逃過交通罰單的說法，這的確比我們願意承認的更接近真實狀況。研究顯示，一個違法者有多帥，的確會影響到他受到處罰的嚴厲程度——這倒不是因為人們覺得長相迷人的被告一定是無辜的，而是因為他們會覺得長得好看，比較不應該受到責備。事實上，如果你有張漂亮的臉孔，它會像個光環，讓你的行為散發出比較正面的光芒。切薩雷．龍布羅梭和其他幾位本書中提到的人相學者雖然早已經不在人世了，但是其實我們傳承了他們的意志。我們還不只是先入為主地認為從骨頭結構可以判斷誰是壞人；我們根本就覺得自己知道好人長得什麼樣子。

但就算不動手術，只要皮特在審判時改變一下他的外在舉止，還是足以影響那些掌握他命運的人。當一個人處於和皮特相同的立場時，他可能——出於各種理由——決定不要在訴訟程序中顯露出情緒；或許他認為顯露悔意毫無意義，甚至還會顯示他就是有罪的。但其實，心理學家發現，不論是以非口頭的方式表達懊悔，或是道歉表示悔意，都會讓犯罪的被告有較正面的形象。的確，如果一個人從不道歉，也從不表現出極為後悔的樣子，實驗中的受試者都傾向於認為他的個性不好，而且比較容易再犯。因此，如果違法的行為人表示懺悔或是歉意，受試者就會認為他的處罰毋須那麼嚴厲。

在真實的世界中的確也是如此，尤其是死刑的判決。檢察官常對著被告「毫無悔意」這件事意窮追猛打，陪審團在決定判處死刑時，也常表示這是一個重要的因素。硬數據（hard data）似乎也顯示，毫無悔意的被告會顯得自大、煩人、冷酷、故意而冷靜，和那些深感悔悟的人比起來，前者會受到比較糟的待遇。

2 相對於中產階級居住的區域與郊區而言，內城區多為窮人居住。

當然，悔悟和道歉的威力並不只會發生在面臨死刑的被告身上。最近的一個研究顯示，因為超速而被攔下的駕駛如果向警察說一些「我很抱歉」之類的話，就可能接到一張罰金比較少的罰單，或甚至警察只是口頭警告之後就讓他走了。

我們之前一直在討論皮特的長相，現在讓我們把焦點放大一點——想像一下，假設就在陪審團要作決定之前，晨間新聞報導了多倫多（Toronto）地下鐵發生了一起明顯是恐怖分子所為的爆炸案。加拿大發生的這起悲劇攻擊事件和皮特或是他的審判並沒有任何關聯，但是有許多心理學的研究證實，這起事件很可能會影響到我們的處罰方式。

人類在動物王國中占有一個很奇怪的位置：我們也有自衛的本能，和其他物種沒有什麼兩樣，但是只有人類才會自覺到我們終有一天將走向死亡。而這種對於死亡的想法，讓我們深感不安。我們會心懷恐懼地想著我們只有一生可活，而且有一大堆不受我們控制的因素，隨時可以讓我們的生命終結：喝醉酒的司機、鯊魚、閃電、癌症和伊波拉（Ebola）病毒，隨便舉幾個例子就有這麼多。

幸運的是，我們也發展出一些方法平息這些難以阻擋的恐懼，例如我們的基本文化信仰體系，它讓我們的生命有目的、穩定而且有秩序。例如：宗教都會告訴我們如何擁有一個有意義的人生、避開危險，並且保證死亡並不是結束。我們的法律制度也提供了類似的方向——怎麼當個好公民、如何免受威脅以確保安全，並且安慰我們生活方式是可以延續的（就算我們的肉體已經不復存在了）。

我們愈感到恐懼，就會愈死守這些信仰體系，也會愈努力保護它們。這也就是為什麼發生在加拿大的悲劇會影響到皮特的判刑。有許多研究顯示，只要一想到死亡——就像是我們讀到恐怖攻擊的報導時被喚起的感覺——人就會更希望罪犯受到嚴厲的處罰，因為罪犯是已經形成威脅的人。

在一個實驗中，研究者要求一群亞利桑那州的法官為一個假設的賣淫案件決定保釋的保證金。不過，在告訴他們案件的事實之前，研究者先讓一半的法官作了人格測驗，測驗的內容會提醒他們人終將一死。不自覺地被引導想到死亡這件事的法官，決定的保釋保證金平均是四百五十五美元，而沒有作那個測驗的法官，決定的保證金就只是前者的一小部分——只有五十美元。研究者給的理論上的解釋是：被提醒了自己不免一死之後，法官便覺得應該捍衛他們的世界觀，而對於那些看起來會危及他們所建構的秩序的人，就應該被更嚴厲地對待。如果這是一個真實的案件，對於被告的影響會十分重大——如果他的經濟狀況不甚理想，提高了保釋的保證金，就可能意謂著他只能被關在牢裡等待審判。

雖然稍微提醒一下人們死亡這件事，就可以讓許多情況的處罰都變得更嚴厲——從謀殺到酒駕都可以——但是也不是所有要作出法律決定的人都會被這件事影響。例如：自尊心很高的人就算聽到死亡的暗示，似乎也比較不會受到影響，這可能是因為他們有極高的自我意識，讓他們控制住了自己的恐懼。也有的人則是單純不認為娼妓或是其他罪犯具有特別的威脅性。事實上，如果違法者的世界觀和執法者是一樣的——違法者被認為犯了針對同性戀者的仇恨犯罪（hate crime），而負責審理的法官其實也強烈反對同性戀——作決定的人可能會對違法者比較寬容。

一般來說，雖然面臨死亡的是法官和陪審員，但通常是被告要付出代價。對於被告來說，最大的問題是實在有太多方式都會提醒要作出判決的人，他們免不了一死。外部的事件——例如墜機、傳染病或是戰爭——當然會影響到判決或是量刑，而法庭內部的信號，也可能具有同樣的力量。首先，許多犯罪都包括人與人之間的暴力行為，而聽到一件強盜案、暴力事件或是謀殺案（譬如皮特被指控的罪名）時，我們很難不聯想到自己的脆弱。

辯護人和證人也都會助長這個過程。檢察官很可能會極力強調酒駕事故的兩名被害人極可能喪命，或要求陪審員站在被害者的角度想一想。同樣地，證人的陳述也可能包括一樁謀殺案對於被害者家屬的影響。

人不免一死，這件事的效應可能在死刑案件中是最強的。不只是因為這類案件一定會讓人聯想到死亡，同時也因為被告很可能屬於某個外圍團體——有心理疾病的人、毒癮犯、少數民族和低收入者，這些人本來就會讓人感受到更大的威脅。除此之外，因為唯有願意判死刑的人才可以擔任死刑案的陪審員，所以我們有理由相信，這些人更容易感受到有關死亡的提示。贊成死刑的陪審員其實更容易作出有罪的判決。理論上，如果事涉被告的生死，體制內的查核應該要能夠緩解隱而不顯的偏見所帶來的影響——陪審員知道犯錯會帶來更高的成本，法官也知道他們的判決比較容易被上訴，交由上訴審法院進行審查，而案件中的辯護人通常比較有經驗，訴訟過程也會受到更多大眾和輿論的關注。不過，事件的重要性卻不會讓被告感到更安心——事實上，罪行愈嚴重，情況反而愈糟。

事態還可能越演越烈，因為每個刑事案件的背後，都隱藏著人們對於心性本惡的信念。回想一下我們那個有問題的想法：犯罪者都有某些「臉部特徵」；只要發生了一些不好的事，我們就會認為一定是某個邪惡的人所掀起的。這個想法讓我們堅信在一個正義的世界中，損害都來自於一個清楚、可辨識的源頭，一定可以被我們找出來。如果發現其實我們大多數人都可能犯下嚴重的犯罪，這種想法太過令人不安——雖然對於境況性影響（situational influences）的研究，證實了確實應該是如此。

為了理解「罪惡的神話」，研究者把我們許多共通的基本假設加以分類——包括人性本惡，以及邪惡的人會從有害的行為中得到樂趣。這些信念產生了我們處罰的動機：如果你相信有純粹的邪惡，那麼支持嚴刑峻法、認為違法者的更生沒有什麼意義，就都是有道理的。不論是研究者請受試者考慮一些抽象的概念，或是要求他們對於一個真正的被告科刑，研究者發現結果的確就是這樣。有一項研究發現，人們相信邪惡，這讓我們可以預知他們會支持要對尼達爾・馬利克・哈桑（Nidal Malik Hasan）——在胡德堡（Fort Hood）槍擊案中射殺十三人的嫌犯——執行死刑。

雖然大部分人都認為邪惡是不能改變的特性，不過我們在判斷一個人是不是邪惡時，卻會受到一些微妙的因素影響。例如一些看起來極不重要的東西——違法者的服裝、音樂品味、喜歡的書（穿得像野蠻的哥德人〔Goth〕、喜歡重金屬樂、對超自然文學有興趣）——都可能會讓某些人覺得這個違法者更為邪惡，並且因此對他加諸更嚴厲的刑罰。達米安・埃科爾斯（Damien Echols）是一群青少年的頭頭，他被控在一九九三年謀殺了阿肯色州三名八歲的男童。雖然以他的犯行來說，就算是被判處死刑也是極有可能的——但根據研究，很難忽視在審判中其他因素帶來的影響，包括他的名字叫作達米安*、穿著黑色的衣服、喜歡重金屬樂並且對於巫術有興趣，這些事情都在法庭上被提出來。

* 他的名字和惡魔（daemon）諧音。

這件事的含義很令人不安。相信絕對存在著純粹邪惡的人，比較會投入決定判決、檢討刑罰和設計政策。當有人向州長或是總統陳情，希望赦免在死刑執行名單上的死囚時，如果這位州長或是總統——例如喬治．布希就是如此——認為「這個世界上有善有惡，但是兩者之間沒有灰色地帶」，就會造成極大的影響。或是現任的最高法院法官——例如安東寧．史卡利亞大法官——真的毫不懷疑撒旦是一個真人時，這個影響也是很大的。

當不受違法者控制的力量，促使違法者犯下可怕的罪行時，這些人的想法就完全不利於正確評價這些力量。而且這會形成一個不幸的悖論：愈覺得別人邪惡的人，自己愈容易做出邪惡的行為——他們會對犯罪者做出殘酷的行為（或是支持別人這麼做），雖然這些人之所以犯罪，並不是因為他們甘於墮落，而是因為運氣欠佳，碰上了不好的基因或是環境。

所以，看完這些之後，我們還認為我們的信念和動機，和中世紀那些審判後處死豬的法國人有什麼兩樣嗎？

哈佛大學的心理學家史迪芬．平克（Steven Pinker）提出了一個饒富說服力的論點——以人類歷史而言，現代的世界相對來說算是很和平了。而他認為暴力之所以減少，背後的一股力量應該是處罰的責任被移轉給沒有相關利益的第三方。而且很明顯的，現代的司法體系——包括法官、陪審團、警察、律師和獄政人員——先發制人地獨占了個人和團體的血腥報復行為（這是過去會有的）。不過如果外在行為改變了，我們大腦的運作情形就比較不清楚了。

我們非常相信現代的法庭不會存在迷信，審判的目的也不是為了達成血腥的復仇。我們覺得自己並不喜歡處罰。我們願意相信，對同胞保有溫情絕對比憎惡或是敵意來得更有價值——用納爾遜・曼德拉（Nelson Mandela）的話來說，「仁慈和寬宏深植在每個人的內心」，而「愛比恨更容易自然地進入一個人內心」。曼德拉的話引起廣大的共鳴，因為這確實是我們愛聽的；但是現實好像不是如此。

的確，西方世界已經不再公開行刑了——不論是對豬或是對人。我們不會再把人放在肢刑架上，或是把他五馬分屍。但是我們的內心進化成「更好的天使」了嗎？或者，我們只是精心偽裝起來，掩飾我們的報復欲望呢？如果我們仔細檢討處罰的**效果**——這是我們下一章的主題——或許會發現：我們所做的並不如我們所希望的那般開明。我們的刑罰體系實際上到底對人民、為人民——罪犯、潛在的犯罪者、被害者、一般人民——做了什麼？我們最終是否讓人得到了他們該得的？我們以正義之名讓人所受的苦，真的有助於人們根絕犯罪嗎？我們因此而更安全了嗎？

10 丟掉鑰匙◆受刑人

今天的東州教養所（Eastern State Penitentiary）之所以為人所知，絕對是因為它是幢鬼屋。排隊的人龍把它繞了一圈；尤其在萬聖節前後，更會持續好幾週，一般還會建議遊客先買好票。它一年比一年變得更恐怖——如同它的官方網站所說的：「更黑暗。更血腥。是你從未經歷過的**恐怖**」。在二〇一三年，監獄開放遊客體驗殘暴成性的警衛、精神錯亂的醫生和殺氣騰騰的獄友，他們會潛伏在監獄各處（監獄基地共有十一英畝大），再冒出來把你抓住。如果多付七十美元，你甚至可以參加VIP行程，會有專人導覽死刑犯等待行刑的地方、艾爾・卡彭（Al Capone）＊的牢房和地下室的刑具。入場費還包括「牆後驚悚（Terror Behind the Walls）特別燈光效果」。

這所建有塔樓、圍牆又看不到盡頭的監獄，座落在費爾蒙特大道（Fairmont Avenue）的酒吧和小酒館之間，所以顯得特別突兀——對於這座歷史遺蹟來說，應該更適合出現在戰略上占據重要地位的中世紀叉路，而不是現代賓城這條滿是嬰兒車的街道。很難想像這個已經頹圮的廢墟和荒廢的囚房，曾經關過一些洗不去污名、在黑夜結束之後也無法回家的人。但是當屍體腐朽之後，東州教養所又化為他用，其精神甚至活躍更勝以往，使得美國現在對於處罰的使用又活躍了起來。

或許，費城的第一位歐洲殖民者會率先投入如何設計懲治，都是註定好的。畢竟賓夕法尼亞州就是由一位受刑人所創建的。在來到新大陸之前，偉大的威廉・佩恩（William Penn）擁有一項不太值得羨慕的殊榮——曾經待過倫敦塔（Tower of London）監獄和紐蓋特監獄（Newgate Prison）。許多追隨他、為了逃離迫害才被迫移民的貴格會（Quaker）教友，都十分清楚英國的刑罰完全不起作用，而且會帶來許多痛苦。

因此，賓州早期的刑法開闢了一條新的路徑——為了建立一種更文明的監禁方式，於是大量削減了嚴厲的英國刑罰（肉刑和死刑）。但是，在十八世紀中期之前，這個崇高的遠景被迫面對可憎的現實。實際廢除鞭刑之後，賓州的監獄變得髒亂、過度擁擠，而且混亂失序，使得下一代得重新復甦賓州的精神。這些追隨者們——費城的代表人物，例如班傑明・富蘭克林，和美國的精神病學之父班傑明・拉什（Benjamin Rush）醫生——成立了「讓公立監獄不再悲慘協會」（Society for Alleviating the Miseries of Public Prisons），促成了一連串改革，最後建了這座公認的世界上第一座完全實現該理念的監獄——東州教養所。

東州教養所主要的改革是單獨監禁。在亞歷西斯・德・托克維爾（Alexis de Tocqueville）和古斯塔夫・德・博蒙特（Gustave de Beaumont）於一八三一年代表法國政府參觀過東州教養所之後，他們用赤裸裸的說法解釋了為什麼要這麼做：「被丟進一個人的孤獨……（受刑人）反省著。因為他犯的罪使他現在是一個人，他開始感到痛恨；如果他的靈魂還沒有因罪惡而失去對善的感應，在處於一個

---

* 爾方斯・加百列・卡彭（Alphonse Gabriel Capone，一八九九年—一九四七年），出生於紐約布魯克林，父母是義大利裔的美國移民。他是美國黑手黨成員，曾為芝加哥犯罪集團的首領，也是拉斯維加斯創始人之一。卡彭雖然長期犯罪，但因為缺乏罪證，直至一九三一年美國政府才藉著逃稅罪嫌將卡彭逮捕。

人的孤獨時，痛悔會朝他襲來。」

這所監獄的第一個受刑人是查爾斯．威廉斯（Charles Williams）——他是在一八二九年十月二十五日認罪的。他有著淡黑色的皮膚、寬闊的嘴，和一個有疤的鼻子。他是個農夫，但能夠識字。他被控的罪名是竊盜——偷走了一支價值二十元的錶、一個金印章和一把金鑰匙。對他的審理由典獄長塞繆爾．伍德（Samuel Wood）接手，伍德把查爾斯從頭（眼珠：黑色）到腳（腳：十一英寸）檢查了一遍，然後透過查爾斯戴著的頭套端詳著他。

頭套是這所監獄強制使用的重要物件，目的在於防止溝通、互動，和不讓受刑人觀察周圍的環境。只要查爾斯被帶離他的牢房，都一定會戴著頭套。當他第一次脫下頭套的時候，他看到了橫在眼前、未來將伴他二十四個月的東西：刷白的牆、一個鐵床架、一個馬桶、一個掛衣服的架子，和用餐以及清掃時需要的東西。他被一個人留在那裡。孤獨開始占領了他：沒有其他獄友和他聊天，他的孩子不能來探視他，他不知道牆外這個世界的任何消息，也不能吹口哨。他偶爾會和獄卒互動，但是也必須符合規定。查爾斯不再是查爾斯了；他被叫作「一號」——一個繡在他衣服上和掛在他牢房門上的號碼。

對於當代的改革者來說，這不算是酷刑；甚至還剛好相反。如果說標準的監獄只有無意義的痛苦和殘酷——只是讓一堆垃圾留在那裡腐爛——相較之下，這所監獄是目標明確的機構，它想要矯正罪犯，對於潛在的犯罪者也有威懾的作用。

但這也不是說受刑人都受到嬌寵——差得遠了。監禁被設計成一件極不愉快的事：畢竟，如果要消滅犯罪行為，讓犯罪者蒙受極端的痛苦，應該是最有效的方式。不過我們確實不要殘暴的行為。監獄的內部有著圓頂和天窗，在在突顯出這裡已經不是中世紀的地牢，它標示著進步。曾經有一次，連美國總統在白宮裡都沒有自來水可用，但是東州教養所裡的受刑人擁有沖水馬桶和中央空調。

現代化的監獄降臨了。

不知道托克維爾——他在一八三一年說費城這個城市「正著迷於……監獄體制」——今天會對這個「友愛之市」（City of Brotherly Love）[1]或這些寬闊得多的美國各州說些什麼。美國的人口占不到全世界的百分之五，但是受刑人卻占了全世界的四分之一。全國大約有兩百三十萬人被關在牢裡，還有超過六百萬人正在受「懲治監督」（correctional supervision）——比起其他任何國家都要多得多。就算是這方面居於領先地位的古拉格（Gulag）勞改營*，裡面的人數也從來無法與現在正在緩刑、關在拘留所或是監獄、或被假釋的美國總人數相比。每十萬個美國人當中，就有七百零七個人長期被關在牢裡。相比之下，每十萬個伊朗人中只有二百八十四個、十萬個加拿大人中只有一百一十八個，而每十萬個德國人中，只有七十八個人被關了起來。

1 費城這個名字在希臘文中是指「友愛之市」。

* 古拉格勞改營是前蘇聯政府機構之一，負責管理全國的勞改營，及執行勞動改造、扣留等事務。古拉格日後也成為鎮壓異議人士的工具，被囚禁過的人數以百萬計。在一九三〇至四〇年代，由於飢餓、勞動強度過大、遭受非人待遇等因素，古拉格裡面有五十多萬名勞改犯死亡。

一個在一百五十年前就已經廢除奴隸制度的國家，現在身在懲治體系中的黑人，竟然比一八五〇年的黑奴還要多，而黑人人口中被關在牢裡的比例，還比施行種族隔離政策的南非更多。你是黑人、男性，而且沒有高中畢業嗎?那麼你就很可能要在牢中度過餘生了。

雖然美國這麼高的監禁率背後有許多因素，不過刑事犯罪的名目一直增加且科刑愈來愈嚴厲，應該是排名第一而且最核心的因素。

伊利諾州的刑法在一九六一年修法時，共有七十二頁，但是到了二〇〇〇年時，已經擴充到一千二百頁了。伊利諾州並不是特例；每個州所關的受刑人，相對而言犯的都是些比較輕微、不暴力的犯罪——像是使用毒品或是開空頭支票——這在其他國家可能只是在手腕上打一下就了事。在德國和荷蘭，被判有罪的人中，只有不超過百分之十的人會去坐牢，但是在美國是百分之七十。我們也比世界上其他國家所判的刑期都長。如果你侵入了一間位在溫哥華的房子竊盜，平均來說，你大概會有五個月待在加拿大的監獄。但是如果你花了一個小時開車南下到華盛頓州的貝靈厄姆（Bellingham），再犯同一個罪，那麼，你就要花三倍以上的時間在牢裡了。比較嚴重的犯罪也是如此。例如在挪威，徒刑的最高年限是二十一年，但是在美國，我們常常把一個人關起來之後，就把牢房的鑰匙給丟了。

和許多歐洲國家的作法不一樣，我們有各種加重刑罰和強制規定，可以讓一個看起來很輕微的犯罪，必須花上數十年的時間在牢裡。福雷斯特・希科克（Forrest Heacock）在派對上和其他三個人一起吸了古柯鹼，其中一個人不小心吸過量就死了，所以希科克因為謀殺重罪被判刑四十年。萊安德羅・安德拉德（Leandro Andrade）在店裡偷了九捲兒童錄影帶而被判處五十年徒刑，因為在十二年前，他被控三起住宅竊盜案。加州的法律規定是：累積三起犯案你就出局了[2]，就算第三次只是在走出Kmart[3]的時候，腰帶裡夾帶了一捲拷貝的《仙履奇緣》。美國最高法院在二〇〇三年對萊安德羅的案子進行複審，並認為他的科刑沒有任何過於嚴酷或是不尋常之處。若是在其他許多國家，最高法院應該不會同意這件事。

我們的例外主義（exceptionalism）也延伸到處罰的特殊方式。美國是唯一一個保留死刑的西方國家，而且還有單獨監禁。在十九世紀和二十世紀，美國大部分的州已經拋棄這種方式了，但是在過去的三、四十年間，我們又回到了東州教養所的模式。今天，單獨監禁在美國監獄是很普遍的作法，有超過八萬人被遺棄在孤獨中。

最近有些正面的跡象顯示，美國的懲治系統和其他工業化民主國家之間的距離已經被拉近了——至少一點點。雖然從一九七〇年代早期開始，美國的受刑人人數一直穩定增加，不過在二〇〇九年達到高峰之後，這幾年有回跌了一些。這其中有部分反應出對於規定最低刑期的反彈，受刑人有愈來愈多的機會申請寬赦，而且也在努力對未成年人、非暴力的毒品犯罪降低量刑。國家和聯邦層級所做的其他努力，還包括讓更多潛在的監獄受刑人轉向治療方案，釋放不會再對大眾造成危害的年老受刑人，以及減少會使人違反假釋條件（並因此因為輕微的犯罪又被送回監獄）的一些具有引誘性的事

2 加州的「三振出局法」（Three-strikes law）是指，如果被告得到第三個重罪判決，他的有期徒刑時間就會大幅延長，實際上幾乎等於無期徒刑。

3 Kmart是美國的一個連鎖廉價百貨商店。

物。加州的「三振出局法」中最嚴厲的規定被廢除了——現在第三次犯的罪必須是嚴重或是暴力的重罪，才能夠適用此法。

這些都的確是重要的步驟，但是我們也必須知道，這些趨勢還受到各種事件的影響，包括犯罪率的急降，或是嚴重的經濟不景氣讓政府官員倉促地決定縮減支出。我們無法保證這些趨勢會繼續下去，而且如果回頭看看我們的起始點，就會發現進步的絕對幅度是很小的——關在州和聯邦監獄中的受刑人還是比一九七八年多出五倍。許多州——包括加州——的法典還是有三振出局法，而且雖然今天在店裡偷點東西不會被判終身監禁，但是法律還是遠遠稱不上寬大。如果萊安德羅偷錄影帶的方式是把手指插在運動衫的口袋裡，假裝他有一把槍，新的改革就不會對他有一點好處了。

如果我們不知道我們對於處罰的效果其實十分無知，甚至也不知道為什麼我們要處罰，就不可能會有更多的進步。我們喜歡用大量監禁（mass incarceration）和單獨監禁的方式，但是這些都沒有發揮預期的效果。而且我們還堅持著大約兩百年前「讓公立監獄不再悲慘協會」所信奉的錯誤理論。

現在和過去一樣，受刑人和潛在的犯人都被認為是理性的個人，是根據成本效益分析才決定要犯罪的。人們認為，如果要減少犯罪，只需要增加處罰的強度就好了，只要違反法律看起來不再有利可圖，人們就不會犯罪了。處罰愈讓人不愉快——也就是說，我們從罪犯那裡剝奪了愈多他們習慣享有的東西——一個人就愈不可能選擇要違反法律。我們可以接受嚴厲的對待，因為它只是針對那些罪有應得的人，而且符合他做錯事的嚴重程度。不過，既然我們是有道德的人，我們也知道不應該讓一個受刑人在身體上受到痛苦，所以我們排除了各種掌握在國家手中的虐待形式。於是，嚴厲的徒刑就成為一種理想的處罰方式，因為它提供了很強的威懾作用，但是我們不必被迫「折磨」受刑人。它也提供了一個現成的方式——即使有些人對於會被關起來的威脅沒有什麼反應，但是他們還是無法再犯罪。不受控的受刑人絕對不會被放出去；其他人——我們可以自信地說——現在不會再犯罪了，因為他們知道被關在監獄裡有多麼不愉快。

簡單歸納一下：我們的監獄很人性化；我們只處罰那些罪有應得的人；我們的制度讓我們更加安全。這就是東州教養所的開創者所宣稱的，而我們也真的相信了。但是我們錯得離譜。

單獨監禁到底像什麼樣子呢？

如果要比較容易想像的話，你可以走進浴室、關上門、躺在浴缸裡，然後閉上眼。當你重新睜開眼睛時，想像一下你將在這裡度過人生接下來的五年。重新看看你的新王國吧。

你在早上起床，日光燈已經點亮了，好像它們整晚都沒有關過一樣。從床上滾下來，你就可以摸到牆了——米白色或是純白色。房間的大小可能是十三乘以八，或是八乘以十，或是十四乘七，不過總之只要跨出一步，你就可以摸到牆了。沒有窗戶，但或許牆上有個裂縫。你有個廁所和水槽。接下來的每一週、每個月、每一年的每一天，你都要在這裡坐上二十三個小時。只有在淋浴的時候能夠離開，某些天可以到一個稍微大一點的牢籠裡動一下——一個小小的狗公園。

緬因州還不准犯人聽廣播或是看電視。在加州的佩利肯灣監獄，單獨監禁的人只有在緊急狀況下才可以接私人電話。麻薩諸塞州的沃波爾監獄的部門紀律單位（Departmental Disciplinary Unit）比較寬鬆：如果表現良好的話，每三十天可以聽一次廣播，每六十天可以看一次十三吋的黑白電視，一個月可以打四次電話。幾乎沒有與人的接觸。門通常是實心的金屬，讓你無法與其他受刑人講話。許多受刑人在一整天中，只有獄卒會打開一點門縫，把放食物的白色托盤送進來。如果你渴望一點與人的接觸，唯一的機會就是違反規定——把燈遮起來睡覺，或是把門上的小洞蓋起來，那你可能就會「被釘上」。拿著盾、戴著安全帽的獄卒會衝進你的囚室，把你按到地上，然後銬住你的手腳。當他們用膝蓋抵住你的腳和背時，說不定你的衣服會被扯下來。那麼你就會赤身露體地被綁到綁囚犯的椅子上。

從「一號」走進東州教養所的大門之後，已經過了一百八十五年，但是美國的單獨監禁竟然沒有什麼改變：還是一間小囚房，毫無變化可言的獨處，違反規定就會遭到嚴厲的對待。早在沃波爾監獄建立的一個世紀之前，費城的監獄就有了一張「讓人平靜下來」的椅子。最大的差別只是我們現在都更清楚地知道：單獨監禁是種折磨。

人需要社交的接觸——這不是一種奢華，這是生活的必需。我們的大腦會向外尋求與人的連結，原因在於身為團體的一分子，會帶給我們演化上的好處，讓我們比較能夠避開天敵、獲得資源、找到同伴等。有一個理論認為，當連結被切斷時，我們會感受到痛苦（寂寞），這是為了讓我們再度與人群連接在一起。過去數十年來蒐集的證據也告訴我們：與人群隔絕會對健康造成重大的影響。如果沒有食物，嬰兒會死亡，而如果他們缺少與別人的社會互動，也會死亡——東歐的國營孤兒院在二十世紀後半葉的資料中，毫無掩飾地呈現出這個事實。研究者在比較近期的研究中，發現社會關係對於成人一樣重要：在超過一段固定的時間之後，與他人有穩定連結的人，比只有弱連結的人多出百分之五十的存活率。換另一個例子來說，有適度社會連結的人比較容易戒菸。獨處對我們有害；許多研究都顯示孤獨不只會損害我們的身體健康，也有損我們的心理健康和認知功能。

美國軍隊曾經對越戰期間被俘虜、受到囚禁的海軍飛行員進行研究，研究結果發現：被單獨監禁在敵方的海軍飛行員，所受的痛苦和遭受到身體的虐待沒有什麼兩樣。約翰·麥肯（John McCain）在被俘虜期間，有超過兩年的時間一個人被關在一間小囚室裡，在同時間裡，他也受到敵軍身體上的虐待。回國之後，他毫不掩飾地說：「孤獨是一件很可怕的事。它可以擊潰你的心志、削弱你的抵抗力，甚至比任何其他酷刑都更有效。」

單獨監禁不只會使人原本的精神疾病惡化，同時還會引發出新的精神問題。即使是一個健康的人，如果被單獨關在一個小房間中達幾個月甚至幾年，也會開始出現抑鬱、焦慮或是認知能力受損的問題。有許多單獨監禁的人都出現焦慮、妄想、記憶混亂、幻覺、不理性的憤怒情緒，和強迫性的報復想法。在被單獨監禁的期間內，可能出現好幾個這類的心理問題。他們還常做出自殘的舉動；在監獄自殺的人中，有大約半數都是遭到單獨監禁。

在所有看起來像是進步的發展中，我們應該問問：比起費城的創建者想要取代的那些制度，我們的制度是否真的沒有那麼野蠻了？托克維爾和博蒙特參訪了所有的美國監獄之後，作成了一份報告，十九世紀的費城人當然會很高興的從那份報告中得知：只有東州教養所沒有求助於鞭刑。但是如果你問「一號」——在數個月期間寂靜的面對孤獨之後——如果他可以選擇，他是否還會寧可選擇監獄，也不要接受肉體的刑罰？

現代的美國在過去幾十年來已經開始限縮死刑的判決——禁止對未成年人、智力不足的犯罪者和強暴犯宣判死刑——而且也投入程序的改革，對被告提供更好的保障。但我們真的讓痛苦減少了嗎？我們更人性了嗎？看看那些原始的數字，我們很難作出這個結論。或許我們的注意力都集中在反對死刑，但其實在美國，每年只有幾十人被會執行死刑；同時間卻有數千位美國國民被關了數個月甚至數年，還有幾千人要被關上幾十年都不得假釋。我們之中有少部分人轉而思考：比起注射一針讓人死亡，葬送了活人的餘生是否真的是一個比較文明的選項？

不過，也有些見識卓越的人從一開始就注意到美國的懲治模式惡性重大。在一八四二年三月八日，查爾斯．狄更斯（Charles Dickens）在訪美期間造訪了東州教養所，他對監獄的督察員說：「我幾乎可以說，尼加拉瀑布和你們這所監獄是我最想看的兩個地方。」於是他「花了一整天的時間走過每一間囚室，並和受刑人們交談」。不過，雖然他乘興而來，但卻認為整個費城的實驗都令人不舒服：「我相信，這種可怕的、持續經年的處罰，到底帶給這些受難者多麼劇烈的折磨和痛苦，只有很少數的人能夠作出評估……我相信這樣每天對大腦進行的緩慢改造，一定比任何對身體的虐待都糟得多。」

狄更斯認為這麼糟糕的設計，並不是因為賓州居民殘酷成性。其實，獄卒看起來都很友善，而且「真的急著……想做對的事」。問題不是他們故意想要虐待受刑人，而是他們在面對虐待時過於疏忽了。就如同狄更斯所寫的：「我完全相信那些想出這個監獄懲戒（Prison Discipline）體制的人，以及那些負責執行的和善紳士們，並不知道他們做了什麼。」我們有時會懵懵懂懂地做了一些殘暴的行為，今天是如此，當時也是如此。那些想出（或是做了）「既殘酷又不對」的行為的人，也許內心一點都不殘忍。

我們幾世紀以來對於單獨和長期監禁帶來的損害視而不見，我們必須從這樣的沉睡中甦醒。現代沙烏地阿拉伯對於武裝搶劫犯的處罰，是在用劍斬首之後，再釘在十字架上；在印尼，賭博的人可能要當眾受鞭刑——他們明目張膽地施行一些暴虐和殘酷的行為。狄更斯是對的；我們不會覺得一定要取消單獨監禁，原因之一是「比起直接可以看到和感覺到的傷痕，它沒有那麼駭人的象徵和標誌……它造成的傷口沒有浮現在表面上，人們因為它而發出的哭聲，很少能被旁人聽到。」它是「一種隱而不顯的處罰方式，不會喚醒人們沉睡中的人道精神」。不過，它當然造成了傷害——而且在現代科學的幫助之下，我們現在可以看到腦中那些以前看不到的「跡象」。研究者對於曾經被關在前南斯拉夫的戰俘進行研究，發現有兩種特定的受刑人會出現異常：腦部受到創傷，與遭到單獨監禁的人。

還有另外一個理由可以說明為什麼我們的監獄製造出痛苦，受苦的人卻無法獲得太多同情——因為這些事都與我們有距離，而且應該不會直接牽連到我們。這再一次呼應了如果我們與受到傷害的人保持某個距離——在物理上、情緒上或是心理上——我們就不會那麼不願意傷害別人。如果你知道按下開關，就會讓某個人承受電擊的痛苦，這時候如果你握著他的手，大概就很難按下開關，但是如果你遠遠地從隔壁房間做這件事，就會容易得多。同樣地，如果我們是直接按下開關的那個人，在我們按下開關時也會猶豫得多——相較於我們只是間接地參與這件事（例如我們只是念測驗題目的人，雖然測驗成績會導致電擊的「結果」)。因監禁而受苦的人不只在另一個房間裡，而且還藏身在許多牆和柵欄的後面，與外面的人只有一點點或是完全沒有任何接觸。

除此之外，單獨監禁——相較於肉刑——所造成的傷害是隨著時間的推移發生的。我們都知道，如果對陌生人施加的痛苦是緩慢遞增的，對我們來說會比較容易——相較於一下子就對陌生人施予四百五十伏特電擊，我們更容易接受每答錯一題就提高十五伏特電擊，直到上限四百五十伏特。而且由於單獨監禁對受刑人帶來的傷害並不是某些政府明確的作為(像是鞭打或是杖擊)所造成的結果，所以我們比較不會那麼認真地看待。研究顯示，不作為所造成的損害和犯罪所造成的(相同程度的)損害比起來，人們會認為前者比較沒有那麼不道德。當然，隔離最主要的特徵不是它直接造成了什麼痛苦，而是它剝奪了人們為了免於受苦而不可或缺的東西——特別是人與人之間的接觸。

結果就是，我們之中沒有幾個人會感到深重的罪惡感——就算我們知道受刑人在獄中自殺了。是他自己用刮鬍刀刀片割向自己的手腕的，不是獄卒做的(當然更不是我們)。同樣重要的是，是他自己犯的罪讓他先被關進監獄裡的。這導致我們對於監獄有第二個迷思：就算監禁的情況很不人道，那也是受刑人「罪有應得」。

償還的說法讓我們接受了某些在其他狀況下一定會被認為是暴行的作法。依照美國司法部的估計，每年有超過二十萬受刑人遭到性虐待——其中有幾乎三分之一是遭受暴力或是在暴力威脅之下遭到強暴。還有許多受害者被施暴了很多次。

人們不會對這種資料感到吃驚。許多電視劇（例如《監獄風雲》〔*Oz*〕）和電影（例如《刺激1995》〔*The Shawshank Redemption*〕）都以獄中的強暴情節作為主要賣點。脫口秀或是深夜談話節目的主持人也常抨擊獄中發生對受刑人的性侵。當衛生和公眾服務部——該部負責維護所有美國人的健康——部長的兒子販售一種叫作「別掉了你的肥皂」（Don't drop the soap）的桌上遊戲時，其實也沒有人會真的覺得不舒服——那個遊戲是要玩家「從六個不同的地方殺出一條路，讓自己獲得假釋」，但是「沒有玩家是從前門進去的！」

為什麼我們還笑得出來，有很大一部分的原因是坐牢被我們想像成一種選擇：既然你選擇了犯罪，就應該承受你應得的。但是這種理由——如同我們在前文已經討論過的——忽略了會導致犯罪行為的情況因素，以及一個麻煩的事實：在美國，即使你沒有做什麼嚴重傷害別人的行為，還是有可能坐牢很久。

讓我們回想一下萊安德羅・安德拉德——他想要把《威鯨闖天關2》（*Free Willy 2*）、《仙履奇緣》（*Cinderella*）、《閃閃聖誕夢》（*Santa Claus*）和《小婦人》（*Little Women*）等錄影帶夾帶在褲子裡，帶出Kmart。他會這麼做，是因為海洛因的毒癮犯了，所以想要偷錄影帶換錢去買毒品，他對於自己的行為有多少控制能力呢？這個退伍軍人和三個孩子的父親，到底應該受到怎樣的處罰呢？他活該受到性侵的威脅嗎？加州修改了三振出局法，因為選舉權人想要確保像萊安德羅這樣的商店竊賊，不會再被宣告五十年徒刑不得假釋。但是他還是會被關起來，還是要面對監獄中各處潛藏的身體危機。

如果在監獄中遭到強暴的受刑人不是罪大惡極的犯罪者，我們就很難認為他承認的痛苦是「罪有應得」。可能在相較之下，他們只是沒有暴力行為的初犯。或許在相比之下，他們的年齡或是體型很小。也可能他們相對而言有心理上的疾病。他們在童年時有遭到過性侵。甚至還有一個很糟的對比：那些最應該受到嚴厲處罰的人，進了監獄之後，不只可以逃掉最惡劣的虐待，甚至還可以受到全權的委任，成為一個加害者。如果司法體系默認苛酷的虐待屬於授權的懲戒、甚至也是處罰的一部分，這無疑是走上了歧路。

也不是只有「首惡之徒」才會被單獨監禁。既然比起一般監禁，單獨監禁會造成遠遠更多的傷害，那麼當我們知道典獄長在決定單獨監禁的名單時，是多麼地漫不經心，而且不會再有其他行政官員或是法官加以監督，或是我們知道有哪些狀況會讓受刑人受到單獨監禁，我們一定會大吃一驚。在某些監獄，只要在你的床底下發現一點大麻、你的名字出現在黑幫成員的名單上，或是身上有被禁止的刺青，就可以將你單獨監禁了。

如果我們知道有多少患有心理疾病的人遭到單獨監禁——或是被宣判徒刑，我們更會感到不安。受刑人患有精神病的比例是一般美國成年人口的五倍。緬因州專門關押危險罪犯的超高度安全級別（supermax）監獄中，有一半以上的受刑人都被歸類為患有嚴重的精神疾病。

有心理障礙的人通常無法遵循規則，這點已經由心理學家證實了，所以許多有心理障礙的人會被關進牢裡。讓這類型的人離開主流社會有某種程度的意義，因為在某些情況下，自制力不太夠的人具有危險性。不過，把這些人放在一個完全受到監控的世界中，也是一件很奇怪的事，在那裡，所有的規則都必須被嚴格的遵守，只要有不合規定的舉動，一定會被嚴厲處罰。不過，那就是我們現實的狀況：在美國，如果是患有重大精神疾病的人，被關在拘留所和監獄裡的人數超過在醫療機構中的三倍。而在關押期間，只有三分之一的人接受過治療。

這類型的人大概註定無法成為模範受刑人。州監獄中有精神問題的受刑人，打架受傷的比例是其他受刑人的兩倍，超過一半有精神疾病的受刑人都會因為違反監獄規則而被處罰。這時候，他們會被單獨監禁，而這通常又會使得他們的精神異常更加惡化。甚至更過分的是，如果這個人的心理病況加劇——讓他開始丟食物、潑糞，或是反抗獄卒——為了處罰他，我們又會延長他的單獨監禁、增加他的刑期——幾年或甚至是幾十年。

所以，處罰的嚴厲程度不只會受到我們認為不相干的因素影響——例如被告的嘴唇厚度；處罰的嚴厲程度甚至和我們認為相關的因素也不相符——例如犯的罪行有多過分。就算是死刑——這可以說是我們的懲治體系中會經過最詳細檢查的部分了——也因為這兩個弱點，而變得嚴重不健全。前文已經討論過種族會如何影響一個人被判死刑，但即使我們自己決定了判刑應該遵守的必要標準，我們也沒有遵守。

最高法院在二〇〇五年表示「死刑只應限於『最嚴重的犯罪中限縮的類別』，而且罪犯罪大惡極，是『最應該被處以死刑的』」。但是最近有人對康乃狄克州在一九七三年到二〇〇七年之間的所有謀殺案作了一次調查，卻發現體制決定的人一點都不是什麼「該受處決的人」——最十惡不赦的凶手通常沒有被科處死刑，而一個被告是否可以逃過死刑，也沒有什麼合理的標準。

我們的祖先曾經想要設計出一致、公平而且合比例的體制。因為有這個目標，所以我們也增加了一些新的機制——例如法官有同一套科刑的方針可以遵守——目的是要去除經年累月不消的武斷和偏見。但是，其實我們還是在用一個很不一致、甚至常常是錯誤的方式在施加處罰。

如果我們同意處罰的體制並不人道，而且也無法讓做錯事的人依其錯誤的程度得到該得的懲罰，說不定處罰機制確實有讓我們變得更安全。

非常一般性地來說，如果有人說刑事司法制度減少了犯罪，這應該沒有什麼爭議：如果拿掉了法律和處罰，就會有更多人酒後駕車、偷老奶奶的東西，或是把在超市插隊的人揍一頓。乍看之下，數字好像也可以反應出現在的懲治制度的確是有效的。只要有大量的人遭到監禁，美國的犯罪活動的確會明顯減少。在過去大約二十年間，財產犯罪和暴力犯罪都減少了超過百分之四十。紐約市就是一個很成功的例子。在過去，造訪紐約市的旅客如果有點概念，就會避免在晚上走回旅館和搭地下鐵，不過在今天，曼哈頓相對來說已經是一個安全的旅遊地了。看起來，一九七〇年代在全國推動的「嚴厲打擊犯罪」活動的確是奏效了：上百萬的罪犯從街道上消失，同時還有上百萬人也被威懾住了。

不過，事實總是沒有那麼簡單。

首先，還有許多理由都可以合理解釋為什麼犯罪減少了：也許是警方用了更有效的戰術，也許是人口老化，或是低通貨膨脹破壞了贓物的市場行情。如果益發嚴厲的監禁的確有助於減少犯罪率，我們應該可以清楚地看到證據，顯示受刑人在被放出來之後，就不會再有新的犯罪了。但是在過去的二十年間，我們看到再犯率一直固定在百分之四十左右，某些州甚至有百分之六十的受刑人在被釋放後的三年內又再度回到監獄。三振出局法尤其對於減少犯罪率沒有明顯的幫助。如果有其他國家和美國的情況類似，理論上，只要他們沒有大量使用監禁，應該就無法像美國一樣大幅降低犯罪。但事實也不是這樣的：雖然加拿大的監禁比例始終維持穩定、沒有太大的變動，但是它的犯罪率起伏狀況卻大致和它南邊的鄰國（美國）一樣。雖然歐洲的前三十五個國家**合起來**的受刑人人數一直比美國少，但是也沒有犯罪橫行。

再者，這些統計通常都漏掉了在監獄中發生的大量犯罪。的確，有些學者和新聞工作者都認為犯罪並不是真的消失了，只是從一個地方換到另一個地方了。監獄裡充斥著毒品交易、暴力行為和強暴，只是這些違法的行為都是關起門來、發生在門後的（就如同字面所示），這造成了一個假象，讓人覺得犯罪整體是減少了。

第三，如果要知道監獄體系是否真的可以讓我們免受犯罪的威脅，我們必須知道其他選項的效果為何。針對死刑，已經有了很長期的研究。最高法院在一九七六年恢復死刑，因為暫停四年之後，最高法院還是認為死刑對於謀殺案具有威懾作用。在那之後，許多實證研究都支持這個說法。不過國家科學研究委員會（National Research Council）在二〇一二年召集了許多頂尖的學者組成委員會，對過去三十五年的研究進行評估，其結論認為：這些研究並不能真的證明死刑減少了殺人案。如果真的要證明減少，必須要比較兩個數字——X州有執行死刑時發生多少謀殺案，以及X州**沒有**執行死刑時發生了多少謀殺案——而且必須是在同一段時間。但是當然，這是不可能的。

所以，如果要知道處罰體制是否真的達到了預期目標，必須採取另一個方法。我們應該放棄從大的統計數字去尋找答案，轉而試著考慮當一個人正準備犯罪的時候——例如當萊安德羅．安德拉德在一九九五年準備要踏進Kmart之前——我們的懲治體制會帶給他怎樣的想法。

加州之所以通過三振出局法，理由之一就是希望在這種時候發揮威懾的作用。其基本的想法是：如果累犯知道根據三振出局法，多這一次犯罪將會造成巨大的成本，他就會衡量一下這次犯罪的利益得失。三振出局法的規定愈嚴格，就表示像萊安德羅這樣的人應該愈不會決定拿走那些錄影帶。但是這種計算會這麼明確嗎？

出發點是人們一定要了解法律——不幸的是，法律通常很複雜、差別很細微，要不然就是晦澀難懂。在這個例子中，萊安德羅必須知道，雖然在商店行竊通常只是輕罪，但是如果他之前已經犯有財產罪，這就可以被當作重罪起訴。而且，雖然兩起這樣的重罪一般只能被處以三年八個月以下的有期徒刑，但是如果你的紀錄中已經存在兩起「嚴重」或是「暴力」的重罪，你就可能被判處五十年徒刑，而且不得假釋。其實，萊安德羅必須知道，他在十二年前的某一天潛進三所住宅偷竊這件事——雖然這些犯罪在任何文字的脈絡下都算不上「暴力」，因為根本沒有人在家，而且他也已經為此服過刑了——會讓他陷入極端危險的處境之中。

但是就算完全了解法律，還是不夠的。如果要做到完整的成本效益分析，萊安德羅還必須知道Kmart的監視錄影機是怎麼運作的、店員會不會注意到他偷了錄影帶、他們有多快可以抓到他、會不會叫警察。而且他還必須知道檢察官到底會不會起訴他、陪審團有多少機率判他有罪，以及他會被送去什麼樣的監獄。同樣重要的還有——雖然這會發生在好幾年之後——他要評估上訴審法院會不會認為他被宣判的刑期違憲，以及加州的選舉權人最後會不會通過重新改革三振出局法，並同意減少他的刑期。或許，最重要的是萊安德羅還要預先考慮到再度入獄是什麼感覺，以及他在監禁期間會碰到多少機會和經驗。

這中間包含了這麼多機動性和無法預測的變數，就連一個得獎的經濟學家都很難計算。而萊安德羅當然不是經濟學家。他是一個海洛因癮君子。

就算是我們這些沒有精神疾病或是毒癮問題的人，也會受限於認知上的缺陷、情緒問題和其他遭到扭曲的影響，使得我們很難評估犯罪要付出多少成本。如果基於某個動機，法官會選擇忽視與他自己相信的事實互相衝突的研究，同理，潛在的罪犯也很可能會忽視某些資訊，如果這些資訊顯示他們有可能被判很重的罪。因為這個體制中極端的不確定性放大了樂觀主義的偏見，所以一個人很可能會忽略眼前的威脅，反而認為自己可以逃過處罰。

最近的研究發現，人們甚至無法正確判斷處罰的嚴重程度。下面哪一種處罰比較糟呢？(a)罰款七百五十美元，或(b)罰款七百五十美元**加上**兩小時社會服務？我們很驚訝地發現，那些被認為可能違反法律的人，竟然覺得比起只有罰金的處罰，包含社會服務的加強處罰是比較不嚴厲的！理由是像萊安德羅這樣處境的人，通常不會用加法來正確地衡量處罰的輕重——也就是把主要的不利益（付罰款）和次要的不利益（做社會服務）加在一起。相反的，他們用的是具有誤導性的求平均值的作法：如果把主要的不利益（付罰款）和次要的不利益（做社會服務）加在一起並求平均值，那麼算出來的處罰看起來就會比只有罰款還不嚴厲。所以，雖然立法者想要在大額罰款或是監禁之外再加上社會服務，立意是要讓犯法顯得更加不利，但是因為潛在的犯罪者不是這樣算的，所以在主要課刑之外再加上輕微的額外處罰，其實反而鼓勵了犯罪。

科學家所謂的「情感預測」（affective forecasting）其實並沒有什麼幫助——我們都不擅長於預測處罰帶來的感覺。就算我們可以預知被關進監牢裡的第一天，看著牢房門在面前猛地關上的時候，我們會是什麼感覺，那個瞬間的感覺也十分短暫。的確，遭到禁錮是怎樣的經驗，會隨著時間而變——只要人們漸漸適應了監禁的環境。這表示被關在牢裡十年，並不會比被關五年痛苦兩倍，更不會比被關一年痛苦十倍。許多生命中的轉折——從中樂透到因車禍而截肢——從長期來說，都不像我們以為的那樣影響我們平穩的生活。人們可以習慣任何事，甚至包括坐牢。就像艾利斯・波伊德・「瑞德」・瑞丁（Ellis Boyd "Red" Redding）——摩根・費里曼（Morgan Freeman）在《刺激1995》中所飾演的角色，他因為謀殺而被判終身監禁——所說的：「這些牆很有趣。剛開始的時候你恨它們，接著你就習慣了。過了很久之後，你甚至變得依賴它們了。這就叫作制度化的習慣。」受刑人在重返社會之前會養成「制度化的習慣」，這對於刑罰的威懾作用造成一大阻力。一個被關了很久的受刑人，在被釋放的那一剎那，並不會覺得再待在牢裡一年有那麼不愉快。

事實上，從心理學的觀點來看，如果要建構一個理想的威懾作用，現在體制的每一點都做錯了。威懾作用要有所發揮，必須讓潛在犯罪者覺得他們一定會被抓到，而且會受到明確、立即的處罰。相對而言，我們的體制抓到犯罪者的機率很低，而且好像只會在遙遠未來受到不明確的處罰。

美國被通報的強暴案件中，只有受到指控的百分之四十．三會被起訴，搶劫案只有百分之一八．二，竊盜案則只有百分之十二．四。所以，一個連續竊盜犯每侵入八間房子，只需要擔心被逮捕和被起訴一次。這真的是一個問題，因為會不會被警察逮捕，才是決定威懾作用能不能夠發揮的最大因素。在美國，因為被判有罪的機率——百分之六十九——離百分之百還差很多，或是因為判決充滿不確定性，所以對於威懾作用就沒有什麼幫助。死刑是一個主要的例子，例如：如果一個年輕的黑人男性最後被執行死刑的機率，只比他死於意外、或是在監獄外被打死的機率高一點點，那麼（除了終身監禁之外）死刑又怎麼會有額外的威懾作用呢？

同樣地，雖然我們也都承認「遲來的正義不是正義」，但是我們的司法程序還是常常拖延數個月以上。在布魯克林區，一次審判的平均等待時間是二百四十三天；在布朗克斯（Bronx）則是四百零八天。有些案子還會等上三、四或五年。就算最後有一天會得到懲罰，但是從違反法律到處罰之間拖得越久，懲罰的威懾作用就會越低。

如果我們真的想要減少犯罪，就不應該再浪費時間規定一些嚴厲的刑罰，例如最低刑期、三振出局法、終身監禁不可假釋；這些重刑對於犯罪只有很少、甚至沒有任何影響。如果我們把資源投入於增加警察的存在感——讓犯人在最大的限度內覺得犯罪會被發現——而不是一直通過新法增加刑期，會比較容易達成目標。處罰必須要讓人感到不愉快，但是不必很久；不論我們是想要減少潛在的犯罪者，或是想要消除「（習慣性）制度化」的影響。刑期短還有一個附加的好處：如果一個人所犯的罪相對而言刑期比較短，他就比較容易被判有罪，並且會真的得到應有的處罰。研究顯示，被告可能得到的制裁愈嚴厲，模擬的陪審員就會要求愈高標準的證據，才願意相信他是有罪的。

有幾個司法體系根據心理學設計了威懾的方法，也證明它是真的有用。有好幾年的時間，在緩刑期間再犯在夏威夷是非常普遍的，理由是即使違反規定，也只會在好幾個月之後才受到處罰，或是根本不會受到處罰，因為制裁實在是太嚴厲了，所以法官在適用時顯得很遲疑。不過在二〇〇四年，夏威夷州發起了一個新的提議，要讓處罰變得更清楚、確定而且立即。根據夏威夷的「機會緩刑強制執行」（Hawaii's Opportunity Probation with Enforcement，HOPE）計畫，有毒癮的緩刑犯很清楚地知道他們該怎麼做，如果違反規定又會發生什麼事。每天早上，他們都必須撥打一個藥物測試的自動專線，如果被隨機選中了，他們就必須在當天中午過後前往報到、進行測試。如果測試結果呈現陽性，他們就會被當場逮捕，被關進牢裡幾天。

結果令人印象非常深刻：HOPE計畫中的緩刑犯因為犯新的罪而被逮捕、緩刑被撤銷、沒有按時向觀護員報到，或是吸毒的人數，相較於一般的緩刑犯少得多。現在有十七州採用了類似的計畫，而這些以假釋為對象的有限實驗結果，或許可以提供一個踏腳石，幫我們完成更有效的整體懲治體制。

不過，如果我們看的是一個更廣的範圍，就會發現刑事司法的世界對於如何讓違法者不再犯罪，還是充斥著不實和有害的概念。不幸的是，就算暴露出方法無效，也還是無法看見問題的全貌。這並不只是因為我們追求的正義機制無法提供威懾作用；其實它們還可能**增加了**未來的犯罪行為。或許你以為抓住一群罪犯、把他們放到監控最嚴密的環境裡——然後選出最危險的那幾個，把他們單獨監禁——就可以有效減少問題行為。但事實是監獄環境反而引發了暴力。

只要純粹從數字上想一下，就會發現這是說得通的。在過去幾十年來，大量湧入的受刑人使得監獄過於擁擠，其結果就是許多教育和職訓計畫沒有足夠的資金繼續進行。讓許多人擠在一個有限的空間裡卻沒有事情可做，結果就是一些人會開始某些——通常是暴力的——舉動。我在十三歲時就看過這種景象了——一群人在朗費羅中學（Longfellow Middle School）的自助餐廳打架、破壞公物、互相辱罵，只是因為每天早上教室在七點三十分開門之前，會有一千兩百個學生擠在那個餐廳裡。如果連一群維吉尼亞州福爾斯徹奇市（Falls Church）裡、一所好公立學校的孩子們都會做出這種事，你覺得一群罪犯會怎麼樣呢？

曼哈頓的美國檢察官（U. S. attorney）曾經檢視賴克斯島（Rikers Island）監獄裡的男性青少年在二〇一三年的狀況，發現他們「普遍都有」「根深蒂固的暴力文化」。雖然賴克斯監獄每天平均的青少年人數只有六九二人，但是卻有八四五件受刑人之間的鬥毆（更不要說一定還有許多未申報的件數）。獄卒對於受刑人的虐待屢見不鮮，百分之四十四的受刑人都至少被打過一次，許多還因此造成了嚴重的傷害：頭部創傷、面部骨折、需要縫合的傷口。情況真的非常糟糕，以致於許多受刑人甚至要求單獨監禁，只是為了不要受到傷害。全國各地都有類似的資料；例如在二〇一〇年到二〇一四年間，喬治亞州的州立監獄裡就發生了三十四起謀殺案。我們的教養所根本就是培育暴力行為的溫床。

最令人不安的是，這些有問題的教養所裡的絕大多數人，最後都將回到我們的社會。我們以為刑罰體制將使得危險分子不再犯罪，這是毫無事實根據的。今年將有一千三百五十萬人在監獄或是拘留所裡度過，而他們之中有百分之九十五的人最後會重回監獄外面的世界。即使是長期監禁的受刑人也不例外：有超過一半的人會重新回到他們來自的地方。

這通常不是個快樂的重聚。許多受刑人在走出監獄大門時，帶著毒癮、傳染病（例如肝炎、HIV），或是已經加入了幫派。非暴力的犯罪者也變得殘暴了，而單獨犯案的犯罪者獲得了未來可以一起作案的人際網路。

損失也難以估計。在被關押了數個月或數年之後，許多受刑人已經失去了一些關鍵的東西，讓他們無法重新帶著生產力，和平地回歸社會。這些關鍵的東西包括家庭的聯繫、友情、多年來的職業訓練和經驗。他們又被丟回波濤洶湧的生命之海，但是卻沒有安全航行所需的錨、舵和航海圖，沒有能力讓自己免於船難。

還有許多人必須重新適應新環境，但是卻失去了他們曾經擁有的心理能力。曾經被單獨監禁的人在獲釋時通常會面臨最大的問題，許多人對於重啟或管理他們的外在關係感到困難。而且，如果你連一般的社會交換都無法參與，擁有工作或是循規蹈矩地做人變得幾乎不可能。自然而然地，長期的隔離會在實際上增加——而不是減少——再犯率。所以在二〇〇六年召開的「美國監獄中的安全與虐待委員會」（Commission on Safety and Abuse in America's Prisons）——這是一個由兩黨共同支持的特別小組——便認為，隔離超過十年左右並沒有顯著的好處，長期的隔絕會帶來明顯的害處。

我們一心想著監獄裡的經驗必須和監獄外有所區別，所以忽略了當受刑人被釋放時，要重新進入社會有多麼的困難。剝奪了受刑人與人的正常接觸並不會消除犯罪行為，而是消除了他們與人正常互動的能力。如果失去了工作、娛樂或是社會化所帶來的刺激，並不會讓人在未來作出更好的選擇，反而是讓他們在獲釋的同時，對於獲得工作或是與外在的世界互動毫無準備。

我們這套無效和不公平的監禁體制還有一個最奇怪的副作用，就是可能會讓人們從一開始就更不想遵守法律。許多制定政策的人以為嚴厲的刑罰提供了讓人遵守規則的強力動機。但是如果我們的處罰過於嚴厲，反而會讓違法行為增加，因為人們會認為法律不值得尊敬。如果在壯年時闖進幾個車庫並偷了一臺車就可以坐上十九年牢，這個體制就很難讓人信任；我們不會相信它的規定，也不會信賴它的程序和執行者。研究顯示，如果人民認為政府當局和法律規定具有合理性，他們才會比較願意聽從執法機構的判決，或是比較願意守法。有研究讓一群受試者讀一個提議的法案——它看起來很不公平，因為它揭示的一些公民自由權有可能對某些人民造成傷害，而另一群人讀的法案則是看起來很公平的法律。讀了不公平條款的前一群人之中，有比較多人說他們打算在日常生活中不理會其他完全不相關的刑法規定。

現實生活中也會出現同樣的傾向。夏威夷的HOPE計畫之所以會這麼成功，其中一個原因是它逆勢而行，讓程序正義變成威懾方法中重要的部分。夏威夷的違法者從一開始就知道法官和緩刑的觀護員希望他們成功。雖然處罰一定會被執行，但是卻不過度嚴厲（就算沒有通過藥物測試，也只會入獄幾天），所以被告認為處罰是公平而且合理的。這種感覺反而讓參與計畫的人更尊重法律。

不過，HOPE的提議是一個極少見的例外，而且雖然這個計畫提供了絕妙的方式，可以有效地進行威懾，但同時我們也有嚴肅的理由，來質疑威懾是否應該是懲治體制中的主要重點。說到底，只知道現在的處罰方式是否對某些罪犯有威懾作用（或是適當的改革之後是否可以更具有威懾作用），這是不夠的；我們也必須問：這個處罰方式帶來的好處是否值得它的成本。

住到監獄裡並不便宜；死刑也是。我們的懲治體制每年共要花費大約六百億美元——紐澤西州監獄一年的花費比普林斯頓大學一年的花費還多。它的走向也令人沮喪；在過去二十年間，州花在監獄的錢增加了六倍，這超過高等教育花費的成長速度。而興建和管理超高度安全級別的監獄，花費通常又是其他種類監獄的兩或三倍。諷刺的是，花錢在教育上——尤其是讓高中時期的男學生留在學校裡不要退學——看起來是個有效得多的打擊犯罪的方式。花時間在教室裡，就不會有機會去惹麻煩了，還會學到正面的價值觀以及可以找到好工作的技術，這樣就可以減少他們對於犯罪的需求，並且使他們更意識到被逮捕和監禁要付出的成本。

當然，這些都還未將處罰體制中更廣泛的成本列入計算。如同「美國監獄中的安全與虐待委員會」所說的：「許多遭到監禁的人來自、最後也將回到貧窮的非裔美國人和拉丁美洲裔所居住的社區，這些社區的穩定性對於整個城市和州的健康和安全都有影響。」

最後，最大的成本可能是我們高度重視的某些價值觀。我們想要一個人性的體制，但是卻是我們自己，讓某些人受到不可想像的苦。我們說只想處罰那些罪有應得的人，而且讓他們做錯多少事，就得到多少處罰，但是，我們最後都只是隨機的處罰，甚至——更糟的——讓那些犯最少錯的人，得到了最糟的待遇。我們說想要保護自己，改造受刑人，但反而是我們教會了他們暴虐的行為，並且因此讓自己變得更不安全。

如果我們可以除去認知上的盲目，就不會把處罰體制設計得像現在這樣。我們可以忘記東州教養所。我們將重新開始。

哈爾登（Halden）監獄是挪威保安程度最高的監獄之一，裡面關的都是殺人犯和強暴犯。不過窗戶卻沒有裝柵欄，監獄四周也沒有高大的牆壁——只有樹。

它的建築目的不是為了威脅、恫嚇或是隔離，而是為了讓受刑人回復正常的生活。

這棟設施追求雅緻而極簡的美學。每位受刑人的房間裡都有平面電視、廁所（有門與房間隔開）、淋浴間、冰箱，和一張桌子。每十或十二個房間就有一個共用的起居空間。

只有在傍晚時間，受刑人才必須被關在牢房裡，白天都是他們的教育、職業和休閒活動的時間。監獄裡有幾個作坊和運動設施，還有圖書館、禮拜堂和學校。受刑人通常會把錢存下來買烹調佐料——包括山葵（wasabi）和印度什香粉（garam masala）——再一起煮飯。餐桌上還有桌巾。

獄卒的角色不像美國一樣，只是死板的執法者；他們的角色是要幫助受刑人戰勝他們的罪惡、改變他們的生活。而方法則包括加強家庭的紐帶（例如准許家人留在監獄裡的小屋過夜），並幫助受刑人準備好，重新融入社會中。

哈爾登監獄的典獄長認為這樣做是有道理的，因為每個受刑人最終都會被釋放。一個怪物般的監獄只會創造出怪物。那有什麼意義呢？

哈爾登監獄一定不會被重新規畫成一棟鬧鬼的房子，也不會招來對於超自然的調查研究，因為它——和東州教養所不一樣——一點都不恐怖，它的設計也不是為了製造痛苦。人們很難想像一個和我們很不一樣的模式。當東州教養所的建築師——約翰・哈維蘭（John Haviland）——在設計圖上落筆的時候，他希望「恐懼進駐每個想要犯罪的人心裡」。而他所建造的這棟令人望而生畏的堡壘，則留傳給後世一個駭人的遺緒：今天在美國，我們還是固執地認為如果要保護大眾，最好的方法就是施以嚴厲的刑罰和監禁。但是時代已經改變了。如果過去是歐洲人成群結隊來到賓州學習新型態的監獄，那麼現在該由美國人跨越大西洋去取經了。

在二〇一三年——距離托克維爾和博蒙特造訪東州教養所超過一百五十年之後——賓州派出了代表團前往北歐參訪監獄設施、與受刑人會面，並且與獄卒座談。代表團員聽到的事嚇了他們一跳。在他們造訪的德國和荷蘭監獄中，受刑人自己做飯、穿著他們私人的衣服，離開囚室外出工作或是上課時，還用鑰匙把門鎖起來。如果受刑的婦女有不滿三歲的孩子，她可以把孩子帶在身邊，而且會特別為她們安排母嬰同住的房間。受刑人還常有探親假。單獨監禁極端罕見——只是一個最後的手段——而且時間必須非常短（幾小時或是幾天），還可以定時與人接觸；如果表現良好的話，還有機會早早回到團體之中。為了鼓勵受刑人有好的表現，較常使用正面的支援，而不是嚴格的紀律。犯法者被釋放之後，也不會永久性的喪失投票權、政府福利，或是永遠被排除在一般公民可以享有的其他權利之外——但在美國卻多是這樣的。離開監獄之後，他們就是自由的了。

理由很簡單：德國和荷蘭的刑罰體制——和挪威一樣——著眼於再社會化（resocialization）和改過遷善（rehabilitation）。他們的法律就是如此。例如根據德國的監獄法，讓受刑人改過遷善是監禁的

唯一目的；首先要確保受刑人在獲釋之後可以成功地回歸社會，保護社會大眾只是自然附帶的作用而已。為了幫助受刑人最後成功地轉換身分，監獄內的條件會盡可能地接近外面的環境。協助改過遷善的想法尤其會對有心理疾病的違法者帶來好處。因為在這個脈絡中，監禁他們沒有什麼意義，所以德國的作法是將他們安置在精神病院中，讓他們在那裡得到專業的照顧，以便漸漸好轉。

我們很容易覺得一定要設什麼圈套把人抓住才行。但是數字顯示北歐的作法完全行得通。挪威是全世界再犯率最低的國家之一——兩年後再犯的機率為百分之二十。其他鄰近國家的再犯率也比北美低得多。是否有些受刑人故意利用這種比較寬大的作法呢？當然也還是有，不過人數卻很少。在德國，探親假過後不再回到監獄的受刑人，只有百分之一。

是否美國也可以放棄處罰的作法，致力於讓受刑人改過遷善呢？許多人指出，基於我們獨特的文化，這無異於緣木求魚。他們說：大眾不會支持的。我們的罪犯比較危險。我們的成敗全靠自己：成功在於我們，而失敗也在我們。沒得憐憫。也沒有多餘的眼淚為惡人而流。的確，歐洲監獄的成功，得力於一個健全得多的社會安全網，和他們的政治環境（因為這個政治環境比較能將違法者視為公民）。但是差異性也可能被過分誇大了。英國打算廢除長時間單獨監禁的作法（這從一九八〇年代就開始了），但是其實英國的監獄——就像美國一樣——也有發生過攻擊獄卒的事件、有犯下凶殺案的精神病患者、有受刑人團體一心想要破壞懲治的體制。但是英國的領導者還是有勇氣不對他們趕盡殺絕，給那些關在牢裡的人多一點人生掌控權，而事情並沒有變得更糟——還變得更好了。

在美國推動改革也是可行的，更強的證據來自於賓州等地所作的新實驗——將違法者轉入心理健康計畫、有限的受刑人隔離、提供受刑人在轉型期的住所。就在前五年，某些州——包括密西西比州和科羅拉多州——大幅減少了單獨監禁的人數，並且獲得了令人鼓舞的成果。

其實根據我們獨特的文化，我們應該要推動改革，而不是妨礙它。我們以捍衛自由為傲，而且只要是為了維護基本的自由，我們也願意承擔風險。但是我們竟然盡其所能地在強制和限制別人，這真是不可理解，甚至是荒唐可笑的。

我們認為人民有權在市民廣場上傾洩仇恨，有權儲備武器掃平孩子們的教室，並且有權讓謊言透過電視或廣播塞滿聽眾的耳朵、左右選舉的結果，也願意為了捍衛這些權利不遺餘力地戰鬥。但是我們卻畫了一條線，禁止一個偷了幾捲錄影帶的人越雷池去上廁所、不給他機會花上一晚和家人在一起，或是穿著他自己的衣服準備自己的晚餐。如果即使成本很高，確保那些可能傷害我們的人能夠享有自由依然值得，那麼保護這些人的權利，也必定能夠讓我們更安全。

第四部
改革

11 需要克服的難題◆挑戰

就在當上法律系教授不久之後，我接到法院的通知，傳喚我當陪審員。就我所知，法律系教授通常不會被選為陪審員；律師通常會把他們除名，因為擔心他們會主導陪審團的最終決定——我還聽說另外一個原因：沒有律師會希望有個法律系教授在旁邊分析他說的每一個詞，讓他有重新當學生的感覺。不過，我還是存著一絲希望，希望可以通過對陪審員背景的測試，順利成為十二位陪審員之一。

第一步是要填寫一張關於陪審員資料的問卷，其中有一些人口統計學上的資料，接著再回答幾題是非題。「你是否會因為警察或是其他執法人員從事的工作，而比較相信他們的證詞？」「如果法官告訴你刑事案件中的被告不須出庭作證或是出示證據，而且如果他（她）選擇保持沉默或是不提出證據，他的選擇也不能夠成為對被告不利的證明——你是否無法遵照法官的指示？」「是否有其他的任何理由，會影響你在刑事案件中的公平性？」

如果你有任何一題的答案是「是」，法官就會接著問你一些問題。例如如果你表示會比較相信警察的證詞，法官就會向你解釋：身為陪審員，你必須要公平地看待每一個證人，不論他（她）的地位、種族、性別等為何。接著，法官會問你是否還是無法去除偏見。每一個原本回答「是」的人都會把答案改成「否」。於是法官就滿意了，我們就可以繼續下一步。

許多人認為這種互動充分顯示出刑事司法制度中起作用的元素。照這樣看起來，好像我們並沒有逃避現實——我們的確知道有些陪審員會把偏見帶進法庭，而且我們也直接指出來了。我們沒有逃避一些難以回答的問題，而且也接著清楚地說出了期望。甚至我們做的還不止於此：每件刑案中的每位陪審員都有經過篩選。就算是最後沒有被選上的陪審員，也都會因此而知道公平是什麼、我們要怎樣才能做到。這不就是一個很有意義而且誠實的過程嗎？

事實上，我們選拔陪審員的方式，正好說明了當我們希望消除法律中的不公平時，做錯了什麼。以科學為基礎的改革會面臨三個挑戰，這裡就反映出第一個嚴峻的挑戰。

我們所問的題目和所作的指示其實有問題，因為它們無法確保中立而客觀的正義，也無法達到一些有價值的目標：定義偏見、找出偏見、修正偏見。這兩者才符合本書的精神。問題在於細節。雖然我們想要具體地指出偏見，但是我們所做的，反而可能只是強化了對於偏見的虛偽陳述——偏見是什麼、它從何而來，以及如何去除。比起對於偏見不抱持任何立場，這要來得更為糟糕。

以「反省」為例。有許多研究認為不可能透過真摯的自我反省來發現偏見。而且，就算我們都相信人只要反省，就會發現我們所有隱而不顯的傾向，但這也不表示我們應該用法律來確認我們對這件事的直覺。但很不幸的是，這就是我們的許多規定和程序所做的事。

例如：第三巡迴上訴法院會問陪審員一些問題，以決定是否「有任何信仰、感覺、生活經驗或是其他理由，會影響（他們）作出有罪的判決」。如果被告出生於瓜地馬拉，這對你有影響嗎？你會歧視某些膚色的人嗎？身為一位陪審員，你會想想自己是誰——一個應該極端信奉公平的人——接著便回答：「不，當然不會」。你知道自己不是個種族主義者。那就沒有問題了：我們不必擔心有誰會歧視西語裔的被告。

真正會造成危害的問題，並不是陪審員誤以為他很客觀，而是有了這個想法之後，第三巡迴上訴法院就不會再想辦法去除背後所隱藏的種族偏見。現在如果要進行改革，我們不僅要克服人們原本就有的懷疑，還必須推翻他們根深蒂固的想法（因為他們一再被告知偏見並不存在）：如果你明知自己是個絕對的平等主義者，你一定不會歧視任何人。

如果法律體制讓人認為「沒有偏見」其實只是個選擇，就會發生一樣的狀況。在審判程序中，陪審員一再被告知要摒棄與案件無關的想法、情緒和信念。第三巡迴上訴法院的陪審員被告知「不要讓同情心、偏見、恐懼或是大眾輿論影響你」，「也不要被任何人的種族、膚色、宗教、國家祖先或性別所影響。」同樣地，如果法官確認異議成立，「你就應該完全忽略那個問題或是證據。不要去想或是猜測證人會怎麼回答那個問題；也不要去想或是猜測那個證據有什麼意義」。如果法官裁定證據有瑕疵，或是應該從紀錄中移除，「你也不應該再把它列入考量，或是受到它的影響」。

對於許多腦中自動進行的過程，其實我們的控制力微乎其微；假設知道這點，就知道這些指示看起來都十分可笑。但這並不是場鬧劇：我們每天都在這樣教導需要參與法律體制的每個人。第三巡迴上訴法院無中生有地想出了一種神奇的方法，可以對大腦進行遠端操控，讓陪審員忘記、暫停或是消除他們接收到的指令。

我們的大腦的確是很神奇的，而我們的法律規定、命令、解釋和指示，又把它塑造得更神奇了幾倍。按照法律所說的，我們都是超人或是神力女超人，可以不受偏見影響、看穿謊言，還能毫不困難地回想起過去發生的事。我們鼓勵每個案件中的每位陪審員和證人相信自己的基本直覺。我們也告訴每個法院中的每位法官：只要好好選擇，就不會被司法上的偏見所影響。警察和檢察官的訓練也告訴每位警察和檢察官：只要透過自律、謹守道德，就可以避免錯誤的處置。所以，我們沒有什麼好擔憂的。沒錯，我們可以把政治的信念先放一邊，好好決定這個案了。沒錯，我們百分之百地確定這個傢伙就是凶手。沒錯，在公事上，我們對待每個被害者都一樣地尊重。

知道我們一定受到限制並不是什麼萬靈藥，但這是必須踏出的第一步。如同前文討論過的弗蘭克．巴爾瓦羅法官，他還願意重提幾年前所作的判決：公平必常伴隨著懷疑。如果從不曾懷疑，你就不可能讓別人相信他們真的錯了，或是真的立刻需要一些改變。不過，我們還需要克服進步會面臨的第二個威脅，再重新檢視基本的架構，使大眾免於受到像過去幾個世紀以來的政府的苛待。

警察、檢察官和法官如何在判斷之後作決定，當然大大地影響了一般公民是否受到正義（或是不正義）的對待。為了表示對這件事的重視，法律也堅持警察、地區檢察官和法官在作決定時，應該要有意識地保持理性。為了確保大家的行為恰當，結論就是要架構出健全的規定，清楚地說明有什麼事受到准許、而什麼不行，並且要為遵守規則提供誘因。大部分的警察、地區檢察官和法官就會嚴守規定，如果有少數幾個人堅持不遵守規定，就會被逐出這個團體。幾十年來，美國都是這麼做的。

如果有重大的不公義被揭露出來，我們就會本能地搬出《權利法案》（*Bill of Rights*），重申我們對於公平的訴訟程序和各類程序的承諾。例如：在一九六〇年代，檢察官和社會運動者注意到警察會虐待嫌犯，於是最高法院明確表達了一連串憲法對於執法者加諸的限制。因為害怕強制的自白會導致錯誤判決，法官們——在遭受質疑之前——先明確表示必須告訴被拘留者「有權保持緘默，他所說的任何話，都可能成為法庭上不利於他的證據，他有權要求自己的律師在場，如果無法聘請律師，在被問話之前，法院將指派一位辯護律師給他」。這所謂的「米蘭達宣告」（*Miranda* warning）已經是警察的標準特色了，不過現在的警察、檢察官和法官在與社會大眾互動時，還有其他程序上的相關規定。

在過去的數十年間，法律學者、律師和法官都不遺餘力地對抗這些規定中的枝微末節。憲法禁止不合理的搜索，其中是否包括警察不可以強制要求檢查公車乘客的帆布包，或是叫出家裡電腦的檔案來看（即使這位訪客說這沒有問題）？如果一個人拒絕向警察透露他的名字，這是否屬於他的權利、不致於構成犯罪？

這些努力的結果，形成了許多極為微妙的程序上的保障。以米蘭達宣告為例，如果要避免自己所說的話讓自己陷入法網，被問話的人必須自己會主張。當警察開始訊問你的時候，你必須清楚地主張自己的權利——如果沒有，你所說的話就可能成為不利於你的證據。同樣地，最高法院也說，如果你沒有被逮捕，就不適用這個不陷自己於罪的權利。如果警察要求你到警察局回答幾個問題，而你也去了，那麼就必須回答每一個問題，否則你拒絕回答的這件事，就可能在稍後的審判中成為對你不利的證據。

這些棘手的細節是否阻礙了法律的建構？這些程序的障礙的確只提供了假的保護。我們的程序規定完全不能保障我們想要的實質正義，反而可能破壞了它。

首先，許多程序上的規定其實完全沒有對警察、檢察官和法官造成限制；只是看起來很像是這麼回事。最高法院處理「無因迴避」（peremptory challenge）就是一個很好的例子。在審判之前，兩邊的辯護人都可以不附理由地剔除某些陪審員，這個規定的原意是要確保這個體制的正直、不偏頗——辯護人可以依他們的直覺和經驗找出隱而不顯的偏見，以免這些偏見造成判決的不公。但事實上，這些規定反而常常**帶進**偏見：有好幾十年的時間，辯護人都是根據自己的性別或是膚色，將某些特定的族群不成比例地排除在外。最高法院在面對嚴重的批評之後，終於決定正視這個問題，禁止只因種族就迴避某些陪審員，辯護人如果要求排除某位陪審員（但是對造反對），辯護人就必須提供與種族無關的理由。深層的社會價值正遭受威脅，所以最高法院決定在程序上限制辯護人的裁量權，以亡羊補牢。

許多人認為這個決定是反歧視基本原則的一大勝利，一方面保障了公民得以擔任陪審員的權利，並且可以接受自己的同儕代表團體的審判。但是不幸的是，這個規定其實沒有造成太多限制。問題在於——就像是第一位非裔的美國最高法院大法官瑟古德．馬歇爾（Thurgood Marshall）老早就看出來的——「任何檢察官都可以輕易地找到一些表面上看起來很中立的理由，將某一位陪審員除名，但是審判法院卻很難在事後批評這些理由」。在今天的許多審判中，如果檢察官想要將一位黑人陪審員從一個事關死刑的審判中除名，他只需要找到一個與種族不那麼明確有關的理由就好了。「該陪審員的工作為水管工人，因此他有偏袒同為服務業的被告之虞」，或「他表示自己只有讀到八年級，本案的複雜性恐有超過他的理解能力之虞」，或者，「問他問題時，他一直在嚼口香糖，似乎沒有注意在聽取問題」——任何一個理由都可以。不需要什麼說服力，或是甚至不必合理。

法官要怎麼知道這些解釋只不過是藉口呢？司法專業人員通常不會判決這些事情。以執業律師和學生為對象所作的實驗性研究顯示，雖然種族的確會影響無因迴避，但是人們在說明自己的行為時，通常都會用一些與種族無關的詞彙，所以旁人無從判斷種族到底是不是陪審員被除名的原因。而且，因為種族的偏見通常隱而不顯，所以連律師自己都不一定知道。

因此，許多地方其實都沒有什麼進步。阿拉巴馬州休斯敦縣（Houston County）的檢察官在二〇〇五到二〇〇九年間，將死刑案件中五分之四的黑人陪審員都除名了。結果，有一半的陪審員都是白人，其餘的一半之中，也只有一名黑人。雖然我們盡了全部的努力要建構一個適當的程序，但是對於歧視的主要問題，還是完全沒有解決。

雖然無因迴避也是個重要的問題，但是它其實只是眾多現象中的其中一個：我們花了太多精力在對抗、改革與嚴格執行程序保障，以致於忘了：其實程序只不過是達成目標的手段。如果警察闖進你家，沒有取得搜查令就開始搜證，那麼法官就會讓你從商店竊盜的案中全身而退；但是，如果一個人只因為偷了幾片DVD就必須在牢裡度過下半輩子，法院就不太會介入這種明顯不公平的狀況。如果只聽從國家的控制，即使一個人本來就不應該受到輪姦的威脅，法院也幾乎不可能為了這個理由，就推翻哪個判決。

如果你在偵訊中已經要求辯護人在場，而且自白犯下一樁令人髮指的謀殺案，但是刑警還繼續調查，那會怎麼樣呢？如果自白是唯一的證據可以證明你就是犯人，那就沒有什麼關係；法官不會容許這被呈給陪審團。但是如果你**放棄**主張米蘭達宣告中的權利——大約有百分之八十的嫌犯最後都會這麼做——你的自白不實這件事就不會被重視了：法院會認為放棄本身就證明了你（承認有罪的）自白並不是遭到強制，而且自白也是可靠的。只要一開始先確認好程序，法律制度就滿意了。

如果我們真的在乎實質正義，就絕對不應該是這樣。首先，每年大約有一百萬件刑事案中的嫌犯——大約是總數的百分之十——都不了解他們在憲法上的權利，這件事至關重大。我們注意到，每三個還沒進入審判的被告，就有一個誤以為如果他在遭到逮捕之後保持沉默，他的不講話會變成對他不利的狀況。我們也擔心絕大多數放棄權利的人，都是無辜、年輕或是有心理疾病的人；畢竟，這些人才是我們最想保護的人。最關鍵的是，我們必須要關注宣示米蘭達宣告之後發生了什麼事，如果偵訊程序一再製造出不實的自白，我們就不應該再容忍了。

但是，我們似乎忘了嚴守正義的形式——每次都要遵照某個程序——其實是為了確保實質的權利，例如自由、隱私權、安全和平等。我們現在都只講究形式，把實質放在一邊了。我們對於實際上的運作漫不經心，只看正確的規定有沒有被遵守，把這當成最重要的事。這樣真的會造成很荒謬的結果，就像是埃迪．喬．勞埃德（Eddie Joe Lloyd）所作的不實自白；法院認為勞埃德在回答警察的問題時一定是出於自願的，因為警察已經事先告知了他的權利——雖然他的訊問是在精神病院中進行的，而他被送進精神病院並不是出於自願，卻是因為他被認為有精神方面的疾病。

更糟的是，如果我們念茲在茲的只是遵守規定，那麼即使行使的方式嚴重違反了當初制定這個規定的精神，也是可以接受的。例如：警方會教導偵訊者要如何傳達米蘭達宣告，才能夠讓它很容易被聽者誤解和忽略。警察被告知在傳達這個宣告時，應該像是不經意地提起——而且不要在嫌犯被逮捕的時候，因為他在那個時候最會考慮自己的權利。當米蘭達原則第一次被提出來的時候，警察原本擔心這會嚴重妨礙他們獲得自白，但是其實該原則對於警察的工作只有極小的影響，而且很容易就可以排除。

紐約重案組（NYPD）決定停止攔截與搜身（stop-and-frisk）的作法，雖然在歷史上具有重大的意義，但是其實也和上述狀況類似：這個決定遭到執法人員的強烈抵抗，但是深受人權運動家的歡迎。不過，新規定其實也很容易被迴避。如果警察要在路上攔下一個黑人，搜他的身、看他身上有沒有武器，這也沒有什麼做不到的；這個警察只要符合對於「合理懷疑」的程序性要求就好了（例如：這是不是一個高犯罪率的地區？當警察靠近時，那個人是不是拔腿就跑？）。

這些程序規定的複雜度——以及我們用來發展這些程序規定的精力——製造了公平的假象，而且還讓侵蝕我們體制的問題更難被發現。諷刺的是，如果我們訂了一些無效的程序規定，自以為可以預防不實自白，結果會比毫無預防措施還更難消除不實自白。如果我們在正確的地方作了詳盡的規畫，看起來會像是我們確實有注意到這個問題，但如果還是有些問題沒有在一開始就被擋住，它就不會得到、或是只得到很少的監督——這被認為是合理的。糟糕的是，我們禁止對嫌犯刑求，並且規定要向被逮捕的人作出米蘭達宣告，這樣反而讓「法院對嫌犯說謊」這件事變得比較正當了——因為我們讓警察的工作（保障我們的安全）變得更困難，所以這變成了一個必要的手段。

如果我們留心不實自白的證據，或是關注正義的主要原則，就絕對不會認為偵訊者可以欺騙嫌犯——告訴他共犯已經招認了，或是DNA證據顯示他與犯罪有關。其實大部分的人都不知道偵訊者可以這麼做。如果大部分人都認為某個警方常用的作法是被禁止的——因為這會造成不公平，我們就必須在心中亮起警示燈。而如果強暴犯和謀殺犯——我們之中最不守法的人——也這麼認為，那就值得放信號彈來警告了。

但不是每個人對於「真實的」法律體制——其中充滿著操縱、漏洞和光怪陸離的現象——都存有天真的幻想。指出我們之間隱藏的不公平，最終的挑戰就是要處理不平等——尤其是我們在理解法律上的行為人如何感知、思考和行動時，獲取資訊的途徑上存在著不平等。

刑案中的某些行為人會比其他人更懂得人類的行為。而這些比較有力的個人和組織，也已經在利用法律制度中的弱點，達到他們自己的利益。這到底是什麼意思呢？也就是如果你有錢、有關係，就會被釋放。如果你很窮又沒讀過什麼書，就會去坐牢。

造成差異的主要原因之一，與知識在社會中如何傳播有關。如同我們討論過的，研究者正在蒐集非常多的資料，希望知道到底是什麼影響了警察、法官、陪審員等人的行為。但是，問題是對於大多數人來說，根本就沒有管道得知這些資訊。

首先，商業出版界採取的作法是集中資源，把寶貴的資源保留給最菁英的消費者。最近幾十年來，大公司吞併了許多之前走非營利路線的刊物，並且提高了價格。如果只是訂閱一本期刊，一年就要花到四萬美元以上，這表示大部分民眾都被排除在這堵牆之外了。

如果我們努力讓更多人得知研究結果的摘要，或是讓他們積極接觸到政策辯論，這件事還不會有那麼大的影響。但考量到這麼快就把科學資料傳達給一般大眾，不一定是合理的作法，所以這個轉譯計畫也受到阻礙。許多研究者不願意指出他們的研究可以用在哪些實務上，免得被指責太過度詮釋自己的資料。而且當新聞工作者報導某個研究時，總是不能排除他們曲解某些發現或是忽略了某個重要（但是細微）的差別的可能性。也有許多學者擔心，一旦某人已經有特定支持的政策，就勢必會有偏見。如果一個科學家根據她的研究成果提出改變體制的建議，人們通常會認為她的資料蒐集和分析都是經過計畫的。至少在這個研究確立下來之前，最好可以先把注意力集中在科學部分，或是完成其他理論。

不過，就在大眾還在等待其他複本的時候，已經有人開始仔細閱讀這些初步的研究成果了。這些人是審判中的顧問，以及某個產業的成員——這個產業專門把社會科學的見解和方法帶入訴訟世界，它的成長快速，年營收可達五億美元。在一九七〇年代之前，沒有這種陪審團專家或是協助證人作準備的指導者，但是今天已經有超過六百家這樣的公司，而且他們對於刑事和民事的法律體制都多有著力。在重要的訴訟中使用審判顧問，現在已經被視為理所當然的事。

有趣的是，這些顧問大部分都不是律師；一項調查顯示，只有百分之五的顧問有法律碩士（Juris

Doctor，JD）學位，也只有百分之十一有法律背景。比較多的是社會科學家——大約有半數的審判顧問有博士（PhD）學位，也有半數接受過心理學家的訓練（這兩個族群有明顯的重疊）。如同一位訴訟顧問所說的：「基本上，陪審團的諮詢需要用到心理學……我們會閱讀《應用心理學或法律與人類行為期刊》（*The Journal of Applied Psychology or Law and Human Behavior*）上的研究。我們都在實務界工作，不過這裡的每個人幾乎也都可以搖身一變去當學者。」

事實上，這個領域需要學者。在首批有顧問參與的案件中，一九七四年的約安・利特爾（Joan Little）案應該是一次很重要的審判——利特爾是一位來自北卡羅萊納州的非裔美國年輕女性，她被控於博福特郡（Beaufort County）監獄的監禁期間，謀殺了一位白人獄卒。利特爾聲稱那位獄卒強暴了她，她是出於自衛，才用冰鑽刺向他。一群杜克大學（Duke University）的心理學教授——以約翰・麥康納（John McConahay）為首——決定提供專業的意見。他們採取的第一個步驟是調查這個郡的居民對於本案的感覺，以及探究他們一般是否認為黑人女性有暴力傾向。最後他們提出證據證明，博福特郡可能選出的陪審員，會比其他管轄區域的潛在陪審員更容易判利特爾有罪（可能性為兩倍），所以麥康納和他的同僚便協助將這個案子移往韋克縣（Wake County）審判，這樣會明顯對被告有利得多。除此之外，團隊還蒐集資料，找出有哪些特徵和偏好的人會偏袒被告，並且利用這些資料排除了容易服從權力的陪審員，包括年紀比較大、偏向共和黨和教育程度比較低的人。

雖然審判拖延了五個禮拜，但是陪審團最後只花了一個多小時，就決定利特爾無罪。對於利特爾的起訴在表面上看起來沒什麼力量，所以有些批評者現在也質疑陪審團研究的最終影響，不過麥康納的團隊還是為現代的審判顧問奠定了基礎。

團隊的方法一直被延用。在審判開始之前，顧問的標準作法是會針對**可能的**陪審員人選蒐集資料，討論他們之間是否有任何關聯，並且以一個具有同理心的陪審團為目標。評判小組會分成贊成檢方的一邊與站在辯方的一邊；真正擔任陪審員的人被評分或是分級的標準，就是看他們的反應與這兩邊的理想成員有多一致。

不過，今天的審判顧問還會提供其他許多服務，包括協助整體策略的發展、陳述的有效性、宣誓作證的準備、媒體關係和協商。他們不只會根據現有的心理學和市場研究提出建議，同時也會參考他們對案件蒐集的資料。審判顧問可能會組織幾個焦點小組（focus group），或是完整地模擬幾次審判，以充分檢驗某些特定的方式、理論、證人或是某些證據；他們會僱用影子陪審團（shadow jury）觀察整場審判，看它在實際上如何進行，並且提供反饋；在審判後還會進行訪談，確實了解陪審員的決定是如何作成的，以發展未來的案子可用的策略。

這些看起來都很好——為了追求更有效而且完整的法律陳述，這些都是自然的發展。那麼，問題在哪裡呢？

在過去的歷史上，受到關心的焦點是詐騙行為（charlatanism）的有無，以及審判顧問對審判結果的影響力是否能有效評估。不過隨著這一行很快地變得日漸複雜，也累積愈來愈多的實務經驗，未來的主要議題也會變成機會是否均等的問題：誰可以享有審判顧問的服務，而誰無法？

因為在一些複雜的民事訴訟中，辯護人代表了企業上億、甚至上千億的利益，才使得這個行業得以擴展。結果便是審判服務現在非常昂貴，每小時的平均花費大約是二百五十美元，有時候甚至還高得多。當富人和名人被揪進法院時，他們通常都會動用陪審團顧問；O．J．辛普森、瑪莎．史都華（Martha Stewart）、卡爾文．布羅德斯（Calvin Broadus，以史努比狗狗〔Snoop Dogg〕的藝名而為人所知）、羅伯特．布雷克（Robert Blake）與梅嫩德斯（Menendez）兄弟的刑事案件中，都有審判顧問。對於出手闊綽的白領階級被告來說，這也是標準的辯護配備。但如果是手中沒有什麼資源的人，通常就得自己看著辦了。這從根本上就是不公平的。休戈．布萊克大法官曾經在超過半個世紀之前寫道：「如果審判的本質取決於涉案人多有錢，就不可能有人人平等這回事」，他是對的。

而富人和窮人之間的差異只會愈來愈大。對於那些金字塔頂端的人來說，犯罪不一定要付出代價——你愈有錢，就愈容易找到人幫你在這個體制中賭一把。你愈有辦法，政府就愈不可能調查你、起訴你，或是在認罪協商時採取強硬的立場，因為政府知道他們不太可能在審判中贏。本書討論不公平，但是卻沒有談到白領階級的犯罪，其實有一個原因：那些從事企業的自我交易（self-dealing）、違法帳務規畫以及證券詐欺的人，在有如交易般的審判中，得到的比「公平」還要多。

相反地，那些在社會底層的人因為缺乏管道，只好開啟他們往下沉淪的毀滅性循環。你沒有機會中止連敗，因為每次出獄回來，你就愈來愈不可能得到需要的幫助。每次被判刑，你就離可以賺錢的工作、教育和人際連結又更遠了。你不可能有機會累積必要的資本以進入那個充滿祕密的世界——但那些投機的騙子不費吹灰之力就能進入。而且你受的詛咒還會傳給你的孩子：當你被關在牢裡的時候，他們也更不可能上大學或是脫離貧窮。整個內城區的人都陷在這種自我強化的不公平中，但是在河的對面，那些大門深鎖的家庭卻可以把財富和成功都鎖在家裡面，傳給後代子孫。

十分殘酷的諷刺是，審判顧問的出現，其實在一開始是想要保護那些窮人和弱勢的團體。就像是那些幫助約安·利特爾的人一樣，第一群在一九七二年投入現代審判諮詢的社會學家，其實也是為了確保其他人可以獲得基本的公平，而不是為了錢。有七位反戰的激進份子——其中六位是天主教的神父或是修女——被控密謀襲擊聯邦政府辦公室、炸毀華盛頓特區的蒸汽管道，並且綁架亨利·季辛吉（Henry Kissinger），以終結美國對越戰的參與。政府選擇在賓州的哈里斯堡（Harrisburg）進行審判；這是一個極端保守的城市，天主教徒的比例也很低。杰伊·舒爾曼（Jay Schulman）和他的團隊認為潛在的陪審員人選會嚴重偏向起訴的檢方，所以他們在審判前先進行了一項研究，希望找出何種社區的居民比較可能作出符合他們期望的判決。他們的目的只是為了抵銷政府不公平的優勢——讓審判不要有偏頗。

但是這中間的數十年間發生了許多改變。審判顧問和社會公義的連結被切斷了，平衡也不再是它的目標。既然有委託人願意為了這種服務（甚至在備受矚目的謀殺案審判中）支付上萬或是數十萬元，說要個公平的審判已經不夠了。委託人希望判決照著他們的希望走。所以在某些方面，審判顧問的目標變得完全相反。如果過去的目標是要找出不被認可的偏見，並且消除這些偏見，現在的焦點變成要用社會科學將偏見加以分類、控制，這常常還更突顯了偏見。其實，從審判顧問的角度來看，不公平的體制反而才是最好的情況（但是大部分法庭中的成員都不知道），因為這代表了無限商機。

當然，這個行業裡還是有些人認為他們的角色是要為正義服務——幫律師和專家將複雜的概念解釋給陪審員聽，如果法庭中的行為者把某些偏見帶進了審判，他們就要與這些偏見對戰，並且找出藏有偏見的人。不過，這些立意良善的人極容易折損。如果你擁有的科學知識可以讓法律程序、法官、陪審員和證人都倒向你這邊，你大概不會向來得容易的錢說不。而且，扭曲並沒有固定的範圍：我在本書中所說的幾乎每個發現，都既可以用來促進正義，也可以用來阻礙它。

以對於目擊者記憶的研究為例。在今天，協助目擊者作準備已經是審判顧問提供的主要服務之一了，而且它的規模通常很大，會有一些提供資訊的訪談，律師也會趁機解釋案件的整體狀況，並且詢問目擊者知道的每件事，同時還會模擬他真正站上證人席之後，會從摸擬陪審團那裡得到的回應。這類準備有許多好處：讓律師比較容易準備他的論點、決定哪位目擊者是可靠的，並且幫助緊張的證人適應這個程序。不過，既然我們現在已經知道了記憶的脆弱，審判顧問其實也可以馬上知道：這種準備其實反而會污染證人的記憶，所以是不道德的。不過，實際上這到底有多容易發生呢？

對於記憶力所作的研究告訴了顧問或是律師一件事：周全的目擊者準備，會讓判決對他們的委託人比較有利——事先經過確實練習的證人，比較傾向於把他們聽到的事當成自己的記憶，而且他們也比較會對自己的記憶表現出自信，這讓陪審員比較容易認為他們是正確的。所以，不講道德的顧問就會積極地幫他們的證人作準備。除此之外，也有其他許多顧問也會這麼做，但是目的只是要對自己的委託人盡忠職守。也幾乎沒有什麼方法可以阻止他們：審判顧問不會直接受到管制，美國審判顧問協會（American Society of Trial Consultants）所訂的標準又只是一些一般性的準則，極容易達到。

律師要對他們僱用的顧問負責，但是被故意曲解之後，變成如果律師沒有認真地為證人作準備，甚至會比認真為證人作準備（但是誤導了他的記憶）受到更多制裁。其實根據美國憲法第六修正案，被告甚至可以主張該律師「沒有履行其應盡的協助職責」（ineffective assistance of counsel）。美國律師協會（American Bar Association）和法官們不只沒有正視證人準備的可疑之處，對於某些研究已顯示會造成記憶扭曲的作法，甚至還加以認可。如同北卡羅萊納州最高法院（North Carolina Supreme Court）所說的：「如果辯護人為他的證人做好面對審判的準備，向證人解釋在特定情況下會適用的法律，並且在審判前與證人彩排過辯護人會問什麼問題、證人該回答什麼，讓他在法庭作證時處於最佳狀態，讓證人因為知道法庭上會發生什麼事而顯得較為安心，並且讓他的證言能夠發揮最大的效用，這並沒有什麼不妥。會做這種準備，才表示他是一個好的辯護律師……值得稱讚。」美國最高法院（United States Supreme Court）的法官也認為「在政府的證人作證之前加以『指導』」，這是「不可避免的」。他們也一再強調交叉詢問（cross-examination）是指導時一個有效的工具——雖然心理學的研究證實交叉詢問並沒有什麼用。

這些都表示，沒有什麼審判顧問或是律師會知道，有問題的證人準備是真的有問題。又因為這類準備一定是在私底下進行，而且通常受到辯護人「工作成果特權」（work product privilege）的保護——對於律師預訂在審判中使用的資料，須保障另一方無法取得——所以局外人幾乎絕對不會發現證人的證詞已經受到污染。

我們讓審判顧問和辯護人更容易用心理學和神經科學的洞見來危害正確性、公平性和正義。不過，對於倫理的要求不高、專業上的限制也很寬鬆，還只是問題的一部分。有愈來愈多的調查研究所提供的方法可以直接影響審判的結果，甚至不需要作任何推斷，或是讀出言外之意的能力。最近有科學家作了一組實驗，想要看看是否陪審團的篩選過程其實反而使人們產生偏見，而無法偵知並去除偏見——雖然這是這個過程的目的。在實驗中，每位模擬的陪審員都會被問兩個中立的問題，不過有些人還被問了第三個問題（「如果被告是幫派分子，他們是否還能保持公正」）。雖然提問者很明確地表示這只是一個假設性的問題，但是它仍然明顯地造成了偏見：比起沒有被問到這個問題的人，被問到的人明顯比較會判被告有罪。研究者認為，這是因為幫派分子會跟犯罪行為連結在一起，接觸到這個假設性的問題導致了負面的刻板印象，這會鼓勵受試者認定被告是有罪的。

那麼，如果說審判顧問不是只用「預先審查」來選出合適的陪審員，他們還在預先審查時植入某些印象，影響陪審員的看法和審判開始之後的判斷，這還會令人感到驚訝嗎？像這類的研究在某些方面會被不道德的辯護人認為是教戰手冊。但它其實也能有另一種功能；它可以被視為一股力量，消除我們這個體制中的偏見。不過，為了促成這個變化，我們必須重新形塑審判顧問和律師執行工作的方式。這並不是要改變我們的身分，而是要重申我們的刑事司法制度所根據的原則。預先審查的目的是要選出公平的陪審團；但是如果它一直被用來耍些花招，那麼我們就真的是迷失了。

我們沒有理由覺得以審判顧問為職業的人，就比其他人更不道德。但是他們也是環境下的產物，而現在的環境告訴他們：使用人類心理的知識去操縱法律上的行為人，不僅是受到允許的，甚至是值得稱讚的。不為你的委託人多做一點，就是讓他們失望。證人準備和陪審員分析都只是現代審判中的一部分。因此，這類優秀的人——訓練有素的科學家、律師等——沒有幾個人會停下來想想他們的行為會有什麼深遠的影響。我們把陪審員和法官的腦袋賣給了出價最高的人。是時候該誠實地反省了。正義不該是個商品。

12 我們能夠做些什麼◆未來

大約一百年前，英國作家卻斯特頓（G. K. Chesterton）曾經被傳作陪審員。在宣誓之後，卻斯特頓坐回席上，觀察了這齣公開戲劇中的許多角色：被控疏忽了孩子的婦女、偷了腳踏車的偷車賊、法官，和聚集在一起的律師們。卻斯特頓從那個私密而有利的位置往外看，了解了一些他以為無法掌握的事情：「所有與法律相關的官員（即使是最優秀的人）、法官、地方行政官、偵訊人員和警察做出了那些可怕的事，並不是因為他們很缺德（他們之中有些人真的是好人），也不是因為他們很笨（他們之中有某些人十分優秀），只是因為他們太習慣了。」

如同他所說的，這個體制的問題，在於其中的人對於他們的環境都太習慣了，他們做事的方式和假設的前提都太過於固定，所以，「他們眼裡看不到被告席上的囚犯；他們只看到一個普通的人在一個普通的地方。他們看到的不是可怕的審判法院；他們只看到自己工作的地方」。卻斯特頓認為解決之道唯有以外行人作為陪審員——像他這樣的局外人，可以「看到法院和群眾，以及警察和職業罪犯那粗俗的臉、敗家子那枯槁的臉、口沫橫飛的律師那不真實的臉——而且都像是在看一張新完成的畫作，或是一場從未看過的芭蕾舞」。

卻斯特頓把寄託放在陪審員身上，可能也是所託非人（如同本書的前文所討論的）——陪審員也和他所批評的法官、警察和辯護人一樣，難免有許多認知上的限制——不過他確實指出了刑事司法制度的問題何在。完全正確，我們都太習慣了。太過於熟悉，讓我們無法看出它真正的本質——到底是什麼把驅動裝置移走了，讓制度無法運轉。正義的主要敵人不是幾個心胸狹窄的警察、腦袋不靈光的陪審員，或是自我本位的法官做出了貪污腐敗的事。正義的主要敵人就在我們每個人的心中。

要進行任何改革，第一步都要先了解和接受這個事實。我們必須用新的眼光來看刑事司法的體制。所以，提升對於心理學和神經科學的研究意識是很重要的。這會指出我們的缺點，並且指引我們前進的方向。這需要不懈的堅持和勇氣，但是我們的司法體制夠有彈性，足以對新的科學證據作出回應。

好消息是研究者花愈來愈多的心力，不僅在幫我們的偏見分類，同時還試著要控制它們，甚至是消除它們。例如，現在有證據顯示，不明顯的種族偏見會讓未攜帶武器的黑人比同樣未攜帶武器的白人更容易遭到射擊（而且容易得多）；也有證據顯示，警察的模擬訓練因此強調，在確定有必要之前，不可以射擊。不過，訓練還是沒有去除潛藏的種族偏見。為了達到這個目標，科學家嘗試了許多大有可為的作法。其中一個成功的方法是讓人們看一些形象十分正面的黑人名人（像是小馬丁．路德．金〔Martin Luther King Jr.〕），和一些形象負面的白人名人（例如查爾斯．曼森〔Charles Manson〕）[1]，以打破對於種族的既定印象。其他的作法像是講述一個生動的故事，讓受試者想像他被一個白人暴徒重傷之後，又被一個黑人救了。現在我們知道能夠成功干擾偏見的某些關鍵了，我們的挑戰在於：要知道怎麼讓「消除偏見」（debiasing）深入人心。許多研究紛紛朝這個方向進行，因為如果能夠明確地測試出何種方式可以解決本書指出的問題，就可以大大地加快改革的速度。

除了這些新研究之外，還有其他許多發生在真實世界中的重要改革都已經開始進行了——我們在前幾章已經討論過一些，其他的則將在這裡討論。對於審訊過程的錄影，已經有些警察單位改成由第三者的視角全程錄影，並且開始改用認知性的晤談技巧與證人對話，不再使用具有暗示性的指認程序，這些都證明了今天要進行改變是完全可能的。但是我們也必須透過科學的洞察，努力將刑事司法制度更廣泛地重新概念化（reconceptualization），雖然我們也必須承認，這個放眼未來的工作不可避免地具有某種理論性。

本書探討了我們有哪些特質會導向不公平，但是在我們一路朝著目標前進的時候，絕對不會只盯著那些沒有達到預期的部分。雖然人性的確有某些深層的缺陷，但是也有絕對的善。我們在各種不同的狀況下都會產生同情心。我們達到真正正義的最好機會，就是學會什麼時候應該戰勝本能、徹底發揮同情心。

人們創造了刑事司法制度，並不代表人就一定是這個程序或是制度最理想的操作者。我們與生俱來的限制，可能會讓我們無法遵守自己的原則，或是達到自己的目標。這暗示著，我們的法律制度應該不要那麼依賴人的想法、記憶和判斷。

1 查爾斯．曼森是一名美國罪犯。曼森家族在二十世紀的六〇年代末是加州一個惡名昭彰的犯罪集團，曼森和他的跟隨者被控在一九六九年夏天時，犯下了九起連續殺人案。

其他的許多領域——包括選舉預測、交通計畫，或是甚至眼科手術——都經歷過類似的考慮和重新調整。在過去，棒球隊挑選球員可能是根據球探的直覺，現在則愈來愈仰仗統計學上的分析來打造冠軍隊伍；藥劑師以前可能是根據自己和顧客的記憶來避免藥物之間危險的相互作用或過敏現象，現在則有程式會追蹤不同時期的處方箋，並自動發出警示。

如果你去參觀位於賓州拿撒勒（Nazareth）的馬丁（Martin）吉他工廠，就會知道這間公司——他們從一八三三年創立以來，一直以手工生產木吉他，並且引以為豪——在幾年前就為了盡可能追求最好的產品，而決定投資機器設備。吉他外部的亮漆只有頭髮的兩倍厚度，這表示在磨光過程中，就算是很有經驗的師傅，只要對吉他的表面有一點點過度用力，就很有可能會熔穿漆層，傷到原木，接著就需要花很多錢整修整個樂器的表面。磨光機器的滾輪可以偵測壓力，並且對每個樂器都可以執行完全相同的動作，所以絕對不會犯這種錯誤。馬丁不可能完全放棄人為操作的部分，但是如果要達成公司的核心目標，這才是正確的決定，而且主事者也不害怕作出這種決定。如同公司的一位資深員工迪克·博克（Dick Boak）所說的：「因為我們的手工技術具有悠久的傳統，所以我們對於新技術會抱持有點懷疑的態度。但是只要新技術真的對產品有幫助，或是可以改良產品，我們也會試著打開心胸。」

如果我們想要一個更加文明有效的刑事司法制度，應該也要有同樣的彈性。人類的大腦有其限制，並且會因此造成不公平的結果；如果要對付這種不公平，一個最好的方法就是別再依賴人類的能力。如果明知證人不是非常可靠，法官的客觀性也通常有問題，那麼，我們的確需要衡量該如何改善證人的辨識度，以及減少法官的偏見；但是我們也需要想想：是否可以一開始就避免使用證人或是審判。是否有任何程序，是我們不需要的？

我們第一個想到的——這也在前文提過——便是法庭上的證人指認。它具有高度的暗示性，很容易因為之前的指認程序而受到誤導，而且會讓陪審團過分倚賴它。就連檢察官自己也都知道那只是個表演。所以，讓我們拿掉這個步驟吧。另外，律師可以在審判之前不附理由地將陪審員除名——這個程序應該也不需要。證據顯示，律師通常不是把有特定偏見的陪審員剔除，而是利用無因迴避，趁機打造一個偏向己方的陪審團。取消他們的這種權利並不會造成什麼損害。關於檢察官不會將證據交給被告的問題，我們可以規定犯罪實驗室的法醫報告一定要同時送給檢察官和被告，或是所有警方的報告都要放進一個開架的檔案中，免得檢方可以任意輸入或是修改。如果沒有任何機會可以出現不誠實的行為，你就不必擔心會有人不誠實了。

我們必須知道，在許多案子中，都已經有新技術可以利用，不需要老是依賴不可靠的人類。我在費城住家的幾條街外曾經發生過一件謀殺案，它在幾天後就破案了，但這並不是因為找到了目擊證人，而是因為有幾臺錄影機都錄到了殺人犯走進被害者的家，又駕著卡車離開。我們周圍的監視器愈來愈多，一般國民也都有智慧型手機可以隨時備戰，不論是偵訊室、警車或是監牢裡，錄影設備愈來愈普遍，因此對變幻無常的人類記憶的需求已經愈來愈低了。我們愈不必依靠證人的指認和證言，就愈不必相信陪審團確實有能力評價證人的可信度。雖然我們也在前文討論過，錄影並不是萬靈丹，但是它還是很有可能幫我們避免掉錯誤的有罪判決——如果錄到了行凶者作案車輛的車牌號碼，還是可以大大減少不實自白的可能性，或是如果照到了一樁血案的照片，也可以阻止陪審團懷疑一個無辜的人。

日益精進的法醫分析也扮演了重要的角色。如果我們可以利用有限或是遭到破壞的樣本，即時進行DNA或是其他痕量證據（trace evidence）的分析，我們就不太需要擔心前文所提出的許多問題了。有希望讓我們在短時間內破案的新技術，其實已經出現了。

例如：有些城市正在實驗是否有設備可以指出槍擊的精確位置，並且讓錄影機自動開始旋轉、錄下凶手，這樣警察就不必再依靠鄰居那有缺陷的觀察和模糊的記憶，而且可以確保抓到所有槍擊事件的凶手。

同樣地，因為警察常常會忽略犯罪剛發生後那段時期的重要證據，對於現場的記憶也很容易遭到扭曲，或是很快就變得模糊，於是紐約市警察局（New York Police Department）在二〇〇九年開始使用全景掃描（Panoscan）相機——它可以三百六十度旋轉、以高解析度照下犯罪環境的全景。一個男性被發現綁在床上遭到刺殺的幾個月後，警方還可以叫出全景掃描相機所拍到的影像，重新檢查房中的每個角落——包括開著的衣櫃門中可以看到的襯衫和夾克，以及桌上的五個煙屁股和古柯鹼所放置的位置和狀況。

紐約市警方還引進了另一種新技術——智慧型手機的導向程式。首先，只要有了這個程式，警察就可以當場確認，他們行經的公寓之前是否發生過暴力事件，而該戶的居民是否為登記有案的槍械持有者。如果對街走過來一個人，警察可以立刻用這個程式叫出她在機動車輛管理局（DMV）和警察局的紀錄。只要有這個技術，警察即使不需要仰賴他們有瑕疵的記憶和可疑的直覺，也可以掌握清楚的答案。

例如：如果有鄰居在聽到尖叫聲之後報警，到場的警察可能會依稀覺得這個住址的人好像曾經吸食天使丸並因此發生暴力事件。所以當門一打開，有個男人口出穢言地對他叫囂時，這位警察很可能會認為屋子裡的男性具有威脅性，而且會做出對他們兩個都有危險的事。不過，如果有智慧型手機的話，警察就可以立刻查詢這棟公寓的門牌號碼，並且發現他對於天使丸事件的記憶是錯的——那件事發生在七樓。而**這間**公寓——根據上次警察所作的紀錄——裡面的居民患有嚴重的妥瑞氏症和思覺失調症，但是沒有任何施暴的紀錄。如果警察知道這個資料，他就可以正確地判斷形勢，而且不會造成任何人員受傷。這類科技的確有可能侵犯公民自由，但是只要我們可以預防警察的行為出於毫無根據的直覺，在權衡之後，應該還是值得的。因錯誤直覺而造成的對於自由的剝奪，要嚴重且持久得多了。

這些都是在說，要避免刑事司法制度中發生已知的人類偏見或可預期的錯誤，最好的方法或許是在體制外進行變革。在思考如何減少謀殺的發生率時，我們通常會舉出常識認為的解決方法：在犯罪率很高的區域增派警力、嚴懲毒犯，並且發展出更好的預測暴力行為的方式。但是或許也還有其他方式（雖然人們不會那麼快就想到）更符合成本效益，也比較容易執行。例如：市政府可以買進急救包，裡面有軍隊開發的材料，可以處理戰鬥造成的傷口。所有警察也都必須接受訓練，學會如何處理打鬥時可能造成死亡的主要傷害（肺部萎縮、氣管阻塞、四肢大量出血），這在某人遭到歹徒開槍射擊或是被搶劫時，都是極端常見的。我們也可以要求所有醫院和救護車都要準備價格比較低的非專利藥傳明酸（tranexamic acid，這是拿來幫助受傷士兵減緩失血速度的）——僅僅是這些改變，每年就預估可以拯救多達四千條美國暴力受害者的性命。在投入資源去制裁具有攻擊性且問題叢生的警方用槍暴力行為（例如「攔截與搜身」）之前，或是投入可觀的時間與精力，發展由神經系統預告再犯率的指標（但是卻可能永遠不會正確）之前，我們應該先看看是不是有什麼簡單的方法，可以達到我們「拯救生命」的最終目標。

如果用更宏觀的視野來看犯罪控制，我們會找到許多有創意的方式。研究者最近發現，一九九〇年代的搶案之所以減少，主要的原因之一，是一個完全無關的政策改變了。在那時，聯邦政府開始要求各州在支付福利金時，必須使用電子福利轉帳（Electronic Benefit Transfer）系統，這大大減少了街道上流通的現金，因為福利金受益人都開始使用儲蓄卡（debit card）。流通的現金比較少，表示與現金有關的犯罪也減少了。這告訴我們什麼呢？有時候最靠近問題的人——警察、檢察官、法官和陪審員——反而不是最能夠解決問題的人。

另外一個值得期待的作法，是限制法律上的行為人可以自由裁量的範圍。如同我們在前文所看到的，由最高法院法官所作的研究，通常在整理資訊的方式上都帶有偏見。他們會用帶有偏見的方式來蒐集資料，以確保最後可以挖掘出他們希望的事實，同時迴避和懷疑那些立場相對的資料。法庭之友提供的建議——充滿了自行出資和誤導的資料——只會讓事情變得更糟。所以，我們何不成立一個獨立的團體——像是國會的國會研究服務（Congress's Congressional Research Service）——針對相關的議題，向所有法官提供報告？這個簡單的安排可以對抗司法上狹隘的視野，並且確保所有法官都可以接觸到相同的資料，這樣就沒有那麼容易忽略相衝突的證據了。

同樣地，因為專家意見通常會與付錢給他們的那一方一致，所以我們何不取消有偏袒的專家證人作法，改用雙方出資的獨立專家小組，並且將費用併入正常法庭開銷的一部分呢？我們何不也讓這些獨立的專家小組有權作出有約束力的決定？我們明知陪審員不了解什麼因素會造成記憶的扭曲，為什麼我們還要讓他們決定一位證人的指認或是證言是否可靠呢？如果我們當真在乎正確性，那麼讓陪審員自己決定是要完全接受一位專家的意見、或是完全不接受，這並沒有什麼意義。的確，如果一個被告以精神錯亂為理由替自己辯護，我們先是准許心理學家以專家的身分，針對主要問題（被告是否能夠理解他的犯罪行為本質）提出證言，接著又交給陪審團（或在某些案件中，是法官）作最終的判決，這是個很奇怪的作法。

我們也必須考慮在許多情況下，如果無法組成獨立的小組，就應該建立新的規則導正行為。如果沒有訂出最佳的規範，警察、法官、檢察官或是其他人，確實可能出現不該有的舉動，但是他們也會知道之後自己必須提出說明。例如：在處理校園槍擊案的時候，警察可能會違反規定，要證人指認他們抓到的人就是凶手，但是在這麼做的時候，他們也知道待會兒就必須提出明確的理由（例如：「因為我們當場就要判斷凶手是否還在校園裡繼續殺人」），如果他們的理由被認為不夠充分（例如犯罪現場已經被確認安全無虞了），這次指認就不會被呈給陪審團。人們往往最後選擇了一個我們確知有問題的作法——例如在指認時，選用極端具有暗示性的「犯罪現場模擬」法，而不是讓多位嫌犯直接列隊接受指認——通常只是因為這樣比較方便。我們必須停止這種明知會帶來不好結果的習慣性行為，並且迫使人們對於現有的假設提出挑戰。

在好像要產生偏見或是出現錯誤的時候，電腦程式可以有效地代替法律上的行為人「思考」，這會產生幫助。例如：智慧型手機的應用程式可以遵循一套既定的程序，引導巡警確保犯罪現場，在通常會發生錯誤的時候發出提醒；就像GPS程式可以在一個陌生的城市中，把駕駛帶向特定的目的地。有鑑於在忙亂的狀況下，責任歸屬可能會混淆不清，智慧型手機就可以強制警察確認各團隊成員要負責不同的重要任務（例如當場紀錄證人的身分、在偵查人員到達之前確保證據等），然後即時在這些警察的智慧型手機中列出他們的責任。接著，程式就會提醒負責蒐集證人資料的警察要拍下他的臉部照片、記錄最初的陳述，並輸入姓名和電話號碼。而負責幫助受傷被害者的警察，則需要完成一連串的快速檢查，確認被害者沒有生命危險，免得像大衛．羅森巴姆這樣的悲劇再度重演。

這不是科幻小說的情節；只是看起來像罷了。航空業也面臨了同樣重大的威脅，所以他們也發展出嚴格的管理規則和自動化程序，避免飛行員犯錯。今天如果發生了異常狀況，需要決定因時制宜的措施時，噴射客機的機長確實可以解除各種自動駕駛的功能和某些警示。但是如果是例行的程序，機長就會一切都遵照既有的程序，這可以大大降低災難發生的風險。是的，這個過程減少了人類的參與——現在，許多飛機在降落之前都只需要遵照指定的飛行路線，根本不需要飛行員做任何事——但是還是有些人認為這個方向是錯的。如果我們考慮到犯錯的代價如此高昂，對這類科技的擔憂似乎是搞錯方向了。既然我們知道電子郵件的程式可以提醒我們忘了附加內文中所提到的附檔，那麼，為什麼我們會擔心那些阻止了墜機、意外的發射和錯誤定罪的科技呢？

在未來的數十或是數百年中，我們必須決定願意放棄多少對於人類認知的信賴。其中一個可能性是捨棄由真人出席參與的現實審判。我知道這聽起來過於激進，不過先聽我說完。

如果陪審員和法官會受到證人的迷惑、因為被告的膚色或是檢察官採用什麼風格而動搖，那麼如果有一天，我們把訴訟程序搬到虛擬的環境中，透過化身來呈現參與者的互動（化身的設計就是要消除這些偏見），這難道不會很有意義嗎？在大部分的審判中，都沒有什麼令人信服的理由，需要陪審員來對被告、證人或是辯護人本人進行審查。不讓陪審員這麼做，也可能帶來重大的好處。

如同前文所強調的，如果想要避免陪審員根據不正確的「表達」（像是目光的閃避，或是膝蓋因緊張而發抖）來決定證人是否可信，其中一個作法就是不要告訴陪審員應該注意證人表現出來的行為或是舉止。但是還有一個更有效的方法：只要讓陪審員看不到證人的舉動就好了。如果陪審員或是法官看不到證人一直不斷地眨眼，他們就只好專注在證人所講的話。如果你不知道證人到底是黑人還是白人、胖或瘦、老或年輕、看起來是不是很有魅力，那麼這些人與人之間的差異所帶來的偏見，也就不太會造成影響。如果你聽不到一個人帶著南方人慢吞吞地拉長調子的語氣，你大概也不會覺得這個人很愚蠢、無知，或是對他充滿著對於非裔美國人的偏見。

即使檢察官在法庭中一副居高臨下的樣子，或是講話特別有磁性，又或者被告在講話時總是死氣沉沉、頭型很奇怪，這都不該造成影響。我們也應該勇敢地採取行動，解決這類嚴重的問題。

虛擬的審判也有助於減少檢察官和法官的偏見。如果檢察官和法官不知道陪審員在人口統計學上有什麼特徵，他們大概也不會有先入為主的假設和不同的對待方式。而且，如果陪審員看不到辯護人，檢察官和被告律師就會把焦點放在提出更有力的論點，以及更努力地挖掘證人陳述不一致的地方，而不會一再地使用身體語言、語調的起伏頓挫和服裝，來試圖達到最大的效果。

引進虛擬審判對於法庭安全來說也是一大利多——消除了可能發生在被告、證人、律師和旁聽者之間的暴力行為——也降底了在法庭上作證或是坐在陪審團席上的心理壓力。當我在費城被傳作陪審員時，聽到犯罪內容之後——一個據說十分殘忍的毆打行為造成了被害者腦部受傷——我開始思索自己的安全。被告的同夥難道不會跟著我回家嗎？而我知道，我當時所感覺到的不安，和被害者以及證人（他們必須和犯下恐怖暴力行為的加害者當面對質）所面對的恐懼相比，根本微不足道。任何一位地區檢察官都會告訴你，要起訴強暴案之所以如此困難，其中一個主要的理由是提告者都不想要再和攻擊他們的人同處一室，所以他們會拒絕作證。透過由化身所提供的虛擬審判，本來不願意的人會變得樂意協助排除那些危險分子。而且證人也不會覺得那麼害怕或是緊張，因此也就沒有必要事先進行排演了（排演會使得證人的記憶遭到扭曲）。

如果陪審員、法官、證人和辯護人的虛擬環境都變得標準化，會更加強這種安適的感覺。每次審判中的模擬空間——包括陪審員相對於證人的有利位置、法庭牆壁的顏色、從窗戶中透進來的光，以及法官的椅子有多高——會是固定的，所以法庭中的所有人都確實知道什麼事是可以預期的。除了午餐時間之外，幾乎可以確定還有其他許多因素都會影響判決和科刑——只差我們還沒有把這些因素確認下來。我們的目標是要去除審判中的所有變數，只留下特定的事實和法律——應該用來決定結果的因素。

所有虛擬審判都可以作紀錄，這對於上訴審法官十分有好處，因為上訴審法官可以確實回頭檢視陪審員看到、聽到了什麼。今天的上訴審法官通常只會拿到一份打字的文件，其中紀錄了下級法院進行的訴訟程序，這讓上訴審法官很難掌握審判中到底發生了什麼真正重要的事。除了作紀錄之外，我們還可以為被告提供額外的保障，例如將審判呈給多組陪審團（甚至可能代替上訴）。從社會的觀點來看，這為我們提供了最好的機會，讓我們知道審判結果是否會有一致性。而且審判在實際上進行的時候，會有更多（出許多）的人可以看到這場審判，這可以提供更多的社會參與以及透明性。其實刑事審判甚至可以透過法院的網站播送，讓他人檢查審判是否有瑕疵、是否存在偏見，這原本是辯護人和法官的工作，但是透過播送的話，就可以由集體的監督力量加以補強了。

甚至，我們還可以讓辯護人提出證據之後，不要立刻播送出去，這樣就可以減少陪審員的偏見了。這麼做的話，只要律師對於某項證據或是某個提問的方式提出異議，而且法官也接受了，那麼這個有問題的證據或是問題，就可以根本不被呈給陪審團。而且不立刻播送，也就讓法官有時間想得仔細一點，免得犯下會讓判決被撤銷或是必須重新審判的錯誤。

虛擬裁判所面臨的困難其實比你想像的小得多。首先，相較於長期的利益來說，一開始的成本顯得微不足道。如果是虛擬的法庭，主要的支出——例如交通和維安——都會大幅減少。的確，賓州的官員開始用視訊會議的方式進行初審、授權程序以及保釋和判決的審訊之後，他們發現這樣每個月可以省下一千七百萬美元。不再受到實體法院在邏輯上的限制之後，每天可以舉行更多案件的聽審，所以貧窮的被告在審判開始之前，可以不必被羈押那麼久，矯正體系也不必花這麼多錢安置他們。

我們已經具有類似足以舉辦會議和協商的科技了，虛擬的互動也變得愈來愈司空見慣。有愈來愈多位於數千哩之外的兩組人，可以即時商討上億生意的細節、決定國際事務，以及協調軍事行動，交易的複雜度和流動性已經令人大為震驚。一位身處內華達州、坐在電腦前面的士兵，可以替美國海軍陸戰隊的巡邏隊，在阿富汗的山區找到藏身之地，並靠著他們制服上的紅外線貼片，確實監看他們的行動，然後就可以馬上從盤旋在他們上空一萬五千呎高的「掠奪者」（Predator）無人機上發射飛彈，除去正要靠近他們的小貨車。就算是用比較小規模的行動來舉例，外科醫生也可以從遠端操縱機器人執行心臟手術，每天也都有心理諮商師用Skype和患者用視訊對話。

所以，我們應該問問自己：既然醫生已經不必和他的病人在同一個房間裡了，為什麼被告還是一定得和據稱強暴、槍擊或是搶劫了他的人在同一個法庭上呢?過去認為正當的理由——尤其是覺得法官和陪審員必須觀察證人的整體行為——其實不符合科學。如果我們現行的法律規定不讓我們利用科學程序矯正不公平，我們就應該重新思索這些規則。

的確，虛擬法庭會讓審判少了許多戲劇性和刺激的部分。但這也的確是重點：好的電視影集所需要的元素——辯護人夸夸其談、證人雙手顫抖，而即使被害者聲淚俱下，被告對他的證詞也不為所動——並無助於達成正義。

當然，如果整個刑事司法制度都能夠重新設計，也不是只有虛擬法庭會帶來好處。就連針對嫌疑人訊問，也可以用虛擬的方式進行，這樣對於會影響不實自白的因素可以有較好的控制，也有助於提高證言的真實性。對於證人的訊問也是如此。而且只要善用虛擬科技，便可以在證人所在的任何地方，更快速、更有效率地訊問證人。

目前已經出現了一些虛擬的空間，也有了虛擬的指認程序。由電腦所建立、選擇和管理的指認犯人程序切斷了人類偏見的主要來源。其實也還有其他有趣的可能性。如果我們廢除了監獄、建立了一個虛擬的矯正環境，這會發生什麼事呢？那些被判刑的罪犯還是會繼續住在自己家裡、繼續去上班，只是每天需要花兩小時在一個依據各人設計的線上虛擬實境空間中，達到我們認為最好的結果——不論是用威懾、矯正或是其他。最終的效益可能是很巨大的。首先，我們不再需要為大部分的囚犯提供房子、食物和衣服，這會大大減少矯正的費用。更重要的是，這樣一來就只有囚犯本人會受到處罰，而不包括他的子女、配偶、父母和朋友（但是在現行制度中卻不是如此），而且他只會受到我們直接施行的處罰，不像目前這樣，在監獄中還可能被施暴。又或者，如果我們容許大眾接觸陳年舊案中的虛擬犯罪現場，鼓勵大眾一起參與偵查呢？有些事實可能會基於戰略的考量而被隱瞞，但是我們何不善用百萬美國人解決問題的創意？交由一個警察來解決一個案子，看起來十分荒唐。如果我們想要對現行制度進行有意義的變革，就必須尋找新的方向。我們只是被自己的想像和固執困住了，我們只想要堅守事情「向來」進行的方式。

如果我們希望刑事司法制度更加公平，便不能夠如此依賴人類的行為，因為它們必定是有缺陷的，但是我們也必須更有同情心。我們不應該認為那些被逮捕、起訴、判罪和拘禁的人都很邪惡、沒有人性，因為這種傷人的聯想會讓我們心懷憎恨、製造傷害，讓各種殘酷的對待方式被正當化，但是卻對於保護安全沒有什麼幫助。如果有些結構使得我們看不到彼此之間的共通性、隱藏了我們共通的目標，也削弱了我們對於同胞富有的同情心，我們就應該對這些結構提出質疑。我們也應該建立新的機制，讓我們對於其他人的觀點和處境，都有更進一步的了解。

我們的刑事司法制度中充滿了無法漠視的族群歧異，我們用衝突來定義彼此：犯罪者相對於警察，檢察官相對於被告辯護人，受刑人相對於獄卒，囚禁者相對於大眾。這些動態造成了我們的制度中一些最顯見的不公平：如果警察把他們面對的嫌犯看作受人鄙視的敵人，並且認為他們有著與自己截然不同的價值觀，那麼警察就很容易會虐待嫌疑犯；如果獄卒以同樣的眼光看待受刑人，認為他們沒有人性，就一定會發生同樣的事；如果審判制度採取兩造對立的形式，也同樣會為了其所聲稱的利益，鼓勵以「我們」來相對於「他們」，這樣律師就會用一些不道德的方法便宜行事。我們的監獄制度本身就是一股很強大的力量，想要告訴我們，那些被關在裡面的人，和我們其他人有著本質上的不同，這讓我們永遠要面對一場無止盡的競爭：對相對於錯、善相對於惡、秩序相對於失序。

對於政府又新公布了嚴厲的法定刑期，或是有研究指出監獄內存在著強暴事件或非常糟糕的居住條件，或者新制定的法律禁止假釋者住在城市裡、剝奪他們的投票權、或是要在他們身上永久留下恥辱的烙印——大眾卻連眉頭都不皺一下，這並不令人驚訝。但是這些事情都糟糕至極。只要我們停下來想一想：其實我們有著相同的人性和共通的命運，那麼我們就會知道，這些事都和我們的價值觀完全背道而馳，我們不應該容忍它們。

我們要怎麼讓一個原本講求對立的制度不那麼對立呢？

第一步，或許我們可以幫警察重新思考他們的工作：不是要「把人關起來」，而應該是「改善社區的安全」。有些城市的警力發現如果重新定位警察的角色——不是執法者，而是安全的守護者——一般市民會比較願意幫助警察執行工作。鼓勵大家作這種理解，並散布這樣的想法，不僅有助於解決犯罪問題，甚至可以從一開始就減少犯罪的發生。

最近有一個例子，是發生在警方和當地居民原本有嚴重對立的社區：南洛杉磯的一個貧窮地區——瓦特（Watts）；這裡長久以來，因為幫派火拼和警民之間的嚴重衝突而為人所知。為了扭轉這個局勢，洛杉磯警察局在二〇一一年推動了一次新的社區安全合作（Community Safety Partnership），以加速相關居民（包括某些原本的幫派領導人）和警察高層之間的來往。這兩群人開始在每個禮拜一一起討論幫派鬥爭和偵查的狀態，以及其他會對社區造成影響的安全事宜。雙方的理解、信任和尊重都提升到一個新的層次，這也確實帶來了好處——衝突和暴力犯罪都減少了。事實上，洛杉磯在二〇一三年的殺人案件數創下一九六六年以來的新低。當然這是許多因素運作之下的結果，不過積極地擴大大眾對於執法的參與，絕對功不可沒：以尊重和公平對待人民，的確也會讓他們更願意尊重法律。

我們應該繼續想一些新的方法，鼓勵警察更能夠以轄區內人民的角度看事情。我們也應該重新檢討政策，它們雖然立意良善，但是卻可能反而使得社區人民和警察之間的分隔更根深蒂固，例如某些規定禁止警察在他們居住或是成長的地區服務（這是為了避免警察對認識的人執法時，會造成某些衝突）。

我們也可以採取類似的方法調整偵查人員和嫌犯之間的關係。如同我們在前文討論過的，一般使用里德技巧時，都是視雙方為對立的。訊問通常都極為針鋒相對，一定要讓嫌犯屈服，而且為了讓他從實招來，必要的時候還可以對嫌犯說謊，這當然大大增加了不實自白的可能性。所以，如果我們重新制訂偵查人員的目標，從（原本的）讓對方承認有罪，到（新的）只是把可靠的資訊蒐集起來，這會發生什麼事呢？我們現在的作法——與它美好的主張正好相反——並不強調真正知道發生了什麼事。所以偵查人員可以告訴嫌犯什麼是可能的犯罪動機、描述犯罪過程（就算是完全編造的），好讓他在心理上比較能夠負起責任。這對於讓嫌犯說出「是我做的」是個有效的方式，但是對於發掘真相則是個爛方法。

我們需要重新關注正確性。在偵訊的最初階段，偵訊人員只應該確認嫌犯對事件提供了完整的敘述。就算他所說的聽起來實在令人難以置信，偵訊人員也不應該將自己的目的轉換成獲得自白，而是應該繼續努力，用盡方法（例如指出嫌犯陳述中的矛盾之處）盡量獲得更多的資訊。有些族群——年輕人、有心理疾病的人、或是智能不足者——對於建議或是強制特別無法招架，在對待他們時，應該有特殊的關懷。英國警方和心理學家展開合作，並根據這些原則重新修訂了他們的調查偵訊程序。這項改革不僅降低了嫌犯為莫須有的罪名自白的可能性，還真的增加了從有罪嫌犯那裡蒐集到的有用資訊。

要改變兩造對立的司法制度應該很困難，因為它早已孕育出複雜的結構，但是未來還是有其他可以期待的方式。第一步應該是要重申，在現有的原則中，律師的存在不只是為了服務自己的客戶，他們也應該追求體制的正義。檢察官和被告辯護人——在許多方面——也在追求同一件事：無辜的人就應該被證明是無罪的。犯罪的人應該被判有罪，但是刑期應該合理。所有被告也都應該受到盡可能公正和有禮貌的待遇。不知道為什麼，這個最重要而且普通的目標——能夠挖掘出真正發生的事，並且透過公平的程序達到公平的結果——已經不復存在了。在對立所造成的駭人力量中，檢察官忽略了被告也是人，被告也忘了受害者真的受到很大的傷害。雙方都認為應該用一些不誠實的方法。更糟糕的是，專家所做的事通常又造成誤導（而非釐清），最後很可能因此形成一些災難性的判決。

其中一個解決方式是：不要讓其中一方負責法律工作（例如蒐集和調查證據），而是將這些法律工作交給一個以上的獨立機構。其他國家就是這麼做的。例如在德國，檢察官的工作是要同時發掘被告有罪和**可以證明他無辜**的證據，雖然檢察官會為一個案件準備檔案，但是該案的法官還是要盡主要的責任——蒐集和整理審判中出現的事實，甚至包括審問證人。一個公平的法律體系並不一定需要採取兩造對立的方式，而且我們很容易忘記雙方律師對峙這種場面——還要咆哮表示異議、反對的請求、以及激昂的演說——其實是很晚才被加到英裔美國人的刑案程序中的。它原本是為了確保公平性，但是在很多方面，卻反而造成了反效果。

兩造對立的制度最明顯的缺點，就是會使得原本快速而相對簡單的審判程序，變得耗時而且極為複雜。而且因為律師會一直針對程序規定提出爭辯，所以我們已經不太可能對每一個被控犯罪的人提供一般的審判。我們沒有足夠的資源，所以只好大量地依賴認罪協商。如同我們在前文所看到的，在今天，十個案子中，有九件的被告都寧願放棄接受審判的權利，來換取一個較輕的刑罰。這表示在十件案子中，只有一個人的案件會獲得獨立的裁決。十件案子中，只有一個人會受到無罪推定的保障，並且有權對控告他的人提出交叉詰問。十件案子中，只有一個人享有不會陷己入罪的權利。

認罪協商不適用憲法上的保護。這一點非常重要，因為在認罪協商中，檢察官擔任了所有的主要角色——原告、偵查人員、判決者和宣判者，因此檢察官具有很大的裁量權。權力的集中勢必會帶來不公平的待遇和結果。在認罪協商之後，黑人通常比白人被判更嚴厲的刑罰。犯了同樣罪行的人，在一州的某個地區會獲判緩刑，但是在幾哩之外卻會被判處徒刑。而且如同我們在前文所討論過的，如果被告認為在法庭接受審判的風險過高，即使他們其實是無辜的，還是會被逼著認罪。如果發生了這種事，我們不只送了一個無辜的人進監獄，而且因為案子已經結案了，也表示警察將不再尋找真凶。

所以，我們最好不要認為認罪協商是保障憲法正當程序的捷徑；相反地，它阻斷了正當程序的實現。這裡出現了很大的諷刺：雖然兩造對立這個結構的原意是要保護被告，但是這個體制絕大多數要求的資源都將制度帶向認罪協商，這甚至比兩造對立以外的其他審判制度所提供的保護更少。

為了找出兩造對立的程序會帶來的反效果，我們不能夠一直堅守現有的規範（它們鼓勵律師考量共同利益〔common good〕），而是應該發展新的專業規定，明確表達出勝訴不是檢察官和被告辯護人應該追求的終極目標。害得一個無辜的人被判有罪，當然是錯誤而且可恥的事，但是幫助一個有罪的人逍遙法外，其實也不遑多讓。雙方的辯護人都應該避免這樣的結果，並且把這當成他們最基本的關懷。其實如果一位檢察官發現、並且公布了足以證明被告無罪的證據，這應該是值得慶祝以及恭賀的。在這個過程中，讓我們再一次看看德國的例子；德國認為檢察官是「法律的看守者」，他們的角色是要為事實作出客觀的描述。

在談到獄卒和受刑人時，我們也可以從大西洋的對岸得到啟發。在美國，獄卒的工作與養狗場的看守員或是動物園的管理員很類似。看守員與被看守者之間的區分是絕對的，他們的工作也很明確：把籠子裡的動物看牢。德州的刑事司法部（Texas Department of Criminal Justice）認為看守員的「基本功能」包括算好囚犯的人數、定時供餐，以及監督囚犯；管好那些容易鬧事的人，在必要時還可以使用武力，並且在緊急事件（例如越獄或有人受傷）時作處理。如同我們在前文所討論的，與此相反，北歐的獄卒比較接近社工的角色。他們要學習教育理論、倫理學、心理學和衝突管理，這讓他們可以以身作則，提供行為的模範。獄卒並沒有被要求盡量減少和囚犯的直接接觸；相反的，他們被鼓勵和囚犯相處——獄卒會與他們負責監督的囚犯一起運動或是彈樂器；他們也接受囚犯的諮詢，並提供學習的機會。最重要的是，他們是以尊重的態度對待囚犯。我們在美國也應該採用類似的價值觀：獄卒和囚犯應該要一起盡最大的努力，幫助囚犯修復他所造成的損害、為他的犯罪行為找到背後的原因，並為他有一天能夠重返社會作準備。我們在僱用獄卒時，應該挑選適合擔任矯正工作的人，而不是隨時準備訴諸暴力的訓練師。

我們也應該想辦法縮小大眾和受刑人之間的鴻溝。雖然的確有些類型的違紀者比較適合與社會大眾隔離，但是也有許多違法者，如果能夠和外面的社會保持比較親密的連結，會是有好處的，我們其他人也會因此受益。如果那些被判有罪的人有一天還是會回到我們之中，那麼我們應該現在就開始為他們作準備。我們應該幫助受刑人維持他們與家庭的連結，使他們經常與所愛的人有互動，這會讓他們在回到社會時，擁有支持的力量。我們沒有什麼理由支持冷酷短視的政策——像是限制受刑人每兩個禮拜才能打一次電話給他的孩子。破壞家庭對於預防犯罪並沒有任何幫助；它只會引發犯罪。

我們也應該在違法者與雇主之間建立起聯繫，這樣大部分的受刑人重返勞動市場時，才能夠擁有工作。有充分的證據證明，確保穩定的工作是預防再犯最有效的方式之一——如果受刑人出獄後能擁有一份穩定的工作，有高達百分之四十的人不會再重回監獄。就業讓一個人可以不靠犯罪支撐自己的生活，也讓他可以與普通且守法的人產生連結。用政府的補助或是保險，讓受刑人在當地的企業打零工，並且在出獄之後轉成正式員工，讓這件事變成一件安全而且有利潤空間的事，其實並沒有什麼不可行。

除此之外，我們還應該設法讓每一位受刑人都可以完全回復公民權。在今天，就算一個人對社會的債已經完全還清了，他的犯罪紀錄還是會以各種形式對他造成阻礙。每十位雇主中，大概有九位在準備僱用一個人的時候，會先去調查他有沒有犯罪紀錄。而且如果有犯罪紀錄，一個人也將無法享有福利津貼、租房子、貸款以及投票的權利。問題在於：雖然犯罪紀錄會一輩子跟著一個人，但是它對於預防再犯的效力，卻會隨著時間大幅下降。曾經有專家選定一群違法者，追蹤他們所謂的「救贖點」（point of redemption）——通常是在犯罪發生之後的三到七年——在這個時間點之後，先前曾經被逮捕的這件事，就不會讓一個人（比起其他一般大眾）更容易再次遭到逮捕。我們不可能在一個人的腰部綁上錨、把他丟到水底，還希望他能夠自己游上來。如果我們真的希望曾經犯過罪的人能夠為社會作出貢獻，就應該給他們（比其他人）**更多**的幫助——而不是更少。

如果要消除我們的刑事司法制度中尖銳而對立的區隔，以及培養同理心，這會需要面對一個有趣的問題：為什麼我們不拋棄以責備作為核心的原則？為什麼我們不能夠把犯罪當作公共衛生的議題呢？這才是我們要一起奮鬥的課題。

基因和環境因素會造成犯罪行為；我們愈了解這點，就愈會覺得犯罪行為看起來像是一種疾病，而我們現在的作法（把犯罪行為認為是一種道德責任）其實沒有什麼正當性。我們一直以為可怕的行為反映出一個人扭曲的性格，以及他有害（但是出於自願）的選擇，也一直以為違法者就應該被定罪，因為他們是為了追求自己那令人厭惡的私欲，才故意漠視規則的存在。但這其實不符合我們對於人類行為的細緻理解。

幾乎有三分之一到半數的美國受刑人都有嚴重的心理疾病，這並不是巧合。關在監獄中的人，絕大多數都是未受教育、家境貧窮，或是兒童時期受到虐待和忽略的人，這也不是巧合。雖然我們已經知道某些有害的行為並不是自由意志的產物——如果一個人突然被捕，使得他遺棄了自己的孩子，這並不能說是他有意虐待自己的孩子——不過我們對於遭到強制的行為和自願、故意的舉動之間所作的劃分，的確只是出於一種便宜行事的想像。這只是反映出，有些因素對於人類的行為的確有很明確、有資料可證的影響，但是有些決定因素則還隱而未現。即使我們很難找出是什麼因素讓一個人扣下扳機、踢破後門，或是開了一張空頭支票，但這也不表示他就是基於自由意志，選擇要犯罪的。

我們不應該再浪費時間，試著找出誰才**真的**必須受到責難。但是我們要怎麼做呢？如果我們堅持信念，認為必定存在著理性的行為者、善與惡，那麼就沒有什麼捷徑或是輕鬆的路，可以通過這片混雜著法律、實務以及信念的叢林。

第一步，我們可以先承認不在刑事司法制度中尋找責難對象，並不表示我們突然願意接受有害的行為，或是犯罪的人就突然不必受到處罰。如果認為我們不再貶低犯罪者，就等於對強暴案的受害者和強暴犯一視同仁，這也完全不是事實。就算法律結構不是以個人的意志和可責性作為基礎，一個連續強暴犯還是犯了理當受到責難的嚴重罪行，而且我們很可能會不想讓他在餘生中仍然和社會中的其他人互動。只是我們不會再因為一個人是壞人、他活該，就讓他受到不好的對待或是輕視。我們會擺脫以牙還牙的作法。相反地，我們會把焦點放在修復損害、協助犯罪者更生、阻止其他人採取類似的行為，以及處理那些在一開始就會誘發犯罪的情況。

這聽起來可能很創新，但是它其實和我們在處理疾病爆發時的作法沒有太大的不同。如果有一種危險的病毒在城鎮中蔓延開來，我們必須找出因果關係，但是不必怪罪誰。如果有人染上伊波拉（Ebola）病毒或是登革熱，我們不會認為他有罪。我們會努力回復那個人的健康、預防新案例出現，以及試著消除根源的感染源。

如同我們在前文所討論的，已經有幾個國家採取這種基本模型了。像哈爾登這樣創新的監獄告訴了我們，有些作法是可能的。美國人也可能愈來愈把監獄看作醫院，重點在於我們要「治療」造成犯罪的根本原因，以及把某些人隔離開來，因為他們會對大眾帶來特定的威脅，而且無法治癒。

其實，美國有一個強而有力的先例，認為刑事司法制度的重點不在於責罰。少年法庭建於二十世紀前期，它的理念就是認為對於有過失的孩子來說，國家不應該是施以懲罰的處罰者，而應該是保護他們利益的監護人。孩子的道德責任並不是那麼至關重要；主要的焦點是要讓他們改過遷善。但不幸的是，在過去的幾十年來，針對青少年的程序偏離了這個極富同情心的一端，而變得比較類似成人的程序了。

不過，不把責難視為主要目標的這個想法，還是有希望再度成為趨勢。因為我們的法律制度沒有辦法阻止吸毒者再犯，也無法處理心理健康的問題以及極高的再犯率，於是有許多法官展開實驗。他們推動以社區為基礎的計畫，其中的矯正方式就不再是以手段激烈的起訴和嚴厲的懲罰作為重點。其中一個最值得注意的發展是在過去二十年間，出現了「解決問題的法院」（problem-solving court），這種法院不再只是把違法者一次又一次地送進監獄的窄門，而是把他們送到另一個法庭，那裡會根據他們的精神病史、吸毒或是賣淫史，為他們量身訂做治療的方式。其背後的理論是：除非你真的了解、並解決掉犯罪行為的真正源頭——例如成癮或是思覺失調症——否則不可能有效地預防再犯。因此，檢察官、被告辯護人和法官並不是敵對的，他們不會互相保持距離；他們會互相合作，找出一個治療和監管的計畫。違法者並沒有被當作心地邪惡、活該受罪的人。相反地，他們是長期以來有著嚴重問題的人，人們可以對他們抱著實際的期待和同情。例如：毒品法庭認為成癮是一種疾病，也接受有毒癮的人都很可能會再犯。因此，零容忍的態度和牢裡的嚴懲制度——而且這還被列入一般的假釋程序——就顯得沒什麼意義。「解決問題的法院」改用已經由經驗證實有效的技巧來修正行為，例如在重複犯錯幾次之後，漸漸地加重一些沒有那麼嚴厲的處罰（包括社區服務、更多毒品測試、付費、家庭作業和非經常性的拘禁），並且使用簡單的補強技術。

這真的是有效的。研究顯示，「解決問題的法院」採取的方式愈人性——不是根據違法的嚴重程度來傷害違法者，而是根據他們的需求提供幫助——比起極端苛刻的懲罰，反而是更有效的。來到心理健康法庭的人比較少再犯；即使再犯，也比較不會再犯下更嚴重的罪行，他們在心理健康上也比較有改善的可能。毒品法庭在減少再犯率和使用毒品方面，也有類似的好成績，而且還有較高的成本效益。

美國現在有超過三千個「解決問題的法院」——其他各洲也有許多國家（例如：牙買加、巴西、紐西蘭和英格蘭）有「解決問題的法院」——它的前景十分看好。不過，仍然只有極少數要經由刑事司法制度的事件是由這類法院處理的。而主要的問題是：為什麼不是所有違法者都可以受到一樣的待遇？如果要改革，我們就必須做得更全面。

不要再把制度的重點放在怪罪某人，最大的好處是我們可以開始做一些過去一直被忽略的事，例如確保因犯罪而到受傷害的人會得到治癒——包括被害者和他們的家人、證人，以及群體中的其他人。被害者不應該被推到一邊，只被當作證據的一部分——他們是程序中不可少的一部分，應該受到尊重。美國憲法如此重視保障被告和受刑人的權利，但是卻沒有為被害者提供任何保護，這件事完全沒有道理。在案件的不同程序中——從最初的審訊一直到認罪協商、判刑，或甚至是非常救濟（postconviction）——都應該讓被害者積極參與。法律制度應該詢問被害者需要什麼改善，並且盡量達成他們的期待。在某些案子中，這或許代表著要讓被害者早一點得到道歉，並幫助他們原諒加害他們的人。最近的研究顯示：這類行為——比起對違法者施以報復式的處罰——更能夠有效地修補傷害。事實上，寬恕能夠讓被害者更有實現正義和公平的感覺，以及享有心理上的安寧。在其他案子中，被害者的需求或許是加害者的賠償。就算違法者沒有被責難，他們還是得減少因為自己的行為所造成的影響。如果你把朋友的杯子打破了，只要你不是故意的，我們可以說這沒有關係，但是你還是要幫忙把碎片掃乾淨，而如果那個杯子有任何實質上的價值，你可能就要再買一個新的來。

讓刑事司法制度不再以責難作為核心，或許這個想法最重要的結果，是讓處罰犯罪的社會資源可以轉而用來預防犯罪。放棄了責難的心態，稅金可以不要一直用在監獄和法庭，而改用到學校、社區改造行動以及心理健康保健事業。一件死刑案件——從逮捕到執行——會讓州政府花費一百萬美金到三百萬美金。把一個囚犯關在高度安全級別的監獄中，每年的平均花費是美金七萬五千元。正義是一種有限的資源：我們只有這麼多錢、這麼多時間，與這麼多的同情。我們應該把大部分的有限資源花在審判和處罰嗎？既然我們投資了這麼多資源，卻仍然不免犯錯，這只證明了我們應該在犯罪發生之前就先介入。

如果我們做的是預防犯罪，就可以避免這本書中提到的幾乎每個問題。不過我們一向只在事情發生之後，才思考刑事司法。我們坐等有人開槍。我們坐等有人主張警察刑求或是檢察官瀆職。我們一再告訴自己事後才反應是一樣有效的——在正義的量尺上，處死犯罪者可以和謀殺案被害者所受的損失取得平衡；可以上訴，便足以糾正偵查或是審判中所犯下的錯誤。但是事實卻從來不是這樣的。只注重事後的反應，讓我們的刑事司法制度總是有哪裡不足。任何一位謀殺案被害者的父母都會告訴你：沒有任何處罰可以彌補他們的損失。而且有許多犯罪者根本從來沒有被抓到過。

而且，其實我們根本很少發現警察、法官、陪審員等所犯下的錯誤、偏見或是不正的行為。大部分犯錯的人根本不知道自己錯了。就算他們發現了，能夠補救的機會也極端有限：人們通常不知道自己的權利；沒有足夠多的稱職辯護人可以提出控告和上訴；通常也沒有確實的證據，讓法官相信問題的存在。例如：只有百分之五到十的案子有生物樣本，可以作DNA測試。如果有一位法官在二十年後，奇蹟似地承認了目擊證人的指證曾遭到誘導，或是訊問結果乃出於強制，因此推翻了判決，我們仍然不能說這符合正義，因為我們已經把一位無辜的人關在壁櫥大小的房間裡二十年。

資源應該放在犯罪的預防，支持這個主張的最有力論點就是公平性——我們聲稱我們非常在乎平等，但是其實某些人就是比別人有更多機會成為犯罪者或是被害者。但這也不是必然的。如果認為絕大多數犯罪都是不可避免的，我們只能接受像現在這樣——有數千人遭到射殺、搶劫和強暴——這絕不是事實。問題在於我們到底有多在乎其他那些不走運的人？以及我們願意投入多少，以改變這個會鼓勵犯罪的環境？不要讓我們的刑事司法制度的重點放在責難，這才是正確的方向，因為責難會變成最好的藉口，讓我們什麼都不做。

我所建議的改革只是所有可能性中的一小部分。我們是否決定去做這些改革，並非取決於自然的限制，而是取決於我們是否真的想追求法律之下的公平正義。雖然有些解決方案的確需要大幅的調整和長期的計畫，但是也有許多針對警察協議、程序規定、法庭設計和法律條文的改革，其實是我們今天就做得到的。

但是很不幸的是，只要講到法律，我們就特別容易抗拒改變，而且認為前人一定比我們更有知識，也比較不容易犯錯。我們會盲目地崇拜國父和以前那些博學多聞的法學家。我們認為他們建立起來的架構是最理想的，無從改良，因此我們不認為有任何改革的可能性。但是如果他們今天還活著，這些在過去見識卓越的人也一定會有不同的想法。就像是建築設計、醫藥和交通一樣，我們的法律規定和實務也應該受益於這幾世紀以來的進步——以及科學發展。相信沒有人會認為亨利・福特（Henry Ford）在今天還會發明一模一樣的福特 T 型車（Model T）。但是我們卻相信詹姆士・麥迪遜（James Madison）會發表一部一模一樣的權利法案（Bill of Rights）——我們還相信如果其他主張刑事司法制度應該現代化的人若出生在現代，他們就會選擇忽略那些對於人類行為的最新研究。這是為什麼呢？為什麼談到法律，一切的標準就不同了呢？

小馬丁・路德・金恩曾於一九六五年在阿拉巴馬州的蒙哥馬利（Montgomery）宣稱：「道德的宇宙軌跡雖漫長，但終將歸向正義。」（The arc of the moral universe is long, but it bends toward justice.）我們應該可以假設，本書中所探討的不公平，最後也終將湮滅在社會不斷（而且不可避免）的前進腳步中。在一萬年前，並沒有法院或是審判可以保障一個被控謀殺的人會經過正當的程序——矛尖就是正義。在一千年前，如果一個女人的手在被熱鐵燙過之後化膿潰爛了，就代表她有罪。而在一百年前，黑人還無法坐上陪審團席、律師席或是法官席——只因為他們的膚色。就在十年前，處死在十八歲之前犯罪的人，在美國還是合法的。我們進步了，這是無疑的——但是還不夠。這是一個過程，我們得逆著風上坡。我們會繞遠路，可能還要折返——有利的位置出現在何處，多取決於機會。歷史清楚地告訴我們，我們的下一個目的地有可能——也說不定沒有——藏在山上。

人們不再使用神裁法——本書就是從神裁開始談起的——並不是因為人們突然了解把男人和女人丟到水裡面看他們會不會浮起來，並不是判斷一個人有沒有罪的好方法。神裁法之所以消失，是因為天主教的教會高層覺得命令上帝在人類的司法制度中顯示神蹟，這違反了聖經的原則。而取代神裁法的並不是證據和理性的體系，而是司法的拷問——反而比之前的方式更不正確，而且更不人性。在接下來的大約五百年間，每當有人被強烈懷疑犯了一個嚴重的罪行——但是卻沒有證人，他就會被綁上肢刑架，或是受到拇指夾的酷刑，以求得他的自白。就像是那些主持神裁法的人一樣，施以這些酷刑的官員並不覺得自己很殘酷或是不公平。就像我們一樣，他們也精心建立了一套制度，藉由看起來十分客觀的規定和程序，確保他們作出正確而且公平的決定。

不過我們和前人還是不太一樣。而我們之所以不同，並不是因為現行法的善——例如：我們的認罪協商制度給了無辜的被告一個「選擇」，這和司法拷問所提供的並沒有太大不同——而是因為我們追求善的**可能性**。

這會讓蘇瓦松的人群中一個與眾不同的人，在克萊門特被丟進水缸裡的時候，發現到這並不公正。是什麼會使人產生懷疑呢？他有什麼資源可以滋長這份懷疑、並讓它傳播出去呢？他可以蒐集到的證據有哪些呢？又有誰會聽嗎？在沒有大眾傳播或是中央政府的時代，不論改革者再怎麼熱情堅定，也不能指望他有什麼影響力。

在消滅不公平這件事上，我們比我們的祖先擁有更多的優勢。我們比他們更理解人類的行為；我們擁有大量可以追蹤、指出和預防問題的技術；對於那些會影響到上百萬人的行動，我們也有更好的能力知道如何安排它們。

但是真正重要的是：我們要行動。

歷史的軌跡不一定歸向正義——除非我們將它導向正義。

謝辭

除了理論家和慣犯之外，沒有人會關心刑法。

——亨利・梅因（Henry Maine）爵士

如果你翻一下過去一個世紀以來的新聞故事、小說和電影，就會發現梅因爵士的這個論點幾乎和迪卡唱片公司（Decca Records）在一九六二年的結論獲得了一樣的評價——迪卡唱片公司在那時候說：「我們對於披頭四在商業上的發展沒有任何期待。」不過梅因爵士在一定程度上還是對的：雖然人們可能會被刑法吸引，但是其實他們並不關心它。如果把人們的主要關懷焦點列成一張表，我們的刑事司法制度一定排不上前幾名。理由其實很簡單：大部分人都不知道事情到底是什麼樣子。

我決定寫出這本書，是因為我開始認為：不能只有學法律的學者或是不幸受到法律糾纏的人，才知道我們的法律制度的真相；一般大眾都必須面對這部法律背後所隱藏的不公平。

我的腳步得以加速進行，是因為已經有許多科學家和學者的研究成果支持本書的論點。在這些傑出的人之中，我想要特別提出喬恩・漢森（Jon Hanson）：是他帶領我進入法律和認知科學的領域，為我打開了眼界，讓我開始思考一些從來不曾想過的問題。他的寬厚、才智和慷慨改變了我的職業生涯的軌道：如果不是他，我不會成為一名法律系教授。

我也要對我的編輯——阿曼達・庫克（Amanda Cook）——致上最深的謝意。應該不可能有人比她對於本書更加投入、不屈不撓、一再推敲。是因為她的努力——再加上她的明星級助理編輯艾瑪・貝里（Emma Berry）——才使得本書的問題意識更加敏銳、清晰而且吸引人。卡佳・萊斯（Katya Rice）巧妙的接觸點和敏銳的直覺，讓我體會到優秀編輯的價值何在。也要特別感謝皇冠（Crown）的整個團隊，是他們讓這本書得以面市。

我要謝謝威爾・利平科特（Will Lippincott）——我的經紀人與朋友——他對於我一直以來的支持、擁護和珍貴的建議，讓我得以通行於出版的世界中，以及利平科特・馬西・麥奎爾金（Lippincott Massie McQuilkin）的每一個人，讓事情得以順利地運轉。

我要對幾位研究助理的努力致上深深的謝意：潔西卡・艾奇遜（Jessica Acheson）、賈斯丁・巴克曼（Justine Baakman）、凱瑟琳・比希納（Kathleen Bichner）、路易斯・卡薩迪亞（Louis Casadia）、約翰・科科倫（John Corcoran）、納撒尼爾・克賴德（Nathaniel Crider）、安德魯・戴維斯（Andrew Davis）、馬洛里・迪爾多夫（Mallory Deardorff）、都德・法卡斯（Tudor Farcas）、凱爾・格雷（Kyle Gray）、克勞迪婭・哈格（Claudia Hage）、賽斯・海恩斯（Seth Haynes）、威廉・霍蘭（William Holland）、瑞吉兒・霍頓（Rachel Horton）、帕特里克・馬爾奎恩（Patrick Mulqueen）、亞歷山德拉・羅金（Alexandra Rogin）和帕特里克・伍爾福德（Patrick Woolford）。每當我要前進一步，卻覺得研究文獻和書籍之多，可以堆得比我還高時，是他們的熱忱和辛勤使我得以繼續前進。其實我也想一起感謝在我的刑法課和法律與認知科學課上的學生，他們對於我的挑戰，使得我可以重新檢視自己的假設，在閱讀舊文獻時，才可以帶著新的眼光。

我也要對卓克索法律研究中心（Drexel Legal Research Center）的圖書館員與職員們不懈的協助表達感謝之意，包括蘇尼塔・巴利亞（Sunita Balija）、約翰・坎南（John Cannan）、史蒂芬・索普（Steven Thorpe），以及（尤其是）琳賽・思達西（Lindsay Steussy），他們都以令人感激的速度和效率協助我搜尋大量的資料。我特別想要讚揚傑里・阿里森（Jerry Arrison），因為有他的協助，我才能夠如願完成線上的章節附註。

我要感謝我在卓克索和布魯克林法學院的同僚，以及所有讀過我的部分大綱和原稿的朋友們，他們引導我找到有用的資源，也提供了寶貴的建議，尤其是亞當・阿爾塔（Adam Alter）、德納・格羅梅（Dena Gromet）、彼得・雷克曼（Peter Leckman）、凱瑟琳・普賴斯（Catherine Price）、多米尼克・蒂爾尼（Dominic Tierney）和本傑明・華萊士・威爾斯（Benjamin Wallace-Wells）。在形成本書的核心想法時，與我進行共同研究的傑夫・古德溫扮演了極端重要的角色。在我遇過的科學家中，他堪稱一位嚴格而且傑出的科學家，我從他那裡學到許多，但這並不是因為我們總是有相同的看法，而是因為我們經常持不同的看法。我們對於處罰的研究受到國家科學基金會（National Science Foundation）的大額資助，我對此也十分感謝。

在討論有什麼生物與環境的因素會造成犯罪行為時，一項推論是我們的家庭必然會影響我們的**實際**行為。這本書也不例外。我知道我必定是無比幸運，才能夠出生在這麼美好、充滿鼓勵和愛的家庭。杰伊（Jay）、貝絲（Beth）和納特（Nate），如果沒有你們出現在我的生命中，我必定不曾有這麼多元的興趣、膽量和才智完成這本書。我也要謝謝我的大家庭給我的支持，我的祖母勒諾（Lenore）是位詩人，她已經九十歲了，但是還是每週寫信給我：不管是天生還是後天，她對於寫作的熱情，也深植在我的體內。

這本書還要獻給我的太太——布魯克（Brooke）——和我的女兒——米拉（Mira）。布魯克，妳是這麼不可思議的女性、我最了不起的冠軍、我最需要的慰藉。米拉，妳是我遇過最令人驚嘆的人了。我愛妳們兩個，比妳們所知的更愛。我為了寫這本書而作出的犧牲也波及到妳們了，這件事讓我深感不捨。但這些也都是為妳們而作的犧牲：我希望妳們都能夠生活在一個比現在更好的世界。

與亞當・班福拉多對談

問：最近發生在巴爾的摩（Baltimore）和其他城市的暴動事件[1]，讓許多人注意到我們的刑事司法制度中存在著不公平。我們應該怎麼做，才能讓刑事司法制度的運作符合它該有的目的，並且對於每一個人都是公平的？

答：首先，我們必須了解一件事：就算消滅了所有我們認為的問題——存有偏見的警察、貪污的檢察官、愚昧的陪審員、行動派的法官——還是會存在著我們所不樂見的虐待、錯誤的判決以及不公平的司法。理由在於我們的制度設計本身就是不公平的，因為它所根據的是對於人類行為的錯誤假設。如果真的要追求進步，我們必須理解到底有什麼潛藏的力量形成了人們的思想和行動——當他們在犯罪的時候、拿武器對準嫌犯的時候、決定證人在說謊的時候，或是覺得某人就應該被處死的時候。

問：我們的制度認為人是有理性的行為者、受到理智的驅使，這怎麼會是錯的呢？

答：幾個世紀以來，我們都沒有工具可以察知這個模式中的缺陷。不過，近年來在心理學和神經科學上有一些開創性的成果，已經讓我們可以見到真正的自我：我們經常受到環境中一些因素的引導，但是卻很少意識到它們，或是無法控制它們。例如：一位法官可能確信他對案件的決定只是對於法條的客觀解讀，但其實案件的結果是受到一些似乎不相關的因素影響，例如法官是在一天當中的什麼時間聽到這個案件、他是否有獨生子或是獨生女，或是被告鼻子的外形。

問：您對於我們司法制度的一些基本作法提出了質疑，像是證人指認、法醫證據和嫌犯的自白。是什麼讓您對這些產生懷疑的？

答：資料所顯示的就是這樣。我們極端仰賴證人的記憶，每年都有上萬人在警察局受到證人的指認之後被判有罪。但是研究顯示，證人在選擇時，大約每三次就有一次會選到無辜的人。我們相信只要符合指紋或是DNA樣本，就不必擔心人類會犯的錯誤，但是實驗室的技術人員在詮釋眼前的證據時，也是根據他們所相信的事情。同樣地，我們也認為無辜的人絕對不可能自白承認一樁殘忍的重罪，但是那些翻盤的判決卻透露出糟糕的事實，而實驗也顯示最為廣泛使用的訊問技巧有許多須受責難的地方。

問：在本書中，您用了一些令人瞠目結舌的真實案例，來說明生活中的科學。當初是哪一個故事最讓您感到不可思議？

1 非裔美國人弗雷迪．格雷（Freddie Gray）因私藏彈簧刀而被巴爾的摩警察局拘留的期間，因受傷而陷入昏迷，送醫之後不治死亡。有民眾認為警方在逮捕時動用了不必要的武力、未提供及時的醫療救助，甚至逮捕格雷的行為本身就是非法的，因而引發了一系列的抗議和騷亂，最後演變成暴動，造成人員受傷。

答：在我進行研究時，有好幾次都不敢相信自己看到了什麼——對一隻犯下謀殺罪的豬進行正式的審判和行刑；一個無辜的青年在偵訊人員的審問之下，真的相信自己刺死了父母；一位印度女性被控謀殺，根據的卻是她腦部的掃描結果（而且這個掃描本來就是想要證明她有罪）。不過其中還是有一幕讓我留下了最鮮明的印象（我也在這本書中提過）：那是一九七九年發生在喬治亞州梅里韋瑟郡的一次被害者指認。正中間的那位被錯誤起訴，並為他沒有犯過的罪坐了十年以上的牢，但這還不是最令人吃驚的。最令人吃驚的是真正的強暴犯也在受指認的行列中，再往右邊看兩個人就會看到他了。他只是湊巧因為另一件不相關的犯行被關在牢裡，而被偵訊人員拉來當分母。被害者看到了那個曾經殘忍對她失暴的加害者——是她曾經面對面的人，但是她卻選了另一個人。這強力地提醒了我們本書的核心主旨之一：立意良善的好人，可能造成令人遺憾的不正義。

問：但真的還是有爛蘋果，對吧？例如檢察官故意隱瞞了可以證明被告無辜的證據。

答：我對此持保留態度，就算是現在。造成檢察官不正行為的最主要原因並不是他的品格問題，而是因為那個位置的執法人員，就是有機會和現成的理由會違反規定。檢察官之所以會有這些問題，理由之一並不是他們要趁機擴充自己的利益；反而是因為他們有壓力，為了受害者、該案的偵辦人員和一般大眾，他們必須使被告得到有罪判決。如果我們相信自己的行為是為了其他人（而不只是在追求自己的利益），我們比較容易做出不誠實的事，因為我們比較容易合理化自己的行為。

問：不平等在今天的美國是一個大問題。我們的刑事司法制度的缺陷又是如何使它更加惡化？

答：雖然大部分人都不懂得心理學如何決定案件的結果，但還是有一些人知道——那就是審判顧問。他們會利用對陪審團、證人和法官行為的知識，在程序中取得關鍵的優勢。有錢人可以僱用顧問，確保審判偏向對自己有利的方向，但是窮人卻沒有什麼辦法保護自己。

問：既然我們的制度有這麼多問題，有什麼辦法修正它嗎？我們是否現在就可以做一些簡單的改變？

答：當務之急之一，是我們不應該再依賴人類的能力（因為它們是有缺陷的）。如果看不見的種族偏見會讓法官把黑人的保釋金訂得比白人高，那麼我們或者讓保釋金的判定自動化，或者直接取消保釋金。如果知道嫌犯的身分會讓指揮指認程序的警察下意識地操縱證人，那麼最好就不要讓負責的警察知道這些資訊。如果陪審員不太會分辨某人是在說謊或是吐實，那我們就不應該把判斷可信度的工作交給陪審團。

問：偵訊室中的攝影機和警察攜帶的錄影器材會有幫助嗎？

答：有，也沒有。最近發生了數起市民在警方手中死亡的案件之後，有些司法單位力促警車安裝行車紀錄器，警察也應該隨身配帶錄影器材。攝影機的確可以大幅減少我們對於證人記憶的依賴，並且阻止不當的暴力事件。但是因為它們只能夠提供有限或是單方的視角，所以也會帶來偏見。實驗顯示：如果受試者看的是嫌犯後方攝影機所錄下的偵訊（相較於如果他們看的是從提問的偵訊人員的視角錄下的偵訊），他們會比較容易（而且容易得多）認為最後的自白是出於脅迫。

問：我們用以懲罰的方法如何——或說我們應該怎麼開始去提出這個問題？

答：我相信改革的起點應該是要問：懲罰的真正動機是什麼？在幾年前，我曾經接受過國家科學基金會的補助，想要看看懲罰的原因是不是因為希望社會變得更安全（如同許多人所認為的）。而實驗的結果顯示這個大家都以為的想法是錯的。事實上，我們的動機通常是為了報復，就算處罰對於減少未來的威脅其實沒有太大幫助。人類的報復本能所發揮的力量，可以解釋我們的制度中兩個最醜惡的祕密：願意容忍獄中所發生的強暴，及想要把兒童當成大人一樣審判——就算我們知道兒童的大腦發展並不成熟，不該受到完全的責難。

問：您是否認為我們應該對犯罪更加寬容？個人的責任又該如何界定呢？

答：我絕對認為有該負的責任，如果有什麼事可以根絕犯罪，我也極願意投入，但是我不想要聽從任何一派的個人想法——我想要知道的是目前最優秀的研究結果怎麼說。證據也很明確：如果社會明知、但是無法保護兒童免於接觸重金屬和暴力的家庭環境（這些都與犯罪行為有關），如果社會決定廢除內城區的學校，也不積極提供機會，讓城市青年有發展的機會，那麼對於因此造成的犯罪，社會就有最大的責任。把主要的精力拿來責怪那些從來沒有真正得到過機會的人，對我們並沒有好處。懲罰即使再嚴厲，也還是起不了作用，甚至會讓我們變得更不安全，因為那些經歷過牢裡的暴虐和剝奪的絕大多數人——包括那些被判終身監禁的人——最後都還是會出獄、回到社會中。

問：我們可以從觀察別的國家如何對待囚犯中學到什麼嗎？

答：當然。以北歐為例，他們的重點在於讓囚犯恢復正常的生活，所以監禁並不是為了帶來痛苦，而是要鼓勵囚犯有健康的人際互動，並學習技術，讓囚犯在獲釋之後，可以取得成功。而且這是奏效的；雖然直接作比較可能有些問題，不過像是挪威的再犯率就比我們低得多。我還是認為我們必須有進一步的改革。我們需要一個處理犯罪的模式，而這個模式的目的是為了社會的健康——這個模式要讓我們不再在損害造成之後才作出反應，而是要大量投入於預防。

讀者指南

人類的心理和我們的法律制度究竟有何交集？一位法律系教授——亞當．班福拉多——在對此作了深入研究後，寫成了《不平等的審判：心理學與神經科學告訴你，為何司法判決還是這麼不公平》一書。他在這本書中交叉使用了歷史上的實例、科學研究成果和重要的法院案例——下自肯塔基州審判中出現的柯利牧羊犬，上自「中央公園慢跑者案」中五位作出不實自白的青少年——來告訴我們：在守護價值觀這方面，我們的司法程序是多麼地失敗，甚至還會危及我們的社會中最弱勢的那群人。

除了指出我們的體制如何失能之外——用以決定法律案件結果的因素，竟然只是被告的臉部特徵，或是供指認的照片有幾張——班福拉多也提供了許多創新和實用的改革，希望使未來不再發生誤判。

《不平等的審判：心理學與神經科學告訴你，為何司法判決還是這麼不公平》是如此地具有啟發性，同時提供給我們許多刺激，這本書一定可以在您的讀書會中激起對話的火花。我們也希望這篇指南可以更強化您的討論。

可討論的問題和主題

1. 讀完本書之後，是否改變了您對於法律制度的理解？您現在對於「公正」的意義有什麼想法？

2. 班福拉多在第二章中描述了胡安．瑞維拉的故事，胡安自白犯下了一樁殘忍的罪行：強暴並且謀殺了一名十一歲的女孩，但這其實是不實的自白。在惡名昭彰的「中央公園慢跑者案」中，不實自白也扮演了重要的角色。當您讀到這種狀況，您的反應是什麼呢？

3. 如果一件暴力汽車搶劫案的受害者指認您是攻擊他們的匪徒（但您知道自己是無辜的），而且您也知道自己有兩個選擇——承認有罪，並且被判處兩年徒刑；或是上法庭試試您的運氣，但是有可能被判處二十五年有期徒刑——您會選擇哪一個呢？如果告訴您：十位受控告的人中，有九位都選擇認罪協商，這會讓您感到驚訝嗎？您是否認為我們的刑事司法制度應該如此倚賴認罪協商呢？

4. 關於班福拉多對於改革法律、實務和程序所提出的解決方案，您的見解為何？您認為最有效和最無效的解決方案是什麼呢？為什麼？

5. 在本書初版的那年，像是《黑色豪門疑案》（*The Jinx*）、廣播劇《Serial》和《謀殺犯的形成》（*Making a Murderer*）等劇集都受到廣泛的喜愛，也因此使得人們質疑刑事司法制度是否正確、有效。讀完本書之後，您對於這些案件的理解為何呢？

6. 班福拉多提出證據，證明我們的處罰方式其實無法達到想要的社會目的。這本書是否改變了您對於死刑、三振出局法或是無期徒刑等議題的看法呢？

7. 本書中提到的哪一個真實故事或是研究最讓您感到震驚呢？為什麼？

8. 班福拉多簡單描述了種族對於許多事項的重大影響，包括對於被害者的處置，甚至是刑罰的嚴厲程度。他認為種族歧視在今天，比較像是隱藏的偏見，而不是明確的種族仇恨，您是否贊同這個論點？如果我們要消除種族在司法制度中造成的差異，您認為可以怎麼做？所有美國人都可以享有「公平正義」，這是可能的嗎？

9. 您是否曾經當過陪審員或是被傳喚為證人？說說您的經驗。班福拉多認為陪審員和證人會有某些限制，您認為這在您的狀況中真的適用嗎？為什麼適用，或為什麼不適用呢？

10. 班福拉多探討了基因和環境因素對於犯罪行為的影響，他不認為罪犯一定很邪惡，或是出於自由意志才選擇犯下如此貪婪、縱慾或可憎的行為。您同意班福拉多的觀點嗎？為什麼同意、為什麼不同意呢？

11. 法官一向被認為是無所偏頗的仲裁者，但是班福拉多卻指出，他們也很容易受到偏見的左右。這會如何影響您對於法官（包括最高法院法官）的想法呢？您會寧可受到法官的審判，或是由和您一樣的人所組成的陪審團加以審判呢？

12.「我們每個人都相信，我們所看到的世界就是它真正的樣子，其他有理性的人看到的事情也都類似」（第一一五頁）。試討論這句話在司法制度的脈絡下是否成立，在日常生活中又是否成立。

13. 本書對我們提出了挑戰：我們應該檢視一下自己的認知和判斷，是否由我們的背景和信仰所形塑。您個性中的哪個面向可能限制了自己在審判中保持公平？如果法官要求您捨棄偏見，您做得到嗎？

14. 如果您是一樁犯罪的受害者，本書是否改變了您追求正義的方式？您與警察和訴訟辯護人的互動方式，是否會因為這本書而發生改變？

15. 班福拉多在序言中主張：我們對於現行司法制度的理解，終將和我們眼中所見的中世紀神裁法並無二致。當您讀到這段時，對於他的預言有何看法，您同意嗎？當您往下讀完這本書之後，您的想法改變了嗎？

16. 我們可以從世界上其他國家的法律制度中學到什麼呢？班福拉多敘述了一些美國司法制度和其他國家的差異，有哪些差異令您感到驚訝嗎？

17. 在分析美國的刑事司法制度時，班福拉多列舉了許多有關人類行為的心理學觀點，不過，他所引用的許多研究成果——對於記憶的研究、以管窺天的謬誤、不誠實的行為、種族偏見等議題——都有更廣義的引申。您是否認為這些研究也與您的工作有所相關？與您的各種人際關係？與企業界？醫療保健？國家安全？

18. 在讀完這本書之後，您是否認為市民有責任在日常生活中改變法律制度，或這項改革的責任應該屬於律師、法官、立法者和其他法律專業人員？個人可以做些什麼，讓法律制度變得不同呢？

對於本書引用資料的說明

在面對一般讀者時，非小說類的作者經常有一個困難的抉擇，就是到底要不要把章節附註和參考文獻放在一起：要簡潔（但是缺乏完整性，而且對於想要尋找新視角的人來說也降低了實用性），還是要完整（但是多出的頁數可能會嚇到讀者，並提高價錢）？絕大多數作者會選擇簡潔，不過在仔細考量過這個兩難的狀況之後，我發現自己並不真的需要作出選擇。

在接下來的幾頁，我整理了每一章節直接引用或是撰寫本書時所參考的文獻。我也在線上建立了詳細的章節附註。這些附註是為了補充其他的引用內容和額外的參考資料——包括補充的事實、反證和相關的研究。我想要盡可能地放入可用連結，好讓讀者可以輕易取得資源。

我認為不論是在科學或是法學的領域，透明性都是很重要的價值。我希望這本書——比起大多數以一般大眾為讀者的書——可以提供更多的資源，而且可以更容易使用，不要像學術書籍一樣，讓讀者必須一直在本文和章節附註之間跳著讀。

有關本書的其他註解，請參見 www.adambenforado.com/unfair。

參考文獻

前言

1 Almanzar, Yolanne. "27 Years Later, Case Is Closed in Slaying of Abducted Child." *New York Times,* December 16, 2008.

2 Aviv, Rachel. "The Science of Sex Abuse." *New Yorker,* January 14, 2013.

3 Balko, Radley. "Trial by Ordeal: The Surprising Accuracy of the Dark Ages' Trial by Fire Rituals." Reason.com, February 1, 2010. http://reason.com/archives/2010/02/01/trial-by-ordeal.

4 Bartlett, Robert. *Trial by Fire and Water: The Medieval Judicial Ordeal*. Oxford: Clarendon, 1986.

5 Benton, John F., ed. *Self and Society in Medieval France: The Memoirs of Abbot Guibert of Nogent (1064?–c. 1125)*. New York: Harper & Row, 1970.

6 Brown, Peter. "Society and the Supernatural: A Medieval Change." *Daedalus* 104, no. 2 (1975): 133–51.

7 Cancer.net. "Brain Tumor: Symptoms and Signs." Last modified June 2013. http://www.cancer.net/cancer-types/brain-tumor/symptoms-and -signs.

8 Center for Sex Offender Management. *What You Need to Know About Sex Offenders*. Center for Effective Public Policy, 2008.

9 Centers for Disease Control and Prevention. *10 Leading Causes of Death by Age Group Highlighting Unintentional Injury Deaths, United States: 2011*. Accessed November 2, 2014. http://www.cdc.gov/injury/wisqars/pdf/10lcid_unintentional_deaths_2010-a.pdf.

10 Colman, Rebecca V. "Reason and Unreason in Early Medieval Law." *Journal of Interdisciplinary History* 4, no. 4 (1974): 571–91.

11 Cooper, Alexia, and Erica L. Smith. U.S. Department of Justice. *Homicide Trends in the United States, 1980–2008: Annual Rates for 2009 and 2010*. November 2011.

12 Diamond, Jared. "That Daily Shower Can Be a Killer." *New York Times,* January 28, 2013.

13 Eagleman, David. "What Our Brains Can Teach Us." *New York Times,* February 22, 2013.

14 Feresin, Emiliano. "Italian Court Reduces Murder Sentence Based on Neuroimaging Data." *Nature News Blog,* September 1, 2011. http://blogs .nature.com/news/2011/09/italian_court_reduces_murder_s.html.

15 Garrett, Brandon L. *Convicting the Innocent: Where Criminal Prosecutions Go Wrong*. Cambridge, MA: Harvard University Press, 2012.

16 Glaberson, William. "Man at Heart of Megan's Law Convicted of Her Grisly Murder." *New York Times,* May 31, 1997.

17 Greely, Henry T. "Law and the Revolution in Neuroscience: An Early Look at the Field." *Akron Law Review* 42 (2009): 687–715.

18 Greene, Joshua, and Jonathan Cohen. "For the Law, Neuroscience Changes Nothing and Everything." *Philosophical Transactions of the Royal Society B: Biological Sciences* 359 (2004): 1775–85.

19 Gross, Samuel R., Barbara O'Brien, Chen Hu, and Edward Kennedy. "Rate of False Conviction of Criminal Defendants Who Are Sentenced to Death." *Proceedings of the National Academy of Sciences* (2014): 7230–35.

20 Gross, Samuel R., and Michael Shaffer. *Exonerations in the United States, 1989–2012*. National Registry of Exonerations, June 2012.

21 Hamzelou, Jessica. "Brain Scans Reduce Murder Sentence in Italian Court." *New Scientist,* September 1, 2011.

22 Howland, Arthur C., ed. *Ordeals, Compurgation, Excommunication, and Interdict*. Philadelphia: University of Pennsylvania, 1901.

23 Innocence Project. "DNA Exonerations Nationwide." Accessed March 18, 2014. http://www.innocenceproject.org/Content/DNA_Exonerations _Nationwide.php.

24 Innocence Project. "DNA Exoneree Case Profiles." Accessed March 18, 2014. http://www.innocenceproject.org/know/.

25 Innocence Project. *200 Exonerated, Too Many Wrongfully Convicted.* New York: Benjamin N. Cardozo School of Law, Yeshiva University.

26 Innocence Project. "Unreliable or Improper Forensic Science." Accessed May 28, 2014. http://www.innocenceproject.org/understand/Unreliable-Limited-Science.php.

27 Kahneman, Daniel. *Thinking, Fast and Slow*. New York: Farrar, Straus & Giroux, 2011.

28 Kang, Jerry. "Trojan Horses of Race." *Harvard Law Review* 118 (2005): 1489–1593.

29 Kassin, Saul M., Steven A. Drizin, Thomas Grisso, Gisli H. Gudjonsson, Richard A. Leo, and Allison D. Redlich. "Police-Induced Confessions: Risk Factors and Recommendations." *Law and Human Behavior* 34 (2010): 3–38.

30 Kerr, Margaret H., Richard D. Forsyth, and Michael J. Plyley. "Cold Water and Hot Iron: Trial by Ordeal in England." *Journal of Interdisciplinary History* 22, no. 4 (1992): 573–94.

31 Kuran, Timur, and Cass R. Sunstein. "Availability Cascades and Risk Regulation." *Stanford Law Review* 51 (1999): 683–768.

32 Lancaster, Roger N. "Sex Offenders: The Last Pariahs." *New York Times,* August 20, 2011.

33 Lea, Henry Charles. *The Ordeal*. Philadelphia: University of Pennsylvania Press, 1973.

34 Leeson, Peter. "Justice, Medieval Style: The Case That 'Trial by Ordeal' Actually Worked." *Boston Globe*, January 31, 2010.

35 Leeson, Peter T. "Ordeals." *Journal of Law and Economics* 55 (2012): 691–714.

36 Levenson, Jill S., and Leo P. Cotter. "The Effect of Megan's Law on Sex Offender Reintegration." *Journal of Contemporary Criminal Justice* 21, no. 1 (2005): 49–66.

37 Loewenstein, George F., Elke U. Weber, Christopher K. Hsee, and Ned Welch. "Risk as Feelings." *Psychological Bulletin* 2 (2001):

267–86.
38 McAlhany, Joseph. Monodies *and* On the Relics of Saints: *The Autobiography and a Manifesto of a French Monk from the Time of the Crusades.* Translated by Jay Rubenstein. New York: Penguin, 2011.
39 "Megan's Law Website." Pennsylvania State Police. Accessed November 2, 2014. http://www.pameganslaw.state.pa.us/History.aspx?dt=.
40 National Conference of State Legislatures. *State Statutes Related to Jessica's Law.* Accessed November 3, 2014. http://www.leg.state.vt.us/WorkGroups/sexoffenders/NCSLs_Jessicas_Law_Summary.pdf.
41 Palmer, Robert C. "Trial by Ordeal." *Michigan Law Review* 87 (1989): 1547–56.
42 Pilarczyk, Ian C. "Between a Rock and a Hot Place: The Role of Subjectivity and Rationality in the Medieval Ordeal by Hot Iron." *Anglo-American Law Review* 25 (1996): 87–112.
43 Prichard, James C. *The Life and Times of Hincmar, Archbishop of Rheims*. London: A. A. Masson, 1849.
44 Rottenstreich, Yuval, and Christopher K. Hsee. "Money, Kisses, and Electric Shocks: On the Affective Psychology of Risk." *Psychological Science* 12 (2001): 185–90.
45 Rubenstein, Jay. *Guibert of Nogent: Portrait of a Medieval Mind*. New York: Routledge, 2002.
46 Sample, Ian. "US Courts See Rise in Defendants Blaming Their Brains for Criminal Acts." *Guardian,* November 10, 2013.
47 "Sex Laws Unjust and Ineffective." *Economist,* August 6, 2009.
48 Slovic, Paul. " 'If I Look at the Mass I Will Never Act': Psychic Numbing and Genocide." *Judgment and Decision Making* 2 (2007): 79–95.
49 Slovic, Paul. *The Perception of Risk*. London: Earthscan, 2000.
50 Slovic, Paul. "Perception of Risk." *Science* 236 (1987): 280–85.
51 Slovic, Paul, John Monahan, and Donald G. MacGregor. "Violence Risk Assessment and Risk Communication: The Effects of Using Actual Cases, Providing Instruction, and Employing Probability Versus Frequency Formats." *Law and Human Behavior* 24 (2000): 271–96.
52 Slovic, Paul, and Ellen Peters. "Risk Perception and Affect." *Current Directions in Psychological Science* 15 (2006): 322–25.
53 Slovic, Paul, and Daniel Västfjäll. "The More Who Die, the Less We Care: Psychic Numbing and Genocide." In *Behavioural Public Policy,* edited by Adam J. Oliver. Cambridge: Cambridge University Press, 2013.
54 Sunstein, Cass R. "Book Review: Misfearing: A Reply." *Harvard Law Review* 119 (2006): 1110–25.
55 Sunstein, Cass R. "Terrorism and Probability Neglect." *Journal of Risk and Uncertainty* 26 (2003): 121–36.
56 Tewksbury, Richard, and Matthew Lees. "Perceptions of Sex Offender Registration: Collateral Consequences and Community

Experiences." *Sociological Spectrum* 26 (2006): 309–34.
57 U.S. Department of Transportation. *Traffic Safety Facts: 2012 Data: Children*. Washington, DC: National Highway Traffic Safety Administration, 2014.
58 U.S. Sentencing Commission. *Sentence Length in Each Primary Offense Category*. 2011.
59 *United States v. Garsson*. 291 F. 646 (S.D.N.Y. 1923).
60 "Witch Village." *Monty Python and the Holy Grail*. DVD. Directed by Terry Gilliam and Terry Jones. Culver City, CA: Columbia TriStar Home Entertainment, 2001.
61 Youth Villages. "In Child Sex Abuse, Strangers Aren't the Greatest Danger, Experts Say." *Science Daily,* April 13, 2014. http://www.sciencedaily.com/releases/2012/04/120413100854.htm.
62 Zgoba, Kristen. *Megan's Law: Assessing the Practical and Monetary Efficacy*. New Jersey Department of Corrections, 2008.

第一部　調查

1｜隨我們過日子的標籤◆受害者

1 Accuracy Project. "David Rosenbaum." Last modified January 1, 2012. http://www.accuracyproject.org/cbe-Rosenbaum,David.html.
2 Adams, Cindy. "Trayvon Martin Killing to Be Investigated by Federal
3 Authorities." Examiner.com, March 19, 2012. http://www.examiner.com/article/trayvon-martin-killing-to-be-investigated-by-federal-authorities.
4 Alter, Adam. "Why It's Dangerous to Label People." *Psychology Today,* May 17, 2010. http://www.psychologytoday.com/blog/alternative -truths/201005/why-its-dangerous-label-people.
5 Blockshopper.com. "3824 Harrison Street NW in Washington-Friendship Heights Sold for $1,000,000." December 18, 2006. http://dc.blockshopper.com/sales/cities/washington-friendship_heights/ property/18510064/3824_harrison_street_nw/1351355.
6 Brainline.org. "What Is the Glasgow Coma Scale?" Accessed February 13, 2014. http://www.brainline.org/content/2010/10/what-is-the-glasgow-coma-scale.html.
7 Briggs, Steven, and Tara Opsal. "The Influence of Victim Ethnicity on Arrest in Violent Crimes." *Criminal Justice Studies: A Critical Journal of Crime, Law, and Society* 25, no. 2 (2012): 177–89.
8 Callan, Mitchell J., Rael J. Dawtry, and James M. Olson. "Justice Motive Effects in Ageism: The Effects of a Victim's Age on Observer Perceptions of Injustice and Punishment Judgments." *Journal of Experimental Social Psychology* 48 (2012): 1343–49.
9 Cohen, Claudia E. "Person Categories and Social Perception: Testing Some Boundaries of the Processing Effects of Prior Knowledge."

Journal of Personality and Social Psychology 40, no. 3 (1981): 441–52.

10 D'Amato, Erik. "Mystery of Disgust." *Psychology Today,* January 1, 1998. http://www.psychologytoday.com/articles/200909/mystery-disgust.

11 Darley, John M., and Paget H. Gross. "A Hypothesis-Confirming Bias in Labeling Effects." *Journal of Personality and Social Psychology* 44, no. 1 (1983): 20–33.

12 *D.C. Fire and Medical Services Department v. D.C. Office of Employee Appeals.* 986 A.2d 419 (D.C. 2010).

13 Dean, Michael Allan. "Images of the Goddess of Justice." Last modified April 1, 2013. http://mdean.tripod.com/justice.html.

14 Dooley, Pamela A. "Perceptions of the Onset Controllability of AIDS and Helping Judgments: An Attributional Analysis." *Journal of Applied Social Psychology* 25, no. 10 (1995): 858–69.

15 Duggan, Paul. "Report Scolds D.C. Agencies in Response to Assault." *Washington Post,* June 17, 2006.

16 Eberhardt, Jennifer L., Nilanjana Dasgupta, and Tracy L. Banaszynski. "Believing Is Seeing: The Effects of Racial Labels and Implicit Beliefs on Face Perception." *Personality and Social Psychology Bulletin* 29 (2003): 360–70.

17 Fisher, Marc. "Doctor's Deposition Details Fatal Night at Howard ER." *Washington Post,* April 6, 2008.

18 Gamboa, Suzanne, and Sonya Ross. "Prosecutor in FL Shooting Known as Victim Advocate." Foxnews.com, April 12, 2012. http://www.foxnews.com/us/2012/04/12/prosecutor-in-fl-shooting-known-as -victim-advocate/.

19 Ganim, Sara. "Alleged Jerry Sandusky Victim Leaves School Because of Bullying, Counselor Says." *Patriot-News,* November 20, 2011. http://www.pennlive.com/midstate/index.ssf/2011/11/alleged_jerry _sandusky_victim.html.

20 Goldstein, Joseph. "F.B.I. Audit of Database That Indexes DNA Finds Errors in Profiles." *New York Times,* January 24, 2014.

21 Goodwin, Geoffrey P., and Justin F. Landy. "Valuing Different Human Lives." *Journal of Experimental Psychology: General* 143, no. 2 (2014): 778–803.

22 Gorman, James. "Survival's Ick Factor." *New York Times,* January 23, 2012.

23 Green, Susan. "George Zimmerman Makes First Court Appearance at Bond Hearing." Examiner.com, April 12, 2012. http://www.examiner .com/article/george-zimmerman-makes-first-court-appearance-at -bond-hearing.

24 Harris, Lasana T., and Susan T. Fiske. "Dehumanizing the Lowest of the Low: Neuroimaging Responses to Extreme Out-Groups." *Psychological Science* 17, no. 10 (2006): 847–53.

25 Inbar, Yoel, and David Pizarro. "Grime and Punishment: How Disgust Influences Moral, Social, and Legal Judgments." *Jury Expert* 21, no. 2 (March 2009): 12–18.

26 Innocence Project. "DNA Exonerations Nationwide." Accessed February 15, 2014. http://www.innocenceproject.org/Content/DNA _Exonerations_Nationwide.php.

27 Innocence Project. "51% of 300 DNA Exonerations Involved Use of Improper/Unvalidated Forensic Science: Breakdown by Discipline." Accessed February 15, 2014. http://www.innocenceproject.org/docs/ FSBreakdownDiscipline.pdf.

28 Janofsky, Michael. "Official Washington Pays Tribute to Reporter Who Was Killed." *New York Times,* January 14, 2006.

29 Janofsky, Michael. "Suspect Said to Confess Killing Times Reporter." *New York Times,* January 13, 2006.

30 Jones, Cathaleene, and Elliot Aronson. "Attribution of Fault to a Rape Victim as a Function of Respectability of the Victim." *Journal of Personality and Social Psychology* 26, no. 3 (1973): 415–19.

31 Jones, Dan. "The Depths of Disgust." *Nature* 447, no.14 (June 2007): 768–71.

32 *Jordan v. United States*. Brief for Appellant. 18 A.3d 703 (2011) (No. 07-CF-340), 2010 WL 7359337.

33 *Jordan v. United States*. Brief for Appellee. 18 A.3d 703 (2011) (No. 07-CF-340), 2010 WL 7359345.

34 Kahneman, Daniel. *Thinking, Fast and Slow*. New York: Farrar, Straus & Giroux, 2011.

35 Kassin, Saul M., Itiel E. Dror, and Jeff Kukucka. "The Forensic Confirmation Bias: Problems, Perspectives, and Proposed Solutions." *Journal of Applied Research in Memory and Cognition* 2 (2013): 42–52.

36 King, Colbert I. "The Death of David Rosenbaum." *Washington Post,* February 25, 2006.

37 Kiume, Sandra. "Disgust and Social Tolerance." *Psych Central*. Accessed February 15, 2014. http://psychcentral.com/blog/archives/ 2007/01/04/disgust-and-social-tolerance/.

38 Lange, Nick D., Rick P. Thomas, Jason Dana, and Robyn M. Dawes. "Contextual Biases in the Interpretation of Auditory Evidence." *Law and Human Behavior* 35 (2011): 178–87.

39 Lemonick, Michael D. "Why We Get Disgusted." *Time,* May 24, 2007.

40 Mamet, David. *Faustus*. New York: Dramatists Play Service, 2007.

41 McGreal, Chris. "Somalian Rape Victim, 13, Stoned to Death." *Guardian,* November 2, 2008.

42 McNerney, Sam. "A Nauseating Corner of Psychology: Disgust." *Big Think,* December 9, 2012. http://bigthink.com/insights-of-genius/ a -nauseating-corner-of-psychology-disgust.

43 MedlinePlus. "Do Not Resuscitate Orders." Last modified February 3, 2014. http://www.nlm.nih.gov/medlineplus/ency/ patientinstructions/ 000473.htm.

44 Milk, Leslie, and Ellen Ryan. "Washingtonians of the Year 2007: The Rosenbaums." *Washingtonian,* January 1, 2008.

45 Morales, Andrea C., and Gavan J. Fitzsimons. "Product Contagion: Changing Consumer Evaluations Through Physical Contact with 'Disgusting' Products." *Journal of Marketing Research* 44, no. 2 (May 2007): 272–83.

46 National Institute of Justice. "What Is CODIS?" Last modified July 16, 2010. http://nij.gov/journals/266/Pages/backlogs-codis.aspx.

47 Noble, Andrea. "D.C. Fire Chief's Changes Ignore Earlier EMS Task Force Recommendation." *Journal of Emergency Medical*

Services, August 28, 2013.

48 Penn, William. *Some Fruits of Solitude in Reflections and Maxims*. London: Freemantle, 1901.

49 Pennsylvania Attorney General. "Child Sex Charges Filed Against Jerry Sandusky; Two Top Penn State University Officials Charged with Perjury and Failure to Report Suspected Child Abuse." News release. November 5, 2011. http://www.attorneygeneral.gov/press.aspx?id=6270.

50 Purdum, Todd S. "David Rosenbaum, Reporter for Times Who Covered Politics, Dies at 63." *New York Times,* January 9, 2006.

51 Randall, Eric. "Bullies Force an Alleged Sandusky Victim to Leave His High School." *Wire,* November 21, 2011. http://www.theatlanticwire.com/national/2011/11/bullies-forced-alleged-sandusky-victim -leave-his-high-school/45267/.

52 Riedel, Marc. "Homicide Arrest Clearances: A Review of the Literature." *Sociology Compass* 2, no. 4 (2008): 1150–59.

53 Roberts, Aki. "The Influences of Incident and Contextual Characteristics on Crime Clearance of Nonlethal Violence: A Multilevel Event History Analysis." *Journal of Criminal Justice* 36 (2008): 61–71.

54 Robinson, Amanda L., and Meghan S. Chandek. "Differential Police Response to Black Battered Women." *Women and Criminal Justice* 12 (2000): 29–61.

55 *Rosenbaum v. District of Columbia.* Complaint for Damages. 2006 CA 008405 M (D.C. Super. Ct. dismissed Nov. 30, 2007).

56 Rozin, Paul, Larry Hammer, Harriet Oster, Talia Horowitz, and Veronica Marmora. "The Child's Conception of Food: Differentiation of Categories of Rejected Substances in the 16 Months to 5 Year Age Range." *Appetite* 7 (1986): 141–51.

57 Rozin, Paul, Maureen Markwith, and Clark McCauley, "Sensitivity to Indirect Contacts with Other Persons: AIDS Aversion as a Composite of Aversion to Strangers, Infection, Moral Taint and Misfortune." *Journal of Abnormal Psychology* 103 (1994): 495–504.

58 Schaffer, Amanda. "The Moral Dilemmas of Doctors During Disaster." *New Yorker,* September 13, 2013.

59 Schnall, Simone, Jonathan Haidt, Gerald L. Clore, and Alexander H. Jordan. "Disgust as Embodied Moral Judgment." *Personality and Social Psychology Bulletin* 34 (2008): 1096–1109.

60 *Selena Walker v. D.C. Fire and Emergency Medical Services.* OEA Matter No. 1601-0133-06 (D.C. June 26, 2007).

61 Sherman, Gary D., Jonathan Haidt, and Gerald L. Clore. "The Faintest Speck of Dirt: Disgust Enhances the Detection of Impurity." *Psychological Science* 23 (2012): 1506–14.

62 Silverman, Elissa. "Don't Split Department, Task Force Tells Fenty." *Washington Post,* September 21, 2007.

63 Simon, Dan. *In Doubt: The Psychology of the Criminal Justice Process*. Cambridge, MA: Harvard University Press, 2012.

64 *Situationist* Staff. "The Situation of Donations." *Situationist,* May 29, 2011. http://thesituationist.wordpress.com/2011/05/29/the-situation-of -donations/.

65 Smith, Douglas A., Christy A. Visher, and Laura A. Davidson. "Equity and Discretionary Justice: The Influence of Race on Police

Arrest Decisions." *Journal of Criminal Law and Criminology* 75, no.1 (1984): 234–49.

66 Sommers, Sam. *Situations Matter*. New York: Riverhead, 2011.

67 Substance Abuse and Mental Health Services Administration, Office of Applied Studies. "Appendix B: Tables of Model-Based Estimates (50 States and the District of Columbia)." Accessed February 15, 2014. http://www.oas.samhsa.gov/2k8state/AppB.htm#TabB-9.

68 "Sudan: Gang Rape Victim Found Guilty of 'Indecent Acts.'" *Sudan Tribune,* February 21, 2014.

69 "Suspect in Northern Liberties Shooting ID'd." ABC.com, November 18, 2011. http://abclocal.go.com/wpvi/story?section=news/crime&id=8437751.

70 Thompson, Tisha, and Rick Yarborough. "I-Team: Seeing Through the Smoke." *NBC Washington,* August 27, 2013. http://www.nbcwashington .com/investigations/I-Team-Seeing-Through-the-Smoke-220734681 .html.

71 USHistory.org. "Brief History of William Penn." Accessed February 8, 2014. http://www.ushistory.org/penn/bio.htm.

72 Vergano, Dan. "Jamestown Cannibalism Confirmed by Skull from 'Jane.'" *USA Today,* May 1, 2013.

73 Wilber, Del Quentin, and Debbi Wilgoren. "Medical Condition Suspected at First in Journalist's Fall." *Washington Post,* January 10, 2006.

74 Williams, Clarence, and Allan Lengel. "Report Faults Response to Assault." *Washington Post,* June 16, 2006.

75 Willoughby, Charles J. Government of the District of Columbia, Office of the Inspector General. *Summary of Special Report: Emergency Response to the Assault on David E. Rosenbaum*. June 2006.

76 Zagefka, Hanna, Masi Noor, Rupert Brown, Georgina Randsley de Moura, and Tim Hopthrow. "Donating to Disaster Victims: Responses to Natural and Humanly Caused Events." *European Journal of Social Psychology* 41 (2011): 353–63.

2 | 危險的自白◆偵察人員

1 Black, Lisa, and Ruth Fuller. "3rd Life Sentence for Girl's Murder." *Chicago Tribune,* June 26, 2009.

2 *Bram v. United States.* 168 U.S. 532 (1897).

3 *Bruton v. United States.* 391 U.S. 123 (1968).

4 "Central Park Jogger (1989)." *New York Times,* October 3, 2012.

5 *Chambers v. Florida.* 309 U.S. 227 (1940).

6 *Colorado v. Connelly.* 479 U.S. 157 (1986).

7 Dervan, Lucian E., and Vanessa A. Edkins. "The Innocent Defendant's Dilemma: An Innovative Empirical Study of Plea Bargaining's Innocence Problem." *Journal of Criminal Law and Criminology* 103 (2013): 1–48.

8 Devers, Lindsey. U.S. Department of Justice. *Plea and Charge Bargaining*. January 24, 2011.

9 Drizin, Steven A., and Richard A. Leo. "The Problem of False Confessions in the Post-DNA World." *North Carolina Law Review* 82 (2004): 891–1007.

10 *Frazier v. Cupp*. 394 U.S. 731 (1969).

11 Garrett, Brandon L. *Convicting the Innocent: Where Criminal Prosecutions Go Wrong*. Cambridge, MA: Harvard University Press, 2011.

12 Garrett, Brandon L. "Introduction: *New England Law Review* Symposium on 'Convicting the Innocent.'" *New England Law Review* 46 (2012): 671–87.

13 Gross, Samuel R., Kristen Jacoby, Daniel J. Matheson, Nicholas Montgomery, and Sujata Patil. "Exonerations in the United States, 1989 Through 2003." *Journal of Criminal Law and Criminology* 95, no. 2 (2005): 523–60.

14 Guyll, Max, Stephanie Madon, Yueran Yang, Daniel G. Lannin, Kyle Scherr, and Sarah Greathouse. "Innocence and Resisting Confession During Interrogation: Effects on Physiologic Activity." *Law and Human Behavior* 37 (2013): 366–75.

15 Inbau, Fred E., John F. Reid, Joseph P. Buckley, and Brian C. Jayne. *Criminal Interrogation and Confessions,* 5th ed. Burlington, MA: Jones & Barlett Learning, 2013.

16 Innocence Project. "DNA Exonerations Nationwide." Accessed May 6, 2014. http://www.innocenceproject.org/Content/DNA_Exonerations _Nationwide.php.

17 Innocence Project. "James Ochoa." Accessed May 6, 2014. http://www.innocenceproject.org/Content/James_Ochoa.php.

18 Jones, Edward, and Victor Harris. "The Attribution of Attitudes." *Journal of Experimental Social Psychology* 3 (1967): 1–24.

19 "Juan Rivera, Center on Wrongful Convictions." *Northwestern Law*. Accessed May 6, 2014. http://www.law.northwestern.edu/legalclinic/wrongfulconvictions/exonerations/il/juan-rivera.html.

20 "Juan Rivera Exhibit 2." *Northwestern Law*. Accessed May 5, 2014. http://www.law.northwestern.edu/legalclinic/wrongfulconvictions/exonerations/documents/RiveraPCExhibit2.pdf.

21 Karlsen, Carol F. *The Devil in the Shape of a Woman: Witchcraft in Colonial New England*. New York: W. W. Norton, 1998.

22 Kassin, Saul M., Steven A. Drizin, Thomas Grisso, Gisli H. Gudjonsson, Richard A. Leo, and Allison D. Redlich. "Police-Induced Confessions: Risk Factors and Recommendations." *Law and Human Behavior* 34 (2010): 3–38.

23 Kassin, Saul M., and Gisli H. Gudjonsson. "The Psychology of Confessions: A Review of the Literature and Issues." *Psychological Science in the Public Interest* 5 (2004): 33–67.

24 Kassin, Saul M., Richard A. Leo, Christian A. Meissner, Kimberly D. Richman, Lori H. Colwell, Amy May-Leach, and Dana La Fon. "Police Interviewing and Interrogation: A Self-Report Survey of Police Practices and Beliefs." *Law and Human Behavior* 31 (2007): 381–400.

25 Kassin, Saul M., and Karlyn McNall. "Police Interrogations and Confessions: Communicating Promises and Threats by Pragmatic Implication." *Law and Human Behavior* 15 (1991): 233–51.

26 Kassin, Saul M., Christian A. Meissner, and Rebecca J. Norwick. " 'I'd Know a False Confession if I Saw One': A Comparative Study of College Students and Police Investigators." *Law and Human Behavior* 34 (2005): 211–27.

27 Langbein, John H. "Torture and Plea Bargaining." *University of Chicago Law Review* 46 (1978): 3–22.

28 Le, Phuong. "Testimony of Girl IDs Defendant in Slaying." *Chicago Tribune,* September 18, 1998.

29 Leo, R. A. "The Third Degree and the Origins of Psychological Police Interrogation in the United States." In *Interrogations, Confessions, and Entrapment,* edited by G. Daniel Lassiter. New York: Kluwer Academic Publishers, 2004.

30 Martin, Andrew. "Baby-sitter's Murder Victimizes 2 Families." *Chicago Tribune,* October 23, 1992.

31 Martin, Andrew. "Court Reverses Conviction of Man Jailed for 19 Years in Rape and Murder." *New York Times,* December 10, 2011.

32 Martin, Andrew. "Illinois: Inmate Cleared by DNA Is Freed." *New York Times,* January 6, 2012.

33 Martin, Andrew. "The Prosecution's Case Against DNA." *New York Times,* November 25, 2011.

34 Mills, Steve, and Dan Hinkel. "DNA Links Murder and Rape of Holly Staker, 11, to Second Murder 8 Years Later." *Chicago Tribune,* June 10, 2014.

35 Moxley, R. Scott. "The Case of the Dog That Couldn't Sniff Straight." *OC Weekly,* November 5, 2005.

36 Moxley, R. Scott. "CSI Games: If DNA Evidence Doesn't Fit in Orange County, Alter It?" *OC Weekly,* March 13, 2008.

37 Moxley, R. Scott. "Oops." *OC Weekly,* October 26, 2006.

38 National Registry of Exonerations. "Juan Rivera." Accessed May 8, 2014. https://www.law.umich.edu/special/exoneration/Pages/casedetail .aspx?caseid=3850.

39 Possley, Maurice. "DNA Tests Give Hope to Convict in 1992 Murder." *Chicago Tribune,* March 26, 2005.

40 Russano, Melissa B., Christian A. Meissner, Fadia M. Narchet, and Saul M. Kassin. "Investigating True and False Confessions Within a Novel Experimental Paradigm." *Psychological Science* 16, no. 6 (2005): 481–86.

41 Shipler, David K. "Why Do Innocent People Confess?" *New York Times,* February 23, 2012.

42 Simon, Dan. *In Doubt: The Psychology of the Criminal Justice Process*. Cambridge, MA: Harvard University Press, 2012.

43 Sommers, Sam. *Situations Matter*. New York: Riverhead, 2011.

44 *State v. Rivera.* 962 N.E. 2d 53 (Ill. App. Ct. 2011).

45 *State v. Rivera.* Brief for Defendant. 962 N.E. 2d 53 (Ill. App. Ct. 2011) (No. 2-09-1060).

46 Toris, Carol, and Bella M. DePaulo. "Effects of Actual Deception and Suspiciousness of Deception on Interpersonal Perceptions."

Journal of Personality and Social Psychology 47 (1984): 1063–73.
47 White, Welsh S. *Miranda's Waning Protections: Police Interrogation Practices After Dickerson*. Ann Arbor: University of Michigan Press, 2006.
48 Wigmore, John Henry. *A Treatise on the Anglo-American System of Evidence in Trials at Common Law,* 2nd ed., vol. 2. Boston: Little, Brown, 1923.
49 Wrightsman, Lawrence S., and Saul M. Kassin. *Confessions in the Courtroom*. Newbury Park, CA: Sage, 2003.

3 | 犯罪心理◆嫌疑犯

1 *Alick Evan McGregor*. 1887. Photograph. New Zealand Police Museum, Porirua.
2 American Psychiatric Association. *Diagnostic and Statistical Manual of Mental Disorders,* 5th ed. Arlington, VA: American Psychiatric Publishing, 2013.
3 American Psychological Association. "Mental Illness Not Linked to Crime, Research Finds." Last modified April 21, 2014. http://www.apa .org/news/press/releases/2014/04/mental-illness-crime.aspx.
4 Baird, Abigail A., and Jonathan A. Fugelsang. "The Emergence of Consequential Thought: Evidence from Neuroscience." *Philosophical Transactions of the Royal Society of London, Series B: Biological Sciences* 359, no. 1451 (2004): 1797–1804.
5 Batts, Shelley. "Brain Lesions and Their Implications in Criminal Responsibility." *Behavioral Sciences and the Law* 27 (2009): 261–72.
6 Benforado, Adam. "The Geography of Criminal Law." *Cardozo Law Review* 31, no. 3 (2010): 823–904.
7 Bigler, Erin D., Mark Allen, and Gary K. Stimac. "MRI and Functional MRI." In *Neuroimaging in Forensic Psychiatry,* edited by Joseph Simpson. Oxford: John Wiley, 2012.
8 Blass, Thomas. "The Milgram Paradigm After 35 Years: Some Things We Now Know About Obedience to Authority." *Journal of Applied Social Psychology* 29, no. 5 (1999): 955–78.
9 Boffey, Phillip M. "The Next Frontier Is Inside Your Brain." *New York Times,* February 23, 2013.
10 Braverman, Irus. "Governing Certain Things: The Regulation of Street Trees in Four North American Cities." *Tulane Environmental Law Journal* 22, no. 1 (2008): 35–59.
11 Brown University. " 'Warrior Gene' Predicts Aggressive Behavior After Provocation." Last modified January 19, 2009. http://news.brown .edu/pressreleases/2009/01/hotsauce.
12 Burns, Jeffrey M., and Russell Swerdlow. "Right Orbitofrontal Tumor with Pedophilia Symptom and Constructional Apraxia Sign." *Archives of Neurology* 60 (2003): 437–40.
13 "Celebrity Mugshots." CNN.com. Last updated March 20, 2013. http://www.cnn.com/2013/03/19/showbiz/celebrity-news-gossip/

bruno-mars-mugshot-smile-gq.

14 Chinlund, Christine, Dick Lehr, and Kevin Cullen. "Senate President: A Mix of Family, Southie, Power." *Boston Globe,* September 18, 1988.

15 Cohen, Elizabeth. "North Carolina Lawmakers OK Payments for Victims of Forced Sterlization." CNN.com, July 28, 2013. http://www.cnn .com/2013/07/26/us/north-carolina-sterilization-payments.

16 Cohen, Nick. "Where Be Monsters?" *Observer,* January 17, 2004. Accessed September 27, 2014. http://www.theguardian.com/uk/2004/jan/18/ukcrime.guardiancolumnists.

17 Coid, Jeremy, Min Yang, Simone Ullrich, Amanda Roberts, Paul

18 Moran, Paul Bebbington, Traolach Brugha, Rachel Jenkins, Michael Farrell, Glyn Lewis, Nicola Singleton, and Robert Hare. "Psychopathy Among Prisoners in England and Wales." *International Journal of Law and Psychology* 32, no. 3 (2009): 134–41.

19 Cole, Simon A. *Suspect Identities: A History of Fingerprinting and Criminal Identification*. Cambridge, MA: Harvard University Press, 2001.

20 Cook, Gareth. "Secrets of the Criminal Mind." *Scientific American,* May 7, 2013. http://www.scientificamerican.com/article/secrets -criminal-mind-adrian-raine/.

21 Cox, James A. "Bilboes, Brands, and Branks: Colonial Crimes and Punishments." *Colonial Williamsburg Journal,* Spring 2003.

22 "Criminal Sittings." *Evening Post,* October 5, 1888.

23 Davie, Neil. "Lombroso and the 'Men of Real Science': British Reactions, 1886–1918." In *The Cesare Lombroso Handbook,* edited by Paul Knepper and P. J. Ystehede. New York: Routledge, 2013.

24 Davie, Neil. *Tracing the Criminal: The Rise of Scientific Criminology in Britain, 1860–1918*. Oxford: Bardwell Press, 2005.

25 Dobbs, David. "Beautiful Brains." *National Geographic,* October 2011.

26 Durose, Matthew R., Alexia D. Cooper, and Howard N. Snyder. U.S. Department of Justice. *Recidivism of Prisoners Released in 30 States in 2005: Patterns from 2005 to 2010*. April 2014.

27 Eagleman, David. "What Our Brains Can Teach Us." *New York Times,* February 22, 2013.

28 Eckholm, Erik. "Juveniles Facing Lifelong Terms Despite Rulings." *New York Times,* January 1, 2014.

29 *Encyclopedia Britannica Online*. "Cesare Lombroso." Accessed May 18, 2014. http://www.britannica.com/EBchecked/topic/346759/Cesare-Lombroso.

30 Farah, Martha J. "Neuroethics: The Practical and Philosophical." *Trends in Cognitive Sciences* 9, no. 1 (2005): 34–40.

31 Federal Bureau of Investigation. "James 'Whitey' Bulger Captured: Media Campaign Leads to Top Ten Arrest." Last modified June 23, 2011. http://www.fbi.gov/news/stories/2011/june/bulger_062311/bulger _062311.

32 Filipovic, Jill. "The Conservative Philosophy of Tragedy: Guns Don't Kill People, People Kill People." *Guardian,* December 21, 2012.

33 Finn, Jonathan. *Capturing the Criminal Image: From Mug Shot to Surveillance Society*. Minneapolis: University of Minnesota Press, 2009.

34 Fiske, Alan Page, Shinobu Kitayama, Hazel Rose Markus, and Richard E. Nisbett. "The Cultural Matrix of Social Psychology." In *The Handbook of Social Psychology,* 4th ed., vol. 2, edited by Daniel T. Gilbert, Susan T. Fiske, and Gardner Lindzey. New York: Oxford University Press, 1998.

35 Fletcher, Robert. "The New School of Criminal Anthropology." Address, Anthropological Society of Washington, Washington, DC, April 21, 1861.

36 "Francis Galton, Prevalent Features Among Men Convicted of Larceny (Without Violence)." Accessed October 10, 2014. http://galton.org/composite.htm.

37 *Frank Masters*. 1890. Photograph. New Zealand Police Museum, Porirua.

38 *Graham v. Florida.* 560 U.S. 48 (2010).

39 Greely, Henry T. "Law and the Revolution in Neuroscience: An Early Look at the Field." *Akron Law Review* 42 (2009): 687–715.

40 Harcourt, Bernard E. "Reflecting on the Subject: A Critique of the Social Influence Conception of Deterrence, the Broken Windows Theory, and Order-Maintenance Policing New York Style." *Michigan Law Review* 97 (1998): 291–389.

41 Harmon, Katherine. "Brain Injury Rate 7 Times Greater Among U.S. Prisoners." *Scientific American,* February 4, 2012.

42 Hirstein, William. "What Is a Psychopath?" *Psychology Today,* January 30, 2013. Accessed September 26, 2014. http://www.psychologytoday .com/blog/mindmelding/201301/what-is-psychopath-0.

43 *John Powell*. 1889. Photograph. New Zealand Police Museum, Porirua.

44 Jones, Kathleen B. "The Trial of Hannah Arendt." *Humanities* 35, no. 2 (March/April 2014). http://www.neh.gov/humanities/2014/march april/feature/the-trial-hannah-arendt.

45 Kalichman, Michael, Dena Plemmons, and Stephanie J. Bird. "Editor's Overview: Neuroethics: Many Voices and Many Sources." *Science and Engineering Ethics* 18, no. 3 (September 2012): 423–32.

46 Kean, Sam. "Phineas Gage: Neuroscience's Most Famous Patient." *Slate,* May 6, 2014. http://www.slate.com/articles/health_and_science/science/2014/05/phineas_gage_neuroscience_case_true_story_of _famous_frontal_lobe_patient.html.

47 Keizer, Kees, Siegwart Lindenberg, and Linda Steg. "The Spreading of Disorder." *Science* 322 (2008): 1681–85.

48 Kelling, George L., and James Q. Wilson. "Broken Windows: The Police and Neighborhood Safety." *Atlantic Monthly,* March 1, 1982.

49 Kennedy, Helen. "Notorious Gangster Whitey Bulger Was Inspiration for Jack Nicholson's Character in 'The Departed.'" *Daily News,* June 23, 2011.

50 Khalid, Asma. "Whitey and Billy: A Tale of Two Boston Brothers." WBUR, June 2, 2013. http://www.wbur.org/2013/06/02/whitey-billy -bulger-brothers.

51 Kiehl, Kent A., and Joshua W. Buckholtz. "Inside the Mind of a Psychopath." *Scientific American Mind,* September/October 2010.

52 Kitzhaber, John. "Proclamation of Human Rights Day, and Apology for Oregon's Forced Sterilization of Institutionalized Patients." Speech. Salem, OR, December 2, 2002.

53 Knapp, Alex. "How Lead Caused America's Violent Crime Epidemic." *Forbes,* January 3, 2013.

54 Kuo, Frances E., and William C. Sullivan. "Environment and Crime in the Inner City: Does Vegetation Reduce Crime?" *Environment and Behavior* 33, no. 3 (May 2001): 343–67.

55 Langan, Patrick A., and David J. Levin. U.S. Department of Justice. *Recidivism of Prisoners Released in 1994*. June 2, 2002.

56 Lehr, Dick, and Girard O'Neill. "Whitey Bulger: Secrets Behind the Capture of the FBI's Most Wanted Man." *Salon,* February 24, 2013. http://www.salon.com/2013/02/24/whitey_bulger_secrets_behind_the _capture_of_the_fbis_most_wanted_man/.

57 Lehrer, Jonah. "The Crime of Lead Exposure." *Wired,* June 1, 2011. http://www.wired.com/2011/06/the-crime-of-lead-exposure/.

58 Leistedt, Samuel J., and Paul Linkowski. "Psychopathy and the Cinema: Fact or Fiction?" *Journal of Forensic Sciences* 59 (2014): 167–74.

59 Lilienfeld, Scott O., and Hal Arkowitz. "What 'Psychopath' Means." *Scientific American,* November 28, 2007. http://www.scientificamerican .com/article/what-psychopath-means/.

60 Logan, Wayne A. "Policing Identity." *Boston University Law Review* 92 (2012): 1561–1611.

61 Lombroso-Ferrero, Gina. *Criminal Man According to the Classification of Cesare Lombroso*. New York: Knickerbocker, 1911.

62 Mayo Clinic. "Antisocial Personality Disorder." Accessed May 21, 2014. http://www.mayoclinic.org/diseases-conditions/antisocial-personality -disorder/basics/definition/con-20027920.

63 Mayo Clinic. "Position Emission Tomography (PET) Scan." Accessed May 21, 2014. http://www.mayoclinic.org/tests-procedures/pet-scan/basics/definition/prc-20014301.

64 Medline Plus. "Antisocial Personality Disorder." Accessed May 21, 2014. http://www.nlm.nih.gov/medlineplus/ency/article/000921.htm.

65 Medline Plus. "Brain PET Scan." Accessed May 21, 2014. http://www .nlm.nih.gov/medlineplus/ency/article/007341.htm.

66 Medline Plus. "PET Scan." Accessed May 21, 2014. http://www.nlm .nih.gov/medlineplus/ency/article/003827.htm.

67 Milgram, Stanley. "Behavioral Study of Obedience." *Journal of Abnormal and Social Psychology* 67, no. 4 (1963): 371–78.

68 Milgram, Stanley. *Obedience to Authority: An Experimental View*. New York: Harper & Row, 1974.

69 Miller, Arthur G., ed. *The Social Psychology of Good and Evil*. New York: Guilford, 2004.

70 Miller, D. W. "Poking Holes in the Theory of 'Broken Windows.'" *Chronicle of Higher Education* 31, no. 17 (2001).
71 *Miller v. Alabama.* 132 S. Ct. 2455 (2012).
72 Mitchell, D. V. B., S. B. Anvy, and R. J. R. Blair, "Divergent Patterns of Aggressive and Neurocognitive Characteristics in Acquired Versus Developmental Psychopathy." *Neurocase* 12, no. 3 (2006): 164–78.
73 Mobbs, Dean, Hakwan C. Lau, Owen D. Jones, and Christopher D. Frith. "Law, Responsibility, and the Brain." *PLOS Biology* 5, no. 4 (April 2007): 693–700.
74 Monterosso, John, and Barry Schwartz. "Did Your Brain Make You Do It?" *New York Times,* July 27, 2012.
75 Morse, Stephen J. "Neuroimaging Evidence in Law: A Plea for Modesty and Relevance." In *Neuroimaging in Forensic Psychiatry,* edited by Joseph Simpson. Oxford: John Wiley, 2012.
76 Muskal, Michael. "Exterminator Charged with Murder in Death of Philadelphia Doctor." *Los Angeles Times,* January 24, 2013.
77 Nadelhoffer, Thomas, and Walter Sinnott-Armstrong. "Neurolaw and Neuroprediction: Potential Promises and Perils." *Philosophy Compass* 7, no. 9 (2012): 631–42.
78 News from the National Academies. "Juvenile Justice Reforms Should Incorporate Science of Adolescent Development." Last modified November 13, 2012. http://www8.nationalacademies.org/onpinews/newsitem .aspx?RecordID=14685.
79 Pearl, Sharrona. *About Faces: Physiognomy in Nineteenth-Century Britain*. Cambridge, MA: Harvard University Press, 2010.
80 Pease, Ken. "Crime Reduction." In *The Oxford Handbook of Criminology,* 3rd ed., edited by Mike Maguire, Rod Morgan, and Robert Reiner. Oxford: Oxford University Press, 2002.
81 Peterson, Jillian K., Jennifer Skeem, Patrick Kennealy, Beth Bray, and Andrea Zvonkovic. "How Often and How Consistently Do Symp
82 toms Directly Precede Criminal Behavior Among Offenders with Mental Illness?" *Law and Human Behavior* 38, no. 5 (2014): 439–49.
83 Psych Central Staff. "Antisocial Personality Disorder Symptoms." *Psych Central.* Accessed May 21, 2014. http://psychcentral.com/disorders/antisocial-personality-disorder-symptoms/.
84 Raine, Adrian. *The Anatomy of Violence: The Biological Roots of Crime*. Toronto: Random House, 2013.
85 Reeves, Hope. "I See . . . Hemorrhoids in Your Future." *New York Times,* March 10, 2013.
86 Reyna, Valerie F. "How People Make Decisions That Involve Risk: A Dual-Processes Approach." *Current Directions in Psychological Science* 13, no. 2 (2004): 60–66.
87 Reyna, Valerie F., and Frank Farley. "Risk and Rationality in Adolescent Decision Making." *Psychological Science in the Public Interest* 7, no. 1 (2006): 1–44.
88 *Roper v. Simmons.* 543 U.S. 551 (2005).
89 Ross, Lee, and Donna Shestowsky. "Contemporary Psychology's Challenges to Legal Theory and Practice." *Northwestern University*

Law Review 97, no. 3 (2003): 1081–1114.

90 Royal Society. *Brain Waves Module 4: Neuroscience and the Law*. London: Royal Society, 2011.

91 Rushing, Susan E., Daniel A. Pryma, and Daniel D. Langleben. "PET and SPECT." In *Neuroimaging in Forensic Psychiatry,* edited by Joseph Simpson. Oxford: John Wiley, 2012.

92 Sabol, S. Z., Stella Hu, and D. Hamer. "A Functional Polymorphism in the Monoamine Oxidase A Gene Promoter." *Human Genetics* 103, no. 3 (September 1998): 273–79.

93 Schuessler, Jennifer. "Book Portrays Eichmann as Evil, but Not Banal." *New York Times,* September 2, 2014.

94 Shader, Michael. U.S. Department of Justice. *Risk Factors for Delinquency: An Overview*. 2004.

95 "This Day: An Extraordinary Scene." *Evening Post,* December 4, 1889.

96 This Day in History. "Dachau Liberated: April 29, 1945." History.com. Accessed May 19, 2014. http://www.history.com/this-day-in-history /dachau-liberated.

97 University of Massachusetts. "UMass Presidents: William M. Bulger." Last modified June 30, 2011. http://www.massachusetts.edu/presidents/bulger.html.

98 University of Texas at Dallas. "Criminologist's Research Shows Genes

99 Influence Criminal Behavior." Last modified January 24, 2012. http://www.utdallas.edu/news/2012/1/24-15201_Criminologists-Research -Shows-Genes-Influence-Crim_article-wide.html.

100 University of Washington. "Brain Facts and Figures." Accessed May 20, 2014. http://faculty.washington.edu/chudler/facts.html.

101 "Urgent Private Affairs." *Evening Post,* June 10, 1886.

102 Valencia, Milton J., Shelley Murphy, and Martin Finucane. "Whitey Bulger, Boston Gangster Found Responsible for 11 Murders, Gets Life in Prison." *Boston Globe,* November 14, 2013.

103 Valeo, Tom. "Legal-Ease: Is Neuroimaging a Valid Biomarker in Legal Cases?" *Neurology Today* 12, no. 8 (2012): 38–40.

104 Vedantam, Shankar. "Behind a Halloween Mask, Even 'Good' Kids Can Turn into Candy Thieves." NPR, October 31, 2012. http://www.npr .org/blogs/thesalt/2012/10/31/164030718/behind-a-halloween-mask -even-good-kids-can-turn-into-candythieves.

105 Victorian Web. "Victorian Science: An Introduction." Last modified December 6, 2008. http://www.victorianweb.org/science/intro.html.

106 Wheeler, Mark. "UCLA Researchers Map Damaged Connections in Phineas Gage's Brain." *UCLA Newsroom,* May 16, 2012. http://news room.ucla.edu/releases/embargoed-for-release-until-wednesday-233846.

107 "Whitey Bulger Biography." *Bio*. Accessed May 21, 2014. http://www.biography.com/people/whitey-bulger—328770#capture-and -trial&awesm=~oEWyGCLDWfHOKb.

108 Wiebking, Christine, Alexander Sartorius, Harald Dressing, and Greg Northoff. "Pedophilia." In *Neuroimaging in Forensic Psychiatry,*

edited by Joseph Simpson. Oxford: John Wiley, 2012.

109 Wikimedia Commons. "File: De Humana Physiognomia-Kuh und Mann.jpg." Last modified August 1, 2008. http://commons.wikimedia .org/wiki/File:De_Humana_Physiognomia_-_Kuh_und_Mann.jpg/.

110 *William Johnston*. 1887. Photograph. New Zealand Police Museum, Porirua.

111 Witt, Jessica, and James Brockmole. "Action Alters Object Identification: Wielding a Gun Increases the Bias to See Guns." *Journal of Experimental Psychology: Human Perception and Performance* 38, no. 5 (2012): 1159–67.

112 Wolfe, Mary K., and Jeremy Mennis. "Does Vegetation Encourage or Suppress Urban Crime? Evidence from Philadelphia, PA." *Landscape and Urban Planning* 108 (November–December 2012): 112–22.

113 Zimbardo, Philip G., and Michael R. Leippe. *The Psychology of Attitude Change and Social Influence*. New York: McGraw-Hill, 1991.

第二部 判決

4｜破壞規則◆檢察官

1 "A Cheating Crisis in America's Schools." ABC News, April 29, 2012. http://abcnews.go.com/Primetime/story?id=132376&page=1.

2 Ariely, Dan. *The (Honest) Truth About Dishonesty.* New York: HarperCollins, 2012.

3 Asimow, Michael. "Embodiment of Evil: Law Firms in the Movies." *UCLA Law Review* 48 (2001): 1341–92.

4 Bandes, Susan. "The Lone Miscreant, The Self-Training Prosecutor, and Other Fictions: A Comment on *Connick v. Thompson.*" *Fordham Law Review* 715 (2012): 715–36.

5 Barber, Elizabeth. "Dallas Targets Wrongful Convictions, and Revolution Starts to Spread." *Christian Science Monitor,* May 25, 2014.

6 Bazelon, Emily. "Playing Dirty in the Big Easy." *Slate,* April 18, 2012. http://www.slate.com/articles/news_and_politics/crime/2012/04/new_orleans_district_attorney_leon_cannizzaro_is_being_questioned _for_his_ethics_in_pursuing_convictions_.html.

7 Bibliography.com. "Harry Connick Jr." Accessed May 13, 2014. http://www.biography.com/people/harry-connick-jr-5542.

8 *Brady v. Maryland.* 373 U.S. 83 (1963).

9 Bryan, Christopher J., Gabrielle S. Adams, and Benoît Monin. "When Cheating Would Make You a Cheater: Implicating the Self Prevents Unethical Behavior." *Journal of Experimental Psychology: General* 142, no. 4 (2013): 1001–5.

10 Chance, Zoë, Michael I. Norton, Francesca Gino, and Dan Ariely. "Temporal View of the Costs and Benefits of Self-Deception." *Proceedings of the National Academy of Sciences* 108 (2011): 15655–59.

11 Cohen, Taya R., A. T. Panter, and Nazli Turan. "Guilt Proneness and Moral Character." *Current Directions in Psychological Science* 21 (2012): 355–59.

12 *Connick v. Thompson*. 131 S. Ct. 1350 (2011).

13 Dallas County District Attorney's Office. "Conviction Integrity Unit." Accessed April 26, 2014. http://www.dallasda.com/division/conviction -integrity-unit/.

14 Davidson, Adam, Jacob Goldstein, Caitlin Kenney, and Dan Kedmey. "What's the Easiest Way to Cheat on Your Taxes?" *New York Times,* April 3, 2012.

15 "Failure of Empathy and Justice." *New York Times,* March 31, 2011.

16 Fisher-Giorlando, Marianne. "Louisiana." In *The Social History of Crime and Punishment in America: An Encyclopedia,* edited by Wilbur R. Miller. Los Angeles: Sage, 2012.

17 Florida Innocence Project. "Conviction Integrity Units: Righting the Wrongs or a Waste of Time?" *Plain Error,* September 18, 2012. http://floridainnocence.org/content/?tag=conviction-integrity-units.

18 Garrett, Brandon L. *Convicting the Innocent: Where Criminal Prosecutions Go Wrong*. Cambridge, MA: Harvard University Press, 2011.

19 Gino, Francesca, and Dan Ariely. "The Dark Side of Creativity: Original Thinkers Can Be More Dishonest." *Journal of Personality and Social Psychology* 102 (2011): 445–59.

20 Gino, Francesca, Maurice E. Schweitzer, Nicole L. Mead, and Dan Ariely. "Unable to Resist Temptation: How Self-Control Depletion Promotes Unethical Behavior." *Organizational Behavior and Human Decision Processes* 115 (2011): 191–203.

21 Gino, Francesca, Shahar Ayal, and Dan Ariely. "Contagion and Differentiation in Unethical Behavior." *Psychological Science* 20, no. 3 (2009): 393–98.

22 Graves, Lucia. "Which Types of Students Cheat Most?" *U.S. News and World Report,* October 3, 2008.

23 Harris Interactive. "Confidence in Congress Stays at Lowest Point in Almost Fifty Years." May 21, 2012. http://www.harrisinteractive.com/NewsRoom/HarrisPolls/tabid/447/ctl/ReadCustom%20Default/mid/1508/ArticleId/1068/Default.aspx.

24 History.com. "Nuremberg Trials." Accessed April 21, 2014. http://www.history.com/topics/world-war-ii/nuremberg-trials.

25 Hollway, John, and Ronald M. Gauthier. *Killing Time: An 18-Year Odyssey from Death Row to Freedom*. New York: Skyhorse Publishing, 2010.

26 Indvik, Lauren. "U.S. Internet Piracy Is on the Decline." *USA Today,* March 25, 2011.

27 Innocence Project. "Conviction Integrity Unit Reviews Possible Wrongful Convictions." *Innocence Blog,* March 26, 2013. http://www.innocenceproject.org/Content/Conviction_Integrity_Unit_Reviews _Possible_Wrongful_Convictions.php.

28 Innocence Project. "Conviction Integrity Unit to Review 50 Brooklyn Murder Cases." *Innocence Blog,* May 13, 2013. http://www.innocence project.org/Content/Conviction_Integrity_Unit_to_Review_50_Brooklyn _Murder_Cases.php.

29 Innocence Project. "The Exonerator." *Innocence Blog,* November 17, 2008. http://www.innocenceproject.org/Content/The_Exonerator.php.

30 Internal Revenue Service. "Tax Gap." Last modified December 3, 2013. http://www.irs.gov/uac/The-Tax-Gap.

31 "Ira Sorkin, Lawyer for Bernie Madoff, Leaves Dickstein Shapiro."

32 *JD Journal,* November 3, 2010. http://www.jdjournal.com/2010/11/03/ira-sorkin-lawyer-for-bernie-madoff-leaves-dickstein-shapiro/.

33 IRS Oversight Board. *2011 Taxpayer Attitude Survey*. Washington, DC: IRS Oversight Board, 2012.

34 Jarvis, Rebecca. "America at Tax Time: What Cheaters Cost Us." CBS News, April 16, 2012. http://www.cbsnews.com/8301-3445_162-57414288/america-at-tax-time-what-cheaters-cost-us/.

35 Josephson Institute of Ethics. *2012 Report Card on the Ethics of American Youth*. Los Angeles: Josephson Institute for Ethics 2012.

36 Keenan, David, Deborah Jane Cooper, David Lebowitz, and Tamar Lerer. "The Myth of Prosecutorial Accountability After *Connick v. Thompson:* Why Existing Professional Responsibility Measures Cannot Protect Against Prosecutorial Misconduct." *Yale Law Journal Online* 121 (2011).

37 "Lawyer Joke Collection." Last modified October 31, 2010. http://www.iciclesoftware.com/LawJokes/IcicleLawJokes.html.

38 Liptak, Adam. "$14 Million Jury Award to Ex-Inmate Is Dismissed." *New York Times,* March 29, 2011.

39 Liptak, Adam. "Prosecutor Becomes Prosecuted." *New York Times,* June 24, 2007.

40 Lithwick, Dahlia. "Cruel but Not Unusual: Clarence Thomas Writes One of the Meanest Supreme Court Decisions Ever." *Slate,* April 11, 2011. http://www.slate.com/articles/news_and_politics/jurisprudence/ 2011/04/cruel_but_not_unusual.single.html.

41 Mazar, Nina, On Amir, and Dan Ariely. "The Dishonesty of Honest People: A Theory of Self-Concept Maintenance." *Journal of Marketing Research* 45 (2008): 633–44.

42 Mazar, Nina, and Dan Ariely. "Dishonesty in Everyday Life and Its Policy Implications." *Journal of Public Policy and Marketing* 25, no. 1 (2006): 1–21.

43 McCabe, Donald L., Kenneth D. Butterfield, and Linda Klebe Treviño. "Academic Dishonesty in Graduate Business Programs: Prevalence, Causes, and Proposed Action." *Academy of Management Learning and Education* 5 (2006): 294–305.

44 McCoy, Kevin. "IRS Struggling to Combat Rise in Tax Fraud." *USA Today,* April 15, 2012.

45 McLaughlin, Michael. "National Registry of Exonerations: More Than 2,000 People Freed After Wrongful Convictions." Last modified May 22, 2012. http://www.huffingtonpost.com/2012/05/21/national -registry-of-exonerations_n_1534030.html.

46 "McVeigh's Former Lawyer Speaks Out." CBS News, June 11, 2001. http://www.cbsnews.com/news/mcveighs-former-lawyer-speaks-out/.

47 Menkel-Meadow, Carrie. "Can They Do That? Legal Ethics in Popular Culture." *UCLA Law Review* 48 (2001): 1305–37.

48 Moore, Terri. “Prosecutors Reinvestigate Questionable Evidence: Dallas Establishes ‘Conviction Integrity Unit.’ ” *Criminal Justice* 26 (2011): 1–6.

49 Novotney, Amy. “Beat the Cheat.” *Monitor on Psychology* 42 (2011): 54.

50 “Orleans Parish District Attorney.” Accessed April 21, 2014. http://orleansda.com/the-d-a/.

51 Pérez-Peña, Richard. “Studies Find More Students Cheating, with High Achievers No Exception.” *New York Times,* September 7, 2012.

52 Pinker, Steven. “The Sugary Secret of Self-Control.” Review of *Willpower: Rediscovering the Greatest Human Strength,* by Roy F. Baumeister and John Tierney. *New York Times,* September 2, 2011.

53 Possley, Maurice, and Ken Armstrong. “The Flip Side of a Fair Trial.” *Chicago Tribune,* January 11, 1999.

54 Recording Industry Association of America. “Student FAQ.” Accessed April 21, 2014. http://www.riaa.com/toolsforparents.php?content_selector=resources-for-students.

55 Ridgeway, James, and Jean Casella. “14 Years on Death Row. $14 Million in Damages?” *Mother Jones,* October 6, 2010. http://www.mother jones.com/politics/2010/09/connick-v-thompson.

56 Salisbury, David. “Breakdown of White-Matter Pathways Affects Decisionmaking As We Age.” *Research News at Vanderbilt,* April 11, 2012. http://news.vanderbilt.edu/2012/04/declining-decisionmaking/.

57 Shu, Lisa L., Francesca Gino, and Max H. Bazerman, “Dishonest Deeds, Clear Conscience: When Cheating Leads to Moral Disengagement and Motivated Forgetting.” *Personality and Social Psychology Bulletin* 37 (2011): 330–49.

58 Simon, Dan. *In Doubt: The Psychology of the Criminal Justice Process*. Cambridge, MA: Harvard University Press, 2012.

59 Siwek, Stephen E. “The True Cost of Sound Recording Piracy to the U.S. Economy.” August 21, 2007. http://www.ipi.org/ipi_issues/detail/the-true-cost-of-sound-recording-piracy-to-the-us-economy.

60 Smith, Abbe. “Can You Be a Good Person and a Good Prosecutor?” *Georgetown Journal of Legal Ethics* 14 (2001): 355–400.

61 Stern, Walter. “Dershowitz Defends His Defense of Bad People.” *Yale Herald,* February 5, 1999.

62 Takeuchi, Hikaru, Yasuyuki Taki, Yuko Sassa, Hiroshi Hashizume,

63 Atsushi Sekiguchi, Ai Fukushima, and Ryuta Kawashima. “White Matter Structures Associated with Creativity: Evidence from Diffusion Tensor Imaging.” *NeuroImage* 51 (2010): 11–18.

64 Thompson, John. “The Prosecution Rests, But I Can’t.” *New York Times,* April 9, 2009.

65 Tierney, John. “Be It Resolved.” *New York Times,* January 5, 2012.

66 Xu, Xiaomeng, Kathryn E. Demos, Tricia M. Leahey, Chantelle N. Hart, Jennifer Trautvetter, Pamela Coward, Kathryn R. Middleton, and Rena R. Wing. “Failure to Replicate Depletion of Self-Control.” *PLOS ONE* 9, no. 10 (2014): 1–5.

67 Zeleny, Jeff. “Daschle Ends Bid for Post, Obama Concedes Mistake.” *New York Times,* February 3, 2009.

68 Zimmerman, Isaiah M. "Stress and the Trial Lawyer." *Litigation* 9 (1983): 37.

5｜在旁觀者眼中◆陪審團

1 "About the IAT." Project Implicit. Accessed May 13, 2014. https:// implicit.harvard.edu/implicit/iatdetails.html.
2 Alfano, Sean. "Court Sides with Cops on High-Speed Chase." CBS News, April 30, 2007. http://www.cbsnews.com/stories/2007/04/30/supremecourt/main2743124.shtml.
3 Benforado, Adam. "Frames of Injustice: The Bias We Overlook." *Indiana Law Journal* 85 (2010): 1334–78.
4 Bornstein, Brian H., and Edie Greene. "Jury Decision Making: Implications For and From Psychology." *Current Directions in Psychological Science* 20, no. 1 (2011): 63–67.
5 Egan, Timothy. "Not Guilty: The Jury." *New York Times,* October 4, 1995.
6 Gibbs, Jewelle Taylor. *Race and Justice: Rodney King and O.J. Simpson in a House Divided*. San Francisco: Jossey-Bass, 1996.
7 Goffman, Alice. *On the Run: Fugitive Life in an American City*. Chicago: University of Chicago Press, 2014.
8 Greely, Henry T. "Law and the Revolution in Neuroscience: An Early Look at the Field." *Akron Law Review* 42 (2009): 687–715.
9 "Homer Badman." *The Simpsons*. Directed by David Mirkin. November 27, 1994.
10 Kahan, Dan M. "Culture, Cognition, and Consent: Who Perceives What, and Why, in Acquaintance-Rape Cases." *University of Pennsylvania Law Review* 158 (2010): 729–813.
11 Kahan, Dan M., David A. Hoffman, and Donald Braman. "Whose
12 Eyes Are You Going to Believe? *Scott v. Harris* and the Perils of Cognitive Illiberalism." *Harvard Law Review* 122 (2009): 837–906.
13 Korn, Harrison A., Micah A. Johnson, and Marvin M. Chun. "Neurolaw: Differential Brain Activity for Black and White Faces Predicts Damage Awards in Hypothetical Employment Discrimination Cases." *Social Neuroscience* 7 (2012): 398–409.
14 Kotlowitz, Alex. "Deep Cover: Alice Goffman's 'On the Run.' " *New York Times*, June 26, 2014.
15 Lassiter, G. Daniel. "Illusory Causation in the Courtroom." *Current Directions in Psychological Science* 11 (2002): 204–8.
16 Lassiter, G. Daniel. "Videotaped Confessions: The Impact of Camera Point of View on Judgments of Coercion." *Journal of Applied Sociology* 3 (1986): 268–76.
17 Lassiter, G. Daniel, Shari Seidman Diamond, Heather C. Schmidt, and Jennifer K. Elek. "Evaluating Videotaped Confessions: Expertise Provides No Defense Against the Camera Perspective Effect." *Psychological Science* 18 (2007): 224–26.
18 Lassiter, G. Daniel, and Andrew L. Geers. "Bias and Accuracy in the Evaluation of Confession Evidence." In *Interrogations, Confessions, and Entrapment,* edited by G. Daniel Lassiter. New York: Springer, 2004.

19 Lassiter, G. Daniel, Andrew L. Geers, Ian M. Handley, Paul E. Weiland, and Patrick J. Munhall. "Videotaped Interrogations and Confessions: A Simple Change in Camera Perspective Alters Verdicts in Simulated Trials." *Journal of Applied Psychology* 87 (2002): 867–74.

20 Lassiter, G. Daniel, Andrew L. Geers, Patrick J. Munhall, Ian M. Handley, and Melissa J. Beers. "Videotaped Confessions: Is Guilt in the Eye of the Camera?" *Advances in Experimental Social Psychology* 33 (2001): 198–254.

21 Lassiter, G. Daniel, Patrick J. Munhall, Andrew L. Geers, Paul E. Weiland, and Ian M. Handley. "Accountability and the Camera Perspective Bias in Videotaped Confessions." *Analysis of Sociological Issues and Public Policy* 1 (2001): 53–70.

22 Lewis, Paul. "Every Step You Take: UK Underground Centre That Is Spy Capital of the World." *Guardian,* March 2, 2009.

23 Lovett, Ian. "In California, a Champion for Police Cameras." *New York Times,* August 21, 2013.

24 Nadelhoffer, Thomas, and Walter Sinnott-Armstrong. "Neurolaw and Neuroprediction: Potential Promises and Perils." *Philosophy Compass* 7, no. 9 (2012): 631–42.

25 Phelan, Sean M., John F. Dovidio, Rebecca M. Puhl, Diana J. Burgess, David B. Nelson, Mark W. Yeazel, Rachel Hardeman, Sylvia Perry, and Michelle van Ryn. "Implicit and Explicit Weight Bias in a National Sample of 4,732 Medical Students: The Medical Student CHANGES Study." *Obesity* 22 (2014): 1201–8.

26 "Police Chase: *Scott v. Harris.*" YouTube video, 6:00. Posted July 19, 2007. http://www.youtube.com/watch?v=DBY2y2YsmN0.

27 Ratcliff, Jennifer J., G. Daniel Lassiter, Heather C. Schmidt, and Celeste J. Snyder. "Camera Perspective Bias in Videotaped Confessions: Experimental Evidence of Its Perceptual Basis." *Journal of Experimental Psychology* 12 (2006): 197–206.

28 Rattan, Aneeta, Cynthia S. Levine, Carol S. Dweck, and Jennifer L. Eberhardt. "Race and the Fragility of the Legal Distinction Between Juveniles and Adults." *PLOS ONE* 7, no. 5 (2012): 1–7.

29 Rose, Reginald. *12 Angry Men.* Directed by Sidney Lumet. Metro-Goldwyn-Mayer, 1957. 96 min.

30 Ross, Lee, and Andrew Ward. "Naïve Realism in Everyday Life: Implications for Social Conflict and Misunderstanding." In *Values and Knowledge,* edited by Edward S. Reed, Elliot Turiel, and Terrance Brown. Mahwah, NJ: Lawrence Erlbaum, 1996.

31 Schmidt, Michael S. "In Policy Change, Justice Dept. to Require Recordings of Interrogations," *New York Times,* May 22, 2014.

32 Schvey, Natasha, Rebecca Puhl, Katherine Levandoski, and Kelly Brownell. "The Influence of a Defendant's Body Weight on Perceptions of Guilt." *International Journal of Obesity* 37, no. 9 (September 2013): 1275–81.

33 *Scott v. Harris.* 550 U.S. 372 (2007).

34 *Scott v. Harris.* Brief for Respondent. 550 U.S. 372 (2007) (No. 05-1631).

35 *Scott v. Harris.* Oral Argument Transcript. 550 U.S. 372 (2007) (No. 05-1631).

36 "Should Police Wear Cameras?" *New York Times,* October 22, 2013.

37 Storms, Michael D. "Videotape and the Attribution Process: Reversing Actors' and Observers' Points of View." *Journal of Personality and Social Psychology* 27 (1973): 165–75.

38 Timoney, John F. "The Real Costs of Policing the Police." *New York Times,* August 19, 2013.

39 "Why I Ran." YouTube video, 9:37. Posted December 8, 2009. http://www.youtube.com/watch?v=JATVLUOjzvM&feature=related.

40 "Young People of Color Mistrust Police, Legal System, Report Finds." *ScienceDaily,* August 16, 2014. http://www.sciencedaily.com/releases/2014/08/140816204417.htm.

6 | 記憶的崩解◆證人

1 Association for Psychological Science. "Having to Make Quick Decisions Helps Witnesses Identify the Bad Guy in a Lineup." August 28, 2012. http://ow.ly/djveA.

2 Association for Psychological Science. "Unusual Suspects: How to Make Witnesses More Reliable." March 5, 2012. http://www.psychologicalscience.org/index.php/news/unusual-suspects-how-to -make-witnesses-more-reliable.html#hide.

3 Brewer, Neil, and Gary Wells. "Eyewitness Identification." *Current Directions in Psychological Science* 20 (2011): 24–27.

4 Brigham, John C., and Robert K. Bothwell. "The Ability of Prospective Jurors to Estimate the Accuracy of Eyewitness Identifications." *Law and Human Behavior* 7 (1983): 19–30.

5 Castel, Alan, Michael Vendetti, and Keith J. Holyoak. "Fire Drill: Inattentional Blindness and Amnesia for the Location of Fire Extinguishers." *Attention, Perception, and Psychophysics* 74 (2012): 1391–96.

6 Clark, Steven E., Ryan T. Howell, and Sherrie L. Davey. "Regularities in Eyewitness Identification." *Law and Human Behavior* 32 (2008): 198–218.

7 Darwin, Charles. *On the Origin of Species.* London: John Murray, 1859.

8 Deffenbacher, Kenneth A., Brian H. Bornstein, Steven D. Penrod, and E. Kiernan McGorty. "A Meta-Analytic Review of the Effects of High Stress on Eyewitness Memory." *Law and Human Behavior* 28 (2004): 687–706.

9 Downey, Maureen. Georgia Innocence Project. "Sharper Eyewitnessing." December 21, 2007. http://www.ga-innocenceproject.org/Articles/Article_95.htm.

10 "Editorial: Georgia Should Have Eyewitness ID Protocol." *Athens Banner Herald,* September 23, 2011.

11 Eldridge, Margery A., Philip J. Barnard, and Debra A. Bekerian. "Autobiographical Memory and Daily Schemas at Work." *Memory* 2 (1994): 51–74.

12 "File: US10dollarbill-Series 2004A.jpg." *Wikimedia Commons.* Accessed May 15, 2014. http://en.wikipedia.org/wiki/File:US10dollarbill -Series_2004A.jpg.

13 Fisher, Ronald, Rebecca Milne, and Ray Bull. "Interviewing Cooperative Witnesses." *Current Directions in Psychological Science* 20 (2011): 16–19.

14 Frenda, Steven, Rebecca Nichols, and Elizabeth Loftus. "Current Is sues and Advances in Misinformation Research." *Current Directions in Psychological Science* 20 (2011): 20–23.

15 Garrett, Brandon L. *Convicting the Innocent: Where Criminal Prosecutions Go Wrong*. Cambridge, MA: Harvard University Press, 2011.

16 Garrett, Brandon L. "Introduction: *New England Law Review* Symposium on 'Convicting the Innocent.' " *New England Law Review* 46 (2012): 671–87.

17 Goode, Erica, and John Schwartz. "Police Lineups Start to Face Fact: Eyes Can Lie." *New York Times,* August 28, 2011.

18 Gurney, Daniel J., Karen J. Pine, and Richard Wiseman. "The Gestural Misinformation Effect: Skewing Eyewitness Testimony Through Gesture." *American Journal of Psychology* 126 (2013): 301–14.

19 Haines, Errin. Georgia Innocence Project. "Man Cleared by DNA Eager for Christmas in Freedom." December 20, 2007. http://www.ga-innocenceproject.org/Articles/Article_94.htm.

20 Harley, Erin M., Keri A. Carlsen, and Geoffrey R. Loftus. "The 'Saw-It-All-Along' Effect: Demonstrations of Visual Hindsight Bias." *Journal of Experimental Psychology: Learning, Memory, and Cognition* 30 (2004): 432–38.

21 Harvard University Press. "Understanding Eyewitness Misidentifications." March 14, 2011. http://harvardpress.typepad.com/hup_publicity /2011/03/understanding-eyewitness-misidentifications.html.

22 Hasel, Lisa E., and Saul M. Kassin. "On the Presumption of Evidentiary Independence: Can Confessions Corrupt Eyewitness Identifications?" *Psychological Science* 20 (2009): 122–26.

23 Hope, Lorraine, William Lewinski, Justin Dixon, David Blocksidge, and Fiona Gabbert. "Witnesses in Action: The Effects of Physical Exertion on Recall and Recognition." *Psychological Science* 23 (2012): 386–90.

24 "Hugo Munsterberg." Accessed May 18, 2014. http://www.famous psychologists.org/hugo-munsterberg/.

25 Hulse, Lynn M., and Amina Memon. "Fatal Impact? The Effects of Emotional and Weapon Presence on Police Officers' Memories for a Simulated Crime." *Legal and Criminological Psychology* 11 (2006): 313–25.

26 Innocence Project. "John Jerome White." Accessed May 12, 2014. http://www.innocenceproject.org/Content/John_Jerome_White.php.

27 Innocence Project. *Reevaluating Lineups: Why Witnesses Make Mistakes and How to Reduce the Chance of Misidentification*. New York: Benjamin N. Cardozo School of Law, Yeshiva University.

28 Konkol, Mark. "Chicago Police Solve More Murders with New Strategy, Witness Cooperation." *DNAinfo Chicago,* July 24, 2013. http:// www.dnainfo.com/chicago/20130724/loop/chicago-police-solve-more -murders-with-new-strategy-witness-cooperation.

29 Krug, Kevin. "The Relationship Between Confidence and Accuracy: Current Thoughts of the Literature and a New Area of Research."

Applied Psychology in Criminal Justice 3 (2007): 7–41.

30 Lindsay, D. Stephen, J. Don Read, and Kusum Sharma. "Accuracy and Confidence in Person Identification: The Relationship Is Strong When Witnessing Conditions Vary Widely." *Psychological Science* 9 (1998): 215–18.

31 Liptik, Adam. "34 Years Later, Supreme Court Will Revisit Witness IDs." *New York Times,* August 22, 2011.

32 Loftus, Elizabeth F., and John C. Palmer. "Reconstruction of Automobile Destruction: An Example of the Interaction Between Language and Memory." *Journal of Verbal Learning and Verbal Behavior* 13 (1974): 585–89.

33 Malpass, Roy S., Colin G. Tredoux, and Dawn McQuiston-Surrett. "Lineup Construction and Lineup Fairness." In *Handbook of Eyewitness Psychology,* vol. 2, *Memory for People,* edited by R. C. L. Lindsay, David F. Ross, J. Don Read, and Michael P. Toglia. Mahwah, NJ: Lawrence Erlbaum, 2007.

34 Megreya, Ahmed M., and A. Mike Burton. "Matching Faces to Photographs: Poor Performance in Eyewitness Memory (Without the Memory)." *Journal of Experimental Psychology: Applied* 14 (2008): 364–72.

35 Meissner, Christian A., and John C. Brigham. "Thirty Years of Investigating the Own-Race Bias in Memory for Faces: A Meta-Analytic Review." *Psychology, Public Policy, and Law* 7 (2001): 3–35.

36 Memon, Amina, Lorraine Hope, James Bartlett, and Ray Bull. "Eyewitness Recognition Errors: The Effects of Mugshot Viewing and Choosing in Young and Old Adults." *Memory and Cognition* 30 (2002): 1219–27.

37 Münsterberg, Hugo. *On the Witness Stand: Essays in Psychology and Crime*. New York: Doubleday, Page, 1908.

38 Nauert, Rick. "Ability to Recognize Faces Is Hardwired." *Psych Central.* Accessed December 5, 2011. http://psychcentral.com/news/2011/12/05/ability-to-recognize-faces-is-hardwired/32196.html.

39 Opfer, Chris. "The Problem with Police Line-Ups." *Atlantic,* February 19, 2013. http://www.theatlanticcities.com/politics/2013/02/problem-police-line-ups/4724/.

40 Rabin, Roni Caryn. "A Memory for Faces, Extreme Version." *New York Times,* May 25, 2009.

41 Rankin, Bill. "Innocent Man's Conviction Show's Flaws in Line-

42 Ups." *Georgia Innocence Project,* December 13, 2007. http://www.ga -innocenceproject.org/Articles/Article_90.htm.

43 Rhodes, Matthew G., and Jeffrey S. Anastasi. "The Own-Age Bias in Face Recognition: A Meta-Analytic and Theoretical Review." *Psychological Bulletin* 138 (2012): 146–74.

44 Sacchi, Dario, Franca Agnoli, and Elizabeth Loftus. "Changing History: Doctored Photographs Affect Memory for Past Public Events." *Applied Cognitive Psychology* 21 (2007): 1005–22.

45 Schmechel, Richard S., Timothy P. O'Toole, Catharine Easterly, and Elizabeth Loftus. "Beyond the Ken? Testing Jurors' Understanding of Eyewitness Reliability Evidence." *Jurimetrics* 46 (2006): 177–214.

46 Searcy, Jean H. "Age Differences in Accuracy and Choosing in Eyewitness Identification and Face Recognition." *Memory and Cognition* 27 (1999): 538–52.

47 Simon, Dan. *In Doubt: The Psychology of the Criminal Justice Process*. Cambridge, MA: Harvard University Press, 2012.

48 Simon, Dan. "The Limited Diagnosticity of Criminal Trials." *Vanderbilt Law Review* 64 (2011): 143–223.

49 Simons, Daniel J., and Christopher F. Chabris. "Gorillas in Our Midst: Sustained Inattentional Blindness for Dynamic Events." *Perception* 28 (1999): 1059–74.

50 Simons, Daniel J., and Christopher F. Chabris. "What People Believe About How Memory Works: A Representative Survey of the U.S. Population." *PLOS ONE* 6, no. 8 (2011): 1–7.

51 Sledge, Kaffie. Georgia Innocence Project. "Adjusting to Freedom." April 21, 2008. http://www.ga-innocenceproject.org/Articles/Article_104.htm.

52 State of New Jersey, Office of the Attorney General. "Attorney General Guidelines for Preparing and Conducting Photo and Live Lineup Identification Procedures." April 18, 2001.

53 *State v. Henderson.* 27 A.3d 872 (N.J. 2011).

54 *State v. White.* Transcript of Record. No. 314 (Ga. Super. Ct. May 29, 1980).

55 Steblay, Nancy M. "A Meta-Analytic Review of the Weapon Focus Effect." *Law and Human Behavior* 16 (1992): 413–24.

56 Thompson, Jennifer. "I Was Certain, But I Was Wrong." *New York Times,* June 18, 2000.

57 Tomes, Jennifer L., and Albert N. Katz. "Confidence-Accuracy Relations for Real and Suggested Events." *Memory* 8 (2000): 273–83.

58 Turner, Dorie. "DNA Test Clears Man After 27 Years." *Washington Post,* December 11, 2007.

59 University of California, Los Angeles. "Did You See That? How Could You Miss It?" *ScienceDaily,* November 26, 2012. http://www.sciencedaily.com/releases/2012/11/121126151058.htm.

60 Valentine, Tim, and Jan Mesout. "Eyewitness Identification Under Stress in the London Dungeon." *Applied Cognitive Psychology* 23 (2009): 151–61.

61 Valentine, Tim, Alan Pickering, and Stephen Darling. "Characteristics of Eyewitness Identification That Predict the Outcome of Real Lineups." *Applied Cognitive Psychology* 17 (2003): 969–93.

62 Vredeveldt, Annelies, and Steven D. Penrod. "Eye-Closure Improves Memory for a Witnessed Event Under Naturalistic Conditions." *Psychology, Crime, and Law* 1 (2012): 893–905.

63 *Watkins v. Sowders.* 449 U.S. 341 (1981).

64 Weiser, Benjamin. "In New Jersey, Rules Are Changed on Witness IDs." *New York Times,* August 24, 2011.

65 Wells, Gary. "The Mistaken Identification of John Jerome White." Accessed May 18, 2015. http://www.psychology.iastate.edu/~glwells/

The_Misidentification_of_John_White.pdf.
66 Wells, Gary L. "The Psychology of Lineup Identifications." *Journal of Applied Social Psychology* 14 (1983): 89–103.
67 Wells, Gary L., and Amy L. Bradfield. " 'Good You Identified the Suspect': Feedback to Eyewitnesses Distorts Their Reports of the Witnessing Experience." *Journal of Applied Psychology* 83 (1998): 360–76.
68 Wells, Gary L., Steve D. Charman, and Elizabeth A. Olson. "Building Face Composites Can Harm Lineup Identification Performance." *Journal of Experimental Psychology: Applied* 11 (2005): 147–56.
69 Wells, Gary L., and Elizabeth A. Olson. "Eyewitness Identification: Information Gain from Incriminating and Exonerating Behaviors." *Journal of Experimental Psychology: Applied* 8 (2002): 155–67.
70 Wise, Richard A., Clifford S. Fishman, and Martin A. Shafer. "How to Analyze the Accuracy of Eyewitness Testimony in a Criminal Case." *Connecticut Law Review* 42 (2009): 435–513.
71 Wise, Richard A., Martin A. Safer, and Christina M. Moro. "What U.S. Law Enforcement Officers Know and Believe About Eyewitness Interviews and Identification Procedures." *Applied Cognitive Psychology* 25 (2011): 488–500.
72 "Witnesses Given New Tool to Fight Gang Crime." *UoP News,* March 19, 2013. http://www.port.ac.uk/uopnews/2013/03/19/witnesses-given-new-tool-to-fight-gang-crime/.
73 Yuille, John C. "Research and Teaching with Police: A Canadian Example." *International Review of Applied Psychology* 33 (1984): 5–23.
74 Yuille, John C., Graham Davies, Felicity Gibling, David Marxsen, and Stephen Porter. "Eyewitness Memory of Police Trainees for Realistic Role Plays." *Journal of Applied Psychology* 79 (1994): 931–36.

7｜如何說謊◆專家

1 Akehurst, Lucy, Gunter Kohnken, Aldert Vrij, and Ray Bull. "Lay Persons' and Police Officers' Beliefs Regarding Deceptive Behavior." *Applied Cognitive Psychology* 10 (1996): 461–71.
2 Allison, Helen E., and Richard J. Hobbs. *Science and Policy in Natural Resource Management: Understanding System Complexity.* New York: Cambridge University Press, 2006.
3 *Anderson v. Bessemer City.* 470 U.S. 564 (1985).
4 Aspinwall, Lisa G., Teneille R. Brown, and James Tabery. "The Double-Edged Sword: Does Biomechanism Increase or Decrease Judges' Sentencing of Psychopaths?" *Science* 337 (2012): 846–49.
5 Aspinwall, Lisa G., Teneille R. Brown, and James Tabery. "Supplementary Materials for 'The Double-Edged Sword: Does Biomechanism Increase or Decrease Judges' Sentencing of Psychopaths?' " *Science,* August 17, 2012, 1–29. http://www.sciencemag.

org/content/suppl/2012/08/ 15/337.6096.846.DC1/1219569.Aspinwall.SM.pdf.
6 Associated Press. "Judge Says Remarks on 'Gorillas' May Be Cited in Trial on Beating." *New York Times,* June 12, 1991.
7 Association for Psychological Science. "Forensic Experts May Be Biased by the Side That Retains Them." *ScienceDaily,* August 28, 2013. http://www.sciencedaily.com/releases/2013/08/130828092302.htm.
8 Balmer, Andy. "*Gary James Smith v. State of Maryland.*" *Reasonable Excuse* (blog), August 30, 2012. http://andybalmer.wordpress.com/tag/no-lie-mri/.
9 Baskin, Deborah R., and Ira B. Sommers. "Crime-Show-Viewing Habits and Public Attitudes Toward Forensic Evidence: The 'CSI Effect' Revisited." *Justice System Journal* 31, no. 1 (2010): 97–113.
10 "Beyond Good Cop/Bad Cop: A Look at Real-Life Interrogations." NPR, December 5, 2013. http://www.npr.org/2013/12/05/248968150/beyond-good-cop-bad-cop-a-look-at-real-life-interrogations.
11 Bloom, Floyd E., Howard L. Fields, Michael S. Gazzaniga, Scott T. Grafton, Kent Kiehl, Helen Mayberg, Read Montague, Louis J. Ptacek, Marcus Raichle, Adina Roskies, and Anothony Wagner. *A Judge's Guide to Neuroscience: A Concise Introduction*. Santa Barbara: University of California, 2010.
12 Bond, Charles F., Jr., and Bella M. DePaulo. "Accuracy of Deception
13 Judgments." *Personality and Social Psychology Review* 10, no. 3 (2006): 214–34.
14 *Boyd v. U.S.* 116 U.S. 616 (1886).
15 Boyes-Watson, Carolyn. *Crime and Justice: Learning Through Cases*. Lanham, MD: Rowman & Littlefield, 2014.
16 "Brains Scan for Lie Detection." *Washington Post,* August 26, 2012.
17 Brainwave Science. "Brain Fingerprinting Advantages." Accessed May 16, 2014. http://www.brainwavescience.com/product-advantages.html.
18 Brainwave Science. "Product Application for Law Enforcement." Accessed May 16, 2014. http://www.brainwavescience.com/law-advantages .html.
19 Brainwave Science. "Product Applications." Accessed May 16, 2014. http://www.brainwavescience.com/technology.html.
20 Brickell, Wendy. "Is It the CSI Effect or Do We Just Distrust Juries?" *Criminal Justice* 23 (2008): 10–18.
21 Bright, David A., and Jane Goodman-Delahunty. "Gruesome Evidence and Emotion: Anger, Blame, and Jury Decision-Making." *Law and Human Behavior* 30, no. 2 (2006): 183–202.
22 Canli, Turhan, Susan Brandon, William Casebeer, Philip J. Crowley, Don DuRousseau. Henry T. Greely, and Alvaro Pascual-Leone. "Neuroethics and National Security." *American Journal of Bioethics* 7, no. 5 (May 2007): 3–13.
23 Cannon, Lou. "Prosecution Rests Case in Rodney King Beating Trial." *Washington Post,* March 16, 1993.

24 Carey, Benedict. "Decoding the Brain's Cacophony." *New York Times,* October 31, 2011.

25 Chermak, Steven, and Frankie Y. Bailey, eds. *Crimes and Trials of the Century,* vol. 1, *From the Black Sox Scandal to the Attica Prison Riots*. Westport, CT: Greenwood, 2007.

26 Cognitive Neuroscience Society. "Memory, the Adolescent Brain, and Lying: The Limits of Neuroscientific Evidence in the Law." *ScienceDaily,* April 16, 2013. http://www.sciencedaily.com/releases/2013/ 04/130416180039.htm.

27 Cook, Michael. "Liar, Liar, Brain on Fire!" *Mercatornet,* June 17, 2010. http://www.mercatornet.com/articles/view/liar_liar_brain_on_fire.

28 Cutler, Brian L., and Margaret Bull Kovera. "Expert Psychological Testimony." *Current Directions in Psychological Science* 20, no. 1 (2011): 53–57.

29 *Daubert v. Merrell Dow Pharmaceuticals.* 509 U.S. 579 (1993).

30 Defoe, Daniel. *An Effectual Scheme for the Immediate Preventing of Street Robberies, and Suppressing All Other Disorders of the Night.* London: J. Wilford, 1731.

31 DePaulo, Bella M., Kelly Charlton, Harris, James J. Lindsay, and Laura Muhlenbruck. "The Accuracy-Confidence Correlation in the Detection of Deception." *Personality and Social Psychology Review* 1, no. 4 (1997): 346–57.

32 DePaulo, Bella M., Brian E. Malone, James J. Lindsay, Laura Muhlenbruck, Kelly Charlton, and Harris Cooper. "Cues to Deception." *Psychological Bulletin* 129, no. 1 (2003): 90–106.

33 Deutsch, Linda. "Witness Denies Being Influenced by Gates." *Los Angeles Times,* April 14, 1992.

34 Dickens, Charles. "The Demeanour of Murderers." In *The Works of Charles Dickens,* vol. 36. New York: Charles Scribner's Sons, 1908.

35 *Donelly v. California.* 228 U.S. 243 (1913).

36 Duhigg, Charles. "How Companies Learn Your Secrets." *New York Times,* February 16, 2012.

37 Eldeib, Duaa. "Polygraphs and False Confessions in Chicago." *Chicago Tribune,* March 10, 2013.

38 Eldeib, Duaa. "3 Disputed Polygraph Exams in Wrongful Conviction Cases." *Chicago Tribune,* March 10, 2013.

39 "Excerpts from the LAPD Officers' Trial." *Famous Trials.* Accessed August 27, 2014. http://law2.umkc.edu/faculty/projects/ftrials/lapd/kingtranscript.html.

40 Farrell, Brian. "Can't Get You Out of My Head: The Human Rights Implications of Using Brain Scans as Criminal Evidence." *Interdisciplinary Journal of Human Rights Law* 4 (2010): 89–95.

41 Fed. R. Evid. 702.

42 Feldman, Allen. "On Cultural Anesthesia: From Desert Storm to Rodney King." *American Ethnologist* 21, no. 2 (May 1994): 404–18.

43 *Fox v. Tomczak.* Fourth Amended Complaint. No. 04 C 7309 (N.D. Ill. Apr. 26, 2006), 2006 WL 1157466.

44 Frank, Mark G., Thomas Hugh Feeley, Nicole Paolantonio, and Timothy J. Servoss. "Individual and Small Group Accuracy in Judging

Truthful and Deceptive Communication." *Group Decision and Negotiations* 13, no.1 (January 2004): 44–59.

45 *Frye v. United States.* 293 F. 1013 (D.C. Cir. 1923).

46 *Galloway v. Superior Court.* 816 F.Supp. 12 (D.D.C. 1993).

47 Gatowski, Sophia I., Shirley A. Dobbin, James T. Richardson, Gerald P. Ginsburg, Mara L. Merlino, and Veronica Dahir. "Asking the Gatekeepers: A National Survey of Judges on Judging Expert Evidence in a Post-*Daubert* World." *Law and Human Behavior* 25, no. 5 (2001): 433–58.

48 Ghorayshi, Azeen. "This Is Your Brain on the Department of Defense." *Blue Marble* (blog), *Mother Jones,* April 3, 2012. http://www.motherjones.com/blue-marble/2012/04/department-of-defense -neuroscience-bioethics-brains-law.

49 Giridharadas, Anand. "India's Use of Brain Scans in Courts Dismays Critics." *New York Times,* September 15, 2008.

50 Goldstein, Michael. "The Other Beating." *Los Angeles Times,* February 19, 2006.

51 Granhag, Pär Anders, and Leif A. Strömwall. "Effects of Preconceptions on Deception Detection and New Answers to Why Lie-Catchers Often Fail." *Psychology, Crime, and Law* 6 (2000): 197–218.

52 Granhag, Pär Anders, and Leif A. Strömwall. "Repeated Interrogations: Verbal and Non-verbal Cues to Deception." *Applied Cognitive Psychology* 16 (February 2002): 243–57.

53 Greely, Hank. "To Tell the Truth: Brain Scans Should Not Be Used for Lie Detection Unless Their Reliability Is Proven." *Scientific American,* December 2010.

54 Greely, Henry T. "Law and the Revolution in Neuroscience: An Early Look at the Field." *Akron Law Review* 42 (2009): 687–715.

55 Greely, Henry T., and Judy Illes. "Neuroscience-Based Lie Detection: The Urgent Need for Regulation." *American Journal of Law and Medicine* 33 (2007): 377–431.

56 Grubin, Don, and Lars Madsen. "Lie Detection and the Polygraph: A Historical Review." *Journal of Forensic Psychiatry and Psychology* 16, no. 2 (June 2005): 357–69.

57 Gurley, Jessica R., and David K. Marcus. "The Effects of Neuroimaging and Brain Injury on Insanity Defenses." *Behavioral Sciences and the Law* 26 (2008): 85–97.

58 Hanna, Aura, and Roger Remington. "The Representation of Color and Form in Long-Term Memory." *Memory and Cognition* 24, no. 3 (1996): 322–30.

59 Hansen, Mark. "True Lies." *ABA Journal,* October 1, 2009.

60 Harris, Mark. "MRI Lie Detectors: Can Magnetic-Resonance Imaging Show Whether People Are Telling the Truth?" *IEEE Spectrum,* July 30, 2010. http://spectrum.ieee.org/biomedical/imaging/mri-lie -detectors/0.

61 Hartwig, Maria, Pär Anders Granhag, Leif A. Strömwall, and Ola Kronkvist. "Strategic Use of Evidence During Police Interviews:

When Training to Detect Deception Works." *Law and Human Behavior* 30 (2006): 603–19.

62 Jones, Owen D., Anthony D. Wagner, David L. Faigman, and Marcus E. Raichle. "Neuroscientists in Court." *Nature Review Neuroscience* 14 (2013): 730–36.

63 "Judicial Seminars on Emerging Issues in NeuroScience." American Association for the Advancement of Science. Last updated July 22, 2014. http://www.aaas.org/page/judicial-seminars-emerging-issues -neuroscience.

64 Kleisner, Karel, Lenka Priplatova, Peter Frost, and Jaroslav Flegr. "Trustworthy-Looking Face Meets Brown Eyes." *PLOS ONE* 8, no. 1 (2013): 1–7.

65 *Koon v. United States.* 518 U.S. 81 (1996).

66 Kovera, Margaret Bull, and Bradley D. McAuliff. "The Effects of Peer Review and Evidence Quality on Judge Evaluations of Psychological Science: Are Judges Effective Gatekeepers?" *Journal of Applied Psychology* 85, no. 4 (2000): 574–86.

67 Kuperberg Lab. "Functional Magnetic Resonance Imaging (fMRI)." *Massachusetts General Hospital.* Accessed May 16, 2014. http://www .nmr.mgh.harvard.edu/kuperberglab/volunteers/fMRI.htm.

68 Laris, Michael. "Debate on Brain Scans as Lie Detectors Highlighted in Maryland Murder Trial." *Washington Post,* August 26, 2012.

69 Laris, Michael. "Ex-Army Ranger Gary Smith Sentenced to 28 Years in Prison in Retrial." *Washington Post,* October 15, 2012.

70 Laris, Michael. "Gary Smith Guilty of Involuntary Manslaughter in 2006 Shooting of Fellow Army Ranger." *Washington Post,* September 19, 2012.

71 "Law and Neuroscience." Vanderbilt University, 2014. http://www .psy.vanderbilt.edu/courses/neurolaw/.

72 Linder, Douglas. "The Rodney King Beating Trials." *Jurist,* December 2001. http://jurist.law.pitt.edu/famoustrials/king.php.

73 "Los Angeles Riots Fast Facts." CNN.com. Last modified May 3, 2014. http://www.cnn.com/2013/09/18/us/los-angeles-riots-fast-facts/.

74 MacArthur Foundation Research Network on Law and Neuroscience. "Education and Outreach." Vanderbilt University, 2014. http://www .lawneuro.org/outreach.php.

75 *Maharashtra v. Sharma.* Sessions Case No. 508/07. June 12, 2008 (India).

76 Margolick, David. "As Venues Are Changed, Many Ask How Important a Role Race Should Play." *New York Times,* May 23, 1992.

77 *Mattox v. United States.* 156 U.S. 237 (1895).

78 McCabe, David P., and Alan D. Castel. "Seeing Is Believing: The Effect of Brain Images on Judgments of Scientific Reasoning." *Cognition* 107 (2008): 343–52.

79 McCabe, David P., Alan D. Castel, and Matthew G. Rhodes. "The Influence of fMRI Lie Detection Evidence on Juror Decision-Making." *Behavioral Sciences and the Law* 29 (2011): 566–77.

82 Megerian, Chris. "N.J. Parole Board Says Polygraph Tests Effective in Detecting, Preventing Violations by Sex Offenders." NJ.com,

November 18, 2009. http://www.nj.com/news/index.ssf/2009/11/nj_parole _board_study_says_pol.html.
81 Merriman, C. D. "Biography of Daniel Defoe." Literature Network. Accessed May 15, 2014. http://www.online-literature.com/defoe/.
82 Miller, Greg. "Brain Exam May Have Swayed Jury in Sentencing Convicted Murderer." *ScienceInsider,* December 14, 2010. http://news .sciencemag.org/technology/2010/12/brain-exam-may-have-swayed -jury-sentencing-convicted-murderer.
83 Minzner, Max. "Detecting Lies Using Demeanor, Bias, and Context." *Cardozo Law Review* 29 (2008): 2557–81.
84 Model Criminal Jury Instructions: Credibility of Witnesses § 3.04. 3d Cir. 2012.
85 Model Criminal Jury Instructions: Opinion Evidence (Expert Witnesses) § 2.09. 3d Cir. 2012.
86 Model Criminal Jury Instructions: Role of the Jury § 1.02. 3d Cir. 2012.
87 Monterosso, John, and Barry Schwartz. "Did Your Brain Make You Do It?" *New York Times,* July 27, 2012.
88 Monterosso, John, Edward B. Royzman, and Barry Schwartz. "Explaining Away Responsibility: Effects of Scientific Explanation on Perceived Culpability." *Ethics and Behavior* 15, no. 2 (2005): 139–58.
89 Moreno, Joëlle Anne. "The Future of Neuroimaged Lie Detection and the Law." *Akron Law Review* 42 (2009): 717–37.
90 Morse, Dan. "The Long Life of a MoCo Homicide Case: Two Trials, Two Appeals, Third Trial on the Horizon." *Washington Post,* August 31, 2014.
91 Murphy, Emily. "Update on Indian BEOS Case: Accused Released on Bail." *Law and Biosciences Blog, Stanford Law School,* April 2, 2009. http://blogs.law.stanford.edu/lawandbiosciences/2009/04/02/update -on-indian-beos-case-accused-released-on-bail/.
92 Murrie, Daniel C., Marcus T. Boccaccini, Lucy A. Guarnera, and Katrina A. Rufino. "Are Forensic Experts Biased by the Side That Retained Them?" *Psychological Science* 24, no. 10 (2013): 1889–97.
93 Mydans, Seth. "Los Angeles Policemen Acquitted in Taped Beating." *New York Times,* April 30, 1992.
94 Mydans, Seth. "The Police Verdict." *New York Times,* April 30, 1992.
95 Mydans, Seth, Richard W. Stevenson, and Timothy Egan. "Seven Minutes in Los Angeles." *New York Times,* March 18, 1991.
96 Nadelhoffer, Thomas, and Walter Sinnott-Armstrong. "Neurolaw and Neuroprediction: Potential Promises and Perils." *Philosophy Compass* 7, no. 9 (September 2012): 631–42.
97 National Research Council of the National Academies. *Reference Manual on Scientific Evidence,* 3rd ed. Washington, DC: National Academies Press, 2011.
98 Nichols, Bill. *Blurred Boundaries: Questions of Meaning in Contemporary Culture*. Bloomington: Indiana University Press, 1994.
99 No Lie MRI. "New Truth Verification Technology." Accessed May 16, 2014. http://www.noliemri.com/index.htm.
100 Occupational Safety and Health Administration. "Safety and Health Regulations for Construction." Accessed May 18, 2014. https://www.osha .gov/pls/oshaweb/owadisp.show_document?p_table=standards&p _id=10839.

101 O'Sullivan, Maureen. "The Fundamental Attribution Error in Detecting Deception: The Boy-Who-Cried-Wolf Effect." *Personality and Social Psychology Bulletin* 29, no. 10 (2003): 1316–27.

102 Pelisek, Christine. "L.A. Riots Anniversary: Stacey Koon's Disturbing Testimony." *Daily Beast,* April 28, 2012.

103 Public Library of Science. "Brown-Eyed People Appear More Trustworthy Than Blue-Eyed People: People Judge Men's Trustworthiness Based on Face Shape, Eye Color." *ScienceDaily,* January 9, 2013. http://www .sciencedaily.com/releases/2013/01/130109185850.htm.

104 Pulice, Erin B. "The Right to Silence at Risk: Neuroscience-Based Lie Detection in the United Kingdom, India, and the United States." *George Washington International Law Review* 42 (2010): 865–96.

105 Rawls, John. *A Theory of Justice.* Cambridge, MA: Belknap Press, 1971.

106 Reardon, Sara. "Courtroom Neuroscience Not Ready for Prime Time." *ScienceInsider* (blog), *American Association for the Advancement of Science,* December 12, 2011. http://news.sciencemag.org/scienceinsider/ 2011/12/courtroom-neuroscience-not-ready.html?rss=1.

107 "The Reid Technique." John E. Reid & Associates, Inc. Accessed May 18, 2014. http://www.reid.com/educational_info/critictechnique.html.

108 Robertson, Christopher T., and David V. Yokum. "The Effect of Blinded Experts on Juror Verdicts." *Journal of Empirical Legal Studies* 9, no. 4 (2012): 765–94.

109 Robinson, Paul H., Robert Kurzban, and Owen Jones. "The Origins of Shared Intuitions of Justice." *Vanderbilt Law Review* 60 (2007): 1633–88.

110 *The "Rodney King" Case: What the Jury Saw in* California v. Powell. Directed by Dominic Palumbo. Courtroom Television Network, 1992. Videocassette (VHS), 116 min.

112 *The Rodney King Incident: Race and Justice in America.* Directed by

113 Michael Pack. Princeton, NJ: Films for the Humanities and Sciences, 1998. Videocassette (VHS), 56 min.

114 Rosenthal, Andrew. "Bush Calls Police Beating 'Sickening.'" *New York Times,* March 22, 1991.

115 Royal Society. *Brain Waves Module 4: Neuroscience and the Law.* London: Royal Society, 2011.

116 Saini, Angela. "The Brain Police: Judging Murder with an MRI." *Wired UK,* May 27, 2009. http://www.wired.co.uk/magazine/archive/2009/06/features/guilty?page=all.

117 Schauer, Frederick. "Can Bad Science Be Good Evidence? Neuroscience, Lie Detection, and Beyond." *Cornell Law Review* 95 (2010): 1191–1220.

118 Schuller, Regina A., and Patricia A. Hastings. "Trials of Battered Women Who Kill: The Impact of Alternative Forms of Expert Evidence." *Law and Human Behavior* 20, no. 2 (1996): 167–87.

119 Schweitzer, N. J., Michael J. Saks, Emily R. Murphy, Adina L. Roskies, Walter Sinnott-Armstrong, and Lyn M. Gaudet. "Neuroimages as Evidence in a *Mens Rea* Defense: No Impact." *Psychology, Public Policy, and Law* 17, no. 3 (2011): 357–93.

120 Scripps Research Institute. "Possibility of Selectively Erasing Unwanted Memories." *ScienceDaily,* September 10, 2013. http://www.sciencedaily.com/releases/2013/09/130910140941.htm.

121 Serrano, Richard A. "LAPD Officers Reportedly Taunted King in Hospital." *Los Angeles Times,* March 23, 1991.

122 Simon, Dan. "The Limited Diagnosticity of Criminal Trials." *Vanderbilt Law Review* 64 (2011): 143–223.

123 Slobogin, Christopher. *Proving the Unprovable: The Role of Law, Science, and Speculation in Adjudicating Culpability and Dangerousness*. New York: Oxford University Press, 2007.

124 Sporer, Siegfried L., and Barbara Schwandt. "Moderators of Nonverbal Indicators of Deception: A Meta-Analytic Synthesis." *Psychology, Public Policy, and Law* 13, no. 1 (2007): 1–34.

125 Stanley, Jay. "High-Tech 'Mind Readers' Are Latest Effort to Detect Lies." *Free Future* (blog), *American Civil Liberties Union,* August 29, 2012. https://www.aclu.org/blog/technology-and-liberty/high-tech -mind-readers-are-latest-effort-detect-lies.

126 Texas Department of Criminal Justice Parole Division. *Sex Offender Treatment and Polygraph Guidelines*. January 28, 2014.

127 Tierney, John. "At Airports, a Misplaced Faith in Body Language." *New York Times,* March 23, 2014.

128 Tubman-Carbone, Heather. "An Exploratory Study of New Jersey's Sex Offender Polygraph Policy: Report to the New Jersey State Parole Board." November 13, 2009. http://media.nj.com/ledgerupdates _impact/other/11.18.09%20polygraph%20report.pdf.

129 United States Court of Appeals for the Third Circuit. "About the Court." Accessed May 14, 2014. http://www.ca3.uscourts.gov/about-court.

130 United States Courts. "Juror Qualifications, Exemptions, and Excuses." Accessed May 18, 2014. http://www.uscourts.gov/FederalCourts/JuryService/JurorQualifications.aspx.

131 United States Government Accountability Office. *TSA Should Limit Future Funding for Behavior Detection Activities*. November 2013.

132 *United States v. Watson.* 483 F.3d 828 (D.C. Cir. 2007).

133 Vidmar, Neil. "The Psychology of Trial Judging." *Current Directions in Psychological Science* 20, no. 1 (2011): 58–62.

134 Vrij, Aldert, Samantha A. Mann, Ronald P. Fisher, Sharon Leal, Rebecca Milne, and Ray Bull. "Increasing Cognitive Load to Facilitate Lie Detection: The Benefit of Recalling an Event in Reverse Order." *Law and Human Behavior* 32 (2008): 253–65.

135 Warden, Rob. "Juan Rivera Freed After More Than 19 Years Behind Bars for a Crime It Had Long Been Obvious He Could Not Have Committed." *Bluhm Legal Clinic, Northwestern Law*. Accessed May 17, 2014. http://www.law.northwestern.edu/legalclinic/wrongfulconvictions/ exonerations/il/juan-rivera.html.

136 Weisberg, Deena Skolnick, Frank C. Keil, Joshua Goodstein, Elizabeth Rawson, and Jeremy R. Gray. "The Seductive Allure of

Neuroscience Explanations." *Journal of Cognitive Neuroscience* 20, no. 3 (2008): 470–77.

137 Wiseman, Richard, Caroline Watt, Leanne ten Brinke, Stephen Porter, Sara-Louise Cooper, and Calum Rankin. "The Eyes Don't Have It: Lie Detection and Neuro-Linguistic Programming." *PLOS ONE* 7, no. 7 (2012): 1–6.

138 Young, Erica J., Massimiliano Aceti, Erica M. Griggs, Rita A. Fuchs, Zachary Zigmond, Gavin Rumbaugh, and Courtney A. Miller. "Selective, Retrieval-Independent Disruption of Methamphetamine-Associated Memory by Actin Depolymerization." *Biological Psychiatry Journal* 75 (2014): 96–104.

8｜只是裁判，或是參與的行動者？◆法官

1 Achen, Christopher H., and Larry M. Bartels. "It Feels Like We're Thinking: The Rationalizing Voter and Electoral Democracy." Paper

2 presented at the Annual Meeting of the American Political Science Association, Philadelphia, August 30–September 3, 2006. http://www .princeton.edu/~bartels/thinking.pdf.

3 "After Sending a Man to Prison, Judge Admits He Was Biased." NPR, June 14, 2014. http://www.npr.org/2014/06/14/321952967/after-sending-a-man-to-prison-judge-admits-he-was-biased.

4 American Bar Association. "Most Americans See 'Judicial Activism' Crisis." WND, September 20, 2005. http://www.wnd.com/2005/09/32620/.

5 Anderson, Kyle J., and David A. Pierce. "Officiating Bias: The Effect of Foul Differential on Foul Calls in NCAA Basketball." *Journal of Sports Sciences* 27 (2009): 687–94.

6 Askins, Robert L. "The Official Reacting to Pressure." *Referee* 3 (1978): 17–20.

7 Baker, Peter, and Neil A. Lewis. "Republicans Press Judge About Bias." *New York Times,* July 14, 2009.

8 Beck, Howard, and Michael S. Schmidt. "N.B.A. Referee Pleads Guilty to Gambling Charges." *New York Times,* August 15, 2007.

9 Benforado, Adam. "Color Commentators of the Bench." *Florida State University Law Review* 38 (2011): 451–79.

10 Berdejo, Carlos, and Noam M. Yuchtman. "Crime, Punishment, and Politics: An Analysis of Political Cycles in Criminal Sentencing." *Review of Economics and Statistics* 95, no. 3 (2013): 741–56.

11 Birnbaum, Phil. "A Guide to Sabermetric Research." *Society for American Baseball Research*. Accessed November 7, 2014. http://sabr.org/sabermetrics.

12 Bombardieri, Marcella, Jonathan Saltzman, and Thomas Farragher. "For Drunk Drivers, a Habit of Judicial Leniency." *Boston Globe,* October 30, 2011.

13 Boyd, Christina L., Lee Epstein, and Andrew D. Martin. "Untangling the Causal Effects of Sex on Judging." *American Journal of Political Science* 54 (2010): 389–411.

14 Canes-Wrone, Brandice, Tom S. Clark, and Jason P. Kelly. "Judicial Selection and Death Penalty Decisions." *American Political Science Review* 108, no. 1 (2014): 23–39.

15 Casarez, Jean. "Did Racial Bias Lead NYC Judge to Convict Man of Murder?" CNN.com, August 7, 2014. http://www.cnn.com/2014/08/06/justice/new-york-murder-conviction-revisited/.

16 Cinquegrana, R. J., and Diana K. Lloyd. *Report to the Supreme Judicial Court*. Boston: Choate, Hall & Stewart LLP, 2012.

17 *Confirmation Hearing on the Nomination of Elena Kagan to Be an As sociate Justice of the Supreme Court of the United States.* Before the Comm. on the Judiciary, 111th Cong. (2010).

18 *Confirmation Hearing on the Nomination of Hon. Sonia Sotomayor, to Be an Associate Justice of the Supreme Court of the United States.* Before the Comm. on the Judiciary, 109th Cong. (2009).

19 *Confirmation Hearing on the Nomination of John G. Roberts, Jr. to Be Chief Justice of the United States*. Before the Comm. on the Judiciary, 109th Cong. (2005).

20 *Confirmation Hearing on the Nomination of Robert H. Bork to Be Associate Justice of the United States*. Before the Comm. on the Judiciary, 100th Cong. (1987).

21 *Confirmation Hearing on the Nomination of Samuel A. Alito, Jr. to Be an Associate Justice of the Supreme Court of the United States.* Before the Comm. on the Judiciary, 109th Cong. (2006).

22 "Congressional Baseball Game 2012: Political Wounds Still Fresh." CBS News, June 29, 2012. http://www.cbsnews.com/8334-503544_162 -57463434-503544/congressional-baseball-game-2012-political-wounds -still-fresh/.

23 Danziger, Shai, Jonathan Levav, and Liora Avnaim-Pesso. "Extraneous Factors in Judicial Decisions." *Proceedings of the National Academy of Sciences* 108, no. 17 (2010): 6889–92.

24 Danziger, Shai, Jonathan Levav, and Liora Avnaim-Pesso. "Reply to Weinshall-Margel and Shapard: Extraneous Factors in Judicial Decisions Persist." *Proceedings of the National Academy of Sciences* 108, no. 42 (2010): E834.

25 Dawson, Peter, Stephen Dobson, John Goddard, and John Wilson. "Are Football Referees Really Biased and Inconsistent? Evidence of the Incidence of Disciplinary Sanction in the English Premier League." *Journal of the Royal Statistical Society: Series A* 170 (2007): 231–50.

26 "Drexel University School of Law Student Handbook: Academic Year 2013–2014." http://drexel.edu/law/studentLife/studentAffairs/Student%20Handbook/.

27 Englich, Brite, Thomas Mussweiler, and Fritz Strack. "Playing Dice with Criminal Sentences: The Influence of Irrelevant Anchors on Experts' Judicial Decision Making." *Personality and Social Psychology Bulletin* 32 (2006): 188–200.

28 "Failure of Empathy and Justice." *New York Times,* March 31, 2011.

29 Fleming, Stephen M., Charlotte L. Thomas, and Raymond J. Dolan. "Overcoming Status Quo Bias in the Human Brain." *Proceedings of the National Academy of Sciences* 107, no. 13 (2009): 6005–9.

30 Fraga, Brian. "Nearly Two Dozen State Judges Acquit 95 Percent of OUI Defendants in Bench Trials, Report States." *Herald News* (Fall River, MA), November 1, 2012.

31 Frank, Jerome. *Law and the Modern Mind.* New York: Brentano's, 1930.

32 Garicano, Luis, Ignacio Palacios-Huerta, and Canice Prendergast. "Favoritism Under Social Pressure." *Review of Economics and Statistics* 87 (2005): 208–16.

33 Glynn, Adam N., and Maya Sen. "Identifying Judicial Empathy: Does Having Daughters Cause Judges to Rule for Women's Issues?" *American Journal of Political Science* (2014): 1–18.

34 Greely, Henry T., and Anthony D. Wagner. "Reference Guide on Scientific Evidence." In *Reference Manual on Scientific Evidence,* 3rd ed. Washington, DC: National Academies Press, 2011.

35 Greenhouse, Linda. "Evolving Opinions: Heartfelt Words from the Rehnquist Court." *New York Times,* July 6, 2013.

36 Guthrie, Chris, Jeffrey J. Rachlinski, and Andrew J. Wistrich. "Blinking on the Bench: How Judges Decide Cases." *Cornell Law Review* 93 (2007): 1–44.

37 Guthrie, Chris, Jeffrey J. Rachlinski, and Andrew J. Wistrich. "Inside the Judicial Mind." *Cornell Law Review* 86 (2001): 777–830.

38 Hagemann, Norbert, Bernd Strauss, and Jan Leibing. "When the Referee Sees Red." *Psychological Science* 19 (2008): 769–71.

39 Hall, Erika, and Robert Livingston. "The Hubris Penalty." *Journal of Experimental Social Psychology* 48 (2012): 899–904.

40 Hunt, Albert R. "Washington Flip Flops on Justice Roberts." *New York Times,* July 1, 2012.

41 Iaryczower, Matias, Garrett Lewis, and Matthew Shum. "To Elect or to Appoint? Bias, Information, and Responsiveness of Bureaucrats and Politicians." *Journal of Public Economics* 97 (2013): 230–44.

42 Irwin, John, and Daniel Real. "Unconscious Influences on Judicial Decision-Making: The Illusion of Objectivity." *McGeorge Law Review* 43 (2010): 1–18.

43 James, Bill. "Keynote Speech at the Conference on Empirical Studies." University of Pennsylvania Law School, Philadelphia, PA, October 25, 2013.

44 Jost, Kenneth. "Roberts' Confirmation Hearings Conclude." NPR, September 15, 2005. http://www.npr.org/templates/story/story.php?storyId=4850135.

45 Jost, Kenneth. "Roberts Says He Has 'No Agenda' on Bench." NPR, September 12, 2005. http://www.npr.org/templates/story/story.php?storyId=4843769.

46 Kahan, Dan M., Ellen Peters, Erica Cantrell Dawson, and Paul Slovic. "Motivated Numeracy and Enlightened Self-Government." The

Cultural Cognition Project Working Paper No. 116 (2013).

47 Kastellec, Jonathan P. "Racial Diversity and Judicial Influence on Appellate Courts." *American Journal of Political Science* 57 (2013): 167–83.

48 Klein, Ezra. "Unpopular Mandate." *New Yorker,* June 25, 2012.

49 Kranjec, Alexander, Matthew Lehet, Bianca Bromberger, and Anjan Chatterjee. "A Sinister Bias for Calling Fouls in Soccer." *PLOS ONE* 5 (2010): 1–4.

50 *Kyllo v. United States.* 533 U.S. 27 (2001).

51 Landsman, Stephan, and Richard F. Rakos. "A Preliminary Inquiry into the Effect of Potentially Biasing Information on Judges and Jurors in Civil Litigation." *Behavioral Sciences and the Law* 12 (1994): 113–26.

52 Larsen, Allison Orr. "Confronting Supreme Court Fact Finding." *Virginia Law Review* 98 (2012): 1255–1312.

53 Larsen, Allison Orr. "The Trouble with Amicus Facts," *Virginia Law Review* 100 (2014): 1757–1818.

54 Lichtblau, Eric. "Advocacy Group Says Justices May Have Conflict in Campaign Finance Cases." *New York Times,* January 19, 2011.

55 Lichtblau, Eric. "Thomas Cites Failure to Disclose Wife's Job." *New York Times,* January 24, 2011.

56 Liptak, Adam. "Another Factor Said to Sway Judges to Rule for Women's Rights: A Daughter." *New York Times,* June 16, 2014.

57 Liptak, Adam. "Harsher Sentencing Guidelines Can't Be Used for Old Offenses, Justices Say." *New York Times,* June 10, 2013.

58 Liptak, Adam. "Seeking Facts, Justices Settle for What Briefs Tell Them." *New York Times,* September 1, 2014.

59 Liptak, Adam, and Allison Kopicki. "Approval Rating for Justices Hits Just 44% in New Poll." *New York Times,* June 7, 2012.

60 Mauro, Tony, and David Ingram. "The Sotomayor Confirmation Hearings: Sotomayor Pledges 'Fidelity to the Law.' " *National Law Journal,* July 13, 2009.

61 McKinley, James C., Jr. "Ex-Brooklyn Judge Seeks Reversal of His Verdict in 1999 Murder Case." *New York Times,* December 12, 2013.

62 McKinley, James C., Jr. "Prosecutor Questions Ex-Judge's Memory." *New York Times,* February 10, 2014.

63 "The Mechanisms of Choice." *Observer* 25, no. 1 (2012). http://www .psychologicalscience.org/index.php/publications/observer/2012/january-12/the-mechanics-of-choice.html.

64 Miller, S. A. "Kagan O'Care Bias Feared." *New York Post,* November 16, 2011.

65 Moskowitz, Tobias J., and L. Jon Wertheim. *Scorecasting: The Hidden Influences Behind How Sports Are Played and Games Are Won.* New York: Crown Archetype, 2011.

66 "MTA Fixing Trippy Brooklyn Subway Stairs After Dean Peterson's Hilarious Viral Video." *Huffington Post,* June 28, 2012. http://www .huffingtonpost.com/2012/06/28/mta-fixing-trippy-brooklyn-subway -stairs-dean-peterson_n_1634229.html.

67 Nelson, William E., Harvey Rishikof, I. Scott Messinger, and Michael Jo. "The Liberal Tradition of the Supreme Court Clerkship: Its Rise, Fall, and Reincarnation." *Vanderbilt Law Review* 62 (2009): 1749–1814.

68 "The Next Chief Justice." *New York Daily News,* September 16, 2005.

69 O'Brien, Keith. "Do the Math? Only if I Agree with It!" *Boston Globe,* October 20, 2013.

70 Pariser, Eli. *The Filter Bubble*. New York: Penguin, 2011.

71 Peterson, Dean. "New York Subway Stairs Gag: Dean Peterson Films Straphangers Enjoying Their 'Trip' (Video)." *Huffington Post,* July 5, 2012. http://www.huffingtonpost.com/2012/06/27/new-york-subway -stairs-dean-paterson_n_1631674.html?utm_hp_ref=new-york.

72 Pew Research Center for the People and the Press. "Supreme Court's Favorable Rating Still at Historical Low." March 25, 2013. http://www .people-press.org/2013/03/25/supreme-courts-favorable-rating-still-at -historic-low/.

73 Posner, Richard A. "The Incoherence of Antonin Scalia." *New Republic,* August 24, 2012. http://www.tnr.com/article/magazine/books -and-arts/106441/scalia-garner-reading-the-law-textual-originalism ?page=0,0.

74 Price, Joseph, and Justin Wolfers. "Biased Referees? Reconciling Results with the NBA's Analysis." *Contemporary Economic Policy* 30, no. 3 (2011): 320–28.

75 Pullman, Sandra. "Ginsburg and WRP Staff." *ACLU,* March 7, 2006. http://www.aclu.org/womens-rights/tribute-legacy-ruth-bader -ginsburg-and-wrp-staff.

76 Rachlinski, Jeffrey J., Sheri Lynn Johnson, Andrew J. Wistrich, and Chris Guthrie. "Does Unconscious Racial Bias Affect Trial Judges?" *Notre Dame Law Review* 84 (2009): 1195–1246.

77 "Researchers Find Appointed Justices Outperform Elected Counterparts." *ScienceDaily*, February 22, 2013. http://www.sciencedaily.com/ releases/2013/02/130222121049.htm.

78 Roberts, Roxanne, and Amy Argetsinger. "A Truly Exclusive Washington Party: Antonin Scalia Hosts Justices to Toast New Henry Friendly Bio." *Washington Post,* May 1, 2012.

79 Rothman, Josh. "Supreme Court Justices: Addicted to Google." *Boston Globe,* June 7, 2012.

80 Rowland, C. K., and Bridget Jeffery Todd. "Where You Stand Depends on Who Sits: Platform Promises and Judicial Gatekeeping in the Federal District Courts." *Journal of Politics* 53, no. 1 (1995): 175–85.

81 Saltzman, Jonathan, Marcella Bombardieri, and Thomas Farragher. "A Judicial Haven for Accused Drunk Drivers." *Boston Globe,* November 6, 2011.

82 Samuels, Dorothy J. "Scalia's Gay Marriage Problem." *New York Times,* March 15, 2013.

83 Scalia, Antonin, and Bryan A. Garner. Interview by Stephen Adler. *Thompson Reuters Newsmaker,* September 17, 2012.

84 Schwartz, Robert. "Like They See 'Em." *New York Times,* October 6, 2005.

85 Senior, Jennifer. "In Conversation: Antonin Scalia." *New York,* October 6, 2013.

86 Simonsohn, Uri, and Francesca Gino. "Daily Horizons: Evidence of Narrow Bracketing in Judgment From 10 Years of M.B.A. Admissions Interviews." *Psychological Science* 24 (2013): 219–41.

87 Smelcer, Susan Navarro. *Supreme Court Justices: Demographic Characteristics, Professional Experience, and Legal Education, 1789–2010.* CRS Report R40802. Washington, DC: Library of Congress, Congressional Research Service. April 9, 2010.

88 Sotomayor, Sonia. "A Latina Judge's Voice." *Berkeley La Raza Law Journal* 13 (2002): 87–92.

89 Stanford Encyclopedia of Philosophy. "Feminist Philosophy of Law." May 19, 2009. http://plato.stanford.edu/entries/feminism-law/.

90 *Statement of the Justices of the Supreme Judicial Court.* November 1, 2012.

91 "Stern: Bet Probe 'Worst Situation That I Have Ever Experienced." ESPN.com, July 25, 2007. http://sports.espn.go.com/nba/news/story?id=2947237.

92 Stevenson, Richard W. "President Names Roberts as Choice for Chief Justice." *New York Times,* September 6, 2005.

93 Sunstein, Cass R. "Judicial Partisanship Awards." *Washington Independent,* July 31, 2008.

94 Sunstein, Cass R., and Thomas Miles. "Depoliticizing Administrative Law." *Duke Law Journal* 58 (2008): 2193–2230.

95 Supreme Court of the United States. "Biographies of Current Justices of the Supreme Court." http://www.supremecourt.gov/about/biographies.aspx.

96 Sutter, Matthias, and Martin G. Kocher. "Favoritism of Agents: The Case of Referees' Home Bias." *Journal of Economic Psychology* 25 (2004): 461–69.

97 Tierney, John. "Do You Suffer from Decision Fatigue?" *New York Times,* August 17, 2011.

98 Torres-Spelliscy, Ciara, Monique Chase, Emma Greenman, and Susan M. Liss. "Improving Judicial Diversity." Brennan Center for Justice, 2010. http://www.brennancenter.org/publication/improving -judicial-diversity.

99 Totenberg, Nina. "Robert Bork's Supreme Court Nomination 'Changed Everything, Maybe Forever.' " NPR, March 19, 2012. http://www.npr.org/blogs/itsallpolitics/2012/12/19/167645600/robert-borks -supreme-court-nomination-changed-everything-maybe-forever.

100 Tur, Katy. "MTA Blocks Staircase After Viral Video Shows People Tripping on Same Subway Station Step." NBC.com, June 29, 2012. http://www.nbcnewyork.com/news/local/Subway-Stair-Tripping -People-Fall-Steps-Brooklyn-Station-36-Street-Sunset-Park-MTA -160629545.html.

101 Tversky, Amos, and Daniel Kahneman. "Judgment Under Uncertainty: Heuristics and Biases." *Science* 185 (1974): 1124–31.

102 United States Courts. "Code of Conduct for United States Judges." Last revised March 20, 2014. http://www.uscourts.gov/RulesAndPolicies/CodesOfConduct/CodeConductUnitedStatesJudges.aspx.

103 United States Courts. "Judicial Conference Regulations: Gifts." http://www.uscourts.gov/RulesAndPolicies/CodesOfConduct/JudicialConferenceRegulationsGifts.aspx.
104 United States Senate Committee on the Judiciary. "Nomination of John G. Roberts." http://www.judiciary.senate.gov/meetings/nomination-of-john-g-roberts.
105 *United States v. Booker.* 543 U.S. 220 (2005).
106 *United States v. Jones.* 132 S. Ct. 945 (2012).
107 *United States v. Sykes.* 131 S. Ct. 2267 (2011).
108 U.S. Const. amend. IV.
109 Vallone, Robert P., Lee Ross, and Mark R. Lepper. "The Hostile Media Phenomenon: Biased Perception and Perceptions of Media Bias in Coverage of the Beirut Massacre." *Journal of Personality and Social Psychology* 49, no. 3 (1985): 577–85.
110 Van Quaquebeke, Niels, and Steffen R. Giessner. "How Embodied Cognitions Affect Judgments: Height-Related Attribution Bias in Football Foul Calls." *Journal of Sport and Exercise Psychology* 32 (2010): 3–22.
111 Weber, Bruce. "Umpires v. Judges." *New York Times,* July 11, 2009.
112 Weinshall-Margel, Keren, and John Shapard. "Overlooked Factors in the Analysis of Parole Decisions." *Proceedings of the National Academy of Sciences* 108, no. 2 (2011): E833.
113 Whitney, David, Nicole Wurnitsch, Byron Hontiveros, and Elizabeth Louie. "Perceptual Mislocalization of Bouncing Balls by Professional Tennis Referees." *Current Biology* 18 (2008): R947–49.
114 Wistrich, Andrew J., Chris Guthrie, and Jeffrey J. Rachlinski. "Can Judges Ignore Inadmissible Information? The Difficulty of Deliberately Disregarding." *University of Pennsylvania Law Review* 153 (2005): 1251–1345.
115 Zelinsky, Aaron S. J. "The Justice as Commissioner: Benching the Judge-Umpire Analogy." *Yale Law Journal* 199 (2010): 113.

第三部　處罰

9｜以眼還眼◆大眾

1 Abwender, David A., and Keyatta Hough. "Interactive Effects of Characteristics of Defendant and Mock Juror on U.S. Participants' Judgment and Sentencing Recommendations." *Journal of Social Psychology* 141 (2001): 603–15.
2 Aharoni, Eyal, and Alan J. Fridlund. "Punishment Without Reason: Isolating Retribution in Lay Punishment of Criminal Offenders." *Psychology, Public Policy, and Law* 18, no. 4 (2012): 599–625.
3 Alicke. Mark D. "Culpable Causation." *Journal of Personality and Social Psychology* 63, no. 3 (1992): 368–78.

4 Alicke, Mark D. "Culpable Control and Psychology of Blame." *Psychological Bulletin* 126 (2000): 556–74.

5 "Animals: Kaiser Bill." *Time,* November 18, 1929.

6 Arndt, Jamie, Jeff Greenberg, Tom Pyszczynski, and Sheldon Solomon. "Subliminal Exposure to Death-Related Stimuli Increases Defense of the Cultural Worldview." *Psychological Science* 8, no. 5 (1997): 379–85.

7 Arndt, Jamie, J. D. Lieberman, A. Cook, and S. Solomon. "Terror Management in the Courtroom." *Psychology, Public Policy, and Law* 11, no. 3 (2005): 407–38.

8 Aspinwall, Lisa G., Teneille R. Brown, and James Tabery. "The Double-Edged Sword: Does Biomechanism Increase or Decrease Judges' Sentencing of Psychopaths?" *Science* 337, no. 6096 (2012): 846–49.

9 *Atkins v. Virginia.* 536 U.S. 304 (2002).

10 Aviv, Rachel. "No Remorse." *New Yorker,* January 2, 2012.

11 Ayres, Ian, and Joel Waldfogel. "A Market Test for Race Discrimination in Bail Setting." *Stanford Law Review* 46 (1994): 987–1047.

12 Baldus, David, George Woodworth, David Zuckerman, Neil Alan

13 Weiner, and Barbara Broffitt. "Racial Discrimination and the Death Penalty in the Post-Furman Era: An Empirical and Legal Overview, with Recent Findings from Philadelphia." *Cornell Law Review* 83 (1998): 1638–1770.

14 Baumeister, Roy F., and Aaron Beck. *Evil: Inside Human Violence and Cruelty*. New York: Henry Holt, 1999.

15 Benforado, Adam. "Quick on the Draw: Implicit Bias and the Second Amendment." *Oregon Law Review* 89, no. 1 (2010): 1–80.

16 Bennett, Mark, and Deborah Earwaker. "Victim's Responses to Apologies: The Effects of Offender Responsibility and Offense Severity." *Journal of Social Psychology* 134, no. 4 (1994): 457–64.

17 Bloom, Paul. *Just Babies: The Origins of Good and Evil*. New York: Crown, 2013.

18 Bondeson, Jan. *The Feejee Mermaid and Other Essays in Natural and Unnatural History*. Ithaca, NY: Cornell University Press, 1999.

19 Bucciarelli, Monica, Sangeet Khemlani, and Philip N. Johnson-Laird. "The Psychology of Moral Reasoning." *Judgment and Decision Making* 3, no. 2 (2008): 121–39.

20 Burke, Brian L., Andy Martens, and Erik H. Faucher. "Two Decades of Terror Management Theory: A Meta-Analysis of Mortality Salience Research." *Personality and Social Psychology Review* 14, no. 10 (2010): 155–95.

21 Burris, Christopher T., and John K. Rempel. " 'Just Look at Him': Punitive Responses Cued by 'Evil' Symbols." *Basic and Applied Social Psychology* 33 (2011): 69–80.

22 Campbell, Maggie, and Johanna Ray Vollhardt. "Fighting the Good Fight: The Relationship Between Belief in Evil and Support for Violent Policies." *Personality and Social Psychology Bulletin* 40, no. 1 (2014): 16–33.

23 Carlsmith, Kevin M., and John M. Darley. "Psychological Aspects of Retributive Justice." *Advances in Experimental Psychology* 40

(2008): 193–236.

24 Carlsmith, Kevin M., John M. Darley, and Paul H. Robinson. "Why Do We Punish? Deterrence and Just Deserts as Motives for Punishment." *Journal of Personality and Social Psychology* 83, no. 2 (2002): 284–99.

25 Carlsmith, Kevin M., and Avani Mehta Sood. "The Fine Line Between Interrogation and Retribution." *Journal of Experimental Psychology* (2008): 191–96.

26 Cave, Stephen. "Imagining the Downside of Immortality." *New York Times,* August 27, 2011.

27 Clark, Cory J., Jamie B. Luguri, Peter H. Ditto, Joshua Knobe, Azim F.

28 Shariff, and Roy F. Baumeister. "Free to Punish: A Motivated Account of Free Will Belief." *Journal of Personality and Social Psychology* 106, no. 4 (2014): 501–13.

29 Cohen, Esther. "Law, Folklore, and Animal Lore." *Past and Present* 110 (1986).

30 "Condemned Dog Faces Kentucky Court Today." *New York Times,* January 16, 1928.

31 Cushman, Fiery. "Crime and Punishment: Distinguishing the Roles of Causal and Intentional Analyses in Moral Judgment." *Cognition* 108 (2008): 353–80.

32 Cushman, Fiery. "Punishment in Humans: From Intuitions to Institutions." *Philosophy Compass* (2014): 1–16.

33 Cushman, Fiery, A. J. Durwin, and Chaz Lively. "Revenge Without Responsibility? Judgments About Collective Punishment in Baseball." *Journal of Experimental Social Psychology* 48, no. 5 (2012): 1106–10.

34 Darby, Bruce W., and Barry R. Schlenker. "Children's Reactions to Transgressions: Effects of the Actor's Apology, Reputation, and Remorse." *British Journal of Social Psychology* 28, no. 4 (1989): 353–64.

35 Darley, John. M., Kevin M. Carlsmith, and Paul H. Robinson. "Incapacitation and Just Deserts as Motives for Punishment." *Law and Human Behavior* 24, no. 6 (2000): 659–83.

36 Day, Martin V., and Michael Ross. "The Value of Remorse: How Drivers' Responses to Police Predict Fines for Speeding." *Law and Human Behavior* 35, no. 3 (2011): 221–34.

37 Ditto, Peter H., David A. Pizarro, and David Tannenbaum. "Motivated Moral Reasoning." In *Moral Judgment and Decision Making,* edited by Daniel M. Bartels, Christopher W. Bauman, Fiery Cushman, David A. Pizarro, and A. Peter McGraw. Burlington, MA: Academic Press, 2009.

38 Donahue, John, III. "Capital Punishment in Connecticut, 1973–2007: A Comprehensive Evaluation from 4866 Murders to One Execution." Working Paper, Stanford Law School, National Bureau of Economic Research, June 8, 2013.

39 Dressler, Joshua. *Understanding Criminal Law,* 6th ed. New Providence, NJ: LexisNexis, 2012.

40 Eberhardt, Jennifer. "The Race Factor in Trying Juveniles as Adults." *New York Times,* June 5, 2012.

41 Eberhardt, Jennifer L., Paul G. Davies, Valerie J. Purdie-Vaughns, and Sheri Lynn Johnson. "Looking Deathworthy: Perceived Stereotyping of Black Defendants Predicts Capital-Sentencing Outcomes." *Psychological Science* 17, no. 5 (2006): 383–86.

42 Eckholm, Erik. "Juveniles Facing Lifelong Terms Despite Rulings." *New York Times,* January 19, 2014.

43 Ellard, John H., Christina D. Miller, Terri-lynne Baumle, and James M. Olson. "Just World Processes in Demonizing." In *The Justice Motive in Everyday Life,* edited by M. Ross and D. T. Miller. New York: Cambridge University Press, 2002.

44 Evans, E. P. *The Criminal Prosecution and Capital Punishment of Animals*. New York: Dutton, 1906.

45 Exodus 21:28 (King James).

46 Franklin, Benjamin. *The Writings of Benjamin Franklin,* vol. 9. Edited by Albert Henry Smyth. London: Macmillan, 1906.

47 Frazer, Sir James George. "The Ox That Gored." In *Folk-Lore in the Old Testament,* vol. 3. London: Macmillan, 1919.

48 Girgen, Jen. "The Historical and Contemporary Prosecution and Punishment of Animals." *Animal Law* 9 (2003): 97–103.

49 Gold, Gregg J., and Bernard Weiner. "Remorse, Confession, Group Identity, and Expectancies About Repeating a Transgression." *Basic and Applied Social Psychology* 22, no. 4 (2000): 291–300.

50 Goodwin, Geoffrey P., and Adam Benforado. "Judging the Goring Ox." *Cognitive Science* (2014).

51 Graham, Sandra, and Brian S. Lowery. "Priming Unconscious Racial Stereotypes About Adolescent Offenders." *Law and Human Behavior* 28, no. 5 (2004): 483–504.

52 Greenberg, Jeff, Tom Pyszczynski, and Sheldon Solomon. "The Causes and Consequences of a Need for Self-Esteem: A Terror Management Theory." In *Public Self and Private Self,* edited by Roy F. Baumeister. New York: Springer-Verlag, 1986.

53 Greenberg, Jeff, Tom Pyszczynski, Sheldon Solomon, Linda Simon, and Michael Breus. "Role of Consciousness and Accessibility of Death-Related Thoughts in Mortality Salience Effects." *Journal of Personality and Social Psychology* 67, no. 4 (1994): 627–37.

54 Greene, Joshua D., Leigh E. Nystrom, Andrew D. Engell, John M. Darley, and Jonathan D. Cohen. "The Neural Bases of Cognitive Conflict and Control in Moral Judgment." *Neuron* 44, no. 2 (2004): 389–400.

55 Greene, Joshua D., R. Brian Sommerville, Leigh E. Nystrom, John M. Darley, and Jonathan D. Cohen. "An fMRI Investigation of Emotional Engagement in Moral Judgment." *Science* 293, no. 5537 (2001): 2105–8.

56 Gromet, Dena, Geoff Goodwin, and John M. Darley. "Taking Pleasure in Doing Harm: The Influence of Hedonic States on Judgments of Immorality and Evil." Unpublished manuscript.

57 Grose, Jessica. "A Death in Yellowstone." *Slate,* April 2, 2012. http://

58 www.slate.com/articles/health_and_science/death_in_yellowstone /2012/04/grizzly_bear_attacks_how_wildlife_investigators_found_a _killer_grizzly_in_yellowstone_.single.html.

59 Haidt, Jonathan. "The Emotional Dog and Its Rational Tail: A Social Intuitionist Approach to Moral Judgment." *Psychological Review*

108, no. 4 (2001): 814–34.
60 Haidt, Jonathan. *The Righteous Mind: Why Good People Are Divided by Politics and Religion*. New York: Pantheon, 2012.
61 Haidt, Jonathan, Frederick Björklund, and Scott Murphy. "Moral Dumbfounding: When Intuition Finds No Reason." Unpublished manuscript, August 10, 2000.
62 Harlow, Robert E., John M. Darley, and Paul H. Robinson. "The Severity of Intermediate Penal Sanctions: A Psychophysical Scaling Approach for Obtaining Community Perceptions." *Journal of Quantitative Criminology* 11 (1995): 71–95.
63 Holmes, Oliver Wendell. *The Common Law.* Boston: Little, Brown, 1881.
64 Hurwitz, John, and Mark Peffley. "Playing the Race Card in the Post–Willie Horton Era." *Public Opinion Quarterly* 69, no. 1 (Spring 2005): 99–112.
65 Hyde, Walter Woodburn. "The Prosecution and Punishment of Animals and Lifeless Things in the Middle Ages and Modern Times." *University of Pennsylvania Law Review* 64, no. 7 (1916): 696–730.
66 "The Infancy Defense." 'Lectric Law Library. Accessed May 27, 2014. http://www.lectlaw.com/mjl/cl032.htm.
67 Jehle, Alayna, Monica K. Miller, and Markus Kemmelmeier. "The Influence of Accounts and Remorse on Mock Jurors' Judgments of Offenders." *Law and Human Behavior* 33, no. 5 (2009): 393–404.
68 Kelsen, Hans. *General Theory of Law and State.* Translated by A. Wedberg. New York: Russell & Russell, 1945.
69 "Kentucky Dog Murder Trials Held Repealed." *Washington Post,* January 25, 1929.
70 "Kentucky Jury Convicts Dog: Death Sentence Carried Out." *New York Times,* January 11, 1926.
71 Kirchmeier, Jeffrey. "Our Existential Death Penalty: Judges, Jurors, and Terror Management." *Law and Psychology Review* 32 (2008): 55–107.
72 Kleinke, Chris L., Robert Wallis, and Kevin Stalder. "Evaluation of a Rapist as Function of Expressed Intent and Remorse." *Journal of Social Psychology* 132, no. 4 (1992): 525–37.
73 Knobe, Joshua. "Intentional Action and Side Effects in Ordinary Language." *Analysis* 63 (2003): 190–93.
74 Liebman, James S. "The Overproduction of Death." *Columbia Law Review* 100 (2000): 2030–2156.
75 Liptak, Adam. "Justices Bar Mandatory Life Sentences for Juveniles." *New York Times,* June 25, 2012.
76 Macrae, John. "Account of the Kookies of Lunctas." *Asiatic Researches* 7 (1803): 11–22.
77 Malle, Bertram F., Steve Guglielmo, and Andrew E. Monroe. "A Theory of Blame." *Psychological Inquiry: An International Journal for the Advancement of Psychological Theory* 25, no. 2 (2014): 147–86.
78 Mandela, Nelson. *Long Walk to Freedom: The Autobiography of Nelson Mandela.* Boston: Little, Brown, 2008.
79 Martin, J. R., and David Rose. *Working with Discourse.* London: Bloomsbury Academic, 2003.

80 McFatter, Robert M. "Purposes of Punishment: Effects of Utilities of Criminal Sanctions on Perceived Appropriateness." *Journal of Applied Psychology* 67, no. 3 (1982): 255–67.

81 McNamara, Joseph P. "Curiosities of the Law: Animal Prisoner at the Bar." *Notre Dame Law* 3, no. 30 (1927): 30–36.

82 Miller, Arthur G. *The Social Psychology of Good and Evil*. New York: Guilford, 2004.

83 Milman, Oliver. "Shark Attacks Prompt Calls to Review the Great White's Protected Status." *Guardian,* July 16, 2012.

84 Mitchell, Tara L., Ryann M. Haw, Jeffrey E. Pfeifer, and Christian A. Meissner. "Racial Bias in Mock Juror Decision-Making: A Meta-Analytic Review of Defendant Treatment." *Law and Human Behavior* 29, no. 6 (2005): 621–37.

85 Monterosso, John, Edward B. Royzman, and Barry Schwartz. "Explaining Away Responsibility: Effects of Scientific Explanation on Perceived Culpability." *Ethics and Behavior* 15 (2005): 139–58.

86 *Morisette v. United States.* 342 U.S. 246 (1952).

87 Mustard, David B. "Racial, Ethnic, and Gender Disparities in Sentencing: Evidence from the U.S. Federal Courts." *Journal of Law and Economics* 44 (2001): 285–314.

88 Newheiser, Anna-Kaisa, Takuya Sawaoka, and John F. Dovidio. "Why Do We Punish Groups? High Entitativity Promotes Moral Suspicion." *Journal of Experimental Social Psychology* 48 (2012): 931–36.

89 Ohbuchi, Ken-ichi, Masuyo Kameda, and Nariyuki Agarie. "Apology as Aggression Control: Its Role in Mediating Appraisal of and Response to Harm." *Journal of Personality and Social Psychology* 56, no. 2 (1989): 219–27.

90 "Old Enough to Be a Criminal?" *UNICEF.* Accessed May 27, 2014. http://www.unicef.org/pon97/p56a.htm.

91 *Parker-Harris Co. v. Tate.* 188 S.W. 54 (Tenn. 1916).

92 Paxton, Joseph M. and Joshua D. Greene. "Moral Reasoning: Hints and Allegations." *Topics in Cognitive Science* 2, no. 3 (2010): 511–27.

93 Pinker, Steven. *The Better Angels of Our Nature: Why Violence Has Declined.* New York: Viking, 2011.

94 Pizarro, David A. and Paul Bloom. "The Intelligence of the Moral Intuitions: Comment on Haidt (2001)." *Psychological Review* 110 (2003): 193–96.

99 Plato. *The Laws of Plato.* Translated by A. E. Taylor. London: J. M. Dent, 1934.

100 Pyszczysnki, Tom, Sheldon Solomon, and Jeff Greenberg. *In the Wake of 9/11: The Psychology of Terror*. Washington, DC: American Psychological Association, 2003.

101 Rattan, Aneeta, Cynthia S. Levine, Carol S. Dweck, and Jennifer L. Eberhardt. "Race and the Fragility of the Legal Distinction Between Juveniles and Adults." *PLOS ONE* 7, no. 5 (2012): 1–6.

102 Robinson, Dawn T., Lynn Smith-Lovin, and Olga Tsoudis. "Heinous Crime or Unfortunate Accident? The Effects of Remorse on Responses to Mock Criminal Confessions." *Social Forces* 73, no. 1 (1994): 175–90.

103 Robinson, Paul H., Sean E. Jackowitz, and Daniel M. Bartels. "Extralegal Punishment Factors: A Study of Forgiveness, Hardship, Good Deeds, Apology, Remorse, and Other Such Discretionary Factors in Assessing Criminal Punishment." *Vanderbilt Law Review* 65 (2012): 737–826.

104 Robinson, Paul H., Robert Kurzban, and Owen D. Jones. "The Origins of Shared Intuitions of Justice." *Vanderbilt Law Review* 60 (2007): 1633–88.

105 *Roper v. Simmons*. 543 U.S. 551 (2005).

106 Rosenblatt, Abram, Jeff Greenberg, Sheldon Solomon, Tom Pyszczynski, and Deborah Lyon. "Evidence for Terror Management Theory I. The Effects of Mortality Salience on Reactions to Those Who Violate or Uphold Cultural Values." *Journal of Personality and Social Psychology* 57, no. 4 (1989): 681–90.

107 Royal Society. *Brain Waves Module 4: Neuroscience and the Law*. London: Royal Society, 2011.

108 Rucker, Derek D., Mark Polifroni, Phillip E. Tetlock, and Amanda L. Scott. "On the Assignment of Punishment: The Impact of General-Societal Threat and the Moderating Role of Severity." *Personality and Social Psychology Bulletin* 30, no. 6 (2004): 673–84.

109 Senior, Jennifer. "In Conversation: Antonin Scalia." *New York,* October 6, 2013.

110 Shariff, Azim F., Joshua D. Greene, Johan C. Karremans, Jamie B. Lu guri, Cory J. Clark, Jonathan W. Schooler, Roy F. Baumeister, and Kathleen D. Vohs. "Free Will and Punishment: A Mechanistic View of Human Nature Reduces Retribution." *Psychological Science* 25 (2014): 1563–70.

111 Stevenson, Margaret C., and Bette L. Bottoms. "Race Shapes Perceptions of Juvenile Offenders in Criminal Court." *Journal of Applied Social Psychology* 39, no. 7 (2009): 1660–89.

112 Streater, Scott. "Yellowstone Bear Euthanized After DNA Evidence Links Two Fatal Attacks." *New York Times,* October 7, 2011.

113 Sundby, Scott E. "The Capital Jury and Absolution: The Intersection of Trial Strategy, Remorse, and the Death Penalty." *Cornell Law Review* 83, no. 4 (1998): 1557–98.

114 Sweeney, Sarah. "On the Side of the Angels." *Harvard Gazette,* November 10, 2011.

115 Taylor, Christy, and Chris L. Kleinke. "Effects of Severity of Accident, History of Drunk Driving, Intent, and Remorse on Judgments of a Drunk Driver." *Journal of Applied Social Psychology* 22 (1992): 1641–55.

116 Tyler, Tom R., and Robert J. Boeckmann. "Three Strikes and You Are Out, but Why? The Psychology of Public Support for Punishing Rule Breakers." *Law and Society Review* 31, no. 2 (1997): 237–65.

117 Volokh, Alexander. "*n* Guilty Men." *University of Pennsylvania Law Review* 146 (1997): 173–218.

118 Walster, Elaine. "Assignment of Responsibility for an Accident." *Journal of Personality and Social Psychology* 3 (1996): 73–79.

119 Warr, Mark, Robert F. Meier, and Maynard L. Erickson. "Norms, Theories of Punishment, and Publicly Preferred Penalties for Crimes."

Sociological Quarterly 24 (1983): 75–91.

120 Webster, Russell J., and Donald A. Saucier. "Angels and Demons Are Among Us: Assessing Individual Differences in Belief in Pure Evil and Belief in Pure Good." *Personality and Social Psychology Bulletin* 39 (2013): 1455–70.

10｜丟掉鑰匙◆受刑人

1 "A New Probation Program in Hawaii Beats the Statistics: Transcript." PBS, February 2, 2014. Originally broadcast on November 24, 2013. http://www.pbs.org/newshour/bb/law-july-dec13-hawaiihope_11-24/.

2 "The Abuse of Solitary Confinement." *New York Times,* June 20, 2012.

3 Adams, William Lee. "Norway Builds the World's Most Humane Prison." *Time,* May 10, 2010.

4 Alexander, Michelle. *The New Jim Crow: Mass Incarceration in the Age of Colorblindness,* rev. ed. New York: New Press, 2010.

5 Amnesty International. *Death Sentences and Executions, 2013.* London: Amnesty International Publications, 2014.

6 Amnesty International. "Indonesian Government Must Repeal Caning Bylaws in Aceh." May 22, 2011. https://www.amnesty.org/en/news-and-updates/indonesian-government-must-repeal-caning-bylaws -aceh-2011-05-20.

7 Amnesty International. "Saudi Arabia: Five Beheaded and 'Crucified' Amid 'Disturbing' Rise in Executions." May 21, 2013. http://www .amnesty.org/en/news/saudi-arabia-five-beheaded-and-crucified-amid -disturbing-rise-executions-2013-05-21.

8 Apuzzo, Matt. "Holder Endorses Proposal to Reduce Drug Sentences in Latest Sign of Shift." *New York Times,* March 13, 2014.

9 Baron, Jonathan, and Ilana Ritov. "Omission Bias, Individual Differences, and Normality." *Organizational Behavior and Human Decision Processes* 94 (2003): 74–85.

10 Boston Review. "Supermax Prison Cell Extraction." YouTube video, 12:44. Posted December 16, 2010. http://youtu.be/3jUfK5i_lQs.

11 Briggs, Chad S., Jody L. Sundt, and Thomas C. Castellano. "The Effect of Supermaximum Security Prisons on Aggregate Levels of Institutional Violence." *Criminology* 41 (2003): 1341–76.

12 Bureau of Justice Statistics. "FAQ Detail: What Is the Probability of Conviction for Felony Defendants?" Accessed May 25, 2015. http://www .bjs.gov/index.cfm?ty=qa&iid=403.

13 Butler, Paul. "On Trayvon Martin and Racial Profiling." *Daily Beast,* March 26, 2012. http://www.thedailybeast.com/articles/2012/03/26/paul-butler-on-trayvon-martin-and-racial-profiling.html.

14 Cacioppo, John T., and Louise C. Hawkley. "Perceived Social Isolation and Cognition." *Trends in Cognitive Sciences* 13, no. 10 (2009): 447–54.

15 Cal. Penal Code § 1170.12 (West 2014).

16 Cannon, Carl M. "Petty Crime, Outrageous Punishment." *Reader's Digest,* October 2005.

17 Caplan, Lincoln. "The Random Horror of the Death Penalty." *New York Times,* January 7, 2012.

18 Carlsmith, Kevin M., and John M. Darley. "Psychological Aspects of Retributive Justice." *Advances in Experimental Psychology* 40 (2008): 193–236.

19 Carson, E. Ann. U.S. Department of Justice. *Prisoners in 2013*. September 2014.

20 Carson, E. Ann, and Daniela Golinelli. U.S. Department of Justice. *Prisoners in 2012: Trends in Admissions and Releases, 1991–2012*. December 2013.

21 Chemerinksy, Erwin. "Cruel and Unusual: The Story of Leandro Andrade." *Drake Law Review* 52 (2003): 1–24.

22 Chemerinsky, Erwin. "3 Strikes Reform in CA: 'Victory for Common Sense.' " *Crime Report,* December 6, 2012. http://www.thecrimereport .org/viewpoints/2012-12-three-strikes-reform-in-california-a-victory -for-hum.

23 Darley, John, Sol Fulero, Craig Haney, and Tom Tyler. "Psychological Jurisprudence." In *Taking Psychology and Law into the Twenty-First Century,* edited by James R. P. Olgoff. New York: Kluwer Academic Publishers, 2004.

24 Death Penalty Information Center. "Executions by Year Since 1976." Accessed May 24, 2014. http://www.deathpenaltyinfo.org/executions -year.

25 Devereaux, Ryan. "Prisoners Challenge Legality of Solitary Confinement Lasting More Than a Decade." *Guardian,* May 31, 2012.

26 Dickens, Charles. *American Notes*. London: Chapman and Hall, 1842.

27 Donahue, John J., III. "Capital Punishment in Connecticut, 1973–2007: A Comprehensive Evaluation from 4866 Murders to One Execution." Working Paper, Stanford Law School, National Bureau of Economic Research, June 8, 2013.

28 Eastern State Penitentiary. "Facade: Online 360 Tour." Accessed May 25, 2014. http://www.easternstate.org/explore/online-360-tour.

29 Eastern State Penitentiary. "FAQ, Terror Behind the Walls." Accessed May 13, 2014. http://www.easternstate.org/halloween/visit/faq.

30 Eastern State Penitentiary. "History of Eastern State: General Overview." Accessed May 16, 2014. http://www.easternstate.org/learn/research-library/history.

31 Eastern State Penitentiary. "Home, Terror Behind the Walls." Accessed May 13, 2014. http://www.easternstate.org/halloween.

32 Eastern State Penitentiary. "Timeline." Accessed May 15, 2014. http://www.easternstate.org/learn/timeline.

33 Eastern State Penitentiary. "2013 Schedule and Prices, Terror Behind the Walls." Accessed May 13, 2014. http://www.easternstate.org/halloween/visit/schedule-prices.

34 Eastern State Penitentiary. "VIP Experiences, Terror Behind the Walls." Accessed May 13, 2014. http://www.easternstate.org/halloween/eastern-state-after-dark-vip-tour.

35 "Eastern State Penitentiary." *USHistory.org.* Accessed May 15, 2014. http://www.ushistory.org/tour/eastern-state-penitentiary.htm.

36 *Ewing v. California.* 538 U.S. 11 (2003).

37 Federal Bureau of Investigation. "Offenses Cleared." In *Uniform*

38 *Crime Report: Crime in the United States, 2010*. Washington, DC: U.S. Department of Justice, Federal Bureau of Investigation, 2011.

39 Folger, Robert, and S. Douglas Pugh. "The Just World and Winston Churchill: An Approach/Avoidance Conflict About Psychological Distance When Harming Victims." In *The Justice Motive in Everyday Life,* edited by Michael Ross and Dale T. Miller. Cambridge: Cambridge University Press, 2002.

40 Fried, Barbara H. "Beyond Blame: Would We Be Better Off in a World Without Blame?" *Boston Review,* June 28, 2013.

41 Friends of HOPE. "Hope: Hawaii's Opportunity Probation with Enforcement." Accessed May 25, 2014. http://hopehawaii.net/index.html.

42 Gawande, Atul. "Hellhole: The United States Holds Tens of Thousands of Inmates in Long-Term Solitary Confinement. Is This Torture?" *New Yorker,* March 30, 2009.

43 Gayathri, Amrutha. "US Only Western Country to Carry Out Capital Punishment Last Year, Ranks 5th Worldwide." *International Business Times,* March 27, 2012.

44 Gentleman, Amelia. "Inside Halden, the Most Humane Prison in the World." *Guardian,* May 18, 2012.

45 Getty, J. Arch, Gabor Rittersporn, and Victor Zemskov. "Victims of the Soviet Penal System in the Pre-War Years: A First Approach on the Basis of Archival Evidence." *American Historical Review* 98 (Oct. 1993): 1017–49.

46 Gibbons, John J., and Nicholas de B. Katzenbach. *Confronting Confinement: A Report of the Commission on Safety and Abuse in America's Prisons*. New York: Vera Institute of Justice, 2006.

47 Glaberson, William. "For 3 Years After Killing, Evidence Fades as a Suspect Sits in Jail." *New York Times,* April 15, 2013.

48 Glazek, Christopher. "Raise the Crime Rate." *N+1 Magazine,* Winter 2012.

49 Goode, Erica. "Senators Start a Review of Solitary Confinement." *New York Times,* June 19, 2012.

50 Goode, Erica. "U.S. Prison Populations Decline, Reflecting New Approach to Crime." *New York Times,* July 25, 2013.

51 Gopnik, Adam. "The Caging of America." *A Critic at Large* (blog). *New Yorker,* January 30, 2012.

52 "Grandstanding on Prisons in Texas." *New York Times,* April 4, 2014.

53 *Gregg v. Georgia.* 428 U.S. 153 (1976).

54 Guttel, Ehud, and Doron Teichman. "Criminal Sanctions in the Defense of the Innocent." *Michigan Law Review* 110 (2012): 597–645.

55 Harmon, Katherine. "Brain Injury Rate 7 Times Greater Among U.S. Prisoners." *Scientific American,* February 4, 2012.

56 Hawaii State Judiciary. "HOPE Probation." Accessed May 25, 2014. http://www.courts.state.hi.us/special_projects/hope/about_hope _ probation.html.

57 Hawken, Angela, and Mark Kleiman. *Managing Drug Involved Probationers with Swift and Certain Sanctions: Evaluating Hawaii's*

Hope. Washington, DC: National Criminal Justice Reference Services, 2009.

58 Hawkley, Louise C., and John T. Cacioppo. "Loneliness Matters: A Theoretical and Empirical Review of Consequences and Mechanisms." *Annals of Behavioral Medicine* 40 (2010): 218–27.

59 *Heacock v. Commonwealth*. 323 S.E.2d 90 (Va. 1984).

60 Holt-Lunstad, Julianne, Timothy B. Smith, and J. Bradley Layton. "Social Relationships and Morality Risk: A Meta-analytic Review." *PLOS Med* 7 (2010): 1–23.

61 Hrenchir, Tim. "Sebelius' Son Sells Game Out of Cedar Crest." *Topeka Capital-Journal,* January 26, 2008.

62 International Centre for Prison Studies. "Canada, World Prison Brief." Accessed May 16, 2014. http://www.prisonstudies.org/country/canada.

63 International Centre for Prison Studies. "Germany, World Prison Brief." Accessed May 16, 2014. http://www.prisonstudies.org/country/germany.

64 International Centre for Prison Studies. "Highest to Lowest." Accessed May 18, 2014. http://www.prisonstudies.org/highest-to-lowest (filtered by Prison Population Rate).

65 International Centre for Prison Studies. "Iran, World Prison Brief." Accessed May 18, 2014. http://www.prisonstudies.org/country/iran.

66 International Centre for Prison Studies. "United States, World Prison Brief." Accessed May 16, 2014. http://www.prisonstudies.org/country/united-states-america.

67 Internet Movie Database. "*The Shawshank Redemption* (1994): Quotes." Accessed May 24, 2014. http://www.imdb.com/title/tt0111161/quotes?item=qt0470719.

68 James, Doris J., and Lauren E. Glaze. U.S. Department of Justice. *Mental Health Problems of Prison and Jail Inmates*. September 2006.

69 John Sebelius Art & Design. "Don't Drop the Soap." Accessed May 24, 2014. http://www.johnsebelius.com/dontdropthesoap.html.

70 Johnston, Norman. *Eastern State Penitentiary: Crucible of Good Intentions*. Philadelphia: Philadelphia Museum of Art for the Eastern State

71 Penitentiary Task Force of the Preservation Coalition of Greater Philadelphia, 1994.

72 Justice Center: The Council of State Governments. *Improving Outcomes for People with Mental Illnesses Involved with New York City's Criminal Court and Correction Systems*. December 2012.

73 Kahan, Paul. *Eastern State Penitentiary: A History*. Charleston, SC: History Press, 2008.

74 Kaiser, David, and Lovisa Stannow. "Prison Rape and the Government." *New York Review of Books,* March 24, 2011.

75 Katz, Lawrence, Steven D. Levitt, and Ellen Shustorovich. "Prison Conditions, Capital Punishment, and Deterrence." *American Law and Economics Review* 5 (2003): 318–43.

76 Keim, Brandon. "Solitary Confinement: The Invisible Torture." *Wired,* April 29, 2009. http://www.wired.com/2009/04/solitaryconfinement/.

77 Kohn, David. "Three Strikes: Penal Overkill in California?" CBS News, October 28, 2002. http://www.cbsnews.com/news/three-strikes-28-10 -2002/.

78 Lappi-Seppälä, Tapio. "Penal Policy in Scandinavia." *Crime and Justice* 36 (2007): 217–93.

79 Lieberman, Matthew D. *Social: Why Our Brains Are Wired to Connect*. New York: Random House, 2013.

80 Liptak, Adam. "Inmate Count in U.S. Dwarfs Other Nations'." *New York Times,* April 23, 2008.

81 Llanos, Miguel. "Crime in Decline, but Why? Low Inflation Among Theories." NBC News. September 20, 2011. http://www.nbcnews.com/id/ 44578241/ns/us_news-crime_and_courts/t/crime-decline-why-low -inflation-among-theories/#.U4EH_V4tpcN.

82 *Lockyer v. Andrade.* 538 U.S. 63 (2003).

83 Mauer, Marc. "Is the 'Tough on Crime' Movement on Its Way Out?" MSNBC.com, May 5, 2014. http://www.msnbc.com/msnbc/sentencing -reform-the-end-tough-crime.

84 McCleland, Jacob. "The High Costs of High Security at Supermax Prisons." NPR, June 19, 2012. http://www.npr.org/2012/06/19/155359553/the-high-costs-of-high-security-at-supermax-prisons.

85 Mears, Daniel P. "Supermax Prisons: The Policy and the Evidence." *Criminology and Public Policy* 12 (2013): 681–719.

86 Milgram, Stanley. *Obedience to Authority: An Experimental View*. New York: Harper & Row, 1974.

87 Miller, John. " 'A Suffering People': English Quakers and Their Neighbours, c. 1650–c. 1700." *Past and Present* 188 (2005): 71–103.

88 "The Myth of Deterrence." *New York Times,* April 27, 2012.

89 Nadler, Janice. "Flouting the Law." *Texas Law Review* 83 (2005): 1399–1441.

90 Nagin, Daniel S. "Deterrence in the 21st Century: A Review of the Evidence." In *Crime and Justice: An Annual Review of Research,* edited by Michael Tonry. Chicago: University of Chicago Press, 2013.

91 National Association for the Advancement of Colored People. *Misplaced Priorities: Over Incarcerate, Under Educate,* 2nd ed. Baltimore: National Association for the Advancement of Colored People, 2011.

92 National Institute of Justice. "Five Things About Deterrence." September 12, 2014. http://nij.gov/five-things/Pages/deterrence.aspx?utm_source=eblast-govdelivery&utm_medium=eblast&utm_campaign =five+things-deterrence.

93 National Institute of Justice. "Program Profile: Hawaii Opportunity Probation with Enforcement (HOPE)." Accessed May 25, 2015. http://www.crimesolutions.gov/ProgramDetails.aspx?ID=49.

94 National Research Council. *Deterrence and the Death Penalty.* Edited by Daniel S. Nagin and John V. Pepper. Washington, DC: National Academies Press, 2012.

95 National Standards to Prevent, Detect, and Respond to Prison Rape. 28 C.F.R. pt. 115 (2012).

96 "New York Rethinks Solitary Confinement." *New York Times,* February 20, 2014.

97 Penn Medicine. "Pennsylvania Hospital History: Stories: Dr. Benjamin Rush." Accessed May 15, 2014. http://www.uphs.upenn.edu/paharc/features/brush.html.

98 Pew Center on the States. *State of Recidivism: The Revolving Door of America's Prisons*. Washington, DC: Pew Center on the States, 2011.

99 Pew Charitable Trusts. *Collateral Costs: Incarceration's Effect on Economic Mobility*. Washington, DC: Pew Charitable Trusts, 2010.

100 Pizarro, Jesenia M., Kristen M. Zgoba, and Sabrina Haugebrook. "Supermax and Recidivism: An Examination of the Recidivism Covariates Among a Sample of Supermax Ex-Inmates." *Prison Journal* 94 (2014): 180–97.

101 Resnick, Brian. "Chart: One Year at Prison Costs More Than One Year at Princeton." *Atlantic,* November 1, 2011. http://www.theatlantic .com/national/archive/2011/11/chart-one-year-of-prison-costs-more -than-one-year-at-princeton/247629/.

102 Resnick, Judith, and Jonathan Curtis-Resnick. "Abolish the Death Penalty and the Supermax, Too." *Slate,* June 18, 2012. http://hive .slate.com/hive/how-can-we-fix-constitution/article/abolish-the-death -penalty-and-the-supermax-too.

103 "Reviving Clemency, Serving Justice." *New York Times,* April 23, 2014.

104 Ridgeway, James, Jean Casella, and Sal Rodriguez. "Senators Finally Ponder the Question: Is Solitary Confinement Wrong?" *Mother Jones,* June 19, 2012.

105 Robinson, Paul H., and John M. Darley. "The Role of Deterrence in the Formulation of Criminal Law Rules: At Its Worst When Doing Its Best." *Georgetown Law Journal* 91 (2003): 950–51.

106 Robinson, Paul H., Geoffrey P. Goodwin, and Michael D. Reisig. "The Disutility of Injustice." *New York University Law Review* 85 (2010): 1940–2033.

107 Robinson, Paul H., Sean E. Jackowitz, and Daniel M. Bartels. "Extralegal Punishment Factors: A Study for Forgiveness, Hardship, Good Deeds, Apology, Remorse, and Other Such Discretionary Factors in Assessing Criminal Punishment." *Vanderbilt Law Review* 65 (2012): 737–826.

108 *Roper v. Simmons*. 543 U.S. 551 (2005).

109 Savage, Charlie. "Justice Dept. Seeks to Curtail Stiff Drug Sentences." *New York Times,* August 12, 2013.

110 Savage, David G. "Supreme Court to Hear Three-Strikes Challenge." *Los Angeles Times,* April 2, 2002.

111 *The Shawshank Redemption*. Directed by Frank Darabont. Burbank, CA: Warner Brothers Pictures, 1994.

112 "Smarter Sentencing." *New York Times,* August 13, 2013.

113 Subramanian, Ram, and Alison Shames. *Sentencing and Prison Practices in Germany and the Netherlands: Implications for the United States*. New York: Vera Institute of Justice, 2013.

114 Tapley, Lance. "The Worst of the Worst: Supermax Torture in America." *Boston Review,* November 1, 2010.

115 Torrey, E. Fuller, Aaron D. Kennard, Don Eslinger, Richard Lamb, and James Pavle. *More Mentally Ill Persons Are in Jails and Prisons Than Hospitals: A Survey of the States*. Arlington, VA: Treatment Advocacy Center, 2010.

116 UNICEF, *Children at Risk in Central and Eastern Europe: Perils and Promises*. Florence, Italy: United Nations Children's Fund, International Child Development Centre, 1997.

117 Weaver, Kimberlee, Stephen M. Garcia, and Norbert Schwarz. "The Presenter's Paradox." *Journal of Consumer Research* 39 (2012): 445–60.

118 Weiser, Benjamin. "New York State in Deal to Limit Solitary Confinement." *New York Times,* February 19, 2014.

119 Wolfers, Justin. "Life in Prison, with the Remote Possibility of Death." *New York Times,* July 18, 2014.

第四部　改革

11｜需要克服的難題◆挑戰

1 "About the Advocates." *The Advocates.* Accessed May 4, 2014. http://www.theadvocates.com/philosophy.htm.

11 Alcindor, Yamiche. "Officer Testimony No Slam Dunk for Zimmerman Prosecutors." *USA Today,* July 2, 2013.

2 American Society of Trial Consultants. "Areas of Consulting." Accessed May 4, 2014. http://www.astcweb.org/public/article.cfm/areas-of-consulting.

3 American Society of Trial Consultants. "History and Goals." Accessed May 4, 2014. http://www.astcweb.org/public/article.cfm/society-goals.

4 American Society of Trial Consultants. *The Professional Code of the American Society of Trial Consultants*. 2013.

5 Bloomberg News. "Stewart Sued by Jury Consultant for $74,047 in Fees." *Chicago Tribune,* November 18, 2005.

6 *Bond v. United States.* 529 U.S. 334 (2000).

7 Buckley, Cara. "State's Witnesses in Zimmerman Trial Put the Prosecution on the Defensive." *New York Times,* July 2, 2013.

8 Carbado, Devon W., Cheryl I. Harris, and Kimberle Williams Crenshaw. "Racial Profiling Lives On." *New York Times,* August 14, 2013.

9 *Corenevsky v. Superior Court.* 682 P.2d 360 (Cal. 1984).

10 Crocker, Caroline B., and Margaret Bull Kovera. "Systematic Jury Selection." In *Handbook of Trial Consulting,* edited by Richard L. Wiener and Brian H. Bornstein. New York: Springer, 2011.

11 Early, Kate. "The Impact of Pretrial Publicity on an Indigent Capital Defendant's Due Process Right to a Jury Consultant." *Roger Williams University Law Review* 16 (2011): 687–722.

12 Edwards, Tamsin. "Climate Scientists Must Not Advocate Particular Policies." *Guardian,* July 31, 2013.
13 Equal Justice Initiative. *Illegal Racial Discrimination in Jury Selection: A Continuing Legacy*. Montgomery, AL, 2010.
14 Frederick, Jeffrey T. "Social Science Involvement in Voir Dire: Preliminary Data on the Effectiveness of 'Scientific Jury Selection.' " *Behavioral Sciences and Law* 2 (1984): 375–94.
15 Garrett, Brandon L. *Convicting the Innocent: Where Criminal Prosecutions Go Wrong*. Cambridge, MA: Harvard University Press, 2011.
16 *Geders v. United States.* 425 U.S. 80 (1976).
17 *Gilliam v. State.* 629 A.2d 685 (Md. 1993).
18 Gobert, James J., Ellen Kreitzberg, and Charles H. Rose III. *Jury Selection: The Law, Art and Science of Selecting a Jury*. Eagen, MN: West, 2009.
19 Harmon, Rachel. "Promoting Policing at Its Best." *Virginia Journal* 15 (2012): 33–57.
20 Hartje, Rachel. "A Jury of Your Peers? How Jury Consulting May Actually Help Trial Lawyers Resolve Constitutional Limitations Imposed on the Selection of Juries." *California Western Law Review* 41 (2005): 479–506.
21 Hutson, Matthew. "Unnatural Selection." *Psychology Today* 40 (2007): 90–95.
22 Joy, Peter A., and Kevin C. McMunigal. "Witness Preparation: When Does It Cross the Line?" *Criminal Justice* 17 (2002): 48.
23 "Juror Information Questionnaire." 234 Pa. Code Rule 632. http://www.pacode.com/secure/data/234/chapter6/s632.html.
24 Kassin, Saul M., Richard A. Leo, Christian A. Meissner, Kimberly D. Richman, Lori H. Colwell, Amy-May Leach, and Dana La Fon. "Police Interviewing and Interrogation: A Self-Report Survey of Police Practices and Beliefs." *Law and Human Behavior* 31 (2007): 381–400.
25 Kressel, Neil J., and Dorit F. Kressel. *Stack and Sway: The New Science of Jury Consulting*. Cambridge, MA: Westview, 2002.
26 Lackey, Robert T. "Science, Scientists, and Policy Advocacy," *U.S. Environmental Protection Agency Papers*. Paper 142 (2007). http://digital commons.unl.edu/usepapapers/142.
27 Lattman, Peter. "Jury Is Seated in Rajat Gupta Trial." *New York Times,* May 21, 2012.
28 LeGrande, Nicole, and Kathleen Mierau. "Witness Preparation and the Trial Consulting Industry." *Georgetown Journal of Legal Ethics* 17 (2004): 947–60.
29 Leo, Richard A. "Inside the Interrogation Room." *Journal of Criminal Law and Criminology* 86 (1996): 266–303.
30 Leo, Richard A., Steven A. Drizin, Peter J. Neufeld, Bradley R. Hall, and Amy Vatner. "Bringing Reliability Back In: False Confessions and Legal Safeguards in the Twenty-First Century." *Wisconsin Law Review* 2 (2006): 479–539.
31 Lieberman, Joel D. "The Utility of Scientific Jury Selection: Still Murky After 30 Years." *Current Directions in Psychological Science* 20 (2011): 48–52.

32 Lieberman, Joel D., and Bruce D. Sales. *Scientific Jury Selection*. Washington, DC: American Psychological Association, 2007.

33 McDermott, Tricia. "The Jury Consultants." CBS News, June 2, 2004. http://www.cbsnews.com/8301-18559_162-620794.html.

34 *Miranda v. Arizona.* 384 U.S. 436 (1966).

35 Model Criminal Jury Instructions § 1.01–.19.

36 Model Rules of Professional Conduct Rule 3.4(b).

37 Moore, Sarah G., David T. Neal, Gavan J. Fitzsimons, and Baba Shiv. "Wolves in Sheep's Clothing: How and When Hypothetical Questions Influence Behavior." *Organizational Behavior and Human Decision Processes* 117 (2012): 168–78.

38 National Conference of Bar Examiners. "The Multistate Bar Examination (MBE)." http://www.ncbex.org/about-ncbe-exams/mbe/.

39 National Legal Aid and Defender Association. "Collected Quotes Pertaining to Equal Justice." *Communication Resources*. Accessed May 4, 2014. http://www.nlada.org/News/Equal_Justice_Quotes.

40 Noë, Alva. "When Science Becomes News, the Facts Can Go Up in Smoke." NPR, May 4, 2014. http://www.npr.org/blogs/13.7/2014/05/04/308926616/when-science-becomes-news-the-facts-can-go-up -in-smoke?utm_source=facebook.com&utm_medium=social&utm_campaign=npr&utm_term=nprnews&utm_content=20140504.

41 Oliver, Myrna. "R. D. Herman, 'Harrisburg 7' Trial Judge." *Los Angeles Times,* April 9, 1990.

42 O'Rourke, William. *The Harrisburg 7 and the New Catholic Left*. Notre Dame, IN: University of Notre Dame Press, 2012.

43 Owens, Simon. "Is the Academic Publishing Industry on the Verge of Disruption?" *U.S. News and World Report,* July 23, 2012.

44 Parascandola, Rocco, Jenna O'Donnell, and Larry McShane. "NYPD Stop-and-Frisks Drop 99% in Brooklyn, While Shootings Increase in Brownsville, East New York." *New York Daily News,* August 16, 2014.

45 Paterson, Stephen J., and Norma J. Silverstein. "Jury Research: How to Use It." *United States Attorneys' Bulletin* 48, no. 3 (2000): 1–29.

46 *People v. Lloyd.* Trial Transcript No. 85-00376 (Mich. Rec. Ct. May 2, 1985).

47 *People v. McGuirk.* 245 N.E.2d 917 (Ill.App. 1969).

48 Pielke, Robert A., Jr. *The Honest Broker: Making Sense of Science in Policy and Politics*. Cambridge: Cambridge University Press, 2007.

49 Posey, Amy J., and Lawrence S. Wrightsman. *Trial Consulting*. New York: Oxford University Press, 2005.

50 Robbennolt, Jennifer K., and Matthew Taksin. "Jury Selection, Peremptory Challenges, and Discrimination." *APA Monitor on Psychology* 40 (2009): 18.

51 Rogers, Richard. "Getting It Wrong About Miranda Rights: False

52 Beliefs, Impaired Reasoning, and Professional Neglect." *American Psychologist* 66 (2011): 728–36.

53 *Salinas v. Texas.* 133 S.Ct. 2174 (2013).

54 Serio, Steven C. "A Process Right Due? Examining Whether a Capital Defendant Has a Due Process Right to a Jury Selection Expert." *American University Law Review* 53 (2004): 1143–86.

55 Shipler, David. "Why Do Innocent People Confess?" *New York Times,* February 23, 2012.

56 Shipp, E. R. "Jay Schulman, Expert on Juries." *New York Times,* December 3, 1987.

57 Simon, Dan. *In Doubt: The Psychology of the Criminal Justice Process*. Cambridge, MA: Harvard University Press, 2012.

58 Sommers, Samuel, and Michael Norton. "Race-Based Judgments, Race-Neutral Justifications: Experimental Examination of Peremptory Use and the *Batson* Challenge Procedure." *Law and Human Behavior* 31 (2007): 261–73.

59 *State v. Earp.* 571 A.2d 1227 (Md. 1990).

60 *State v. McCormick.* 259 S.E.2d 880 (N.C. 1979).

61 *State v. Sobczak.* 347 Wis.2d 724 (2013).

62 *Swain v. Alabama.* 380 U.S. 202 (1965).

63 "Trial Consulting and Research." *DecisionQuest.* Accessed May 4, 2014. http://www.decisionquest.com/utility/showArticle/?objectID=1536.

64 "Trial Consulting for Criminal Cases." NJP Litigation Consulting. Accessed May 4, 2014. http://www.njp.com/notable_CriminalCases_cases.html.

65 *United States. v. MacDonald.* 456 U.S. 1 (1982).

66 *United States v. Sayakhom.* 186 F.3d 928 (1999).

67 "Use of Jury Consultants." USLegal.com. Accessed May 4, 2014. http://courts.uslegal.com/jury-system/selection-process-at-the-courthouse/use-of-jury-consultants/.

68 Wiener, Richard L., and Brian H. Bornstein. "Introduction: Trial Consulting from a Psycholegal Perspective." In *Handbook of Trial Consulting*. New York: Springer, 2011.

69 Wingrove, Twila, Angela L. Korpas, and Robert F. Belli. "The Use of Survey Research in Trial Consulting." In *Handbook of Trial Consulting*, edited by Richard L. Wiener and Brian H. Bornstein. New York: Springer, 2011.

70 Wydick, Richard C. "The Ethics of Witness Coaching." *Cardozo Law Review* 17 (1995): 1–52.

12｜我們能夠做些什麼◆未來

1 "A New Perspective on Crime Scenes: The Man on the Bed." *New York Times,* November 18, 2011.

2 Alliance for Excellent Education. *Saving Futures, Saving Dollars: The Impact of Education on Crime Reduction and Earnings*. Washington, DC: Alliance for Excellent Education, 2013.

3 Anderson, D. Mark. "In School and Out of Trouble? The Minimum Dropout Age and Juvenile Crime." *Review of Economics and Statistics* 96 (2014): 318–31.

4 Bartlett, Robert. *Trial by Fire and Water: The Medieval Judicial Order*. New York: Oxford University Press, 1986.

5 Baumeister, Roy F. *Evil: Inside Human Cruelty and Violence*. New York: W. H. Freeman, 1997.

6 Baumeister, Roy F., E. J. Masicampo, and C. Nathan DeWall. "Prosocial Benefits of Feeling Free: Disbelief in Free Will Increases Aggression and Reduces Helpfulness." *Personality and Social Psychology Bulletin* 35 (2009): 260–68.

7 Benforado, Adam. "Quick on the Draw: Implicit Bias and the Second Amendment." *Oregon Law Review* 89, no. 1 (2010): 1–80.

8 Benton, John F., ed. *Self and Society in Medieval France: The Memoirs of Abbot Guilbert of Nogent*. New York: Harper Torchbacks, 1970.

9 Berkowitz, Leonard. "Evil Is More Than Banal: Situationism and the Concept of Evil." *Personality and Social Psychology Review* 3 (1999): 246–53.

10 BI Incorporated. *Overview of the Illinois DOC High-Risk Parolee Reentry Program and 3-Year Recidivism Outcomes of Program Participants*. 2002.

11 Birnbaum, Phil. "A Guide to Samermetric Research." *Society for American Baseball Research*. Accessed November 7, 2014. http://sabr.org/sabermetrics.

12 Block, Melissa. "Theodore Parker and the 'Moral Universe.' " NPR, September 2, 2010. http://www.npr.org/templates/story/story.php?storyId=129609461.

13 Blumstein, Alfred, and Kiminori Nakamura. " 'Redemption' in an Era of Widespread Criminal Background Checks." *NIJ Journal* 263 (2009): 10–17.

14 Boak, Dick. "Welcome." 2008. http://www.dickboak.com/dickboak _website/Home.html.

15 Bono, Giacomo, Michael E. McCullough, and Lindsey M. Root. "For

16 giveness, Feeling Connected to Others, and Well-Being: Two Longitudinal Studies." *Personality and Social Psychology Bulletin* 34, no. 2 (2008): 182–95.

17 Bornstein, Brian, and Edie Greene. "Jury Decision Making: Implications For and From Psychology." *Current Directions in Psychological Science* 20 (2011): 63–67.

18 Bowden, Mark. "The Killing Machines." *Atlantic,* August 14, 2013. http://www.theatlantic.com/magazine/archive/2013/09/the-killing-machines-how-to-think-about-drones/309434/.

19 Buntin, John. "What Does It Take to Stop Crips and Bloods from Killing Each Other?" *New York Times,* July 10, 2013.

20 Cassell, Paul G. "Standing for Victims: They Need Their Own Constitutional Amendment." *Slate,* June 14, 2012. http://hive.slate.com/hive/how-can-we-fix-constitution/article/standing-for-victims.

21 Chesterton, G. K. "G. K. Chesteron Empanels a Jury." *Lapham's Quarterly*. Accessed May 20, 2014. http://www.laphamsquarterly.org/voices-in-time/g-k-chesteron-empanels-a-jury.php?page=all.

22 Clark, Cory J., Jamie B. Luguri, Peter H. Ditto, Joshua Knobe, Azim F. Shariff, and Roy F. Baumeister. "Free to Punish: A Motivated Account of Free Will Belief." *Journal of Personality and Social Psychology* 106 (2014): 501–13.

23 Clarke, Randolph, and Justin Capes. "Incompatibilist (Nondeterministic) Theories of Free Will." *Stanford Encyclopedia of Philosophy,* August 17, 2000. http://plato.stanford.edu/entries/incompatibilism -theories/.

24 Correll, Joshua, Bernadette Park, Charles M. Judd, and Bernd Wittenbrink. "The Influence of Stereotypes on Decisions to Shoot." *European Journal of Social Psychology* 37 (2007): 1102–17.

25 Correll, Joshua, Bernadette Park, Charles M. Judd, and Bernd Wittenbrink. "The Police Officer's Dilemma: Using Ethnicity to Disambiguate Potentially Threatening Individuals." *Journal of Personality and Social Psychology* 83 (2002): 1314–29.

26 Correll, Joshua, Bernadette Park, Charles M. Judd, Bernd Wittenbrink, and Melody S. Sadler. "Across the Thin Blue Line: Police Officers and Racial Bias in the Decision to Shoot." *Journal of Personality and Social Psychology* 92, no. 6 (2007): 1006–23.

27 Correll, Joshua, Geoffrey R. Urland, and Tiffany A. Ito. "Event-Related Potentials and the Decision to Shoot: The Role of Threat Perception and Cognitive Control," *Journal of Experimental Social Psychology* 42 (2006): 120–28.

28 "Cost." *National Coalition to Abolish the Death Penalty.* Accessed May 27, 2014. http://www.ncadp.org/pages/cost.

29 Council on Crime and Justice. *Low Level Offenses in Minneapolis: An Analysis of Arrests and Their Outcomes*. 2004.

30 Cournoyer, Caroline. "Courtroom Violence on the Rise." *Governing the States and Localities,* January 19, 2012. http://www.governing.com/blogs/view/courtroom-violence-on-the-rise.html.

31 Danzig, Christopher. "Video Arraignments Save Money and Make Judges Feel Safer." *Above the Law,* June 17, 2011. http://abovethelaw.com/ 2011/06/video-arraignments-save-money-and-make-judges-feel-safer/.

32 Darley, John M. "Social Organization for the Production of Evil." *Psychological Inquiry* 3 (1992): 199–218.

33 "Death Penalty Cost." *Amnesty International.* Accessed May 27, 2014. http://www.amnestyusa.org/our-work/issues/death-penalty/us-death-penalty-facts/death-penalty-cost.

34 DeMatteo, David, Casey LaDuke, Benjamin R. Locklair, and Kirk Heilbrun. "Community-Based Alternatives for Justice-Involved Individuals with Severe Mental Illness: Diversion, Problem-Solving Courts, and Reentry." *Journal of Criminal Justice* 41 (2013): 64–71.

35 DeMatteo, David, Sanjay Shah, Megan Murphy, and Julie Present Koller. "Treatment Models for Clients Diverted or Mandated into Drug Treatment." In *Addictions: A Comprehensive Guidebook,* 2nd ed., edited by Barbara S. McCrady and Elizabeth E. Epstein. New York: Oxford University Press, 2013.

36 Devers, Lindsey. U.S. Department of Justice. *Plea and Charge Bargaining Research Summary*. January 21, 2011.

37 Digital Media Law Project. "Recording Public Meetings and Court Hearings." Accessed May 23, 2014. http://www.dmlp.org/legal-guide/recording-public-meetings-and-court-hearings.

38 Digital Media Law Project. "State Law: Recording." Accessed May 23, 2014. http://www.dmlp.org/legal-guide/state-law-recording.

39 Dorf, Michael C., and Charles Frederick Sabel. "Drug Treatment Courts and Emergent Experimentalist Government." *Vanderbilt Law Review* 53, no. 3 (2000): 831–83.

40 Dubber, Markus Dirk. "American Plea Bargains, Germany Lay Judges, and the Crisis of Criminal Procedure." *Stanford Law Review* 49 (1997): 547–605.

41 Eagleman, David. "The Brain on Trial." *Atlantic,* June 7, 2011. http://www.theatlantic.com/magazine/archive/2011/07/the-brain-on -trial/308520/?single_page=true.

42 Ellard, John H., Christina D. Miller, Terri-lynne Baumle, and James M. Olson. "Just World Processes in Demonizing." In *The Justice Motive in Everyday Life,* edited by Michael Ross and Dale T. Miller. New York: Cambridge University Press, 2002.

43 Emmets, Katie. "Local Police Use Blood-Clotting Agent to Save Lives." *Alligator,* January 30, 2009.

44 Exline, Julie Juola, Everett L. Worthington Jr., Peter Hill, and Michael E. McCullough. "Forgiveness and Justice: A Research Agenda for Social and Personality Psychology." *Personality and Social Psychology Review* 7, no. 4 (2003): 337–48.

45 Fallis, David S. "ShotSpotter Detection System Documents 39,000 Shooting Incidents in the District." *Washington Post,* November 2, 1013.

46 Farah, Martha. "Neuroethics: The Practical and the Philosophical." *Trends in Cognitive Sciences* 9 (2005): 34–40.

47 Flatley, Joseph L. "World's First Remote Heart Surgery Completed in Leicester, UK." *Engadget,* May 4, 2010. http://www.engadget .com/2010/05/04/worlds-first-remote-heart-surgery-completed-in -leicester-uk/.

48 Fried, Barbara H. "Beyond Blame." *Boston Review,* June 28, 2013.

49 Funk, Friederike, Victoria McGeer, and Mario Gollwitzer. "Get the Message: Punishment Is Satisfying if the Transgressor Responds to Its Communicative Intent." *Personality and Social Psychology Bulletin* 40, no. 8 (2014): 986–97.

50 Gowdy, J. D. "The Bill of Rights and James Madison's Statesmanship." *The Washington, Jefferson, and Madison Institute* (blog), June 9, 2013. http://wjmi.blogspot.com/2013/06/the-bill-of-rights-and -james-madisons.html.

51 Greenwald, Anthony G., Mark A. Oakes, and Hunter G. Hoffman. "Targets of Discrimination: Effects of Race on Responses to Weapons Holders." *Journal of Experimental Social Psychology* 39 (2003): 399–405.

52 Hastings, Michael. "The Rise of the Killer Drones: How America Goes to War in Secret." *Rolling Stone,* April 16, 2012.

53 Huddleston, C. West, Douglas B. Marlowe, and Rachel Casebolt. *Painting the Current Picture: A National Report Card on Drug Courts and Other Problem Solving Court Programs in the United States*. Alexandria, VA: National Drug Court Institute, 2008.

54 *In re* Devon T. 584 A.2d 1287 (Md. Ct. Spec. App. 1991).

55 Inbau, Fred E., John E. Reid, Joseph P. Buckley, and Brian C. Jayne. *Criminal Interrogation and Confessions*. Burlington, MA: Jones & Bartlett Learning, 2011.

56 Innocence Project. *Reevaluating Lineups: Why Witnesses Make Mistakes and How to Reduce the Chance of a Misidentification*. New York: Benjamin N. Cardozo School of Law, Yeshiva University.

57 James, Erwin. "The Norwegian Prison Where Inmates Are Treated Like People." *Guardian,* February 24, 2013.

58 Kassin, Saul M., Steven A. Drizin, Thomas Grisso, Gisli H. Gudjonsson, Richard A. Leo, and Allison D. Redlich. "Police-Induced Confessions: Risk Factors and Recommendations." *Law and Human Behavior* 34 (2019): 3–38.

59 Kastre, Tammy, and David Kleinman. "Providing Trauma Care." *Police,* January 24, 2013. http://www.policemag.com/channel/patrol/articles/2013/01/trauma-care-the-first-five-minutes.aspx.

60 Krey, Volker F. "Characteristic Features of German Criminal Proceedings: An Alternative to the Criminal Procedure Law of the United States?" *Loyola of Los Angeles International and Comparative Law Review* 21 (1999): 591–603.

61 "L.A. Now Live: First Homicides of 2014 and L.A.'s Crime Statistics." *Los Angeles Times,* January 6, 2014.

62 Lai, Calvin K., Kelly M. Hoffman, and Brian A. Nosek. "Reducing Implicit Prejudice." *Social and Personality Psychology Compass* 7 (2013): 315–30.

63 Lai, Calvin K., Maddalena Marini, Steven A. Lehr, Carlo Cerruti, Jiyun-Elizabeth L. Shin, Jennifer A. Joy-Gaba, Arnold K. Ho, Bethany A. Teachman, Sean P. Wojcik, Spassena P. Koleva, Rebecca S. Frazier, Larisa Heiphetz, Eva E. Chen, Rhiannon N. Turner, Johnathan Haidt, Selin Kessebir, Carlee Beth Hawkins, Hilary S. Schaefer, Sandro Rubichi, Giuseppe Sartori, Christopher M. Dial, N. Sriram, Mahzarin R. Banaji, and Brian A. Nosek. "Reducing Implicit Racial Preferences: I. A Comparative Investigation of 17 Interventions." *Journal of Experimental Psychology: General* 143, no. 4 (2014): 1765–85.

64 Langan, Patrick A., and David J. Levin. U.S. Department of Justice. *Recidivism of Prisoners Released in 1994*. 2002.

65 Langbein, John H. "Torture and Plea Bargaining." *University of Chicago Law Review* 46 (1978): 3–22.

66 Larsen, Allison Orr. "Confronting Supreme Court Fact Finding." *Virginia Law Review* 98 (2012): 1255–1312.

67 Leeson, Peter T. "Ordeals." *Journal of Law and Economics* 55 (2012): 691–714.

68 Lehrer, Brian. "Following Up: Should Cops Live in the Same Neighborhoods They Police?" *WNYC,* April 18, 2013.

69 Lochner, Lance, and Enrico Moretti. "The Effect of Education on Crime: Evidence from Prison Inmates, Arrests and Self-Reports." *American Economic Review* 94 (2004): 155–89.

70 Machin, Stephen, Olivier Marie, and Sunc˘ica Vujic˘. "The Crime Reducing Effect of Education." *Economic Journal* 121 (2011): 463–84.

71 MacLin, Otto H., Christian A. Meissner, and Laura A. Zimmerman. "PC_Eyewitness: A Computerized Framework for the

Administration and Practical Application of Research in Eyewitness Psychology." *Behavior Research Methods* 37 (2005): 324–34.

72 MacLin, Otto H., Laura A. Zimmerman, and Roy S. Malpass. "PC_Eyewitness and the Sequential Superiority Effect: Computer-Based Lineup Administration." *Law and Human Behavior* 29 (2005): 303–21.

73 Marlowe, Douglas B., David S. DeMatteo, and David S. Festinger. "A Sober Assessment of Drug Courts." *Federal Sentencing Reporter* 16 (2003): 113–28.

74 "Martin Guitar Factory Tour Part 3 (of 6)." YouTube video, 13:57. Posted April 14, 2010. http://www.youtube.com/watch?v=e4K1ec2n_M8.

75 Martin, Steven S., Clifford A. Butzin, Christine A. Saum, and James A. Inciardi. "Three-Year Outcomes of Therapeutic Community Treatment for Drug Involved Offenders in Delaware." *Prison Journal* 79 (1999): 294–320.

76 McNeil, Donald G., Jr. "A Cheap Drug Is Found to Save Bleeding Victims." *New York Times,* March 20, 2012.

77 Nadelhoffer, Thomas, and Walter Sinnott-Armstrong. "Neurolaw and Neuroprediction: Potential Promises and Perils." *Philosophy Compass* 7 (2012): 631–42.

78 Natividad, Michelle, and Maurice Emsellem. *65 Million "Need Not Apply": The Case for Reforming Criminal Background Checks for Employment*. New York: National Employment Law Project, 2011.

79 New York Police Department. "Panoscan." In Michael Wilson, "Crime Scene Investigation: 360 Degrees." *New York Times,* November 18, 2011.

80 Neyfakh, Leon. "The Bias Fighters." *Boston Globe,* September 21, 2014.

81 Neyfakh, Leon. "The Custom Justice of 'Problem-Solving Courts.' " *Boston Globe,* March 23, 2014.

82 Pager, Devah. "The Mark of Criminal Record." *American Journal of Sociology* 108 (2003): 937–75.

83 Pager, Devah, Bruce Western, and Bart Bonikowski. "Discrimination in a Low-Wage Labor Market: A Field Experiment." *American Journal of Sociology* 74 (2009): 777–99.

84 Palmer, Robert. "Trial by Ordeal." *Michigan Law Review* 87 (1989): 1547–56.

85 Paul-Emile, Kimani. "Beyond Title VII: Rethinking Race, Ex-Offender Status and Employment Discrimination in the Information Age." *Virginia Law Review* 100 (2014): 893–952.

86 Plant, E. Ashby, and B. Michelle Peruche. "The Consequences of Race for Police Officers' Responses to Criminal Suspects." *Psychological Science* 16 (2005): 180–83.

87 Ranaivo, Yann. "Wilmington to Lease $415,000 Gunshot Sensor Network." *News Journal* (Wilmington, DE), February 19, 2014.

88 Reardon, Sara. "Mugshots Built from DNA Data." *Nature,* March 20, 2014.

89 Riggs, Mike. "The End of Car Chases." *Atlantic,* October 31, 2013. http://www.theatlanticcities.com/technollogy/2013/10/end-car

-chases/7425/.

90 Rodriguez, Sal. *Fact Sheet: The High Cost of Solitary Confinement*. Solitary Watch, 2011.

91 *Roper v. Simmons*. 543 U.S. 551 (2005).

92 Rosen, Gideon. "Beyond Blame." *Boston Review,* July 10, 2013.

93 Ruderman, Wendy. "New Tool for Police Officers: Records at Their Fingertips." *New York Times,* April 11, 2013.

94 Sears, Greg J., Haiyan Zhang, Willi H. Wiesner, Rick D. Hackett, and Yufei Yuan. "A Comparative Assessment of Videoconferencing and Face-to-Fact Employment Interviews." *Management Decision* 51 (2013): 1733–52.

95 Simon, Dan. *In Doubt: The Psychology of the Criminal Justice Process*. Cambridge, MA: Harvard University Press, 2012.

96 Slobogin, Christopher. "Therapeutic Jurisprudence: Five Dilemmas to Ponder." *Psychology, Public Policy, and Law* 1 (1995): 193–219.

97 Southern Center for Human Rights. *The Crisis of Violence in Georgia's Prisons*. Atlanta, GA: Southern Center for Human Rights, 2014.

98 Sritharan, Rajees, R., and Bertram Gawronski. "Changing Implicit and Explicit Prejudice: Insights from the Associative-Propositional Evaluation Model." *Social Psychology* 41 (2010): 113–23.

99 Stanford Lucile Packard Children's Hospital. "What Cardiothoracic Surgery at the Children's Heart Center is Known For." Accessed May 22, 2014. http://www.lpch.org/clinicalSpecialtiesServices/COE/Childrens HeartCenter/ctSurgery/knownFor.html.

100 StarChase. "How It Works: Overview." 2013. http://www.starchase .com/howitworks.html.

111 Steadman, H., and M. Naples. "Assessing the Effectiveness of Jail

112 Diversion Programs for Persons with Serious Mental Illness and Co-Occurring Substance Use Disorders." *Behavioral Sciences and the Law* 23 (2005): 163–70.

113 Stillman, Tyler F., and Roy F. Baumeister. "Guilty, Free, and Wise: Belief in Free Will Facilitates Learning from Self-Conscious Emotions." *Journal of Experimental Social Psychology* 46 (2010): 951–60.

114 Subramanian, Ram, and Alison Shames. *Sentencing and Prison Practices in the Netherlands: Implications for the United States*. New York: Vera Institute of Justice, 2013.

115 Sunstein, Cass R. "Fighting Crime by Going Cashless." *BloombergView,* April 29, 2014. http://www.bloombergview.com/articles/2014-04-29/fighting-crime-by-going-cashless.

116 Texas Department of Criminal Justice. "Correctional Officer Eligibility Criteria." January 9, 2014. http://www.tdcj.state.tx.us/hrextra/coinfo/emp-co.html.

117 Texas Department of Criminal Justice. "Correctional Officer Essential Functions." April 1, 2014. http://www.tdcj.state.tx.us/hrextra/coinfo/essentialfunctions.html.

118 Travis, Jeremy. *But They All Come Back: Facing the Challenges of Prisoner Reentry.* Washington, DC: Urban Institute Press, 2005.

119 Travis, Jeremy, Amy L. Solomon, and Michelle Waul. *From Prison to Home: The Dimensions and Consequences of Prisoner Reentry.* Washington, DC: Urban Institute, 2001.

120 Uggen, Christopher. "Work as a Turning Point in the Life Course of Criminals: A Duration Model of Age, Employment, and Recidivism." *American Sociological Review* 67 (2000): 529–46.

121 United States Attorney, Southern District of New York. *CRIPA Investigation of the New York City Department of Correction Jails on Rikers Island.* New York: U.S. Department of Justice, 2014.

122 U.S. Census Bureau. *Profile of General Population and Housing Characteristics: 2010.*

123 U.S. Const. amend. VI.

124 Vohs, Kathleen D., and Jonathon Schooler. "The Value of Believing in Free Will: Encouraging a Belief in Determinism Increases Cheating." *Psychological Science* 19 (2008): 49–54.

125 Wenzel, Michael, and Tyler G. Okimoto. "How Acts of Forgiveness Restore a Sense of Justice: Addressing Status/Power and Value Concerns Raised by Transgressions." *European Journal of Social Psychology* 40, no. 3 (2010): 401–17.

126 Werse, Valerie. "The Confrontation Clause in Video Conferencing." *Rutgers Computer and Technology Law Journal* (2012): 1–13.

127 *West's Encyclopedia of American Law.* S.v. "Insanity Defense." Accessed November 7, 2014. http://legal-dictionary.thefreedictionary.com/Insanity+Defense.

128 Wilson, Michael. "Crime Scene Investigation: 360 Degrees." *New York Times,* November 18, 2011.

129 Witvliet, Charlotte V.O., Everett L. Worthington, Lindsey M. Root, Amy F. Sato, Thomas E. Ludwig, and Julie J. Exline. "Retributive Justice, Restorative Justice, and Forgiveness: An Experimental Psychophysiology Analysis," *Journal of Experimental Social Psychology* 44, no. 1 (2008): 10–25.

130 Witvliet, Charlotte vanOyen, Thomas E. Ludwig, and Kelly L. Vander Laan. "Granting Forgiveness or Harboring Grudges: Implications for Emotion, Physiology, and Health." *Psychological Sciences* 12, no. 2 (2001): 117–23.

131 Wolf, Elaine M. "Systemic Constraints on the Implementation of a Northeastern Drug Court." In *Drug Courts in Theory and in Practice,* edited by James L. Nolan, Jr. New York: Aldine de Gruyter, 2002.

132 Wright, Richard, Erdal Tekin, Volkan Torpalli, Chandler McClellan, Timothy Dickinson, and Richard Rosenfeld. "Less Cash, Less Crime: Evidence from the Electronic Benefit Transfer Program." Working Paper, 2014. http://www.nber.org/papers/w19996.

133 "Written Testimony for Amy Solomon, Senior Advisor to the Assistant Attorney General, Office of Justice Programs, U.S. Department of Justice." *U.S. Equal Employment Opportunity Commission.* July 26, 2011. http://www.eeoc.gov/eeoc/meetings/7-26-11/solomon.cfm.

134 Yee, Amy. "In India, a Small Pill with Positive Side Effects." *New York Times,* April 4, 2012.